Gestaltung und Management von IT-Verträgen

Meinhard Erben · Wolf G. H. Günther

Gestaltung und Management von IT-Verträgen

Eine Anleitung für Praktiker

3., aktualisierte und erweiterte Auflage

 Springer Gabler

Meinhard Erben
Heidelberg, Deutschland

Wolf G. H. Günther
Heidelberg, Deutschland

ISBN 978-3-662-54305-4   ISBN 978-3-662-54306-1   (eBook)
DOI 10.1007/978-3-662-54306-1

Die Deutsche Nationalbibliothek verzeichnet diese Publikation in der Deutschen Nationalbibliografie; detaillierte bibliografische Daten sind im Internet über http://dnb.d-nb.de abrufbar.

Springer Gabler
1.Aufl.: © Economica Verlagsgruppe Hüthig Jehle Rehm GmbH 2007
2. und 3.Aufl.: © Springer-Verlag GmbH Germany 2013, 2017

Lektorat: Susanne Kramer

Gedruckt auf säurefreiem und chlorfrei gebleichtem Papier

Springer Gabler ist Teil von Springer Nature
Die eingetragene Gesellschaft ist Springer-Verlag GmbH Deutschland
Die Anschrift der Gesellschaft ist: Heidelberger Platz 3, 14197 Berlin, Germany

Vorwort

Für viele IT-Praktiker, ob sie nun Projektleiter in einem Softwareprojekt, Hardware-Entwickler oder PC-Händler sind, ist Recht ein Buch mit sieben Siegeln. Das muss nicht sein! Recht ist auch nicht komplizierter als die typische Materie der IT-Branche.

Das Buch beschäftigt sich mit den rechtlichen Grundlagen Ihrer täglichen Arbeit als IT-Praktiker. Recht wird Ihnen vielleicht deshalb komplizierter vorkommen, weil Sie es nicht gewohnt sind, in derartigen Strukturen zu denken. Wir haben daher versucht, möglichst viele Beispiele aus Ihrer Branche einfließen zu lassen und das Buch möglichst praxisnah zu gestalten.

Dementsprechend ist dieses Buch auch bewusst eher kurz gehalten. Zu jedem der hier erwähnten Themen findet man in der juristischen Fachliteratur mehrere, meist umfangreiche Bücher. Das Lesen solcher umfangreichen Bücher bringt Ihnen aber nach unserer Erfahrung, die wir in zahlreichen Seminaren für IT-Unternehmen kritisch überprüft haben, keinen entscheidenden Nutzen für Ihre tägliche Praxis. Aus dieser Erfahrung heraus entspringt der Wunsch, Ihnen als IT-Praktiker in der gebotenen Kürze das notwendige Basiswissen zu vermitteln, damit Sie sich die Standardfälle zutrauen können. Wir orientieren uns dazu am Normalfall, weil es Ihnen nichts bringt, möglichst viele Ausnahmen zu kennen. Sie müssen den Regelfall bewältigen können, um Sicherheit gewinnen und erfahren zu können.

Falls Ihnen Zweifel kommen, ob im Einzelfall ein rechtliches Problem vorliegen könnte, sollten Sie auf jeden Fall einen Rechtsanwalt fragen, der sich mit dem Thema auskennt. Selbst wenn eine Angelegenheit nach der ersten Lektüre des Gesetzestextes aussichtslos und eindeutig scheint, lässt sich manchmal im Einzelfall noch ein „Totalschaden" verhindern. Zumindest für Probleme, bei denen es sich wirtschaftlich lohnen könnte.

In der dritten Auflage ist das Buch auf den neuesten Stand von Rechtsprechung und Gesetzgebung gebracht worden und an vielen Stellen auch inhaltlich überarbeitet und erweitert worden.

Falls Sie Anregungen oder Fragen zum Buch haben, können Sie uns gerne eine E-Mail schreiben: mail@kanzlei-dr-erben.de. Bitte haben Sie Verständnis dafür, dass wir in diesem Rahmen nur Fragen zum Buch beantworten können, nicht aber individuelle Rechtsberatung durchführen.

Individuelle Rechtsberatung rund ums IT-Recht können Sie natürlich von KANZLEI DR. ERBEN erhalten, was dann aber auch einen vergütungspflichtigen Vertrag voraussetzt: www.kanzlei-dr-erben.de. Wir bieten auch regelmäßig Seminare zum IT-Recht an.

P.S.: Die wichtigsten Gesetzestexte haben wir in das Buch aufgenommen. Einige Paragrafen sind allerdings auf das Wesentliche gekürzt worden. Falls Sie kein BGB zur Hand haben, können wir Ihnen folgenden Link empfehlen:

http://www.gesetze-im-internet.de/aktuell.html

Dort finden Sie auch das Handelsgesetzbuch (HGB), Urheberrechtsgesetz (UrhG) und
andere wichtige Gesetze.

Heidelberg   Meinhard Erben
                                                                                                 Wolf Günther

Inhaltsverzeichnis

1 Einleitung

Viele Menschen sind sich nicht im Klaren darüber, wozu Verträge eigentlich gut sind. Und noch viel weniger Menschen wissen, wie man Verträge richtig durchführt, und warum man sie eigentlich richtig durchführen soll.

Es heißt oft sogar: „Verträge sollen am besten in der Schublade bleiben – und nur bei Schwierigkeiten herausgeholt werden". Wir hoffen, dass wir Ihnen mit diesem Buch zeigen können, dass es sich dabei um eine (in dieser Pauschalität) falsche und übrigens auch sehr riskante Ansicht handelt.

Die Antwort auf unsere Ausgangsfrage finden Sie übrigens in Kapitel 1.1.6. Wir warnen Sie allerdings ausdrücklich: Möglicherweise übersehen Sie etwas, wenn Sie die Ausführungen bis dahin überspringen. Oder Sie gehören zu der seltenen Gruppe von Menschen, die zumindest die Antwort auf die Zwischenfrage, nämlich unter welchen Voraussetzungen Verträge eventuell in der Schublade bleiben können, einschließlich der aus unserer Sicht zutreffenden Begründung sofort geben können.

Wir nähern uns der Thematik zunächst einmal von einer etwas anderen Warte aus und fragen uns: Wozu soll ein schriftlicher Vertrag letztlich dienen?

Wir können zwischen den Zielen (ggf. auch Zwischenzielen) und den Mitteln zur Erreichung dieser Ziele unterscheiden. Im ersten Komplex geht es nur um die Ziele, nicht um die Mittel zur Zielerreichung.

1.1 Ziele bei der Vertragsgestaltung

Eines der obersten Ziele bei der Vertragsgestaltung ist die **Vermeidung von Risiken**. Der schönste Vertrag nutzt Ihnen nicht viel, wenn er hohe Risiken birgt.

1.1.1 Tatsächliche und juristische Risiken vermeiden

Diese Risiken können einmal **tatsächlicher** Art sein.

▶ **Beispiel:**

Sie haben einen lukrativen Vertrag abgeschlossen, in dem Sie sich verpflichten, ein eher kleines Projekt zum Termin x fertigzustellen. Sie wissen aber, dass der Kunde am Termin x unbedingt die fertige Software haben muss, sonst entsteht ihm ein sehr hoher Schaden (z. B. weil er damit Online-Auktionen veranstalten will und zeitlich passend Werbung dafür geschaltet hat). Das tatsächliche Risiko ist, ob Sie es schaffen, das Projekt wirklich zum Termin x fertigzustellen.

Die Risiken können aber auch **juristischer** Natur sein.

> **Beispiel:**

Sie einigen sich per „Bierdeckel" mit einem Kunden darauf, kurzfristig ein kleines Softwareprojekt zu realisieren. Auf dem Bierdeckel stehen nur die Vertragspartner, die äußerst knapp umrissene Aufgabe, der Preis und der Termin. Sie gehen davon aus, eine Sparversion zu liefern, die nur die allernötigsten Funktionen enthält. Schließlich haben Sie den Preis dementsprechend niedrig angesetzt. Der Kunde sieht das anders. Das juristische Risiko liegt nun darin, dass Sie mangels konkreter Vereinbarung über die Leistung eine Leistung „mittlerer Art und Güte" (§ 243 Abs. 1 BGB) schulden – und nicht etwa eine Sparversion. Ferner haben Sie vergessen, die Haftung für leichte Fahrlässigkeit auszuschließen. Und in der Hektik des Projektes kann man schnell mal einen kleinen Fehler machen. Auch insoweit besteht ein juristisches Risiko.

❶ **Abwandlung:**

Auf dem Bierdeckel stehen nicht einmal der Preis und der Termin. Sie glauben, Sie könnten den Preis frei bestimmen und dürften irgendwann liefern, wenn das Programm halt fertig wäre. Weit gefehlt, denn das Gesetz enthält Vorschriften für Preise und Termine, die mangels konkreter Vereinbarung eingreifen.

❶ **Abwandlung:**

Im Grunde könnten auf dem Bierdeckel sogar die Vertragspartner fehlen, sofern sie sich aus den Umständen ergeben. Eventuell hätten Sie gar nicht bemerkt (= Risiko), dass Sie damit schon einen Vertrag geschlossen haben.

❶ **Weitere Abwandlung:**

Es existiert nicht einmal ein Bierdeckel. Mündliche Verträge sind aber auch wirksam (= Risiko).

Die Beispiele zeigen, dass es wichtig ist, beim Abschluss von Verträgen die tatsächlichen und rechtlichen Risiken zu bedenken. Die Übernahme von Risiken sollten Sie möglichst vermeiden – oder sich wenigstens entsprechend bezahlen lassen. Wenn Sie nicht umhin kommen, ein Risiko zu übernehmen, sollten Sie sich wenigstens darüber im Klaren sein, dass es existiert. Denn nur so können Sie es einschätzen und kalkulieren. Das ist für den Preis und Termin wichtig, aber auch, falls Sie sich bei einem Dritten dagegen versichern wollen (oder müssen).

1.1.2   Verträge für den worst case

Schließen Sie Verträge für den „**worst case**", nicht den „best case"! Auf diese Weise bleiben Ihnen unangenehme Überraschungen weitestgehend erspart. Wenn Sie und Ihr Vertragspartner vor und nach der Vertragsdurchführung gute Freunde wären, so bräuchten Sie keinen Vertrag. Die Erfahrung zeigt jedoch, dass selbst langjährige gute Freundschaften während der Vertragsdurchführung schnell zerbrechen können. Für diese Fälle benötigen Sie dann einen Vertrag. Weil es nachher aber zu spät ist, müssen Sie leider vorher daran denken – und sich vor allem auf eine Rechtsfolge für den betreffenden Fall vertraglich einigen. Verträge macht man also nicht für den Fall, dass man sich verträgt. Möchten Sie Ihre Freundschaft nicht mit einem Vertrag belasten, so sollten Sie ernsthaft darüber nachdenken, Freundschaft und Geschäft komplett voneinander zu trennen, also mit Freunden lieber erst gar keine Geschäfte zu machen, damit es Freunde bleiben.

> **Beispiel:**

Bei optimistischer Betrachtung schätzen Sie, dass man das Programm in zwei Wochen locker fertigstellen könnte. Was passiert aber, wenn Sie in den zwei Wochen krank werden und nicht mehr ganz so schnell arbeiten können? Was soll passieren, wenn Sie eine kleine Funktion (z. B. eine nicht weiter erwähnte „Selbstverständlichkeit") bei Ihrer Schätzung übersehen haben, die später sehr viel Zeit kostet, aber für den Kunden von zentraler Bedeutung ist?

1.1.3   Angebote vorsichtig formulieren

Denken Sie daran: Ihr Angebot ist die **Basis** für den Vertrag, wenn Ihr Kunde es annimmt! Bei einem schnell entschlossenen Kunden haben Sie also unter Umständen gar keine Möglichkeit mehr, Änderungen vorzunehmen. Bringen Sie also ggf. zum Ausdruck, dass es sich nur um einen Vorschlag handelt, an dem sie sich (noch) nicht festhalten lassen wollen, aber nicht um einen Antrag auf Abschluss eines Vertrages. Typische Formulierungen sind „unverbindliches Angebot" oder „freibleibend".

> **Beispiel:**

Sie schicken Ihrem Kunden ein – noch nicht ganz ausgearbeitetes und fertiges – Angebot und gehen intern davon aus, dass es noch überarbeitet wird. Ihr Kunde ist ziemlich verzweifelt, weil er dringend eine Lösung benötigt und antwortet „Einverstanden". Damit ist die Einigung perfekt und der Kunde kann auf der Einhaltung des soeben geschlossenen Vertrages bestehen.

Fassen Sie deshalb Ihr Angebot **vorbeugend** ab, damit der Vertrag Ihnen (oder Ihrem Nachfolger!) als Hilfe bei der Auseinandersetzung dienen kann.

> **Beispiel:**

Auch wenn Sie zur Zeit der Vertragsverhandlungen sicher sind, das Projekt problemlos abwickeln zu können, sollten Sie dennoch darauf achten, z. B. Haftungsbeschränkungen zu vereinbaren. Wenn das Projekt später doch auf die schiefe Bahn gerät, werden Sie – oder Ihr Nachfolger – sich ganz bestimmt freuen, dies vereinbart zu haben.

1.1.4   Form und Inhalt des Angebots

Zur vorbeugenden Funktion des Angebots gehört, dass Ihr Angebot formal und inhaltlich ordentlich ist (ordentlich heißt noch nicht verständlich), verständlich ist (verständlich heißt noch nicht verstanden), ohne Gesetzesverstöße und ausgewogen abgefasst ist (soweit vertretbar) und dass es nicht vielversprechend ist.

1.1.4.1   Ordentlich

Ordnung hat eine äußere und eine innere Komponente. Die **äußere Ordnung** wird beispielsweise durch die Einteilung in mehrere Vertragsdokumente sichtbar. Die Dokumente sollten sortiert abgelegt werden.

❯ Beispiel:

> Sie übergeben dem Kunden ein Dokument „Rahmenvertrag" und ein weiteres Dokument „Einzelvertrag". Unterzeichnete Dokumente werden nach Datum abgelegt, ggf. eine neue Gesamtfassung des Dokumentes erstellt (um sich nicht später durch ein Grunddokument plus viele kleine Änderungsdokumente wühlen zu müssen).

Die **innere Ordnung** kann durch die Gliederung der jeweiligen Dokumente sichtbar werden.

❯ Beispiel:

> Inhaltlich zusammengehörende Regelungen stehen nahe beieinander. Zwecks Referenzierung existiert ein Nummerierungsschema.

Änderungen zwischen verschiedenen Versionen sollten hervorgehoben werden. Ggf. sind sie mit Datum, Zeit und dem Zeichen der ändernden Person/Seite zu versehen. Ordnung erleichtert die Arbeit, insbesondere die Zusammenarbeit. In vielen Fällen macht Ordnung die Arbeit auch erst möglich.

❯ Beispiel:

> Das gesamte Vertragswerk samt Anlagen umfasse mehrere hundert Seiten. Ohne äußere und innere Ordnung fällt es schwer, darüber zu verhandeln. Auch Fragen, was eigentlich genau vereinbart ist, lassen sich nur zeitaufwendig beantworten.

1.1.4.2   Verständlich

Verständlichkeit kann man auf verschiedenen Wegen erreichen. Formulieren Sie eher ausführlich als zu knapp. Versuchen Sie, auf Fremdworte zu verzichten. Vereinfachen Sie komplizierte Satzstrukturen. Arbeiten Sie mit Beispielen. Testen Sie die Verständlichkeit des Dokumentes intern, bevor Sie es dem Kunden übermitteln.

> **Beispiel:**

> Sie kennen sicher das berüchtigte „Juristendeutsch": Besonders komplizierte Schach-
> telsätze, bei denen man am Ende des Satzes nicht mehr weiß, worum es am Anfang
> ging. Das muss nicht sein. Natürlich gibt es auch Ausnahmen, in denen es sachliche
> Gründe für bestimmte Formulierungen gibt. Aber im Normalfall können Sie ein Ange-
> bot in „normalem" Deutsch schreiben, so dass jeder eine faire Chance hat, es zu ver-
> stehen, ohne einen Rechtsanwalt zu beauftragen. Häufig genug kann aber auch der
> Rechtsanwalt nur vermuten, was gemeint sein soll.

Wenn Sie das Angebot verständlich formulieren, erhöhen Sie auch die Chancen für seine
Wirksamkeit. Denn wenn später ein Richter versucht, den Text zu verstehen, und dabei die
gleichen Schwierigkeiten bekommt wie Ihr Kunde, liegt nahe, dass er die unverständliche
Regelung so nicht gelten lassen mag und das rechtlich unter Umständen auch nicht muss
(= Risiko).

Mit verständlichen Texten erhöhen Sie zudem die Chance, dass die darin enthaltene Regelung tatsächlich befolgt wird. Wenn Menschen den Text nicht verstehen, weil er unver-
ständlich ist, werden sie ihn nicht akzeptieren und schon gar nicht ihr Handeln daran
ausrichten.

> **Beispiel:**

> Schreiben Sie „Wenn Sie das Programm verkaufen oder verschenken, dürfen Sie es
> selbst nicht mehr benutzen. Sie müssen es insbesondere von der Festplatte löschen
> und alle Sicherungskopien vernichten." statt „Nach Abschluss eines auf Übertragung
> der Nutzungsrechte gerichteten Rechtsgeschäfts erlischt das Nutzungsrecht des Über-
> trägers. Der Übertragende ist verpflichtet, alle Vervielfältigungen, die sich noch in
> seinem Eigentum befinden, zu vernichten." Sie können notfalls auch zwei Dokumente
> erstellen: Einen Vertrag mit eher juristischen Formulierungen und ein Dokument in
> Frage-Antwort-Form, das den juristisch gehaltenen Vertrag eher umgangssprachlich
> erläutert.

Hilfreiche Anleitungen zum verständlichen, rechtssicheren Formulieren gibt auch das
Büchlein „Geschäftstexte schreiben: klar und rechtlich sicher" von Christoph Zahrnt.

1.1.4.3 Ohne Gesetzesverstöße und ausgewogen abgefasst

Auch hier gilt es zwei Aspekte zu berücksichtigen: einen rechtlichen und einen kaufmännischen.

Rechtlich kommen Sie mit einem Gesetzesverstoß mit hoher Wahrscheinlichkeit „nicht
durch". Bei einem Streit wird sich Ihr Kunde an einen Rechtsanwalt wenden, der vermutlich die fragliche Stelle findet. (Je unfairer ihm der Vertrag erscheint, desto eher wird der
Kunde einen Rechtsanwalt aufsuchen.) Oder das Gericht findet diese Stelle. Dann könnte
das Gericht die Regelung anpassen oder sogar für unwirksam erklären. Falls Sie dann von
der Wirksamkeit der Regelung ausgegangen sind, ist Ihre Enttäuschung umso größer.

❯ Beispiel:

In Ihre AGB schreiben Sie „Die Gewährleistung und Haftung wird vollständig ausgeschlossen" und bieten neue Rechner zu einem wirklich günstigen Preis an. Sie verkaufen 100 Rechner an begeisterte Kunden. Die Begeisterung verfliegt schnell, als sich
Mängel zeigen. Sie lehnen jede Gewährleistung unter Hinweis auf die AGB ab. Die
Kunden schalten ihre Rechtsanwälte ein und es kommt zum Prozess. Das Gericht hält
obige Klausel gemäß § 309 Nr. 7 und 8 BGB für unwirksam. Sie sind erschrocken, weil
Sie keinerlei Kosten für die Mängelbeseitigung eingeplant haben und das ja gerade
der Trick war, wie Sie diesen günstigen Preis machen konnten. Sie schimpfen über die
bösen Kunden, die nicht lesen können – doch haben Sie juristisch klar gegen das Gesetz verstoßen – Ihre Kunden sind im Recht.

Aus der kaufmännischen Betrachtung heraus ist es ebenso unklug. Wenn der Kunde Ihr
Vertragsangebot prüfen lässt und feststellt, dass es unfair ist – oder sogar Gesetzesverstöße
beinhaltet – so kann das Verhandlungsklima irreparabel gestört sein. Insgesamt sollten Sie
die feine Unterscheidung zwischen „hart, aber fair" und „unfair" beachten.

❯ Beispiel:

Sie weisen einen einzelnen Kunden darauf hin, dass er den Rechner im Schaufenster
für 800 Euro statt 1.000 Euro bekommen kann, wenn er individualvertraglich auf seine Mängelrechte verzichtet. Der Kunde testet den Rechner kurz an und akzeptiert das
Angebot für 800 Euro. Die Regelung ist in dieser Konstellation nicht unwirksam gem.
§ 309 BGB, weil keine AGB vorliegen (vgl. Kapitel 4.1). Der Kunde hat im Falle von
Mängeln keine Ansprüche gegen Sie, u.a. weil er genau wusste, worauf er sich ein-
ließ.

1.1.4.4   Nicht vielversprechend

Natürlich ist jeder Lieferant bestrebt, möglichst vollmundig seine Leistungen anzupreisen.
Nicht umsonst gibt es Mitarbeiter für das Marketing. Rechtlich ist das jedoch sehr gefährlich. Denn auf alles, was Sie dem Kunden versprechen, kann er sich später berufen. Man
muss also aufpassen, dass die Anpreisungen der Werbephase sich nicht im Vertrag finden.
Mehr noch: Sie müssen ggf. ausdrücklich korrigiert werden (vgl. auch Kapitel 7.1.1).

❯ Beispiele:

Sie werben bei einem Rechner mit „Liefert den höchsten Cinebench-CPU-Wert!".
Später misst der Kunde einen Wert von 270, verfügbar sind aber Geräte mit einem
Wert von 360 und mehr. Bei einer Software versprechen Sie „Voll kompatibel mit al-
len Grafikkarten". Tatsächlich treten bei allen NVidia-Modellen Störungen bis hin zum
Bluescreen auf.

1.1.5 Abklären von Risiken

Ein weiteres Ziel ist das **Abklären von Risiken**. Klären Sie Risiken möglichst schon vor der Unterschrift ab, um Risiken so weit wie möglich zu vermeiden. Wichtig ist das insbesondere bei einem Festpreis und/oder bei einem festen Termin.

Zu klären ist als Risiko auch, ob Ihr Kunde den Vertrag richtig verstanden hat (verstanden heißt noch nicht einverstanden), Ihr Kunde mit dem richtig verstandenen Vertrag auch einverstanden ist (einverstanden heißt noch nicht anwendbar), und Ihre Vereinbarungen anwendbar (= realitätskonform) sind. Anwendbar heißt dann hoffentlich auch: erfolgreich anwendbar, und zwar insbesondere hinsichtlich: Leistung/Qualität, Preise, Termine.

1.1.5.1 Versteht der Kunde den Vertragsinhalt richtig?

Wenn der Kunde etwas (objektiv Verständliches) unterschreibt, das er subjektiv nicht verstanden hat, so wird das rechtlich eher keine Probleme machen. Allerdings müssen Sie sich auf eine unangenehme Zusammenarbeit mit dem Kunden einstellen, der dann eventuell auch versuchen wird, den Vertrag zum Scheitern zu bringen. Kaufmännisch bedeutsamer ist allerdings noch, dass ein derart unzufriedener Kunde seine Eindrücke weitergibt. Selbst Firmen mit spitzenmäßigen Produkten werden regelmäßig Opfer solcher Kunden.

Besondere Vorsicht ist angebracht bei branchenfremden, unerfahrenen Kunden, die sich Ihre Produkte gerade so leisten können.

▶ **Beispiel:**

Sie bieten ein digitales 8-Kanal-Mischpult mit Firewire-Schnittstelle für 1500 Euro an, das für eher professionelle Steinberg-Produkte optimiert ist und mit ASIO-Treibern für geringste Latenz geliefert wird. Herr Müller ist Audiofetischist und möchte seine MP3-Dateien unter Windows optimal wiedergeben. Da ihm eine einfache oder auch teure analoge Soundkarte nicht genügt, kauft er von seinem hart Ersparten (im Grunde zweckentfremdend) Ihr Mischpult. Der Windows Media Player kommt aber mit ASIO nicht klar, sondern verlangt nach WDM-Treibern, woraufhin Herr Müller „ausrastet" und in allen möglichen Internetforen Ihr (an sich sehr gutes) Mischpult madig macht.

Es besteht aber auch die Möglichkeit, dass das Missverständnis des Kunden seine Ursache in einer objektiven Mehrdeutigkeit hat. Dann sollten Sie unbedingt handeln und die Mehrdeutigkeit ausräumen. Denn ein Gericht könnte später die vom Kunden vertretene Auffassung teilen. Das Risiko sollten Sie vermeiden.

▶ **Beispiel:**

Sie bewerben Ihr Mischpult mit „Inklusive Windows-Treiber!". Darunter wird ein Käufer eher die marktbeherrschenden WDM-Treiber verstehen, nicht aber die eher im professionellen Bereich zu findenden ASIO-Treiber. Wenn Sie den Blickwinkel des Kunden einnehmen, verstehen Sie seine Empörung.

1.1.5.2   Ist der Kunde mit dem Vertragsinhalt auch einverstanden?

Damit ist gemeint, dass der Kunde den Vertrag nicht nur – eher widerwillig, mangels Alternativen – unterschrieben hat, sondern den Vertrag auch wirklich *will*. Die Motivation des Kunden ist aus kaufmännischer Sicht wichtig (manchmal ist auch die Motivation der Entscheidungsträger beim Kunden eine andere als die der Mitarbeiter, die Ihre Programme einsetzen: Auch dann ist höchste Vorsicht geboten). Ein unmotivierter Kunde unterstützt Sie als Lieferant nicht aktiv, sondern reagiert nur. Sie möchten aber einen Kunden, der Sie rechtzeitig und selbstständig auf kritische Punkte oder Missverständnisse aufmerksam macht.

❯ Beispiel:

> Sie entwickeln eine Software für eine große Firma. Es macht einen Unterschied, ob der dortige Ansprechpartner Sie aktiv anruft und mitteilt, dass bald eine bestimmte Funktion entfallen kann oder ob Sie das nach mühsamer Recherche selbst herausfinden und dann die Antwort bekommen „Ja, kann schon sein, dass wir das bald nicht mehr brauchen, aber das merken Sie ja dann".

1.1.5.3   Sind die Vereinbarungen anwendbar (= realitätskonform)?

Die in Ihrem Vertrag festgehaltenen Regelungen müssen praktikabel sein. Das gilt einmal für die juristischen Regelungen. Sie müssen zur Durchführung passen und dabei unterstützen. („Unterstützen" ist mehr als nur „nicht stören".)

❯ Beispiel:

> Wenn der Vertrag zu einer großen Firma und einem Projekt mit 300 Mitarbeitern passt, kann er für ein kleines Projekt mit drei Mitarbeitern unpraktikabel sein. Denn es sind vielleicht viele aufwendige Eskalationsstufen bei Konflikten vorgesehen, die für einen „Flugzeugträger" sinnvoll sind, nicht aber für ein „Sportboot". Im 3-Mann-Projekt könnten Sie dann in Bürokratie ertrinken, während die „produktive" Arbeit liegen bleibt. Lassen Sie hingegen den „unsinnigen Papierkram" eigenmächtig weg und widmen sich ganz der Softwareerstellung, so sind Sie Ihren Dokumentationspflichten nicht nachgekommen und haben es ggf. später schwer zu beweisen, dass Sie keine Schuld am Projektscheitern trifft.

Es betrifft aber auch die tatsächlichen Regelungen. Auch hier sollten Sie davon ausgehen, dass Verträge (meist) in einem wunderfreien Raum durchgeführt werden müssen.

❯ Beispiel:

> Sie können im Vertrag vereinbaren, dass absolut fehlerfreie Software geliefert werden soll. In der Realität wird das mit ziemlich hoher Wahrscheinlichkeit nicht passieren, weil Sie auch bei noch so intensiven Tests nicht alle Fehler finden werden.

Regelmäßig umfassen die tatsächlichen Regelungen drei Dimensionen: Leistung bzw. eine bestimmte Qualität, den Preis und die Termine. Diese Dimensionen müssen zueinander passen, damit ein Vertrag sinnvoll durchführbar ist.

> **Beispiel:**

> Wenn mehr Leistung oder eine höhere Qualität gefordert wird, so führt das im Normalfall zu einer Erhöhung des Preises und/oder Verschiebung des Liefertermins.

1.1.6 Leben Sie den Vertrag!

Ein realitätskonformer Vertrag ist die Basis für ein erfolgreiches Projekt. Das genügt allerdings nicht für die Durchführung eines erfolgreichen Projekts. Dazu müssen Sie den Vertrag auch leben. Der Wunsch nach einem „wasserdichten Vertrag" ist deshalb nur eine Seite der Medaille. Die andere Seite der Medaille lautet: Leben Sie den Vertrag!

Der beste Vertrag wird Ihnen nichts nützen, wenn Sie ihn nicht (richtig) anwenden. Den Vertrag leben bedeutet: Wenden Sie die Regelungen aus dem Vertrag an oder ändern Sie sie bei Bedarf, aber übergehen Sie sie nicht einfach. Das gilt insbesondere in Bezug auf das Change-Request-Verfahren bei Programmerstellung zum Festpreis und fest vereinbartem Termin, sonst droht massiv, dass Sie in Verzug geraten und auf Mehrkosten „sitzen bleiben".

Kommen wir nun zurück zu unseren Ausgangsfragen und den damit verbundenen Überlegungen am Anfang des Buches: Wozu sind Verträge eigentlich gut? Und warum sollen Verträge nicht in der Schublade bleiben und nur bei Schwierigkeiten herausgeholt werden?

Weil es häufig zu spät ist, Verträge erst dann aus der Schublade zu holen, wenn Schwierigkeiten bereits da sind. Verträge – richtig verstanden und aufgesetzt – können im Gegenteil Konflikten vorbeugen und helfen damit, Schwierigkeiten zu vermeiden. Deshalb ist die Zeit, die man in die Formulierung vertraglicher Formulierungen steckt, gut investierte Zeit. Dazu gehört, wie wir gesehen haben, auch die Bestimmung der Leistungen, insbesondere die Abgrenzung zu optionalen Leistungen, die zwar grundsätzlich erbracht werden können, aber nur gegen gesonderte Vergütung. Sie sehen schon: Es geht hier nicht (nur) um juristische Spitzfindigkeiten, sondern um Ihr tägliches Brot.

Weil Sie nun aber den Vertrag nur dann leben und damit Konflikten vorbeugen und Schwierigkeiten vermeiden können, wenn Sie die wichtigsten Regelungen aus dem Vertrag kennen und diese auch anwenden, sollen Verträge nicht in der Schublade bleiben und nur bei Schwierigkeiten herausgeholt werden. Vielmehr wird anders herum ein Schuh daraus: Wenn Sie die wichtigsten Regelungen Ihres Vertrags kennen und diese anwenden, dann kann der Vertrag mit hoher Wahrscheinlichkeit während der Projektdurchführung tatsächlich in der Schublade bleiben – weil Sie dann nämlich tendenziell sehr viel weniger (rechtliche) Schwierigkeiten haben werden. Anders ausgedrückt: Verträge können dann in der Schublade bleiben, wenn man ihren Inhalt im Kopf hat!

Eins dürfte klar sein: Ein erfolgreiches Projekt ist die Basis dafür, dass der Kunde auch Folgeprojekte mit Ihnen beauftragt. (Stichwort: „Der Kunde kommt wieder, nicht das Produkt".) Das sichert den wirtschaftlichen Erfolg Ihres Unternehmens ab – und das wiederum sichert in letzter Konsequenz Ihren eigenen Arbeitsplatz! Das sind genau die Antworten auf die Frage: Wozu sind Verträge gut?

Es lohnt sich also, sich im Bereich Vertragsgestaltung ein wenig auszukennen und etwas Zeit dafür aufzuwenden, einen realitätskonformen Vertrag aufzusetzen: Diese Zeit ist immer gut investierte Zeit, nicht nur als Absicherung des worst case (vor Gericht), sondern vor allem als auch als Absicherung des best case – damit der Kunde wieder kommt!

1.2   Mittel zur Zielerreichung

Vertragliche Regelungen sollen möglichst klar, vollständig und verständlich sein. Hier sind ein paar Tipps, wie man das erreichen kann.

1.2.1   Sprachliche Klarheit

Schreiben Sie nicht so, dass es möglichst juristisch klingen soll; Sie laufen sonst Gefahr, dass der Text nicht verständlich ist, dass Sie Zusicherungen/Garantien abgeben und damit unnötigerweise eine weitgehende Haftung übernehmen, sowie dass Sie einen juristischen Begriff verwenden, der einen anderen Inhalt hat, als Sie vielleicht annehmen.

❯ Negativ-Beispiel:

„Die Gewährleistungsfrist gilt für 12 Monate als garantiert."

Wer das als Lieferant schreibt, läuft Gefahr (= Risiko), dass ein Gericht entscheidet, es sei eine Garantie im Rechtssinne (vgl. Kapitel 7.1.4) vereinbart (mit nachteiligen Folgen für den Lieferanten), auch wenn das tatsächlich seitens des Lieferanten nicht gewollt ist.

Drücken Sie stattdessen lieber in Ihrer Sprache aus, was Sie schreiben möchten.

❯ Beispiel:

„Die Gewährleistungsfrist beträgt 24 Monate."

Hilfreich ist es, sich dabei „W-Fragen" zu stellen: *Wer* soll etwas tun? *Was* soll derjenige tun? *Warum* soll er es tun? *Wie* soll er es tun? Von *wem* erhält er die dafür benötigten Informationen? Schreiben Sie klar und einfach!

Lassen Sie den Text am besten von einem Partner lesen. Er soll Ihnen dann sagen, was im Dokument steht (oder auch nicht steht, also fehlt – oder was Sie lieber weglassen sollten, um den Kunden nicht auf Ideen zu bringen). Auf diese Weise finden Sie beispielsweise heraus, ob die Stellen, die Ihnen wichtig sind, auch als solche erkennbar sind.

Treffen Sie positive Maßnahmen – auch damit Ihr Angebot attraktiv wirkt: Sie können den Vertrag übersichtlich gliedern und bei umfangreichen Dokumenten ein Inhaltsverzeichnis voranstellen. Definieren Sie Begriffe im Vertrag und verwenden Sie Begriffe durchgängig und damit einheitlich. Erstellen Sie bei Bedarf ein Glossar/Fachlexikon. Bezeichnen Sie Dokumente eindeutig (und durchgängig) sowie mit Datum. Bilden Sie kurze Sätze.

Formulieren Sie möglichst wenig im Passiv.

❯ Negativ-Beispiel:

„Die Unterlagen werden bereitgestellt." Hier ist völlig unklar, wer das wann tun soll. Besser: „Herr Meier stellt Herrn Müller vor Projektbeginn die Zeichnung des Serverraums zur Verfügung." Noch präziser wäre „schickt eine E-Mail" – aber Sie müssen solche Details nicht in den Vertrag nehmen, wenn sie nicht wichtig sind. Schließlich würden Sie damit Herrn Meier unnötig auf Email beschränken, auch wenn für ihn und Herrn Müller Fax vielleicht viel einfacher wäre.

Beseitigen Sie Rechtschreib- und Tippfehler. Moderne Software zur Rechtschreibkorrektur beseitigt bereits viele Fehler (oder macht wenigstens auf sie aufmerksam).

❯ Beispiel:

Duden Korrektor, Word-interne Rechtschreibprüfung

Das menschliche Korrekturlesen sollten Sie dennoch nicht unterlassen. Denn die Programme können einige Fehlerklassen prinzipbedingt nicht finden.

❯ Beispiel:

Sie schreiben „Der Stundensatz gilt nur für die **Auflassung** von Hardware", meinen aber „Aufrüstung".

Weitere positive Maßnahmen: Verwenden Sie viele Verben, vermeiden Sie substantivierte Formulierungen.

❯ Beispiel:

„Der Auftragnehmer stellt ein Ersatzgerät zur Verfügung" statt „Die Zurverfügungstellung eines Ersatzgerätes durch den Auftragnehmer ist vereinbart."

Bezeichnen Sie Begriffe eine Stufe genauer, als es dem üblichen Sprachgebrauch entspricht.

❯ Beispiel:

„Benutzerdokumentation" statt „Dokumentation".

Passen Sie mit dem Wort „wir" auf: Wen wollen Sie damit bezeichnen?

❯ Negativ-Beispiel:

„Wir werden prüfen, ob der Server gekühlt werden kann." Hier ist unklar, ob der Lieferant oder der Kunde das prüfen soll, oder auch beide gemeinsam. Im Zweifel fühlt
sich niemand verantwortlich bei „Wir"-Formulierungen. „Wir" sind immer die anderen.

Wählen Sie im Zweifel die simple Satzstruktur „Subjekt Prädikat Objekt". Und formulieren Sie die Sätze im Aktiv statt im Passiv.

❯ Beispiel:

„Herr Meier (= Subjekt) erstellt (= Prädikat) das Pflichtenheft" (= Objekt) statt (s.o.):
„Wir erstellen ein Pflichtenheft" oder „Es wird ein Pflichtenheft erstellt". - Von wem
denn? Dem Lieferanten, dem Kunden, oder gar gemeinsam?

1.2.2   Inhaltliche Klarheit

Achten Sie darauf, dass die Zuständigkeiten und Verantwortlichkeiten klar erkennbar
sind, damit jeder weiß, was er zu tun hat.

❯ Beispiel:

„Herr Meier übersendet die zur Erstellung des Mengengerüsts notwendigen Informationen an Herrn Schmidt."

Prüfen Sie, ob Zuständigkeiten und Verantwortlichkeiten tatsächlich zusammenfallen.

❯ Negativ-Beispiel:

Herr Meier ist laut Ihrer Vereinbarung für die Erstellung des Pflichtenheftes verantwortlich. Tatsächlich ist er dafür aber gar nicht zuständig (und intern mit ganz anderen, wichtigeren Dingen ausgelastet). Das wird mit Sicherheit zu Ärger führen.

Vermeiden Sie die Zuweisung wichtiger Aufgaben an nicht kompetente, nicht proaktive
Personen. Sie sind darauf angewiesen, dass zentrale Rollen von Menschen ausgefüllt werden, die selbstständig und weit im Voraus mögliche Probleme erkennen und aktiv werden.

❯ Beispiel:

Wenn Sie eine „Schlaftablette" (Zitat: „Das können wir auch nächste Woche noch besprechen"), einen unbelehrbaren „Berufsoptimisten" (Zitat: „Wird schon klappen")
oder einfach nur handwerklich unfähigen Mitarbeiter (Zitat: „Ach, meine Mitarbeiter
haben da alle Urlaub?") als Projektleiter einsetzen, lässt sich leicht erahnen, wie das
Projekt endet. Ebenso, wenn jemand mit der Erfüllung der ihm zugewiesenen Aufga-

ben (hoffnungslos) überfordert ist oder kein eigenes Interesse an der Projektdurchführung hat (z. B. weil er gedanklich noch im alten bzw. schon im neuen Projekt ist).

Legen Sie die Termine schriftlich fest. Schreiben Sie vereinbarte Termine fort, wenn diese sich ändern, z. B. aufgrund von Change Requests des Kunden oder Verletzung von Mitwirkungspflichten seitens des Kunden. Der Vertrag soll so verbindlich wie irgend möglich sein, damit beide Seiten wissen, woran sie sind.

> **Beispiel:**

„... bis zum 01.04.2019" Gehen Sie intern (!) davon aus, dass dieser Termin ggf. noch um einen gewissen Prozentsatz der Aktivitätsdauer überschritten wird. Wenn etwas ein Jahr dauert, ist eine Terminüberschreitung von einer Woche eher normal, als wenn etwas mit einem Tag geplant ist, sich aber um eine Woche verlängert.

Bitte vergessen Sie nicht, dass der Auftragnehmer unabhängig von der rechtlichen Begründetheit aus Sicht des Kunden zunächst einmal immer schuld ist, insbesondere, aber nicht nur dann, wenn Termine nicht eingehalten werden.

Planer. Sie **Krankheit**, **Urlaub**, Schwangerschaften, Elternzeit, Pflegezeit etc. im üblichen Rahmen ein. Überlegen Sie auch, was passieren soll, wenn Mitarbeiter (besonders Knowhow-Träger) unfallbedingt längere Zeit ausfallen (oder gar **versterben** sollten).

> **Beispiel:**

Statistisch liegt die Abwesenheit durch Krankheit bei rund 15-20 Tagen pro Mitarbeiter und Jahr. Nach § 3 Abs. 1 Bundesurlaubsgesetz hat jeder Arbeitnehmer pro Jahr regelmäßig mindestens 24 Werktage Urlaub. Samstage zählen als Werktage, so dass sich bei einer üblichen 5-Tage-Woche mindestens 20 freie Arbeitstage pro Jahr ergeben. Diese können nur im Falle dringender betrieblicher Bedürfnisse verschoben werden und müssen dann bis zum Ende des ersten Quartals des Folgejahres gewährt und genommen werden. Da die Krankheitszeiten auf den Erholungsurlaub nicht angerechnet werden, ergeben sich pro Arbeitnehmer mindestens 35-40 Arbeitstage Abwesenheit pro Jahr, das sind etwa 2 Monate, also eine durchaus relevante Planungsgröße. Regelmäßig werden betrieblich sogar 30 oder mehr Arbeitstage Urlaub gewährt, so dass statistisch 2,5 Monate, also etwa 20 %, Abwesenheit einzuplanen sind.

Vereinbaren Sie ggf. **Ausstiegstermine** und/oder **Vertragsstrafen** für die Nichteinhaltung von Terminen. Sie müssen aus kaufmännischer Sicht beurteilen, was nötig und sinnvoll ist. Wenn Schwierigkeiten in einem bestimmten Bereich auftreten, ist das ein Indiz (nicht mehr und nicht weniger) dafür, dass solche oder ähnliche Schwierigkeiten in diesem oder einem ähnlichen Bereich erneut auftreten werden.

> **Beispiel:**

„Falls Meilensteintermine um mehr als vier (4) Wochen nicht eingehalten (= überzogen) werden, kann der Auftraggeber vom Vertrag zurücktreten." Optionale Ergänzung: „Er hat dem Auftragnehmer den bisherigen Aufwand zu erstatten, gekürzt um 30 %."

Häufig bewahrheitet sich in solchen Situationen, dass ein Ende mit Schrecken besser ist als ein Schrecken ohne Ende.

Begründen Sie ggf. Vereinbarungen. Das erhöht die Verständlichkeit.

> ❯ **Beispiel:**

„[...], weil sonst das Pflichtenheft nicht erstellt werden kann."

Legen Sie **Ansprechpartner** fest, die verbindliche Klärung herbeiführen (können – und müssen!). Auch im umfangreichsten Vertrag werden Sie es nicht schaffen, alle später benötigten Entscheidungen vorwegzunehmen. Also benötigen Sie eine Auffangregelung, mit der präzisierende Einigungen schnell erzielbar sind.

> ❯ **Beispiel:**

„Herr Meier ist als Projektleiter berechtigt und verpflichtet, für Firma A verbindliche Entscheidungen zu treffen."

Verwenden Sie **englische Wörter** nur, wenn es sich bei ihnen um einigermaßen eindeutige Begriffe handelt – also am besten fast keine, weil es solche kaum gibt.

> ❯ **Beispiel:**

Was (genau) ist ein „Support-Vertrag"?

1.2.3   Korrekte Einbeziehung anderer Dokumente

Wenn Sie im Vertrag auf andere Dokumente referenzieren, bezeichnen Sie diese möglichst eindeutig.

> ❯ **Beispiel:**

„Die Verkabelung des Serverraums ergibt sich aus der als Anlage X beigefügten Zeichnung vom DATUM."

Eventuell ist sogar zusätzlich zum Datum die Verwendung von **Versionsnummern** bei Dokumenten hilfreich, um Klarheit zu schaffen.

Beziehen Sie die **AGB** Ihres Unternehmens (vgl. auch Kapitel 4.2) bzw. einen bestehenden Rahmenvertrag korrekt in Ihr Angebot ein, weil diese Dokumente die – wichtigen – Regelungen über Gewährleistung und Haftung (beim Lieferanten insbesondere: die Haftungsbeschränkung) sowie die rechtlichen Rahmenbedingungen enthalten.

> **Beispiel:**

> Verweisen Sie im Text des Einzelvertrags auf die genau benannten AGB bzw. auf den Rahmenvertrag NAME vom DATUM, fügen Sie die ausgedruckten AGB bei.

Bitte übernehmen Sie nicht die verbreitete Unsitte großer Auftraggeber und verweisen auf alle möglichen AGB, die es in Ihrem Unternehmen gibt (nach dem Motto: „Doppelt hält besser!").

Verweisen Sie auch nicht einfach abstrakt auf „unsere AGB", insbesondere dann nicht, wenn Ihr Unternehmen mehrere AGB verwendet, weil dann unklar ist, welche gelten sollen. Dann besteht die Gefahr, dass ein Gericht annimmt, wegen Unklarheit gelten gar keine.

> **Beispiel**

> für korrekte Einbeziehung: „Ergänzend gelten unsere „Vertragsbedingungen für Software leistungen" vom 01.01.2017, beigefügt als Anlage X".

1.2.4   Zielgerichtete Formulierung

Formulieren Sie vertragliche Regelungen zielgerichtet: Wer einen Anspruch geltend machen möchte, braucht dafür eine Anspruchsgrundlage. Durch Verträge bzw. in AGB schafft man Anspruchsgrundlagen. Anspruchsgrundlagen können (vereinfacht) in der Form „Wenn-Dann" formuliert werden. Mehr dazu unter 5.1.1 Ansprüche und Anspruchsgrundlagen.

> **Negativ-Beispiel:**

> AGB eines Softwarehauses über Schulung: „Hat der Kunde nicht spätestens 14 Tage vor Schulungsbeginn gezahlt, muss der Teilnehmer des Kunden den Zahlungsbeleg vor Beginn der Schulung vorlegen." (Was soll geschehen, wenn der Teilnehmer ohne Zahlungsbeleg anreist?)

2 Grundlagen für Verträge

Jetzt haben Sie schon einiges über die Ziele bei der Vertragsgestaltung und die Mittel zur Zielerreichung gelesen. Vermutlich fehlt Ihnen aber noch eine entscheidende Information: Was kann, soll, darf oder muss man überhaupt inhaltlich in Verträgen regeln? Von einem anderen Standpunkt aus formuliert, könnten Sie sich fragen: Warum weiß man im Vertragsrecht so häufig nicht, woran man ist?

Daher stellen wir Ihnen im Folgenden zunächst fünf Themenkomplexe vor, deren Wichtigkeit Sie kaum auf Anhieb erkennen werden: Vollständigkeit der Rechtsordnung, Treu und Glauben, Vertragsfreiheit und ihre Schranken, AGB-Recht und Beweislast. Ziel ist, dass Sie dabei die rechtlichen Grundlagen erkennen.

Sodann stellen wir uns die Frage: Wie kann man Verträge unter Nutzung des vorhandenen Rechts und unter Verwendung von AGB rechtlich richtig gestalten? Sie sollen sich dabei an den Rahmen des Vertragsrechts gewöhnen, in dem Sie handeln. Dabei werden Sie dann auch die systematische Stellung von AGB innerhalb der Vertragsrechtsordnung verstehen lernen.

2.1 Vollständigkeit der Rechtsordnung

Ein wesentlicher Baustein zur Lösung eines konkreten rechtlichen Falles ist der Grundsatz der Vollständigkeit der Rechtsordnung.

2.1.1 Bestandteile des Rechts

Woraus „besteht" nun das Recht? Man unterscheidet zunächst einmal das so genannte „materielle Recht" und das „Prozessrecht". Vereinfacht ausgedrückt sagt das **materielle Recht**, wer Recht *hat*. Dagegen sagt das **Prozessrecht** (oder auch Rechtsdurchsetzungsrecht), unter welchen Voraussetzungen er vor Gericht auch Recht *bekommt*, d. h. sein Recht durchsetzen kann.

Das im IT-Umfeld relevante materielle Recht findet sich vor allem im BGB (Bürgerlichen Gesetzbuch) und HGB (Handelsgesetzbuch), teilweise auch im UrhG (Urheberrechtsgesetz). Das Prozessrecht besteht im Kern aus der ZPO (Zivilprozessordnung). Im Folgenden beschäftigen wir uns im Wesentlichen nur mit dem materiellen Recht.

Weiter beschränken wir uns auf das **Zivilrecht**. Es beschäftigt sich mit dem Rechtsverhältnis von Personen auf (rechtlich) gleicher Ebene.

> **Beispiel:**

Herr Meier und Firma Müller haben einen Vertrag über den Kauf eines Autos geschlossen. Herr Meier will nun Schadenersatz von Firma Müller, weil diese ein defektes Auto geliefert hat und er einen wichtigen Kundentermin verpasst hat.

Daneben gibt es noch das **Öffentliche Recht** und das **Strafrecht**. Beides interessiert uns in diesem Rahmen nicht.

> **Beispiel:**

Zum Öffentlichen Recht gehören das Staatsorganisationsrecht (z. B. „Wie wird der Bundestag gewählt?") und die Grundrechte (z. B. „Werden meine Grundrechte durch eine Volkszählung beeinträchtigt?") ebenso wie das Verwaltungsrecht (z. B. „Wann muss die Behörde eine Baugenehmigung erteilen?"). Das Strafrecht beschäftigt sich mit Verbrechen und Vergehen. Öffentliches Recht und Strafrecht sind dadurch gekennzeichnet, dass die Beteiligten nicht auf gleicher Ebene stehen. So ist der Staat regelmäßig übergeordnet und der Bürger ihm untergeordnet: Man kann nicht wirklich als Bürger mit dem Staat darüber verhandeln, ob Totschlag strafbar ist oder nicht.

2.1.1.1   Kodifiziertes Zivilrecht

Kommen wir also zurück zum Zivilrecht. Genauer: zum kodifizierten Zivilrecht, d. h. den niedergeschriebenen Rechtsnormen. Auch das ist ein weites Feld, allein das BGB hat mehr als 2385 Paragrafen (einige sind nachträglich eingeschoben worden, z. B. § 312b). Neben dem **Schuldrecht** gibt es im BGB beispielsweise noch das **Sachenrecht**, **Familienrecht** und das **Erbrecht**. Uns interessiert hier im Wesentlichen nur das Schuldrecht, wodurch wir das BGB schon mal grob auf die Paragrafen 1 bis 853 reduzieren können, von denen letztlich vielleicht nur rund hundert Paragrafen wirklich wichtig, und sogar nur vielleicht 30 existenziell wichtig, aber leider auch ziemlich verstreut sind.

Ein Wort zur **Gesetzessystematik**: Der Gesetzgeber des Jahres 1896 (so alt ist das BGB schon, die Grundzüge gehen sogar auf die Römer zurück) war bereits begeistert von den Möglichkeiten, durch Anwendung des Distributivgesetzes Platz zu sparen und ermüdende Wiederholungen zu vermeiden. Nach der Devise „a * b + a * c = a * (b + c)" hat er die allgemeinen Regeln in einen **Allgemeinen Teil**, das „Erste Buch" (§§ 1 bis 240) ausgeklammert und das Recht der Schuldverhältnisse in einen **Besonderen Teil**, das „Zweite Buch" (§§ 241 bis 853, und folgende Bücher für Sachenrecht, Familienrecht und Erbrecht) einsortiert. Innerhalb des Schuldrechts gibt es wieder einen allgemeinen Teil (§§ 241 bis 432) und einen besonderen Teil (§§ 433 bis 853).

> **Beispiel:**

Wenn man sich den Kaufvertrag in § 433 BGB ansieht, so muss man den allgemeinen Teil des Schuldrechts und den Allgemeinen Teil des BGB gedanklich mitlesen, um den vollen Inhalt des § 433 zu erfassen.

Das **Schuldrecht** greift ein, wenn jemand einem anderen etwas schuldet, oder anders formuliert (weil schulden immer nach Bankkonto klingt): etwas versprochen hat. Im Schuldrecht gibt es vertragliche (§§ 433 bis 811) und außervertragliche (oder gesetzliche, §§ 812 bis 853) Ansprüche.

❯ Beispiel:

> Ein vertraglicher Anspruch kann aus einem Dienstvertrag (§ 611) stammen. Der eine Vertragspartner soll arbeiten, der andere soll dann bezahlen. Ein außervertraglicher Anspruch wäre z. B. der auf Schadensersatz aus unerlaubter Handlung (§ 823). Jemand beschädigt Ihr Auto (ohne dass Sie darüber vorher mit ihm einen Vertrag geschlossen haben). Oder auch aus Urheberrechtsverletzung: Jemand vertreibt unberechtigt Kopien Ihres Programms.

Das Schuldrecht kennt als vertragliche Ansprüche im Wesentlichen den **Kaufvertrag**, **Mietvertrag**, **Dienstvertrag** und **Werkvertrag**. **Leasing** ist beispielsweise nicht im Gesetz aufgeführt, sondern wurde erst von der Rechtsprechung entwickelt.

In diesem Buch beschränken wir uns im Wesentlichen auf das allgemeine Schuldrecht. Das bedeutet: Wir diskutieren nicht Spezialprobleme des Kaufrechts oder des Werkvertrags, sondern kümmern uns nur um die allgemeinen Grundsätze. Wenn Sie diese allgemeinen Grundsätze verstanden haben, sind Sie ausreichend gerüstet, um auf dem manchmal glatten Parkett des Rechts in Verhandlungen nicht auszurutschen.

Das geschriebene Zivilrecht findet man nun aber (leider) nicht nur im **BGB**, sondern auch in anderen Gesetzbüchern. Vornehmlich sind hier zu nennen das **HGB** (Handelsgesetzbuch) und das **UrhG** (Urheberrechtsgesetz). Das Zivilrecht als Gesamtes ist auf sehr viele, zum Teil auch sehr kleine Gesetze verteilt. Das macht die Rechtsfindung natürlich (insbesondere für den juristischen Laien) nicht einfacher.

❯ Beispiel:

> Sie haben schon das Bundesurlaubsgesetz kennen gelernt. Es hat gerade einmal 16 Paragrafen, ist für sich gesehen Teil des Zivilrechts und greift in den Arbeitsvertrag ein. Der Arbeitsvertrag ist seinerseits eine besondere Form des Dienstvertrags, der im BGB geregelt ist. Auch das Tarifvertragsgesetz oder Arbeitnehmerüberlassungsgesetz greifen unter Umständen in den Arbeitsvertrag ein.

Man kann leider nicht darauf verzichten, diese kleinen Gesetze zu finden. Denn regelmäßig handelt es sich um **Spezialgesetze**, die den allgemeinen Regelungen des BGB *vorgehen*.

❯ Beispiel:

> § 1 Abs. 1 Kündigungsschutzgesetz sagt: „Die Kündigung des Arbeitsverhältnisses gegenüber einem Arbeitnehmer [...] ist rechtsunwirksam, wenn sie sozial ungerechtfertigt ist." Würde man die Wirksamkeit der Kündigung hier nur nach dem BGB prüfen, gemäß dem die Kündigung des Dienstverhältnisses nach § 620 Abs. 2 BGB möglich und wirksam ist, wäre das Ergebnis schlicht falsch.

Das **HGB** regelt das speziell für Kaufleute geltende Zivilrecht. Es bietet deutlich weniger Schutz, ist aber auch effizienter als das BGB-Recht, da es davon ausgeht, dass Kaufleute besser wissen als Verbraucher, was sie tun und worauf sie sich rechtlich einlassen, also ihre Rechte einigermaßen kennen und sich selbst schützen können.

> **Beispiel:**

> Das HGB enthält eine besondere Rügepflicht für Kaufleute, § 377 HGB (vgl. näher Kapitel 7.1.2). Gemäß dieser Regelung muss ein Kaufmann Mängel bei Lieferungen unverzüglich melden. Anderenfalls kann er seine Gewährleistungsrechte zum Teil verlieren. Eine Woche wird dabei als obere Grenze angesehen. Ein Verbraucher kann sich deutlich mehr Zeit lassen.

Das **UrhG** enthält beispielsweise auch Vorschriften über Ansprüche bei der Verletzung von Urheberrechten.

> **Beispiel:**

> Man kann die Vernichtung der Vervielfältigungsstücke und Schadensersatz verlangen.

2.1.1.2   Richterrecht

Das meiste ist geschriebenes Recht. Daneben gibt es einiges an ungeschriebenem Recht. Zu nennen ist hier einmal das **Richterrecht**. Es entsteht durch Gerichtsurteile.

> **Beispiel:**

> Ein Gericht bekommt einen Fall vorgelegt. Wesentliche Fragen dieses Falles sind schon mehrfach von anderen Gerichten (oder auch diesem Gericht) beurteilt worden. Das Gericht wird dann mit hoher Wahrscheinlichkeit versuchen, ein Urteil zu fällen, das mit den anderen Entscheidungen konsistent ist. Das dient der Rechtssicherheit.

Richterrecht entsteht durch wiederholte gleiche Beurteilung vergleichbarer Fälle durch Gerichte. Je höher der Rang des Gerichtes ist, umso höher ist die (faktische) Bindungswirkung des Urteils.

> **Beispiel:**

> Wenn der Bundesgerichtshof (BGH) einen Sachverhalt in ständiger Rechtsprechung mit dem Ergebnis A beurteilt, so wird ein Landgericht kaum Lösung B wählen, weil es davon ausgehen muss, dass sein Urteil in der nächsten, höheren Instanz keinen Bestand haben wird. Wenn das Landgericht doch abweicht, wird es das sehr gut begründen (müssen).

Richterrecht kann sich (wie alles Recht) auch im Laufe der Zeit fortentwickeln. So können sich die gesellschaftlichen Bewertungsmaßstäbe im Lauf der Jahre ändern. Es können aber auch einfach zwei Gerichte gleichen Ranges zu unterschiedlichen Ergebnissen gelangen –

das passiert übrigens relativ häufig –, worauf die Sache dann in der Regel von einem höheren Gericht entschieden wird.

Schließlich bleibt die Möglichkeit, dass im konkreten Fall nach **Treu und Glauben** weitere Aspekte hinzutreten, die eine Abweichung des Ergebnisses von bisherigen Ergebnissen rechtfertigen.

> **Beispiel:**

> V benötigt dringend einen hohen Kredit, um seine Firmenverbindlichkeiten zu bezahlen. Die Bank B lässt sich eine hohe Bürgschaft vom gerade 18 Jahre alt gewordenen Sohn S geben, der noch bei V lebt und von diesem wirtschaftlich abhängig ist. Wenig später tritt der Bürgschaftsfall ein. S wäre nun bis an sein Lebensende verschuldet. Grundsätzlich könnte man ihn an der Bürgschaft festhalten. Doch in genau diesem Fall würde man wohl zweifeln, ob die Bank die Situation des S (und des V, der seinem Sohn Druck gemacht haben wird, zu unterschreiben) nicht sittenwidrig ausgenutzt hat. Das wäre dann der weitere Aspekt, der es für das Gericht rechtfertigen kann oder es gar gebietet, vom bisherigen „Standardergebnis" abzuweichen.

2.1.1.3   Gewohnheitsrecht

Neben dem Richterrecht gibt es noch das eigentliche **Gewohnheitsrecht**. Umgangssprachlich liegt das sehr häufig vor, juristisch eher selten. Der Nicht-Jurist versteht unter Gewohnheitsrecht nach unserer Erfahrung eher das, was Juristen unter den Begriff **Verkehrssitte** einordnen würden (siehe dazu 2.1.5.3).

Für die Annahme von Gewohnheitsrecht reicht es nicht einfach, dass jemand einige Male unwidersprochen etwas getan hat, so dass er nun schon ein Recht darauf hätte. Vielmehr muss es eine breit von den beteiligten Geschäftskreisen akzeptierte ständige Übung sein, die sich über lange Zeit herausgebildet hat. Das ist notwendig, um nicht dreistes Fehlverhalten plötzlich in Gewohnheitsrecht umschlagen zu lassen.

> **Beispiel:**

> Es ist eine verbreitete Unsitte, dass Rechnungen nicht pünktlich bezahlt werden. Dennoch ist daraus kein Gewohnheitsrecht abzuleiten.

2.1.2   Verschiedene Stufen der Konkretheit

Innerhalb der schriftlichen Gesetze gibt es unterschiedliche **Stufen der Konkretheit**. Das reicht von konkreten Definitionen über unbestimmte Rechtsbegriffe bis hin zu Rechtsgrundsätzen. Dahinter steht das Bestreben, eine kurze, aber dennoch vollständige Rechtsordnung zu schaffen.

Durch **konkrete Definitionen** werden Begriffe im rechtlichen Sinne definiert, um sie für die juristische Arbeit handhabbar zu machen. Das umgangssprachliche Verständnis reicht dafür vielfach nicht aus.

❯ Beispiel:

„Allgemeine Geschäftsbedingungen sind alle für eine Vielzahl von Verträgen vorformulierten Vertragsbedingungen, die eine Vertragspartei (Verwender) der anderen Vertragspartei bei Abschluss eines Vertrages stellt." (§ 305 Abs. 1 Satz 1 BGB)

Eine Zwischenfrage zur **Wortwahl und Genauigkeit**: Was ist juristisch schneller: „sofort" oder „unverzüglich"?

Das Wort **„sofort"** bedeutet: „unmittelbar nach einem bestimmten Geschehen, ohne zeitliche Verzögerung" (Duden, „Großes Wörterbuch der deutschen Sprache in 10 Bänden"). Der Begriff **„unverzüglich"** wird (das muss man wissen oder kann es z. B. im „Deutschen Rechtslexikon" oder in „Creifelds Rechtswörterbuch" nachschlagen) durch § 121 Abs. 1 Satz 1 BGB definiert: „ohne *schuldhaftes* Zögern". Der Unterschied liegt darin, dass „sofort" eine *objektive* Aussage trifft, während „unverzüglich" auf die *subjektive* Zumutbarkeit alsbaldigen Handelns abstellt.

Die kleine Zwischenfrage zeigt, dass es bei juristischen Texten sehr auf die **Wortwahl** ankommen kann. So kann man auch nur dringend von einer wörtlichen Übersetzung fremdsprachiger Verträge ins Deutsche abraten – der nichtjuristische Übersetzer wird solche (sinnverändernden!) Feinheiten vermutlich kaum bemerken. Denn bei einer gerichtlichen Auseinandersetzung ist zunächst einmal vom Wortlaut auszugehen. Deshalb soll man möglichst präzise formulieren (präzise heißt übrigens nicht: juristisch), es kommt dabei auf „jedes Jota" an.

Randbemerkung zur Übersetzung: Es ist eine übliche Unsitte, Verträge aus dem US-Rechtsraum ins Deutsche zu übersetzen und im deutschsprachigen Raum zu verwenden. Das ist riskant und ungeschickt, denn in Deutschland gilt eine völlig andere Rechtsordnung als in den USA. Die Übersetzung mag dann vielleicht stimmen – für den Inhalt muss das aber noch lange nicht gelten. Ebenso unklug ist es, deutsche Verträge einfach ins Englische zu übersetzen.

In diesem Zusammenhang wird übrigens die Rechtswahl wichtig. Das bedeutet: Die Vertragspartner müssen sich wirksam darauf einigen, ob deutsches Recht oder US-Recht (und dann: das welchen US-Staates?) gelten soll und (das ist nicht dasselbe!) auf den Gerichtsstand. Aufgrund praktischer Probleme der Rechtsdurchsetzung für Deutsche in den USA (hohe Kosten für Rechtsanwälte, Zurückhaltung der US-Gerichte gegenüber Klagen von Ausländern) können wir nur dringend zur Vereinbarung der ausschließlichen Geltung des deutschen Rechts und vor allem zu einem Gerichtsstand in Deutschland raten (sofern irgend möglich). Wenn Gerichtsstand und anwendbares Recht auseinanderfallen, kann es durchaus sein, dass ein Gericht einen Fall nach einer für das Gericht fremden Rechtsordnung entscheidet (dazu holt es dann meist ein Gutachten ein). Eine Alternative in diesem

Bereich bietet die Vereinbarung eines Schiedsgerichts (etwa bei der Handelskammer Hamburg) oder z.B. der Internationalen Handelskammer ICC. Auch dann muss aber geregelt werden, welches Recht auf den Vertrag anwendbar ist, denn Schiedsgerichte haben allenfalls eigene Rechtsordnungen, wie das Verfahren durchgeführt werden soll (sog. Prozessrecht), aber keine Rechtsordnungen für die inhaltliche Entscheidung von Fällen (sog. materielles Recht). Oft muss sogar noch der Ort festgelegt werden, an dem das Schiedsgericht zusammentreten soll, aus wie vielen Schiedsrichtern es besteht etc.

Die Überlegung zeigt auch, dass man Gesetze sehr genau lesen muss. Dazu gehört auch, dass man sie ohne Kommentar-Literatur häufig (bestenfalls) überhaupt nicht oder (schlimmstenfalls) falsch versteht. Glücklicherweise gibt es zu den meisten (ein- bis fünfzeiligen) Paragrafen seitenweise Kommentare (das sind Bücher, die ein Gesetz Paragraph für Paragraph erläutern), die dann wieder auf Dissertationen, Zeitschriftenartikel, Festschriften etc. verweisen und sich über die richtige Bedeutung streiten. Am Ende hat man aber wenigstens eine Reihe von Argumenten gelesen, so dass man sich informiert für eine Meinung (eventuell sogar eine eigene) entscheiden kann. Und: Was beispielsweise im Arbeitsrecht gilt, muss im „normalen" Zivilrecht (z. B. Werkvertrag) oder gar Strafrecht noch lange nicht gelten. Sie müssen also auch stark darauf achten, in welchem Kontext eine Aussage steht. Der verbreitetste Kommentar zum BGB ist übrigens der „Palandt". In ihn schauen Juristen in der Regel zunächst, häufig ist dort schon eine Gerichtsentscheidung zu der Frage, die man hat, zu finden (der „Palandt" erscheint jedes Jahr neu). Es gibt aber auch Kommentare mit vielen Bänden zum BGB, die die Paragrafen noch viel ausführlicher erläutern.

2.1.3   Rechtsvorschriften mit unbestimmten Rechtsbegriffen

Unbestimmte Rechtsbegriffe sind absichtlich „schwammig" gehalten, damit sie auf den konkreten Einzelfall angewendet werden können. Würde der Gesetzgeber konkreter werden, müsste er ständig das Gesetz ändern. So überlässt er es den Gerichten, die unbestimmten Rechtsbegriffe passend für den Einzelfall zu präzisieren.

❯ **Beispiel:**

> „Bedient sich ein Unternehmer zum Zwecke des Abschlusses eines Vertrages über die Lieferung von Waren [...] eines Tele- oder Mediendienstes, hat er dem Kunden [...] **angemessene**, **wirksame** und **zugängliche** technische Mittel zur Verfügung zu stellen, mit deren Hilfe der Kunde Eingabefehler vor Abgabe seiner Bestellung erkennen und berichtigen kann [...]" (§ 312 i BGB)

Stellen Sie sich vor, wie oft dieser Paragraf geändert werden müsste, wenn er konkreter wäre! Was man vor ein paar Jahren noch mit Remote Procedure Calls (RPC/DCE) gelöst hätte, machte man dann mit CORBA, dann J2EE und schließlich vielleicht Web-Services. FTP müsste NFS, der Laufwerksfreigabe per NetBIOS, SMB/CIFS und nun möglicherweise WebDAV weichen. So oft kann der Gesetzgeber gar nicht tätig werden – stellen Sie sich vor, er müsste jetzt auch noch die Releasenummern, Schlüssellängen usw. vorschreiben ...

❯ Beispiel:

Frau Müller betreibt einen florierenden Internet-Shop für selbst gemachte Gewürz-gurken. Sie hat von § 312 i BGB gehört und fragt an, was die unbestimmten Rechtsbe-griffe darin wohl zu bedeuten haben.

Grundsätzlich wird ein Kunde von Frau Müller ein Gurkenglas dem Warenkorb hinzufü-gen. Irgendwann klickt er dann auf „Zur Kasse gehen". Üblicherweise erscheint dann eine Seite, die den Inhalt des Warenkorbs anzeigt. Der Kunde kann ihn überprüfen und Waren hinzufügen oder löschen. Wenn er den Warenkorb geprüft hat, kann er seine Kundendaten eingeben. Auch hier kommt wieder eine Kontrollseite, die noch abgeändert werden kann. Erst nach Bestätigung einer weiteren Zusammenfassung aller Bestell- und Kundendaten kann der Kunde nun die fertige Bestellung absenden.

Unter „angemessen" kann man sich hier vorstellen, dass nur eine Nachfrage kommt, aber nicht z. B. einhundert. Was für den Gewürzgurken-Shop und einen Verbraucher angemes-sen ist, muss aber für ein Online-Termin-Handelssystem für Kaufleute nicht angemessen sein (§ 312 i BGB gilt nicht nur für Verbraucher, sondern auch z. B. für Gewerbetreibende und juristische Personen). Vielleicht geht es da gerade um schnelles Reagieren, und dann sind viele, zeitintensive Bestätigungen nicht gerade angemessen.

Mit „wirksam" könnte gemeint sein, dass dem Kunden die von ihm eingegebenen Daten noch einmal angezeigt werden müssen. Nicht wirksam wäre eine Anzeige, die nur aus „Vielen Dank für Ihre Eingabe" besteht.

Unter „zugänglich" kann man sich vorstellen, dass die Kontrollseite für den Kunden auf-rufbar ist, also nicht z. B. durch ein Berechtigungssystem so geschützt, dass ein Hinweis „Sie haben nicht die erforderlichen Rechte, diese Seite aufzurufen" erscheint.

Die Verwendung unbestimmter Rechtsbegriffe ist einerseits notwendig. Andererseits bringt sie aber auch **Nachteile** mit sich: So kann man gerade bei neuen Gesetzen und An-wendungsfeldern kaum sagen, was genau unter diesen Begriffen zu verstehen ist. Das schwächt die Rechtssicherheit enorm. Praktisch können Sie dann wagemutig ins kalte Wasser springen und ihr eigenes Verständnis der Norm praktizieren. Das sollten Sie dann aber möglichst nur mit anwaltlicher Hilfe tun. Oder Sie warten ab, bis sich ein gemeinsa-mes Verständnis gebildet hat. Üblicherweise erscheinen irgendwann erste Artikel in juris-tischen Fachzeitschriften zum Thema, dann gibt es erste Rechtsprechung und später (wenn die Diskussion sich etwas abgekühlt hat) steht es in den Gesetzeskommentaren. Insofern gibt es zwar zunächst einen großen Graubereich bei neuen Gesetzen. Diesen Graubereich engen Rechtsprechung und Literatur aber im Zeitablauf immer mehr ein, so dass die Rechtssicherheit dann wieder besteht.

❯ Noch ein Beispiel für unbestimmte Rechtsbegriffe:

„Bestimmungen in Allgemeinen Geschäftsbedingungen sind unwirksam, wenn sie den Vertragspartner des Verwenders entgegen den Geboten von Treu und Glauben **unan-gemessen benachteiligen**. Eine unangemessene Benachteiligung kann sich auch daraus ergeben, dass die Bestimmung nicht **klar und verständlich** ist. Eine unangemessene Benachteiligung ist im Zweifel anzunehmen, wenn eine Bestimmung [...] **wesentliche** Rechte oder Pflichten, die sich aus der Natur des Vertrags ergeben, so einschränkt, dass die **Erreichung des Vertragszwecks gefährdet** ist." (§ 307 BGB)

2.1.4   Rechtsvorschriften (fast) mit Rechtsgrundsätzen

Darüber hinaus gibt es noch **Rechtsgrundsätze**. Sie kommen immer dann zur Geltung, wenn über Regeln mit konkreten Definitionen und unbestimmten Rechtsbegriffen keine gerechte Lösung mehr zu finden ist. Man will auf diese Weise Einzelfallgerechtigkeit ermöglichen.

> ❯ **Beispiel:**

> „Bei der Auslegung einer Willenserklärung ist der wirkliche Wille zu erforschen und nicht an dem buchstäblichen Sinne des Ausdrucks zu verhaften." (§ 133 BGB)

In der Rechtsgeschichte gab es eine Zeit lang den Versuch, sich sehr stark an Begriffe zu klammern, in der Hoffnung, dadurch mehr Präzision in die Rechtswissenschaft einziehen zu lassen. Der Versuch kann als vollständig gescheitert angesehen werden. Man ist heute schlauer geworden, weil man als Jurist weiß, dass man Wörter nicht (nur) aus ihren Einzelteilen erklären kann, sondern darüber hinaus nach dem Sinn suchen muss. Hinzu kommt, dass Menschen häufig Wörter benutzen, die objektiv einen ganz anderen Sinn haben.

Der juristische Lehrbuchfall zu obigem Beispiel ist denn auch, dass zwei Menschen sich auf etwas einigen, wofür sie – beide übereinstimmend – den falschen Begriff verwenden. Gerade bei Fremdworten kann das leicht passieren. Nach § 133 BGB stört das nicht (ob es später auch beweisbar ist, lassen wir vorerst beiseite).

> ❯ **Beispiel:**

> Am Döner-Stand fragt der Mitarbeiter (lautschriftlich): „Ohne Schaaf?" – Der Kunde antwortet: „Ja, ohne Schaaf". Gemeint ist natürlich „nicht scharf". Das ist völlig unproblematisch nach § 133 BGB. Der Mitarbeiter kann also ruhig Schaf- bzw. Lammfleisch servieren, solange es nur nicht scharf ist.

§ 133 BGB bezieht sich nur auf die Auslegung einzelner Willenserklärungen, z. B. Antrag und Annahme (dazu später mehr).

2.1.5   Treu und Glauben unter Berücksichtigung der Verkehrssitte

Der Rechtsgrundsatz von Treu und Glauben sowie die Verkehrssitte haben eine zentrale Funktion im Zivilrecht. Sie kommen in § 157 und § 242 BGB vor.

§ 242 BGB: „Leistung nach Treu und Glauben"

Der Schuldner ist verpflichtet, die Leistung so zu bewirken, wie Treu und Glauben mit Rücksicht auf die Verkehrssitte es erfordern.

Der Paragraf hat im Wesentlichen zwei Aufgaben: Er ist Lückenfüller und auch Korrekturfaktor. Darauf gehen wir gleich im Einzelnen ein. Zunächst aber zu § 157 BGB.

2.1.5.1   Auslegung von Verträgen

Manchmal kommt man mit dem „wirklichen Willen" im Sinne des § 133 BGB nicht weiter, wenn es nämlich einen ganzen Vertrag (und nicht nur seine „Einzelteile" Antrag und Annahme) betrifft. Dann kann die Berufung auf „Treu und Glauben" und die „Verkehrssitte" es vielleicht richten.

§ 157 BGB: „Auslegung von Verträgen"

Verträge sind so auszulegen, wie Treu und Glauben mit Rücksicht auf die Verkehrssitte es erfordern.

Der § 157 BGB führt also im Falle von Unklarheiten zunächst zu einer Auslegung von Verträgen. Das Gericht fragt sich, wie der Vertrag zu verstehen ist. Dabei sind Treu und Glauben und die Verkehrssitte zu berücksichtigen.

2.1.5.2   Treu und Glauben

Die Erklärung der Einzelworte „Treu" und „Glauben" hilft hier nicht viel weiter. Die Vorschriften dienen dazu, berechtigte Interessen anderer (z. B. des Vertragspartners) ebenso in das Zivilrecht einzubeziehen wie die Grundsätze von Redlichkeit und Loyalität. Hier geht es also um sozialethische Vorstellungen, die Schranken setzen und Verhaltensanforderungen aufstellen. In der Praxis dienen die Vorschriften dazu, besonders krasse Ergebnisse abzufedern oder zu korrigieren, die bei strikter Anwendung in der Öffentlichkeit nicht akzeptiert würden. Das würde gerade keinen Rechtsfrieden schaffen.

In hundert Fällen mag die Anwendung eines Gesetzes auf einen Tatbestand richtige Ergebnisse liefern. Wenn der hundertunderste Fall hingegen eine kleine, aber feine Besonderheit hat, mag die Anwendung dieses Gesetzes hier auf einmal ungerecht erscheinen.

> **Beispiel:**

Herr Meier schließt einen unwirksamen Vertrag mit Frau Müller. Beide führen den Vertrag mehrere Jahre (!) durch. Schließlich zerstreiten sich beide. Herr Meier behauptet nun, der Vertrag mit Frau Müller sei gar nicht wirksam gewesen. Herr Meier widerspricht damit seinem eigenen bisherigen Verhalten. (Dieses Rechtsproblem kannten übrigens schon die alten Römer.) Dadurch wird die Berufung auf eine Unwirksamkeit des Vertrages – den er so lange selbst für wirksam hielt und durchgeführt hat – als unzulässige Rechtsausübung angesehen. Herr Meier kann sich daher wegen

§ 242 BGB nicht darauf berufen, der Vertrag sei nicht wirksam. Hätte Herr Meier die gleiche Argumentation kurze Zeit nach Vertragsabschluss gewählt, wäre der Vertrag als unwirksam eingestuft worden.

2.1.5.3   Verkehrssitte

Der Begriff „Verkehrssitte" bezieht sich auf eine tatsächliche Durchführung, die sich aus den Erfahrungen des Lebens aufgrund einer einheitlichen Verkehrsauffassung entwickelt hat. Das kann allgemein oder auch nur in bestimmten Kreisen der Fall sein.

❯ **Beispiel:**

Programmierer Bauer ist Mitglied des örtlichen Programmiererklubs, der sich u. a. der Open-Source-Bewegung verschrieben hat. Für alle Mitglieder ist es selbstverständlich, dass in gegenseitigen Verträgen nicht erwähnt werden muss, dass der Sourcecode mit übergeben werden muss. Programmierer Altberger ist auch schon lange im Klub, entwickelt für einen Klub-Kollegen vertragsgemäß eine Software und möchte nun zwar die Entlohnung, aber den Sourcecode ausnahmsweise doch nicht herausgeben. Er redet sich damit heraus, im Vertrag stehe nichts von Sourcecode. Der Vertrag ist vor diesem Hintergrund so auszulegen, dass es in diesem Verkehrskreis üblich war, den Sourcecode mit zu übergeben, auch wenn es im Vertrag nicht explizit erwähnt wurde.

Die Referenzierung der Verkehrssitte soll also ermöglichen, auf den konkreten sozialen Kontext einzugehen, in dem der Vertrag geschlossen wurde.

Verkehrssitten sind gerade im Handelsrecht von Bedeutung. Man versteht darunter Gebräuche, die in bestimmten Kreisen als selbstverständlich angesehen werden, so dass man gar nicht auf die Idee kommt, sie ausdrücklich zu vereinbaren. Das wird dann verständlich, wenn man sich vergegenwärtigt, dass nach BGB und HGB Tomaten, Ziegelsteine, Autos und Software nach den gleichen Vorschriften verkauft werden. Das geht nur deshalb, weil das Gesetz hierfür einige Korrektive vorsieht, eins davon ist eben der Rückgriff auf Treu und Glauben unter Berücksichtigung der Verkehrssitten.

❯ **Beispiel:**

Ein als Branchenprogramm vertriebenes Programm muss nach Treu und Glauben unter Berücksichtigung der Verkehrssitten alle in dieser Branche üblichen Vorgänge verarbeiten können.

Oder es hat sich zwischen zwei handelsrechtlichen Vertragspartnern eine bestimmte tatsächliche Übung herausgebildet (Verkehrssitte im engeren Sinne).

❯ **Beispiel:**

Der - große - Auftraggeber schickt die formal korrekte Bestellung durch den Einkauf wiederholt erst Monate, nachdem die Fachabteilung mitgeteilt hat, der Auftragnehmer möge „angesichts des engen Liefertermins schon einmal mit den Arbeiten anfangen". Nach Treu und Glauben unter Berücksichtigung der Verkehrssitte wird sich der Auftraggeber wohl spätestens beim vierten Mal nicht mehr darauf berufen können, eine wirksame Bestellung habe nicht vorgelegen.

2.1.5.4   Abgrenzung

In § 242 BGB geht es nicht um die Auslegung eines Vertrages, wie in § 157 BGB, sondern um die Leistung, die ein Vertragspartner zu erbringen hat. Denn häufig stellt sich die Frage, was *genau* er eigentlich leisten muss.

❯ **Beispiel:**

Programmierer Altberger erstellt eine Software für seinen Kunden Schmidt. Von Service hält er allerdings nicht viel, zudem musste er mit dem Preis weit heruntergehen – er möchte also Herrn Schmidt die fertige Software einfach auf CD in die Hand drücken. Er sieht aber nicht ein, Herrn Schmidt wenigstens noch ein Handbuch mitzuliefern. In der Regel ist es aber so, dass ein Programm überhaupt nicht nutzbar ist, wenn nicht auch ein Handbuch geliefert wird. Daher gehört nach der Rechtsprechung zur vollständigen Erfüllung des Vertrags auch die Lieferung eines Handbuchs.

Treu und Glauben werden aber nicht nur zur Bestimmung der Leistungspflichten herangezogen. Im Einzelfall kann es dadurch sogar ausgeschlossen sein, sich auf ein bestimmtes, durchaus existierendes Recht zu berufen. Das ist wiederum ein Fall der unzulässigen Rechtsausübung.

❯ **Beispiel:**

Herr W hat sich in einem Werkvertrag verpflichtet, ein Programm für Herrn T zu erstellen. Das Programm sollte am 10.8. fertig sein. Am 5.8. fehlt nur noch eine einfache Berechnungs-Formel, die Herr W dringend von Herrn T benötigt, damit er das Programm testen und abliefern kann. Herr T möchte das Programm aber gar nicht mehr haben und nennt Herrn W die Formel nicht. Er legt es darauf an, den Werkvertrag scheitern zu lassen. Das Werk ist deshalb am 30.8. immer noch nicht fertig. Grundsätzlich könnte Herr T nun vom Vertrag zurücktreten. Doch nach § 242 BGB muss er sich vorhalten lassen, dass er diese Situation gerade selbst geschaffen hat. Die Erklärung des Rücktritts wäre hier eine unzulässige Rechtsausübung.

2.1.5.5   Treu und Glauben als Lückenfüller

Treu und Glauben dient als Lückenfüller für vertragliche Regelungen und für gesetzliche Vorschriften (klar: Vollständigkeit der Rechtsordnung). Auch wenn Sie es noch so sehr versuchen: Vermutlich werden Sie nie alle rechtlichen Aspekte eines Geschäftes vollständig in einem Vertrag abbilden können.

Das liegt beispielsweise an Ihrer Erwartungshaltung bei der Formulierung des Vertrages: Man setzt einen bestimmten Normalfall voraus und regelt ihn im Vertrag. Doch wenn dieser nicht eintritt, enthält der Vertrag keine Regelungen. Da ist es wichtig, dass die Rechtsordnung mit Treu und Glauben hilft, damit es keine Regelungslücken gibt.

> **Beispiel:**

Das Gesetz enthält keine expliziten Regelungen der Fragen, die sich stellen, wenn ein Vollpflegevertrag für Software gegen pauschale jährliche Vergütung keine Regelungen der folgenden Punkte enthält: Wie lange muss der Auftragnehmer das Programm pflegen? Gibt es Ausnahmefälle? Muss der Auftragnehmer das Programm an gesetzliche Änderungen anpassen? Falls ja, darf er für die Anpassung an gesetzliche Änderungen eine zusätzliche Vergütung verlangen? Was gilt bei der Einführung neuer Gesetze? - All das sind aber legitime Fragen (und potenzielle Streitpunkte vor Gericht), wenn z. B. jemand eine sechsstellige Summe für einen Vollpflegevertrag bezahlt, der Anbieter aber meint, eher wenig dafür tun zu müssen.

2.1.5.6   Treu und Glauben als Korrekturfaktor

Treu und Glauben dient aber nicht nur als Lückenfüller, sondern auch als Korrekturfaktor für vertragliche Regelungen. Selbst wenn also ein Vertrag eine explizite Regelung für den strittigen Fall enthält, kann diese über Treu und Glauben korrigiert werden. Damit möchte der Gesetzgeber verhindern, dass es zu Ergebnissen kommt, die sich zwar strikt aus der Anwendung von Paragrafen ergeben, irgendwie auch schlüssig erklärbar sind, aber die kein normaler Bürger verstehen und akzeptieren würde.

> **Beispiel:**

Eine Bank lässt sich vom gerade 18 Jahre alt gewordenen Sohn eines Kreditnehmers eine Bürgschaftserklärung über 5 Millionen Euro für das bekanntermaßen bereits sehr schlecht laufende Geschäft des Vaters unterschreiben. Der Sohn geht noch zur Schule und ist finanziell abhängig vom Vater. Das Geschäft geht in die Insolvenz und die Bank will nun die Bürgschaft des Sohnes in Anspruch nehmen. Selbst wenn hier die Bürgschaft rechtlich völlig korrekt übernommen worden sein sollte, wird man davon ausgehen, dass es dem Sohn aus praktischen Erwägungen (sozialer Druck) völlig unmöglich war, die Bürgschaftserklärung zu verweigern. Und dass es gegen Treu und Glauben verstößt, jemanden, der selbst kein Einkommen hat, eine Bürgschaft über 5 Millionen Euro übernehmen zu lassen.

Treu und Glauben gelten aber selbst für gesetzliche (!) Vorschriften. Man kann sich das etwa so vorstellen: „Die Vorschrift/Regelung gilt, es sei denn, dass Treu und Glauben *ausnahmsweise* etwas anderes gebieten."

> **Beispiel:**

§ 640 BGB [Abnahme], alte Fassung: „Der Besteller ist verpflichtet, das vertragsmäßig hergestellte Werk abzunehmen." In der neuen Fassung ist dem Paragrafen noch ein weiterer Satz hinzugefügt worden: „Wegen unwesentlicher Mängel kann die Abnahme

nicht verweigert werden." Dieser Satz galt praktisch auch schon vor der Gesetzesänderung, kraft Richterrechts, abgeleitet aus Treu und Glauben.

Das Beispiel verdeutlicht, dass der Grundsatz von Treu und Glauben in seiner Funktion
als Korrekturfaktor der Einzelfallgerechtigkeit dient. Dabei steht der Gesichtspunkt der
Einzelfallgerechtigkeit in einem – starken – Spannungsverhältnis zum Gesichtspunkt der
Rechtssicherheit. Dieses Spannungsverhältnis ist genau der Grund, warum man im Vertragsrecht so häufig nicht weiß, woran man ist, und warum es heißt, dass man vor Gericht
und auf hoher See in Gottes Hand ist.

Denn wenn es darauf ankommt, eine Entscheidung aufgrund von Treu und Glauben zu
fällen, gibt es eine bestimmte Bandbreite rechtlich richtiger Lösungen (der Jurist nennt das:
vertretbare Lösungen). Nur was außerhalb dieses Rahmens liegt, ist rechtlich falsch (nicht
vertretbar). Das bedeutet: Der Rechtsanwalt kann Ihnen häufig leider nur rechtlich belastbar sagen, dass Ihr Fall genau im Graubereich liegt, innerhalb dessen es mehrere richtige
Lösungen gibt, die genaue Lösung kann er Ihnen indessen rechtlich belastbar nicht nennen.

Sie mögen jetzt vielleicht denken, das Rechtsinstitut Treu und Glauben sei doch nur ein
von Juristen für Juristen bewusst geschaffenes Arbeitsbeschaffungsprogramm. Bedenken
Sie aber bitte, dass es auch in anderen Wissenschaften meist nicht nur ein einziges richtiges
Ergebnis gibt, sondern eine Menge vertretbarer Lösungen.

▶ Beispiel:

$x = 1 / 3.x$ liegt im Intervall $[0, 1]$, aber auch im Intervall $[0.3, 0.34]$ und im Intervall
$[0.333333, 0.333334]$. Ein anderes Beispiel: Runden Sie die Zahl 0.5 – es gibt viele
verschiedene Rundungsarten, die alle „irgendwie richtig" sind. Mal wird bei 5 aufge-
rundet, mal abgerundet, mal wird danach unterschieden, ob die Zahl negativ oder
positiv ist (vgl. java.math.RoundingMode mit 7 Rundungsmöglichkeiten).

Erst recht gilt das für die Anzahl der Lösungswege.

▶ Beispiel:

Es gibt sehr viele Möglichkeiten, ein Array aufsteigend zu sortieren, die sich nicht nur
im Algorithmus, sondern auch in der konkreten Implementierung unterscheiden.

Oder anders formuliert: Häufig wird die Frage bereits gar nicht so präzise gestellt, dass
nur eine Lösung richtig wäre. Wenn eine Frage aber sehr präzise gestellt wird, so ist die
Antwort regelmäßig weniger **robust** gegenüber Veränderungen im Hinblick auf die Frage-
stellung, sondern vielleicht nur die Lösung dieses einen Spezialfalles, nach dem exakt
gefragt wurde.

▶ Beispiel:

$1 / 10 = 0.1$, $1 / 100.000 = 0.00001$, aber: $1 / 0 =$ undefiniert. Fragt also jemand nach
„1 / 0", so erhält er ein völlig anderes Ergebnis als bei der durchaus „ähnlichen" Frage nach 1 / 100.000.

Je **komplexer** das Problem, desto breiter wird der (mehrdimensionale) Raum, in dem die Lösung liegen kann. Einfach deshalb, weil es mehr Parameter gibt, die auf die Lösung einwirken. Und juristische Probleme sind regelmäßig sehr komplex, auch wenn man es ihnen als Laie nicht ansieht. Die Lösung könnte nun darin liegen, eine Funktion zu definieren, die zu gegebener Ausgangssituation das „gerechte Ergebnis" liefert. Prinzipiell ist das wohl möglich. Allerdings ist unklar, wie viele Parameter diese Funktion benötigt. Und was passiert, wenn ein wichtiger Parameter vergessen wurde, der bislang nicht vorkam, nun aber zu einem unhaltbaren Ergebnis führen würde (sozusagen eine Nulldivision)? Dann wird man diesen Parameter wohl hinzudefinieren, statt unhaltbare Ergebnisse hinzunehmen und damit die Einsetzbarkeit der Funktion als solche zu gefährden. Letztlich ermöglicht der Grundsatz von Treu und Glauben es, solche zusätzlichen Parameter hinzuzunehmen, obwohl die ersten Parameter durch andere Normen bereits vorgegeben sind.

Dazu sollten Sie sich vergegenwärtigen, dass der **Normalfall** den Juristen eher selten beschäftigt, sondern eher der **Konfliktfall**.

❯ **Beispiel:**

> Wenn beide Vertragspartner in der Bewertung eines Falles zum gleichen Ergebnis kommen, werden sie keine Rechtsanwälte bemühen, sondern eher selbst eine Lösung finden. Typischerweise beschäftigen sich Rechtsanwälte und erst recht Gerichte mit Fällen, in denen beide Vertragspartner eine völlig andere Sicht der Dinge haben. Das kann einerseits die rechtlichen Aspekte betreffen. Oft geht es aber schon um die tatsächliche Ausgangssituation. Hat die Sekretärin dem Auftragnehmer wirklich gesagt, er solle die Änderung am Programm vornehmen, das würde dann auch bezahlt? Wollte sie das vom Auftragnehmer Verstandene damit ausdrücken oder wollte sie ihm nur Mut für das Gespräch mit ihrem Chef machen? Muss der Auftraggeber sich die Aussage der Sekretärin zurechnen lassen? Kann der Auftragnehmer das auch beweisen, d. h. wird die Sekretärin im Prozess inhaltlich etwas aussagen, was ihrem Arbeitgeber möglicherweise schadet? Kann sie sich, falls sie erstmals nach mehreren Jahren vor Gericht geladen wird, überhaupt noch an das Geschehen erinnern? Der Rechtsanwalt soll all dies in seiner Antwort möglichst schon berücksichtigen.

Juristen hätten viel lieber ein strikteres Recht, anhand dessen sie belastbarere Auskünfte über die Rechtslage geben könnten als: „Ihr Fall liegt definitiv im Graubereich mit den und den rechtlich vertretbaren Lösungen, wobei Sie in Variante A den Prozess wohl gewinnen, in Variante B mit überwiegender Wahrscheinlichkeit gewinnen, in Variante C mit überwiegender Wahrscheinlichkeit allerdings verlieren werden und in Variante D wohl den Prozess verlieren werden. Wie das Gericht aber nun entscheiden wird, kann ich Ihnen leider nicht sagen."

Zum Glück für Juristen und Nicht-Juristen wird der Graubereich aber durch Herausarbeitung bestimmter **Fallgruppen** im Zeitablauf von der Rechtsprechung eingeengt, so dass die Bandbreite möglicher Entscheidungen regelmäßig doch stark reduziert ist.

Verwechseln Sie aber Rechtsanwälte oder Gerichte bitte nicht mit einem Compiler, der einen Syntaxfehler melden soll. Man merkt hier sehr viel stärker, dass **Menschen** die Entscheidungen treffen (müssen), und Menschen tendieren – jedenfalls eher als Compiler – dazu, sich von sachfremden Argumenten leiten zu lassen.

Für Treu und Glauben in seiner Funktion als Korrekturfaktor, um das Spannungsverhältnis zwischen Einzelfallgerechtigkeit und Rechtssicherheit zu entschärfen, gilt: Die Korrektur vertraglicher Regelungen oder gar gesetzlicher Vorschriften über Treu und Glauben soll die Ausnahme bleiben – damit die Regel erhalten bleibt!

2.1.6   Zusammenfassung

Die Vollständigkeit der Rechtsordnung wird durch Vorschriften mit unbestimmten (Rechts-)Begriffen, vor allem aber durch Vorschriften mit Rechtsgrundsätzen oder durch unmittelbare Rechtsgrundsätze erreicht. Unbestimmte Rechtsbegriffe ermöglichen eine *kurze* Vertragsrechtsordnung, Vorschriften mit Rechtsgrundsätzen ermöglichen eine *vollständige* Vertragsrechtsordnung. Treu und Glauben mit Rücksicht auf die Verkehrssitte verhindern extreme und untragbare Einzelfallergebnisse.

Daraus ergibt sich für Sie als **Praktiker** die Folge: Sie *brauchen* fast nichts Rechtliches zu regeln. Sie *wollen* das aber bezüglich wichtiger Punkte tun, weil diese im Gesetz häufig nicht oder nicht ausreichend deutlich geregelt sind.

Dabei gilt folgende **Faustregel**: Wichtig ist, was *Sie aus der Sache heraus* für wichtig halten.

Überlegen Sie sich also, was Sie leisten wollen und was Ihr Vertragspartner leisten soll (**primäre Pflichten**). Denken Sie darüber nach, was geschehen soll, wenn die Leistungspflichten nicht erfüllt werden (**sekundäre Pflichten**).

❯ Beispiel:

Sie übergeben und übereignen Ihren alten Rechner an den Käufer. Der Käufer soll Ihnen danach 500 Euro auf Ihr Konto überweisen. (Das sind die primären Pflichten.) Falls Sie den Rechner nicht mehr übergeben oder übereignen können (z. B. weil er vorher kaputt geht), soll der Käufer auch kein Geld überweisen müssen. Er soll aber auch keinen Anspruch auf Schadensersatz o. Ä. haben. Falls der Käufer seiner Verpflichtung nicht nachkommt, die 500 Euro zu überweisen, so wollen Sie Zinsen geltend machen dürfen. (Das sind die sekundären Pflichten.) Beispielsweise ergibt sich die Regelung mit den Zinsen zwar schon aus dem BGB, doch schadet sie auch im Vertrag nichts, zumal wenn Sie höhere als die gesetzlich vorgesehenen Zinsen verlangen möchten.

Wichtig ist dabei, dass Sie einigermaßen **fair** bleiben. Ansonsten erhöht sich die Wahrscheinlichkeit, dass ein Gericht die vertragliche Regelung nicht für wirksam hält.

❯ Negativbeispiel:

Bei obigem Rechner-Verkauf lassen Sie den Käufer unterschreiben, dass er selbst dann überweisen muss, wenn Sie ihm den Rechner nicht mehr übergeben und übereignen können.

2.2 Vertragsfreiheit und ihre Schranken

Apropos „fair bleiben": Im Prinzip gilt im deutschen Recht **Vertragsfreiheit**. Das bedeutet, jeder kann mit beliebigen anderen Personen Verträge beliebigen Inhalts schließen oder es auch sein lassen. Dabei können die Vertragspartner auch von der Rechtsordnung abweichende Regelungen vereinbaren.

❯ Beispiel:

Der Geschäftsführer einer GmbH wird im Anstellungsvertrag von der Geltung des § 181 BGB befreit. Er darf also im Namen der GmbH mit sich selbst Geschäfte machen. Der „Default" des § 181 BGB verbietet das, denn solche Geschäfte können zum Missbrauch einladen. So könnte der Geschäftsführer sich beispielsweise selbst günstig GmbH-Einrichtungsgegenstände verkaufen (von der strafrechtlich zu beurteilenden eventuellen Untreue einmal abgesehen).

Würde man die Vertragsfreiheit aber völlig uneingeschränkt gelten lassen, würde sie bald den Namen Freiheit wohl nicht mehr verdienen.

❯ Beispiel:

Jemand verkauft sein Leben und lebt fortan als Sklave. Ein anderer unterschreibt aus Not einen Vertrag mit einer großen Firma und verpflichtet sich, sein Leben lang nur Produkte dieser Firma zu kaufen. Große PC-Hersteller würden dann wohl in ihre „Friss oder stirb"-Kaufverträge schreiben, dass sie bei Defekten keinerlei Gewährleistung oder Haftung übernehmen (auch wenn die Oma beim Anfassen des Gehäuses einen „Schlag" bekommen hat und seitdem auf der Intensivstation liegt).

Die Vertragsfreiheit besteht zwar nur mit gewissen **Schranken**, diese stören aber im unternehmerischen Bereich kaum (außer im Fall von AGB, vgl. dazu ausführlich Kapitel 4). Wenn es hingegen um Verträge zwischen einem Unternehmer und einem **Verbraucher** geht, wird der Verbraucher vom Gesetz besonders geschützt (vgl. die §§ 312 bis 312 k BGB zu Haustürgeschäften, Fernabsatzverträgen und zum elektronischen Geschäftsverkehr, die §§ 474 bis 479 BGB zum Verbrauchsgüterkauf oder die §§ 549 bis 577a BGB zur Wohnraummiete). In diesem Buch konzentrieren wir uns aber im Wesentlichen auf Geschäfte zwischen Unternehmern, d. h. wir gehen auf diese Sondervorschriften nicht weiter ein.

❯ Beispiel:

> § 312 k BGB bestimmt, dass von den vorstehenden Vorschriften zum Verbraucher-
> schutz nicht zum Nachteil des Verbrauchers oder Kunden abgewichen werden darf.
> Der Paragraf legt das auch fest für Umgehung durch „anderweitige Gestaltungen"
> (was aber in den meisten Fällen auch ohne diesen Zusatz gelten würde, da die Ausle-
> gung ergibt, dass Umgehungen von Gesetzen nicht zulässig sein sollen).

Bei Geschäftspartnern, die noch nicht volljährig, also **minderjährig** sind, ist Vorsicht geboten. Bis zum siebten Lebensjahr liegt Geschäftsunfähigkeit vor (§ 104 BGB). Das dürfte Sie
als Leser vielleicht weniger betreffen. Relevant ist aber der Fall, dass ein Geschäft mit einem Kunden unter 18 Jahren geschlossen wird. Solche Geschäfte bedürfen regelmäßig der
vorherigen Einwilligung oder nachträglichen Genehmigung durch den gesetzlichen Vertreter (§§ 106 bis 113 BGB).

❯ Beispiel:

> Der Technikfreak M ist 15 Jahre alt und damit minderjährig. Er hat 1.000 Euro in sei-
> nem Sparschwein, die für eine Sprachreise ins Ausland gedacht waren, geht zum PC-
> Händler P und kauft erst einmal einen vernünftigen Rechner. Den Rechner nimmt M
> mit ins Jugendzentrum. Als die technikfeindlichen Eltern des M das Fehlen des Geldes
> nach einem Jahr bemerken, schreiben sie dem P, dass sie die Genehmigung des Ge-
> schäfts ablehnen. Das Geschäft gilt damit als von Anfang an nicht zustande gekom-
> men. M bringt den Rechner zurück und erhält von P die 1.000 Euro zurück. M zahlt
> aber keine Nutzungsentschädigung, ersetzt auch nicht das leicht zerkratze TFT-
> Display o.Ä., weil der Minderjährigenschutz einen so hohen Stellenwert hat, dass er
> durch solche Entschädigungen nicht ausgehebelt werden darf.

Bei Geschäften mit Minderjährigen, die den üblichen Taschengeldrahmen übersteigen
(also vielleicht allerhöchstens 100 Euro), empfiehlt es sich also dringend, vorher die Einwilligung der Eltern einzuholen bzw. diese nachträglich nach § 108 Abs. 2 BGB zur Erklärung
über die Genehmigung aufzufordern. Äußern sich die Eltern nicht innerhalb von zwei
Wochen, gilt die Genehmigung als verweigert (vgl. § 108 Abs. 2 S. 2 BGB).

Man differenziert im Hinblick auf die Vertragsfreiheit sodann nach so genannten zwingenden und nachgiebigen Rechtsvorschriften.

Bei **zwingenden Rechtsvorschriften** gibt es keine Vertragsfreiheit, wie das Wort „zwingend" ja bereits klar zum Ausdruck bringt.

❯ Beispiel:

> Wenn der Arbeitgeber möchte, dass seine Arbeitnehmer nach Beendigung des Ar-
> beitsvertrags, z. B. durch Kündigung, nicht für die Konkurrenz arbeiten dürfen (nach-
> vertragliches Wettbewerbsverbot), dann muss er im Vertrag bereits eine Karenzent-
> schädigung in bestimmter Höhe für diesen Zeitraum vereinbaren. Anderenfalls ist das
> nachvertragliche Wettbewerbsverbot unwirksam.

Bei **nachgiebigen Vorschriften** besteht grundsätzlich Vertragsfreiheit. Das bedeutet: Man kann die Vorschrift abbedingen, also vereinbaren, dass sie nicht gelten soll, oder auch nur kleinere oder größere Abweichungen zur Vorschrift vereinbaren.

Der Grundsatz der Vertragsfreiheit gilt bei solchen Vorschriften aber dann nicht, wenn durch das Abbedingen gegen ein **gesetzlich normiertes Verbot** verstoßen wird.

> **Beispiel:**

Personalverleiher V und Entleiher E schließen einen Vertrag darüber, dass V dem E seinen Angestellten A für einen Monat ausleiht. Die Arbeitnehmerüberlassung ohne behördliche Erlaubnis ist nach dem Arbeitnehmerüberlassungsgesetz (AÜG) verboten. Es handelt sich rechtstechnisch gesehen um ein Verbot mit Erlaubnisvorbehalt. Wenn die Arbeitnehmerüberlassung also mit behördlicher Erlaubnis erfolgt, ist der Vertrag wirksam. Wenn die Arbeitnehmerüberlassung allerdings ohne behördliche Erlaubnis betrieben wird, liegt ein Verstoß gegen ein gesetzlich normiertes Verbot vor. Für diesen Fall sieht das AÜG die Unwirksamkeit des Vertrags zwischen V und E vor. Zusätzlich definiert es, dass mangels Erlaubnis fingiert wird, dass V den A an E zur Aufnahme eines Arbeitsverhältnisses vermittelt habe (vergleichbar der Arbeitsagentur). A ist nun also Angestellter von E! Das Gesetz will bezwecken, dass die Geschäfte des Verleihers nicht auf dem Rücken der Arbeitnehmerrechte des A ausgetragen werden. Indem nun ein (gesetzliches!) Arbeitsverhältnis zwischen A und E zustande gekommen ist (ob A und E das wollen, ist unbedeutend), ist sichergestellt, dass A beispielsweise aktives und passives Wahlrecht im Betriebsrat von E hat, Anspruch auf die gleichen Arbeitsbedingungen und das gleiche Entgelt (z. B. Tarifvertrag) wie andere Mitarbeiter des E hat usw.

Wenn Sie es sich einfach machen wollen, schließen Sie also möglichst keine Verträge mit (besonders) schutzbedürftigen Vertragspartnern, insbesondere Verbrauchern, sondern nur mit Unternehmern.

Die Vertragsfreiheit gilt ferner dann nicht, wenn die Vereinbarung **sittenwidrig** ist. Hierbei handelt es sich um ein besonders geregeltes gesetzliches Verbot.

> **Beispiele:**

Der Zeitungsjunge kassiert 5 Euro pro Stunde von seinem Auftraggeber. Der schreibt ihm aber für Zuspätkommen eine Vertragsstrafe von 500 Euro in den Vertrag. Diese drastisch überhöhte Vertragsstrafe ist unwirksam, weil sittenwidrig (vgl. aber auch § 343 Abs. 1 BGB zur möglichen Herabsetzung einer stark überhöhten Vertragsstrafe auf Antrag). Anders kann der Fall liegen, wenn es ersichtlich auf die pünktliche Lieferung ankommt, weil sonst ein hoher Schaden entsteht, z. B. bei Just-in-Time-Lieferverträgen der Automobilindustrie. Andererseits reicht da vermutlich schon das Risiko, den real entstehenden hohen Schaden tragen zu müssen, da bedarf es keiner Vertragsstrafe.

In einem Non-Disclosure Agreement (NDA; Geheimhaltungsvereinbarung) sind „alle Informationen" geheim zu halten, nicht nur spezifisch projektbezogene. Bei Verletzung dieser Pflicht wird für jeden Fall der Zuwiderhandlung pro Monat des Verstoßes eine Vertragsstrafe in Höhe von 100.000 Euro sofort fällig, für die der betreffende Mitarbeiter persönlich haftet. Auch diese unverhältnismäßige Regelung ist sittenwidrig.

3 Das tägliche vertragsrechtliche Handwerkszeug

Wenn Sie beruflich Verträge schließen – und das will wohl jeder –, dann sollten Sie das wesentliche Handwerkszeug dafür beherrschen. Anderenfalls kann es Ihnen passieren, dass Ihr Vertragspartner sich besser auskennt. Das ist nicht nur peinlich, sondern kann auch gefährlich werden. Sie wiegen sich dann unbegründet in einer vermeintlichen Sicherheit.

Ausgangspunkt ist die alte Weisheit, dass Verträge den Fall zufriedenstellend regeln müssen, wenn es zwischen den Vertragspartnern zum Konflikt kommt. Man braucht keine Dokumente, wenn die Liebe groß ist – bei der Scheidung freut man sich darüber umso mehr.

Wichtig: Auf den (organisierten) Fernabsatz (z. B. über das Internet) und Verträge mit Verbrauchern gehen wir hier nicht ein. Dafür gelten teilweise Besonderheiten.

3.1 Wie kommt ein Vertrag zustande?

Zunächst müssen wir herausfinden, wie überhaupt ein Vertrag zustande kommen kann.

Vermutlich gehen Sie davon aus, dass man dafür ein Blatt Papier benötigt, einen komplizierten Text darauf und zwei Unterschriften. Damit kann man zwar einen Vertrag schließen. Man benötigt aber nicht unbedingt Papier, keinen komplizierten Text und auch keine Unterschriften, um einen Vertrag zu schließen.

3.1.1 Antrag und Annahme

Die zentrale Norm dafür findet sich in § 145 BGB:

§ 145 BGB: „Bindung an den Antrag"

> Wer einem anderen die Schließung eines Vertrags anträgt, ist an den Antrag gebunden, es sei denn, dass er die Gebundenheit ausgeschlossen hat.

Es geht also darum, dass es (regelmäßig zwei) Personen gibt. Die eine gibt einen **Antrag** ab, einen Vertrag abzuschließen. Die andere kann diesen Antrag dann annehmen. Ein Vertrag besteht also aus Antrag (von Nicht-Juristen und auch Juristen meist Angebot genannt) und **Annahme**.

❯ Beispiel:

Frau A sagt zu Herrn B: „Leihst du mir dein Auto?" (Antrag). Herr B antwortet: „Ja, einverstanden" (Annahme).

❶ Abwandlung:

Herr B antwortet: „Ich habe gar kein Auto" oder einfach „Nein" (Ablehnung).

Der Fall der **Ablehnung** ist grundsätzlich einfach: Damit kommt der Vertrag nicht zustande. Man beachte aber, dass jederzeit ein neuer Antrag gestellt werden kann, der dann vielleicht angenommen wird.

❯ Beispiel:

Herr B hat zwar zunächst „Nein" gesagt, gibt Frau A aber später trotzdem den Autoschlüssel (neuer Antrag durch schlüssige („konkludente") Handlung). Frau A nimmt den Schlüssel und fährt weg (Annahme durch schlüssige Handlung).

Leider wird es jetzt etwas komplizierter, und wir müssen diese Begriffe bis zu ihren Wurzel herunterbrechen, weil jeweils bestimmte Regeln zu beachten sind:

Antrag und Annahme sind ihrerseits **empfangsbedürftige Willenserklärungen**.

3.1.2   Willenserklärung

Eine **Willenserklärung** ist eine Willensäußerung, die auf die Herbeiführung einer bestimmten Rechtsfolge gerichtet ist.

Die Willenserklärung besteht aus einem äußeren (objektiven) und einem inneren (subjektiven) Tatbestand.

3.1.2.1   Objektiver Tatbestand

Der **objektive Tatbestand** umfasst die Kundgabe (Willensäußerung) und den erkennbaren Rechtsbindungswillen. „Objektiv" meint, dass die Kundgabe und der Rechtsbindungswille für beobachtende Dritte wahrnehmbar ist.

❯ Negativ-Beispiel:

Der Verkäufer behauptet, der Käufer habe ihm sein Einverständnis per Gedankenübertragung mitgeteilt.

Die **Kundgabe** kann ausdrücklich, konkludent oder sogar (in sehr seltenen Fällen, ausnahmsweise) durch Schweigen erfolgen.

❯ Beispiele:

Herr A sagt zum Händler B: „Ich möchte das LCD-Display kaufen" (ausdrückliche Kundgabe).

Herr C nimmt eine Fachzeitschrift und 5 Euro und legt beides vor dem Kassierer K auf den Tisch (konkludente Kundgabe). Der Kassierer telefoniert weiter mit seiner Freundin und sieht zu, wie Herr C dann mit der Fachzeitschrift aus dem Laden geht (ebenfalls konkludente Kundgabe, vgl. die Ausführungen zum Schweigen unter 3.2.2).

Der **Rechtsbindungswille** wird dadurch kenntlich, dass für einen objektiven Beobachter der Wille zu einer rechtlichen Bindung erkennbar wird. Meist ist das der Fall. Der Rechtsbindungswille liegt nicht vor, wenn es sich um reine Gefälligkeiten handelt oder unverbindliche Gespräche aus sozialen Gründen („Smalltalk").

Praktisch wichtig ist der Fall der „invitatio ad offerendum" – dabei gibt jemand lediglich eine Aufforderung an andere ab, ihrerseits Angebote abzugeben. Erkennbar ist das z. B. daran, dass er sich sonst mehrfach vertraglich binden würde, oder dass es für solche Geschäfte gerade darauf ankommt, mit wem man den Vertrag schließt.

❯ Beispiel:

Herr Meier stellt ein Gehäuse in sein Schaufenster. Das ist lediglich eine Aufforderung zur Angebotsabgabe an die Passanten, weil Herr Meier für das eine Gehäuse nur einen (1) Kunden sucht (er möchte nicht mit mehreren Kunden Verträge über nur ein Gehäuse machen, weil er evtl. nicht genügend Gehäuse liefern kann), und er zudem nicht mit jedem einen Vertrag schließen möchte, der zur Tür hereinkommt (unabhängig von dessen Möglichkeit, das Gehäuse überhaupt zu bezahlen). Gleiches gilt z.B. für Werbeanzeigen.

Ein weiterer Fall fehlenden Rechtsbindungswillens sind so genannte **Freiklauseln**. Dadurch möchte jemand gerade vermeiden, eine rechtlich verbindliche Willenserklärung abzugeben.

❯ Beispiel:

Herr A fragt bei Herrn Meier an, was der für das Gehäuse haben möchte. Herr Meier schickt daraufhin ein Fax, auf dem deutlich vermerkt ist: „Angebot freibleibend". Dadurch möchte Herr Meier zwar informell den Preis bekannt geben, sich aber gleichzeitig noch nicht rechtlich binden (z. B. weil erst noch weitere Details geklärt werden müssen, beispielsweise die Zahlungsbedingungen oder weil er auch anderen potenziellen Kunden so ein Fax schicken will).

3.1.2.2   Subjektiver Tatbestand

Das war der objektive oder äußere Tatbestand einer Willenserklärung. Kommen wir nun zum **subjektiven Tatbestand**. Dieser besteht als Minimum aus dem Handlungswillen.

Erklärungsbewusstsein und Geschäftswille können vorliegen, müssen aber nicht. Fehlt es daran, kann die Willenserklärung unter bestimmten Voraussetzungen wegen Irrtums (= Auseinanderfallen von Wille und Erklärung) angefochten werden (§ 119 Abs. 1 BGB).

Der **Handlungswille** fehlt im Grunde nur, wenn es sich um Reflexe, Hypnose oder unmittelbaren Zwang (vorgehaltene Waffe) handelt.

❯ Beispiel:

Der Kunde ist im PC-Laden eingenickt und faselt im Schlaf etwas von „Ich bestelle 1.000 Rechner".

Der PC-Verkäufer hält dem Kunden eine Waffe vor und zwingt ihn, den Kaufvertrag zu unterschreiben.

Das **Erklärungsbewusstsein** liegt vor, wenn dem Erklärenden bewusst ist, was er gerade erklärt. Wenn das Erklärungsbewusstsein nicht vorliegt, so kann der Erklärende lediglich die Willenserklärung wegen Irrtums anfechten.

❯ Beispiel:

Typischer Lehrbuchfall ist die Versteigerung, bei der einem Besucher nicht klar ist, dass Handaufheben die Abgabe eines Gebotes bedeuten soll - er möchte jemanden grüßen und hebt deshalb die Hand.

Der **Geschäftswille** meint, dass der Erklärende genau dieses Geschäft abschließen möchte. Falls der Geschäftswille fehlt, kann der Erklärende wegen Irrtums anfechten.

3.1.2.3   Zusammenfassung

Liegen objektiver und subjektiver Tatbestand vor, handelt es sich überhaupt erst einmal um eine Willenserklärung. Das heißt aber noch nicht, dass diese auch abgegeben wurde und zugegangen ist – das sind zwei weitere Anforderungen.

3.1.3   Abgabe der Willenserklärung

Die Abgabe ist erforderlich, weil man verhindern möchte, dass z. B. weggeworfene Zettel als Willenserklärung betrachtet werden. Deshalb ist es erforderlich, dass der Erklärende die Willenserklärung wissentlich oder zumindest zurechenbar in den Verkehr bringt. Formal spricht man von der „willentlichen Entäußerung in den Rechtsverkehr, so dass bei normalen Verhältnissen mit dem Zugang zu rechnen ist".

Man unterscheidet bei der Abgabe danach, ob die empfangsbedürftige Willenserklärung unter Anwesenden oder Abwesenden erfolgt.

Bei **Anwesenden** ist eine mündliche Willenserklärung abgegeben, wenn sie so geäußert wurde, dass der Empfänger in der Lage ist, sie zu verstehen. Das kann auch am Telefon geschehen. Die Abgabe ist auch erfolgt, wenn die Willenserklärung schriftlich zur Entgegennahme überreicht wurde.

Bei **Abwesenden** gilt Folgendes: Wenn die Willenserklärung mündlich erfolgt, so gilt sie als abgegeben, wenn ein Erklärungsbote losgeschickt wird.

❯ **Beispiel:**

Herr A schickt einen seiner Mitarbeiter los, um Toner der Marke „X 123" für den Laserdrucker im Laden des B zu kaufen. Damit hat er die Willenserklärung abgegeben.

Bei **schriftlicher** Erklärung kommt es darauf an, ob die Erklärung so in die Richtung des Empfängers losgeschickt wurde, dass mit einem Zugang unter normalen Umständen gerechnet werden konnte.

Es reicht aber auch, wenn dem Erklärenden die Abgabe klar zugerechnet werden kann, also z. B. seine Mitarbeiter für ihn handeln.

❯ **Beispiel:**

Herr Meier legt die Bestellung (die er eigentlich noch überdenken wollte) so auf den Schreibtisch, dass seine Sekretärin sie ganz normal (wie sie das üblicherweise mit Schreiben an diesem Platz auf dem Schreibtisch macht) wie andere Schreiben auch in einen Briefumschlag steckt und versendet.

3.1.4 Zugang der Willenserklärung

Der Zugang ist notwendig, um sicherzustellen, dass die Willenserklärung dem Empfänger auch zugegangen ist. Das hört sich zunächst trivial an. Viel wichtiger ist jedoch der (einigermaßen genaue) Zeitpunkt des Zugangs, und über den kann man manchmal ziemlich streiten.

3.1.4.1 Normalfälle

Doch erst zu den Grundsätzen. Bei **mündlicher** Erklärung erfolgt der Zugang mit der akustisch richtigen Vernehmung durch den Empfänger. Hier ist der Zeitpunkt normalerweise einfach zu bestimmen.

❯ **Beispiel:**

Herr A sagt „Ich kaufe den DVD-Brenner" und Herr B versteht das auch so.

Vielleicht kommt Ihnen das gerade alles viel zu kompliziert vor. Versuchen Sie sich aber mal eine Börse oder eine Auktion vorzustellen, bei der ein Händler eine Ware anbietet und mehrere Personen durcheinander rufen. Da ist sehr wichtig, wann der Zugang einer Willenserklärung erfolgt, gerade wenn der erste Bieter gewinnen soll.

Die echten Probleme bei der Bestimmung der Zugangszeit entstehen aber üblicherweise bei der **schriftlichen** Erklärung.

Dabei gilt folgende **Grundregel**: Der Zugang erfolgt durch Eintritt in den Machtbereich des Empfängers *und* wenn die Kenntnisnahme unter normalen Umständen zu erwarten ist.

§ 130 Abs. 1 Satz 1 BGB:

Eine Willenserklärung, die einem anderen gegenüber abzugeben ist, wird, wenn sie in dessen Abwesenheit abgegeben wird, in dem Zeitpunkt wirksam, in welchem sie ihm zugeht.

Egal ist, ob die schriftliche Erklärung unter An- oder Abwesenden erfolgt. Es ist auch unerheblich, ob tatsächlich eine Kenntnisnahme erfolgt, es reicht die Möglichkeit dazu.

Bei Einwurf in den **Briefkasten** des Empfängers gilt der Zeitpunkt der nächsten üblichen Leerung. Üblicherweise kann man bei Privatpersonen erwarten, dass die Post spätestens abends bei Rückkehr von der Arbeit aus dem Briefkasten genommen wird. Bei Firmen wird man erwarten können, dass diese die Zeit kennen, zu der die Post kommt und die Post auch noch am gleichen Tag zeitnah aus dem Briefkasten holen.

Eine zu üblichen Geschäftszeiten aufgesprochene Nachricht auf dem **Anrufbeantworter** gilt nach zum Teil vertretener Auffassung mit der Aufnahme (nicht erst mit dem Abhören!) als zugegangen, ein zu üblichen Geschäftszeiten eingehendes **Telefax** zu dem Zeitpunkt, zu dem bei ordnungsgemäß betriebsbereitem Gerät der Ausdruck erfolgen würde. Außerhalb der üblichen Geschäftszeiten eingehende Faxe oder Anrufbeantworternachrichten gehen zu Beginn der nächsten Geschäftszeit zu.

Eine **E-Mail** an eine geschäftliche Adresse zu üblichen Geschäftszeiten gilt unmittelbar nach Eingang der Nachricht im elektronischen Briefkasten des Empfängers als zugegangen. Unklar ist hier, ob der *lokale PC* als Briefkasten gelten soll, oder bereits der *POP-/IMAP-Server*, auch wenn letzterer sich nicht in den Räumen des Empfängers befindet (sondern z. B. beim Internet-Provider). Es liegt nahe, die gleichen Regeln anzunehmen wie beim Einwurf eines Briefes in den Briefkasten.

❯ Beispiel:

Herr A schickt Herrn B eine E-Mail. Technisch wird sie dadurch auf dem POP-Server von Herrn B gespeichert, der beim Provider P steht. Es ist schwer zu beurteilen, ob die E-Mail allein dadurch schon so in den Machtbereich des Herrn B gelangt ist, dass eine Kenntnisnahme unter normalen Umständen zu erwarten ist. Einerseits hat wohl nur Herr B die Account-Daten für seinen POP-Server (kann sich also jederzeit per Internet dort anmelden). Andererseits (vom Sinn der obigen Grundregel her gedacht) bekommt Herr B die E-Mail dadurch nicht direkt zu sehen. Eine ausgedruckte Faxseite z. B. fällt jemandem direkt auf, wenn man am Fax vorbeigeht. Üblicherweise steht ein Fax (zumindest bei Geschäftsleuten) in der Nähe des Schreibtischs, so dass eine neue Sendung auffällt. Da ist während der üblichen Geschäftszeiten die Annahme des Zugangs berechtigt. Auch Herr B könnte die E-Mail auf dem POP-Server sehen, wenn er einen Webmailer benutzen würde. Wenn Herr B aber ein übliches Email-Programm (wie Eudora, Outlook, KMail) benutzt, so muss dieses die E-Mail erst vom POP-Server auf den PC von Herrn B kopieren, damit er sie zur Kenntnis nehmen kann. Im Idealfall sitzt Herr B den ganzen Tag vor seinem Rechner, das Email-Programm holt die E-Mail nach 5 Minuten automatisch vom Server und macht noch durch einen Klang auf den Email-Eingang aufmerksam. Das ist aber nicht die Regel. Viele Menschen sind selbst im Büro nicht ständig an ihrem Rechner, und die Sound-Effekte bei Email-Programmen sind oft abgeschaltet, weil durch Spam ständig „Fehlalarme" ausgelöst würden. Auch ist erwiesen, dass Unterbrechungen durch Email-Eingang die konzentrierte Arbeit (gerade mit dem PC) stören. Das alles spricht dafür, eher die gleichen Regeln wie beim Briefkasten anzunehmen. Denn die sofortige Kenntnisnahme direkt nach dem Empfang auf dem POP-Server kann unter normalen Umständen gerade nicht erwartet werden, nicht einmal die auf dem lokalen PC. Herr B muss also wohl nur einmal täglich seinen POP-Server auf Emails überprüfen, aber wohl jedenfalls auch noch mal vor Ende der Geschäftszeiten, und der Zugang gilt dann zu dieser üblichen Zeit als bewirkt.

Das Obige gilt allerdings jeweils nur während der üblichen Geschäftszeiten.

❯ Beispiele:

Herr A schickt Herrn B privat ebenso wie der Firma F einen Brief. Der Brief an B wird vom Postboten am Montag in den Briefkasten des Herrn B geworfen. Herr B war am Montag nicht da. Der Brief an B gilt als am Montag zugegangen, obwohl Herr B ihn an diesem Tag gar nicht aus dem Briefkasten geholt hat.

Der Brief an Firma F wird am Montag um 19 Uhr, also außerhalb der Geschäftszeiten, in den Briefkasten der Firma F eingeworfen. Er gilt als am Dienstag um 11 Uhr zugegangen, weil das der nächste übliche Leerungszeitpunkt des Briefkastens ist (denn alle Postdienste waren um 11 Uhr üblicherweise schon da).

Herr C schickt der Firma F am Mittwoch um 10.30 Uhr (während der Geschäftszeiten) ein Fax. Es gilt mit Beendigung des Ausdrucks als zugegangen, also wenige Minuten später.

Herr D schickt Herrn E eine E-Mail. Die Mail wird am Donnerstag um 10.59 Uhr auf dem POP-Server beim Provider von Herrn E gespeichert. Herr E holt die E-Mail üblicherweise erst um 16.00 Uhr vom POP-Server ab. Die E-Mail gilt am Donnerstag um 16.00 Uhr als zugegangen.

Wir möchten Ihnen – gerade mit der obigen ausführlichen Überlegung zur Email – darstellen, dass man über den Zugangszeitpunkt im Einzelnen durchaus heftig streiten kann. Oft ist der Tag des Zugangs noch einigermaßen sicher. Glücklicherweise kommt es in den meisten Fällen auf die Uhrzeit nicht weiter an.

Eines ist aber auch klar: Wenn sich der Zugang zu einem früheren Termin beweisen lässt, erübrigen sich obige Überlegungen.

> **Beispiel:**

Herr A schickt Herrn B am Montag einen Brief. Die einzuhaltende Frist läuft für Herrn A am Dienstag ab. Herr B kann nicht behaupten, der Brief sei nicht am Dienstag zugegangen, wenn er selbst schon am Dienstag dem Herrn A ein Fax geschickt hat, in dem er auf eben diesen - offensichtlich bereits erhaltenen - Brief Bezug genommen hat. Das gilt auch, wenn der Bote des Herrn A bezeugen kann, dass er den Brief am Dienstag ausgehändigt hat.

Im Zweifel bietet sich an, um eine Empfangsbestätigung vor Fristablauf zu bitten und notfalls den Zugang durch eine erneute Zustellung (auf schnellerem Wege, z. B. persönliche Übergabe unter Zeugen) zu bewirken.

Postdienstleister haben zudem eine Reihe von Produkten, die eine Zustellung zu einem bestimmten Termin und vor einer bestimmten Uhrzeit (z. B. am nächsten Tag vor 9 Uhr) garantieren sollen. Wurden solche Dienste vom Absender genutzt, wird man davon ausgehen können, dass der *Empfänger* detailliert darlegen muss, dass der Zugang *nicht* erfolgt sei, da der Anschein und ggf. die Unterlagen des Postdienstleisters klar für die Einhaltung der vereinbarten Zeiten sprechen.

Klar ist aber auch: Wenn der *Absender* eine Frist einzuhalten hat, muss *er* sich grundsätzlich darum kümmern, dass der Zugang innerhalb der Frist erfolgt – und nicht etwa der Empfänger. Der Absender tut also im eigenen Interesse gut daran, die Erklärung nicht erst „in letzter Sekunde" auf den Weg zu bringen.

> **Beispiel:**

Herr A setzt Herrn B eine Frist, bis zum Dienstag (also 24.00 Uhr) den Kaufvertrag über einen PC anzunehmen. Er weist klar darauf hin, dass er den PC nach Fristablauf anderweitig verkaufen wird. Herr B schickt am Montag einen normalen Brief mit der Annahmeerklärung los. Der Brief kommt aber (ohne Verschulden des B) erst am Mittwoch bei Herrn A an. Herr B hat damit die Frist versäumt. Herr A sollte Herrn B allerdings unverzüglich (also i.d.R. noch am Mittwoch) darauf hinweisen, dass er die Annahmeerklärung verspätet erhalten hat und deshalb der Kaufvertrag nicht zustande gekommen ist.

> **!** **Abwandlung:**

Herr B trifft zufällig Herrn A am Dienstag um 23.59 Uhr in einer Kneipe und nimmt das Angebot (damit wirksam innerhalb der Frist) mündlich an.

3.1.4.2　　Sonderfälle

Noch interessanter wird es, wenn wir uns die Sonderfälle ansehen. Nehmen wir an, der Empfänger verhindert den Zugang.

Bei einer **unberechtigten Annahmeverweigerung** gilt die Willenserklärung als zugegangen im Zeitpunkt des Übermittlungsangebotes. Denn die Kenntnisnahme wäre dem Empfänger möglich und auch von ihm zu erwarten gewesen. Es kommt dann also überhaupt nicht auf die tatsächliche Kenntnisnahme an, sondern das Gesetz behilft sich mit einer Fiktion: Die Erklärung gilt als zugegangen, obwohl der Empfänger sie tatsächlich gar nicht zur Kenntnis nehmen konnte (aber nur, weil er den Empfang verweigert hat).

Wenn gar eine **absichtliche Zugangsverhinderung** vorliegt, wird ebenfalls der Zugang fingiert. Das sind Fälle, in denen der Empfänger z. B. ein Einschreiben nicht abholt, weil er ahnt, dass der Absender ihm unangenehme Dinge schreibt. Der Empfänger muss sich auch hier ggf. behandeln lassen, als ob er die Willenserklärung erhalten hätte, wobei es nach der Rechtsprechung jeweils auf die Umstände des Einzelfalls ankommt. Das kann sehr unangenehm für den Empfänger sein, da er sie ja auch tatsächlich nicht kennt und nur vermutet, was der Absender ihm schreibt.

Dann gibt es noch den Fall der **Versäumung von Empfangsvorkehrungen**. Der Empfänger ist zwar grundsätzlich gewillt, die Willenserklärung entgegenzunehmen. Doch sie kann ihm schlicht nicht zugestellt werden, z. B. weil kein Briefkasten verfügbar ist oder das Papier im Fax leer ist.

Für **Unternehmer** wichtig ist die Rechtsprechung in diesem Bereich. Danach muss der Kaufmann für die Zeit seiner Abwesenheit einen Empfangsbevollmächtigten bestellen. Der Geschäftsmann muss die Verlegung seines Geschäftslokals der Post anzeigen. Letzteres kann in Zeiten verschiedenster Post- und Paketdienste durchaus problematisch sein. Im Zweifel sollte ein entsprechender Hinweis am alten Briefkasten angebracht werden.

Für den Absender von äußerst wichtigen Willenserklärungen ist ggf. die **mehrfache Übersendung** sinnvoll. So kann im Extremfall eine Übermittlung per Fax, von Zeugen eingeworfenem Brief und Einwurfeinschreiben sinnvoll sein. Man sollte auch bedenken, dass manche Übermittlungen nur beweisen, dass man überhaupt etwas übermittelt hat, aber nicht, welchen Inhalt die Willenserklärung hatte. Lassen Sie also bei Bedarf geeignete Zeugen (Mitarbeiter, Freunde, Hotelpersonal, notfalls einen Rechtsanwalt) für Sie die Übermittlung durchführen und sich das entsprechend samt Bestätigung des Inhalts quittieren.

3.1.5 Widerruf

Sie fragen sich sicher schon, warum wir auf dem Zugang so „herumreiten". Dann kommt für geduldige Leser jetzt die Auflösung dieses Rätsels.

Zum einen kommt es im Rechtsverkehr oft auf die Einhaltung von Fristen an. Man kann noch so sehr im Recht sein, wenn man die Frist versäumt hat, hat man oft verloren. Zudem gilt: Bis zum Zugang einer Willenserklärung hat der Absender nach § 130 Abs. 1 Satz 2 die Möglichkeit, die Willenserklärung zu **widerrufen**.

§ 130 Abs. 1 Satz 2:

> Sie [Die Willenserklärung] wird nicht wirksam, wenn dem anderen vorher oder gleich-
> zeitig ein Widerruf zugeht.

Sie haben unter Umständen also die Möglichkeit, es sich noch anders zu überlegen. Gute
Chancen bestehen beispielsweise, einen Brief durch ein (schnelleres) Fax zu widerrufen.
Zumindest die rechtliche Wirkung kann man so vermeiden – das im Brief Gesagte viel-
leicht nicht.

❯ Beispiel:

> Herr Müller sieht in einem Prospekt ein günstiges Angebot der Firma F. Er schickt
> abends um 23 Uhr gleich noch ein Fax an die Firma F, weil das Angebot nur noch an
> dem Tag gelten soll. Nach ein wenig Recherche im Internet findet er ein besseres An-
> gebot. Er möchte seine Bestellung also lieber widerrufen. Dazu sendet er um 2 Uhr
> nachts ein Fax an die Firma F, in dem er erklärt, er möchte die Ware nicht mehr ha-
> ben. Da üblicherweise um diese Uhrzeiten kein Geschäftsbetrieb bei F herrscht, gel-
> ten beide Faxe erst z. B. als am Morgen um 9 Uhr (üblicher Bürobeginn bei F) zuge-
> gangen. Da die Erklärungen rechtlich betrachtet gleichzeitig eingingen, ist der Wider-
> ruf wirksam und es ist kein Vertrag zustande gekommen.

Eine kaufmännische Anmerkung dazu: Es bringt als Verkäufer in solchen Fällen wenig,
über den Zugangszeitpunkt zu streiten. Die Kernaussage ist doch: Der Kunde möchte die
Ware nicht mehr haben. Sie sollten also allein schon aus Kulanz darauf verzichten, auf
dem Vertrag zu bestehen. Ein Kunde, der zur Annahme der Ware gezwungen wird, wird
alle Hebel in Bewegung setzen, um die Ware doch noch irgendwie an Sie zurückgeben zu
können.

❯ Beispiel:

> Der Kunde sucht nun extensiv nach Mängeln, beauftragt seinen Anwalt, sich etwas
> „Lustiges" einfallen zu lassen oder verbreitet einfach nur üble Gerüchte über Ihren
> miesen Service.

Falls bereits Kosten für den Versand o. Ä. angefallen sind, kann man dem Kunden auch
anbieten, einfach diese Kosten zu übernehmen (oder sie sich im zweiten Schritt hälftig zu
teilen). Ein derart fair behandelter Kunde wird gerne später wieder bei Ihnen bestellen.

3.1.6   Inhaltliche Übereinstimmung

Wir waren in dieses Kapitel gestartet mit der Frage, wie man einen Vertrag schließt. Sie
haben jetzt indirekt mehrere Varianten kennen gelernt. Immer gehören ein Antrag und
eine Annahme dazu. Antrag und Annahme können (s.o.) explizit, durch schlüssiges Handeln oder sogar in besonderen Fällen durch Schweigen erfolgen.

Eines ist noch wichtig: Antrag und Annahme müssen **inhaltlich übereinstimmen**. Ist das nicht der Fall, kommt kein Vertrag zustande, aber es gilt das im nächsten Abschnitt 3.1.7 Beschriebene.

Zudem müssen im Antrag die wesentlichen Vertragsteile enthalten sein (oder klar aus den Umständen zu entnehmen sein). Das sind mindestens Vertragspartner und Vertragsgegenstand (einschließlich Gegenleistung, also Preis, aber in manchen Fällen kann der Preis sich auch schon aus dem Gesetz ergeben, vgl. § 611 Abs. 2 BGB), während Randprobleme offen bleiben können (weil das Gesetz Regelungen dafür vorsieht, wenn man nichts dazu regelt, aber das Gesetz kann natürlich nicht Regelungen dazu vorsehen, wer einen Vertrag macht und worüber der Vertrag geschlossen wird).

Als Faustregel kann man davon ausgehen, dass ein Antrag so formuliert sein muss, dass eine Annahme aus Sicht des Empfängers des Antrags mit „Ja" möglich ist. Denn sonst ist der Antrag nicht vollständig.

3.1.7   Neuer Antrag durch modifizierte Annahme

Es gibt aber in der Praxis auch häufig den Fall, dass die Antwort auf einen Antrag nicht nur aus „Ja" besteht, sondern ihrerseits eine inhaltliche Änderung vorsieht.

❯ **Beispiel:**

> Herr A schreibt „Ich biete Ihnen den Verkauf des PC für 1.000 Euro an" (Antrag). Daraufhin antwortet Herr B „In Ordnung, aber nur für 900 Euro".

Wenn die Antwort auf einen Antrag inhaltliche Änderungen bringt, so ist darin keine Annahme zu sehen, sondern ein neuer Antrag.

❯ **Beispiel (Fortsetzung):**

> Herr B hat also den Antrag von Herrn A abgelehnt und ihm gleichzeitig einen (neuen) Antrag gemacht, sich auf den Verkauf des PC für 900 Euro zu einigen, den A jetzt wieder mit „Ja" annehmen kann, oder A kann wieder einen neuen Antrag machen (z.B. „OK, aber für 950 Euro").

3.2   Feinheiten zum Vertragsabschluss

Sie wissen jetzt, wie man einen einfachen Vertrag schließt. Das war aber noch nicht alles – jetzt starten wir sozusagen ins Kapitel für Fortgeschrittene.

3.2.1   Form

Für bestimmte Rechtsgeschäfte ist die Einhaltung einer bestimmten Form vorgeschrieben. In § 125 BGB heißt es:

§ 125 BGB: „Nichtigkeit wegen Formmangels"

Ein Rechtsgeschäft, welches der durch Gesetz vorgeschriebenen Form ermangelt, ist nichtig. Der Mangel der durch Rechtsgeschäft bestimmten Form hat im Zweifel gleichfalls Nichtigkeit zur Folge.

3.2.1.1   Schriftform

Die Schriftform ist für bestimmte Rechtsgeschäfte vorgeschrieben, z. B. für die Kündigung eines Wohnraummietvertrages (§ 568 Abs. 1 BGB) oder eine Bürgschaftserklärung (§ 766 Satz 1 BGB).

§ 126 BGB: „Schriftform"

(1)   Ist durch Gesetz schriftliche Form vorgeschrieben, so muss die Urkunde von dem Aussteller eigenhändig durch Namensunterschrift oder mittels notariell beglaubigten Handzeichens unterzeichnet werden.

(2)   Bei einem Vertrag muss die Unterzeichnung der Parteien auf derselben Urkunde erfolgen. Werden über den Vertrag mehrere gleich lautende Urkunden aufgenommen, so genügt es, wenn jede Partei die für die andere Partei bestimmte Urkunde unterzeichnet.

(3)   Die schriftliche Form kann durch die elektronische Form ersetzt werden, wenn sich nicht aus dem Gesetz ein anderes ergibt. [...]

Im Gesetz ist die Schriftform sehr selten vorgeschrieben. Wichtiger ist die Bestimmung in § 125 Satz 2 BGB, dass der **Formmangel** auch bei frei vereinbarter Form im Zweifel die Nichtigkeit zur Folge hat.

Die Vereinbarung einer bestimmten Form, z. B. der Schriftform, bedarf zunächst eines entsprechenden Vertrags. Dafür gelten die oben dargestellten Grundsätze (Antrag, Annahme usw.). Damit wäre dann jede Vereinbarung nichtig, die nicht schriftlich erfolgt. Die Sache hat aber einen Haken: Die Abbedingung der Schriftform ist jederzeit möglich, und zwar auch mündlich!

● Beispiel:

Herr A und Frau B schließen einen Vertrag, in dem sie auch (wirksam) vereinbaren, dass jedwede Änderung des Vertrages der Schriftform bedarf. Eine Woche später treffen sich A und B wieder und einigen sich mündlich darauf, den Vertrag anders durchzuführen. Diese Absprache ist daher nicht nichtig wegen Formmangels.

Anders ist das aber nach Rechtsprechung des BGH, wenn Kaufleute vereinbaren, dass auch die Schriftformvereinbarung nur schriftlich aufgehoben werden kann (sog. doppelte Schriftformklausel). Eine solche Klausel hat den einzigen Zweck, die Aushöhlung der Schriftformvereinbarung durch Bindung der Vertragspartner an mündliche Erklärungen oder gar an schlüssiges Verhalten unmöglich zu machen. Rechtliche Bedenken gegen eine solche Regelung bestehen dann nicht, wenn sie unter Kaufleuten in einem Individualvertrag (anders in AGB: die mündliche Vereinbarung hat dann Vorrang) getroffen wird. Die Vertragsfreiheit erlaubt ihnen, ihre rechtsgeschäftlichen Beziehungen starr an bestimmte Formen zu binden. Die Vertragsschließenden haben dann erkennbar auf Sicherheit in ihren rechtsgeschäftlichen Beziehungen zueinander entscheidenden Wert gelegt, wie sie durch die gewählte Formstrenge gewährleistet wird. Entschließen sich Kaufleute in dieser Hinsicht zu freiwilliger Bindung, weil der damit verbundene Vorteil, immer Klarheit über den Inhalt von Verträgen zu haben, den Nachteil einer weniger großen Beweglichkeit im geschäftlichen Alltag aufwiegt, so verdient das gerade im Hinblick auf die Vertragsfreiheit strikte Beachtung.

Aber auch wenn eine solche doppelte Schriftformklausel nicht vereinbar ist und daher eine mündliche Aufhebung möglich ist, besteht ein Unterschied zu Verträgen ganz ohne Schriftformklausel: Denn in einem Prozess müssen die entsprechenden Behauptungen auch bewiesen werden. Mündliche Absprachen lassen sich da eher schwer beweisen. Die Vereinbarung der Schriftform stellt zudem gerade ein Indiz (aber auch nicht mehr als das) dafür dar, dass die Vertragspartner gerade keine mündlichen Änderungen vorgenommen haben. Die Vereinbarung von Schriftform ist also sehr sinnvoll. Noch wichtiger ist, dass Sie während der Vertragsdurchführung schriftliche Beweise schaffen. Das kann z. B. in Form von Protokollen geschehen, die Sie dem Vertragspartner faxen.

3.2.1.2   Elektronische Form

Häufig taucht die Frage auf, ob auch Email ausreichend ist. Dazu sagt § 126 a BGB zur gesetzlich vorgeschriebenen Schriftform:

§ 126 a BGB: „Elektronische Form"

(1) Soll die gesetzlich vorgeschriebene schriftliche Form durch die elektronische Form ersetzt werden, so muss der Aussteller der Erklärung dieser seinen Namen hinzufügen und das elektronische Dokument mit einer qualifizierten elektronischen Signatur nach dem Signaturgesetz versehen.

(2) Bei einem Vertrag müssen die Parteien jeweils ein gleich lautendes Dokument in der in Absatz 1 bezeichneten Weise elektronisch signieren.

Das Signaturgesetz aus dem Jahr 2001 kennt in seinem § 2 mehrere Formen von Signaturen: einfache, fortgeschrittene und qualifizierte Signaturen. Eine **einfache Signatur** ist z. B. die beigefügte eingescannte Unterschrift oder einfach der Text, der als Name unter eine Mail geschrieben wird. Eine **fortgeschrittene Signatur** ist z. B. eine Signatur unter Verwendung eines PGP-Schlüssels, da er ausschließlich dem Inhaber zugeordnet ist, seine

Identifizierung ermöglicht, der Inhaber den Schlüssel unter seiner alleinigen Kontrolle halten kann und eine nachträgliche Veränderung der signierten Daten erkannt werden kann. Eine **qualifizierte Signatur** nach dem Signaturgesetz liegt vor, wenn zusätzlich ein zum Zeitpunkt der Signierung gültiges qualifiziertes Zertifikat benutzt wurde und die Signatur mit einer sicheren Signaturerstellungseinheit erzeugt wurde. Letzteres geht praktisch nicht ohne Zertifizierungsanbieter wie Verisign, Signtrust der Deutschen Post AG, TC TrustCenter oder Thawte.

Ein Zertifizierungsanbieter wie TrustCenter bietet Zertifikate mit verschiedenen Sicherheitsstufen (http://www.trustcenter.de/infocenter/hintergrund-infos.htm):

Class 0 dient nur als Demo-Zertifikat, besitzt aber keinerlei Aussagekraft bezüglich der Identität des Verwenders.

Mit einem **Class 1**-Zertifikat wird nur bestätigt, dass eine bestimmte Email-Adresse existiert und der Besitzer des zugehörigen öffentlichen Schlüssels Zugriff auf diese Email-Adresse hatte.

Bei **Class 2** erfolgt die Überprüfung der Identität des Antragstellers nur anhand von Dokumenten, z. B. einer einfachen Kopie des Handelsregisterauszugs. Diese Zertifikate dienen nur zur sicheren Kommunikation zwischen Partnern, die sich schon außerhalb des Internets kennen.

Bei **Class 3** ist dann schon eine persönliche Identifizierung (z. B. über die Vorlage des Personalausweises und ggf. des Handelsregisterauszugs) erforderlich. Es wird sichergestellt, dass die Angaben in diesen Unterlagen so auch im Zertifikat stehen. Bei dieser Klasse ist gewährleistet, dass signierte Daten auch wirklich vom Zertifikatinhaber stammen. Bei einer Manipulation des Inhalts oder fehlerhafter Übermittlung wird die elektronische Unterschrift ungültig. Bei juristischen Personen wird auch die Überprüfung der juristischen Person erforderlich (z. B. durch beglaubigten Handelsregisterauszug, aus dem sich die Geschäftsführungsbefugnis, Prokura o. Ä. ergibt).

Für **Class 4** wäre dann beispielsweise eine Steigerung möglich, indem die Identifizierung durch eine Meldebehörde (z. B. städtisches Ordnungsamt) erfolgen müsste.

Zertifikate können auch zur **Signierung von Sourcecode** oder Installationspaketen genutzt werden, um ihre Herkunft und Integrität sicherzustellen (Code Signing Zertifikate).

Qualifizierte Signaturen sind bislang eher die Ausnahme (wohl aus Aufwands- und Kostengründen), einfache und fortgeschrittene Signaturen sind hingegen weit verbreitet.

3.2.1.3   Vereinbarte Form

Regelmäßig geht es aber gar nicht um die gesetzlich vorgeschriebene Form, sondern um eine lediglich zwischen den Vertragspartnern vereinbarte Form.

§ 127 BGB: „Vereinbarte Form"

(1)   Die Vorschriften des § 126, des § 126 a oder des § 126 b gelten im Zweifel auch für die durch Rechtsgeschäft bestimmte Form.

(2)   Zur Wahrung der durch Rechtsgeschäft bestimmten schriftlichen Form genügt, soweit nicht ein anderer Wille anzunehmen ist, die telekommunikative Übermittlung und bei einem Vertrag der Briefwechsel. Wird eine solche Form gewählt, so kann nachträglich eine dem § 126 entsprechende Beurkundung verlangt werden.

(3)   Zur Wahrung der durch Rechtsgeschäft bestimmten elektronischen Form genügt, soweit nicht ein anderer Wille anzunehmen ist, auch eine andere als die in § 126 a bestimmte elektronische Signatur und bei einem Vertrag der Austausch von Angebots- und Annahmeerklärung, die jeweils mit einer elektronischen Signatur versehen sind. Wird eine solche Form gewählt, so kann nachträglich eine dem § 126 a entsprechende elektronische Signierung oder, wenn diese einer der Parteien nicht möglich ist, eine dem § 126 entsprechende Beurkundung verlangt werden.

Mit telekommunikativer Übermittlung sind in Absatz 2 **Telegramm**, **Fernschreiben**, **Telefax**, **Computerfax** und **Email** gemeint. Bei vereinbarter (nicht bei gesetzlich vorgeschriebener!) *Schriftform* ist also nicht nur ein Austausch von Briefen möglich, sondern auch von Faxen, Emails usw. Nicht ausreichend ist aber z. B. eine **telefonische Durchgabe** oder **Internettelefonie**.

Eine Erleichterung bei vereinbarter *elektronischer Form* besteht darin, dass nach § 127 Abs. 3 BGB regelmäßig auch eine einfache oder fortgeschrittene elektronische Signatur reicht. Allerdings kann dann eine **Nachholung der qualifizierten Signatur** verlangt werden. In der Praxis reicht es also, wenn Mails zunächst mit dem Namen unterschrieben werden bzw. mit einem PGP-Schlüssel signiert werden.

> **Beispiel:**

Herr Meier und Frau Müller wollen einen Vertrag schließen. Herr Meier schickt Frau Müller einen Antrag per Email: „Biete Ihnen 10 Packungen A4-Papier zum Preis von 10 Euro frei Haus an, Manfred Meier". Frau Müller ist mit dem Antrag einverstanden und nimmt ihn per Email an Herrn Müller an. Sie schreibt: „Einverstanden, Gabriele Müller".

Zur Vermeidung von Missverständnissen empfiehlt sich allerdings eine etwas ausführlichere Kommunikation, insbesondere wenn mehrere Anträge gemacht wurden. Frau Müller hätte den Antrag von Herrn Meier z. B. einfach mit der Reply-Funktion ihres Email-Programms übernehmen können, so dass klar ist, worauf sich ihr „Einverstanden" beziehen soll. Kommen Frau Müller später Zweifel, ob der Antrag wirklich von Herrn Meier stammte, so kann sie die Nachholung der qualifizierten Signatur verlangen. In der Praxis wird sie – jedenfalls bei einem bedeutsameren Geschäft – wohl eher um die Zusendung eines handschriftlich unterschriebenen Ausdrucks ihrer Mail per Post bitten (§ 127 Abs. 3 Satz 2 BGB).

3.2.2   Schweigen

Schweigen hat grundsätzlich keine Erklärungswirkung. Das bedeutet, dass Schweigen im Normalfall weder als Ja noch als Nein gilt. Der Satz „Wer schweigt, scheint zuzustimmen" gilt also im Regelfall für das Recht gerade nicht! (Zu den Ausnahmen kommen wir gleich.)

Eine Erklärungswirkung hat Schweigen nur, wenn die Vertragspartner dies *individuell vereinbart* haben („beredtes Schweigen"). Dann wird Schweigen als ausdrückliche Kundgabe eines Willens (Zustimmung oder Ablehnung) angesehen.

> **Beispiel:**
>
> Die Firma F analysiert und optimiert im Auftrag des Herrn A für einen Monat dessen Datenbanken. Beide haben im Vertrag vereinbart, dass sich der Auftrag jeweils um einen Monat verlängert, wenn A sich nicht meldet. In den ersten sechs Wochen nach Vertragsschluss meldet sich A nicht bei F. Das Schweigen hat hier – aber nur weil so vereinbart – die Wirkung einer Zustimmung.

Die Vereinbarung muss nicht unbedingt in einem schriftlichen Vertrag getroffen werden.

> **Beispiel:**
>
> Der Administrator A ruft einmal im Monat den G an und fragt, ob er die Wartung durchführen soll. G meint irgendwann zu A, er habe etwas Besseres zu tun, als ständig von ihm zu solch unbedeutenden Aufträgen gefragt zu werden. Er werde sich daher melden, wenn A nicht mehr kommen solle.

Auch damit ist eine explizite Vereinbarung getroffen, dass ein Schweigen als Zustimmung bezüglich der Beauftragung gewertet werden soll. (Es kann aber Beweisprobleme geben.)

Eine Erklärungswirkung hat das Schweigen ausnahmsweise auch, wenn der Erklärungsempfänger den Umständen nach erwarten konnte, dass der Schweigende sich äußert, wenn er einen anderen als den vermuteten Willen hat. Dann wird Schweigen als konkludente (schlüssige) Kundgabe eines Willens angesehen. Das ist besonders bei langen Geschäftsbeziehungen der Fall, wenn der Schweigende sich bislang immer kurzfristig gemeldet hat, sofern er mit etwas nicht einverstanden war.

> **Beispiel:**
>
> Die Datenbank von Firma F muss einmal pro Monat gewartet werden. Der Administrator A kommt schon seit 2 Jahren dafür zu F. Bislang hat A immer den Geschäftsführer G gefragt, ob er kommen soll. Heute ist A aber sowieso bei F. Unter den Blicken des zufällig anwesenden G, der im Gespräch mit einem anderen Mitarbeiter ist, beginnt A für G erkennbar mit den Wartungsarbeiten. Dem Schweigen des G kommt damit eine Erklärungswirkung zu, insbesondere da man von einem Geschäftsführer (im Unterschied zu seinen Mitarbeitern) schon erwarten kann, dass er deutlich sagt, wenn ihm etwas nicht gefällt.

Im Grundsatz kommt dem Schweigen aber keine Erklärungswirkung zu. Es müssen vielmehr besondere Umstände hinzutreten, die es rechtfertigen, das Schweigen ausnahmsweise als Kundgabe anzusehen.

Insgesamt sollte deutlich geworden sein, dass Schweigen mit Risiken verbunden ist. Widersprechen Sie also besser ausdrücklich bzw. stimmen Sie ausdrücklich zu, statt nur zu schweigen, insbesondere wenn es sich um bedeutende Geschäfte handelt. Sie vermeiden dadurch späteren Streit und Unsicherheit.

3.2.3   Das kaufmännische Bestätigungsschreiben

Die Regel zum Schweigen könnte nun so schön einfach sein, gäbe es nicht noch das so genannte kaufmännische (besser: geschäftliche) Bestätigungsschreiben. Darunter versteht man eine schriftliche Bestätigung einer erzielten mündlichen Vereinbarung zwischen Kaufleuten. Im kaufmännischen Geschäftsverkehr gibt es einen Bedarf an zügiger Abwicklung der Geschäfte. Gleichzeitig haben die Vertragspartner in der Regel auch mehr Erfahrung und wissen sich besser zu schützen. Daher gilt, dass ein Schweigen auf ein kaufmännisches Bestätigungsschreiben als Zustimmung gewertet wird, während es außerhalb des kaufmännischen Geschäftsverkehrs keinen Erklärungswert hätte.

▶ Beispiel:

Die beiden Geschäftsführer der A GmbH und der B GmbH besprechen telefonisch, dass eine neue Software entwickelt werden soll und die B GmbH 50.000 Euro dafür an die A GmbH überweisen soll, wobei aus Sicht der B unklar bleibt, ob die Vereinbarung schon final ist. Die A GmbH schickt der B GmbH am nächsten Tag ein Schreiben, in dem kurz dargestellt wird, dass eine Vereinbarung mit dem oben genannten Inhalt zustande gekommen sei. Die B GmbH schweigt, da sie annimmt, ein rechtswirksamer Vertrag komme nur zustande, wenn sie zustimme. Das Schweigen der B GmbH auf das kaufmännische Bestätigungsschreiben wird jedoch bereits als Zustimmung gewertet.

Das Schweigen auf ein kaufmännisches Bestätigungsschreiben wird aber nur dann als Zustimmung gewertet, wenn das Schreiben eine Vereinbarung wiedergibt, die tatsächlich so erfolgt ist. Denn es muss sich ja um eine *Bestätigung* handeln. Praktisch dürfte es aber sehr schwer sein, das Gegenteil zu beweisen. Und genau das müsste derjenige tun, der das kaufmännische Bestätigungsschreiben anzweifelt.

Wenn ein Kaufmann ein Bestätigungsschreiben erhält, das inhaltlich falsch ist, so muss er dem umgehend widersprechen. Anderenfalls riskiert er, an einer Vereinbarung festgehalten zu werden, die es so gar nicht gab.

Wichtig:

In einem kaufmännischen Bestätigungsschreiben muss präzise dahingehend formuliert werden, dass eine bestimmte Vereinbarung bereits getroffen wurde. Man darf die Formulierung nicht so auslegen können, dass es sich nur um eine grobe Schätzung oder einen Wunschpreis handelte. Da das kaufmännische Bestätigungsschreiben rechtlich ein sehr scharfes Schwert ist, sollten Sie es entsprechend einsetzen.

> **Beispiel:**

„In unserem Gespräch am xx.xx. um 15 Uhr haben wir vereinbart, dass Sie meiner Firma 100 Laserdrucker vom Typ 4711 zum Preis von 100 Euro frei Haus incl. Versicherung liefern."

> **Negativ-Beispiel:**

„... als Preis nannten Sie mir 1.000 Euro." Hier ist unklar, ob tatsächlich eine Einigung über diesen Betrag erzielt wurde oder ob es sich nur um einen von vielen Diskussionsständen handelt.

Widerspricht Ihr (kaufmännischer) Geschäftspartner nicht unverzüglich, so muss er die Drucker zum Preis von 100 Euro liefern, obwohl der marktübliche Preis vielleicht 50 Euro darüber liegt. Um dem zu entgehen, müsste er den Beweis antreten, dass 100 Euro im Gespräch *nicht* vereinbart wurden, da das unwidersprochene kaufmännische Bestätigungsschreiben für Sie wirkt. Dieser Beweis wird ihm normalerweise schwer fallen oder sogar unmöglich sein.

Vielleicht heißt es ja auch deshalb: Wer schreibt, der bleibt.

3.2.4   Geschäftsbesorgung durch Kaufleute

Auch § 362 HGB enthält eine Regelung, bei der Schweigen unter engen Voraussetzungen als Zustimmung gilt:

§ 362 Abs. 1 HGB

Geht einem Kaufmann, dessen Gewerbebetrieb die Besorgung von Geschäften für andere mit sich bringt, ein Antrag über die Besorgung solcher Geschäfte von jemand zu, mit dem er in Geschäftsverbindung steht, so ist er verpflichtet, unverzüglich zu antworten; sein Schweigen gilt als Annahme des Antrags. Das Gleiche gilt, wenn einem Kaufmann ein Antrag über die Besorgung von Geschäften von jemand zugeht, dem gegenüber er sich zur Besorgung solcher Geschäfte erboten hat.

Durch diese Regelung soll eine effizientere Kommunikation zwischen Kaufleuten ermöglicht werden. Wenn jemand regelmäßig für andere Geschäfte besorgt, dann soll er Anträge seiner Kunden nicht jeweils explizit bestätigen müssen. Umgekehrt soll der Stammkunde davon ausgehen können, dass sein Händler oder Dienstleister den Auftrag annimmt, falls er nichts Gegenteiliges von ihm hört.

Unter Geschäftsbesorgung versteht man in diesem Zusammenhang die selbstständige Tätigkeit wirtschaftlicher Art für einen anderen und in dessen Interesse.

> **Beispiele:**

Handelsvertreter, Handelsmakler, Kommissionär, Spediteur, Lagerhalter, Bank. Jedoch gehören einfache Verkaufs-, Kauf- oder Kreditangebote nicht in diesen Bereich.

Konsequenterweise müssen Sie, falls Sie Kaufmann sind und regelmäßig entsprechende Geschäfte für Dritte besorgen, darauf achten, dass Sie unverzüglich (also ohne schuldhaftes Zögern) dem Auftrag widersprechen. Die Unverzüglichkeit ist regelmäßig nur dann gewahrt, wenn noch am selben Tag widersprochen wird, an dem der Antrag zugegangen ist.

> **Negativ-Beispiel:**

Frau Schmidt schickt dem Unternehmen Meier regelmäßig per Mail PDF-Dateien zum Ausbelichten (Anzeigen für Computerzeitschriften). Auch diesmal hat sie eine Datei verschickt: Werbung für eine große Veranstaltung. Am nächsten Tag will sie die ausbelichteten Filme abholen. Die Sekretärin des Unternehmens Meier sagt ihr, dass man den Auftrag leider nicht annehmen konnte, weil so viel los gewesen sei. Frau Schmidt verpasst dadurch den Abgabetermin für die Zeitschriften. Vielleicht hätte das Unternehmen Meier nach § 362 Abs. 1 HGB unverzüglich widersprechen müssen. In diesem Fall stellt sich jedoch die Frage, ob die engen Voraussetzungen des § 362 HGB vorliegen. Denn das Unternehmen Meier erbringt keine selbstständige Tätigkeit wirtschaftlicher Art (z. B. vergleichbar einem Makler) für andere. Es ist nur Dienstleister in dem Sinne, dass sie Ausbelichtungen vornimmt. Hier kommt aber auch eine stillschweigende Annahme des Antrags von Frau Schmidt durch das Unternehmen Meier in Frage, da aufgrund der Vorgeschichte ein Widerspruch nach Treu und Glauben zu erwarten war. Dann hätte sich Frau Schmidt auch umgehend einen anderen Dienstleister suchen können. So ist „das Kind in den Brunnen gefallen", und zwar mangels Klarheit, ob das Unternehmen Meier den Antrag annimmt oder nicht.

3.2.5   Erlöschen von Anträgen

Der Antrag darf zum Zeitpunkt der Annahme nicht erloschen sein. Auf den ersten Blick ist klar, dass sich der Antragende in aller Regel nicht ewig an seinen Antrag binden lassen möchte.

> **Beispiel:**

Frau Schmidt aus obigem Beispiel hört nach dem Absenden der PDF-Dateien einige Stunden lang nichts von dem Unternehmen Meier. Sie erreicht auch telefonisch niemanden dort. Sie hat nun ein Interesse daran, nicht allzu lange an ihren Antrag gebunden zu sein, weil sie ggf. noch rechtzeitig einen anderen Ausbelichter beauftragen möchte.

3.2.5.1   Annahmefrist

Dazu sehen wir uns § 146 BGB an:

§ 146 BGB: „Erlöschen des Antrags"

Der Antrag erlischt, wenn er dem Antragenden gegenüber abgelehnt oder wenn er nicht diesem gegenüber nach den §§ 147 bis 149 rechtzeitig angenommen wird.

Der Paragraf referenziert zunächst auf § 147 BGB:

§ 147 BGB: „Annahmefrist"

(1)   Der einem Anwesenden gemachte Antrag kann nur sofort angenommen werden. [...]

(2)   Der einem Abwesenden gemachte Antrag kann nur bis zu dem Zeitpunkt angenommen werden, in welchem der Antragende den Eingang der Antwort unter regelmäßigen Umständen erwarten darf.

Absatz 1 ist wohl selbsterklärend. Absatz 2 klingt sehr schwammig. Er muss allerdings auch so weich formuliert sein, weil er eine Vielzahl von Fällen abdecken soll. Zum einen kommen viele Versandarten des Antrags und der Annahme in Frage. Die für den Antrag gewählte Beförderungsart ist grundsätzlich auch für die Annahme maßgebend: Wenn das Angebot per Fax kommt, darf man eine vergleichbare Beförderungsart auch vom Empfänger bezüglich der Annahme erwarten.

Im Detail muss man die Beförderungsdauer des Antrags zum Empfänger, die Überlegungs- und Bearbeitungszeit beim Empfänger und die Rücksendedauer der Annahme berücksichtigen.

Der Unterschied zwischen einer Kombination Telefon/Telefon und Brief/Brief beträgt aber immer noch mehrere Tage. Es kommt zudem auch noch auf andere Umstände an. Für die Überlegungszeit ist zu berücksichtigen, ob es sich um ein Alltagsgeschäft geringer Bedeutung handelt (Toner für Laserdrucker beschaffen) oder beispielsweise ein weitreichendes Millionengeschäft (Firmenverkauf). Die Umstände können auch ergeben, dass die Annahme bis zu einem bestimmten Termin erfolgen muss, um das Geschäft überhaupt noch abwickeln zu können.

❯ Beispiele:

Frau Schmidt aus obigem Beispiel hat ein Interesse daran, zu wissen, ob der Antrag angenommen wird oder nicht. Denn nur so kann sie ggf. noch rechtzeitig einen anderen Ausbelichter beauftragen.

Herr A bietet Karten für eine Messe an. Dann muss die Annahme so rechtzeitig erfolgen, dass die Messekarten noch nutzbar sind. Gleichzeitig erhöht sich durch Zeitablauf der Druck auf Herrn A, einen anderen Käufer zu finden. Hier sind Freibleibend-

Angebote sinnvoll, mit denen der Anbietende zum Ausdruck bringt, dass er sich nicht binden will (oder nur im Rahmen einer Verfügbarkeit etwaiger Karten) (vgl. Kapitel 3.1.1.).

3.2.5.2 Befristung

Der Antragende kann aber auch selbst eine Befristung bestimmen:

§ 148 BGB: „Bestimmung einer Annahmefrist"

Hat der Antragende für die Annahme des Antrags eine Frist bestimmt, so kann die Annahme nur innerhalb der Frist erfolgen.

Das bedeutet, der Antragende kann dem Empfänger eine Frist setzen. Diese kann er völlig **frei wählen**, sie kann also auch sehr kurz sein (z. B. nur wenige Stunden).

> **Beispiel:**

Frau Schmidt (s.o.) schickt die Dateien um 16.00 Uhr per Email zum Unternehmen Meier. Sie bestimmt in ihrer Mail eine Annahmefrist bis 17.00 Uhr und weist deutlich darauf hin, dass sie den Auftrag anderweitig vergibt, wenn ihr bis zu diesem Zeitpunkt keine Annahmeerklärung zugeht.

Zu beachten ist, dass eine einmal gesetzte Frist zwar **verlängert**, nicht aber ohne Zustimmung des Empfängers **verkürzt** werden kann. Insofern empfehlen sich eher kurze Fristen.

> **Beispiel:**

Frau Schmidt erhält um 16.30 Uhr eine Mail von dem Unternehmen Meier. Darin steht, dass man gerade prüfe, ob man den Antrag noch annehmen könne oder nicht. Man brauche bis 17.30 Uhr für diese Prüfung. Frau Schmidt kann jetzt entscheiden, ob sie die Frist bis 17.45 Uhr verlängern will. Vor 17.00 Uhr kann sie den Antrag jedoch nicht zurückziehen (außer es ist tatsächlich offenkundig, dass die Frist ergebnislos verstreichen wird, was aber sehr selten der Fall sein dürfte). Wenn das Unternehmen Meier um 16.59 Uhr überraschend anruft und erklärt, die Prüfung habe wider Erwarten nicht so lange gedauert und sie nehme den Antrag an, so ist Frau Schmidt daran gebunden. Auch wenn sie vielleicht (mangels Hoffnung) schon um 16.55 Uhr einen anderen Ausbelichter beauftragt hat.

§ 149 BGB legt fest, dass eine verspätet zugegangene (nicht: abgegebene) Annahmeerklärung unverzüglich dem Annehmenden angezeigt werden muss. Anderenfalls gilt sie als rechtzeitig eingegangen. Man möchte dadurch dem Annehmenden das Risiko beförderungsbedingter Verzögerungen abnehmen.

Wir raten dazu, regelmäßig explizit eine **Bindefrist** zu vereinbaren. Zudem sollten Sie wegen § 149 BGB sofort reagieren, wenn eine verspätete Annahmeerklärung eingeht. Dann sind Sie auf der sicheren Seite.

3.2.6   Bedingungen

Kommen wir zum Thema **Bedingungen**. Ein Vertrag kann auch unter Bedingungen stehen. Man unterscheidet aufschiebende und auflösende Bedingungen.

3.2.6.1   Aufschiebende Bedingungen

Dazu sagt § 158 Abs. 1 BGB:

§ 158 Abs. 1 BGB:

(1)   Wird ein Rechtsgeschäft unter einer aufschiebenden Bedingung vorgenommen, so tritt die von der Bedingung abhängig gemachte Wirkung mit dem Eintritt der Bedingung ein.

Das bedeutet, dass Sie beispielsweise in einem Vertrag bestimmen können, dass er seine Wirkung erst dann entfalten soll, wenn ein bestimmtes Ereignis eintritt. Das wäre dann eine **aufschiebende Bedingung**.

❯ **Beispiel:**

Herr A und Herr B schließen einen Vertrag, der besagt, dass Herr A dem Herrn B zwei Rechner liefert, falls Herr B den Zuschlag für einen Auftrag von Firma F bekommt.

Alternative 1: Herr B bekommt den Zuschlag. Dann muss/darf Herr A dem B die Rechner liefern.

Alternative 2: Herr B bekommt den Zuschlag nicht. Dann muss/darf Herr A auch keine Rechner an B liefern.

In der Regel werden solche aufschiebenden Bedingungen zudem mit einer **Befristung** versehen. Wie schon dargestellt, kann nach Ablauf der Befristung keine Wirkung mehr eintreten.

❯ **Beispiel:**

Der obige Vertrag besage zudem, dass dies nur gelten soll, falls die Bedingung vor dem 1.4. eintritt.

Alternative 1 „Bedingung tritt vor dem 1.4. ein": Rechner müssen/dürfen geliefert werden.

Alternative 2 „Bedingung tritt nicht vor dem 1.4. ein": Rechner müssen/dürfen nicht geliefert werden.

Auf diese Weise vermeiden die Vertragspartner, extrem lange an die Vereinbarung gebunden zu sein. Im Extremfall könnte so eine Befristung aber auch 30 Jahre dauern, was

z. B. bei Versicherungen nicht unüblich ist. 30 Jahre sind die maximale Dauer, weil nach 30 Jahren der Anspruch verjährt ist (zur Verjährung siehe Kapitel 7.1.3).

> **Beispiel:**
>
> Falls innerhalb der nächsten 30 Jahre der Versicherungsfall eintritt, zahlt die Versicherung den Versicherungsbetrag.

3.2.6.2 Auflösende Bedingung

Neben der aufschiebenden Bedingung gibt es noch die auflösende Bedingung.

§ 158 Abs. 2 BGB:

> (2) Wird ein Rechtsgeschäft unter einer auflösenden Bedingung vorgenommen, so endigt mit dem Eintritt der Bedingung die Wirkung des Rechtsgeschäfts; mit diesem Zeitpunkt tritt der frühere Rechtszustand wieder ein.

Eine **auflösende Bedingung** bewirkt, dass die Wirkungen des Vertrages entfallen, wenn die Bedingung eintritt.

> **Beispiel:**
>
> Solange Herr A mehr als 100.000 Euro Umsatz macht, soll Herr B ihn unterstützen.
>
> Alternative 1 (Umsatz von 100.000 oder weniger): Herr B muss/darf nicht unterstützen.
>
> Alternative 2 (Umsatz von mehr als 100.000): Herr B muss/darf ihn unterstützen.

Es gibt allerdings einige Willenserklärungen, die im Interesse der Rechtssicherheit *nicht* mit einer Bedingung versehen werden dürfen. Das sind beispielsweise **Gestaltungserklärungen** (z. B. Kündigungen). In diesem Bereich sind im Wesentlichen nur Bedingungen wirksam, die im Belieben des Erklärungsempfängers stehen.

> **Beispiel:**
>
> Herr A erklärt Herrn B „Ich kündige den Mietvertrag, falls Sie bis zum Monatsende die Miete für die Rechneranlage nicht bezahlt haben". Herrn B steht es frei, den Eintritt dieser Bedingung zu verhindern, indem er die Miete bezahlt. Unwirksam wäre z. B. eine Kündigung unter der Bedingung, dass der Euro-Kurs steigt, denn darauf hat Herr B – vermutlich – keinen Einfluss.

3.2.7 Auftragsbestätigung

Was genau ist eigentlich eine „Auftragsbestätigung"?

Das Wort **Auftragsbestätigung** ist ein rechtlich unklarer Begriff aus der Praxis. Ersetzen Sie ihn gedanklich besser durch Willenserklärung, dann können Sie die Bedeutung des Dokuments für die Frage, in welchem Stadium des Vertragsabschlusses Sie sich befinden, relativ leicht klären. Ein als Auftragsbestätigung bezeichnetes Schreiben kann je nach Situation rechtlich ganz verschiedene Dinge beinhalten.

Die Auftragsbestätigung kann rechtlich ein **Antrag** auf Abschluss eines Vertrags sein, insbesondere wenn ein vorausgegangener Antrag unter Änderungen angenommen wird und deshalb als neuer Antrag gilt.

Rechtlich kann darin aber auch eine **Annahmeerklärung** eines vorausgegangenen Antrags zu sehen sein, gleich von welcher Seite.

Die Auftragsbestätigung kann auch einfach eine (überflüssige) Wiederholung schriftlicher Vereinbarungen sein.

Möglich ist auch, dass es sich rechtlich um die **Beurkundung** von bereits getroffenen mündlichen Vereinbarungen handelt, gleich von welcher Seite – dann liegt tatsächlich ein **kaufmännisches Bestätigungsschreiben** vor. Wenn die Auftragsbestätigung als kaufmännisches Bestätigungsschreiben angesehen werden kann, also eine schriftliche Bestätigung mündlicher Vereinbarungen sein soll, so ist unbedingt Vorsicht geboten. Im Zweifel ist unverzüglich zu widersprechen (siehe dazu im Einzelnen unter 3.2.3).

3.2.8   Stellvertretung

Jede Person – ob natürlich oder juristisch – kann sich bei der Vornahme rechtlicher Handlungen durch eine andere **vertreten** lassen. Das ist auch sehr üblich: Kaum eine größere Firma könnte effizient ihren Aufgaben nachgehen, wenn der Vorstand oder Geschäftsführer alle Rechtsgeschäfte allein machen müsste. Im Folgenden möchten wir Ihnen zeigen, welche wichtigen Möglichkeiten der Vertretung es gibt und wie man damit umgeht.

3.2.8.1   Begriff und Bedeutung

Vertretung ist ein rechtsgeschäftliches Handeln durch eigene Erklärung im Namen einer anderen Person und mit Wirkung für diese. Das ist etwas anderes, als einen Boten zu schicken, der eine fremde Erklärung einfach nur überbringt. Zum **rechtsgeschäftlichen Handeln** gehören die Abgabe und der Empfang von Willenserklärungen. Nur bei sehr wenigen, höchst persönlichen Dingen kann man sich nicht vertreten lassen (z. B. Testament, Ehe).

Man unterscheidet die Vertretung kraft Gesetzes und die durch Rechtsgeschäft begründete (gewillkürte) Stellvertretung.

Bei der **Vertretung kraft Gesetzes** werden Sie vermutlich gleich an Minderjährige denken, die durch ihre Eltern als gesetzliche Vertreter vertreten werden (§§ 1626, 1629 BGB). Denken Sie aber mal an juristische Personen: Die Aktiengesellschaft z. B. wird gesetzlich durch den Vorstand vertreten (§ 78 Abs. 1 AktG), die GmbH durch die Geschäftsführer (§ 35 Abs. 1 GmbHG) und Vereine durch den Vorstand (§ 26 BGB). Hintergrund der gesetzlichen Vertretung ist, dass die Vertretenen in der Regel gar nicht selbst handeln können (oder dürfen).

Bei der **gewillkürten Vertretung** geht es hingegen darum, dass der Vertretene seinen Aktionsradius erweitern möchte. Er kann beliebig viele Vertreter bestimmen. Die Vertreter können auch eine besondere **Fachkunde** für das Gebiet mitbringen, in dem sie den Vertretenen vertreten sollen.

❯ Beispiel:

Steuerberater, Rechtsanwalt.

Die Erklärung des Willens kann entweder durch einen Stellvertreter oder einen Boten erfolgen. Es muss deutlich werden, dass dieser **offenkundig in fremdem Namen** handeln will. Denn der Geschäftspartner muss wissen, mit wem er z. B. einen Vertrag schließt. Falls das nicht deutlich zum Ausdruck gebracht wird, kann das Geschäft dem Stellvertreter bzw. Boten zugerechnet werden.

❯ Beispiel:

Herr Meier, der chronisch in Geldnot ist, schickt seine Bekannte Frau Schmidt zu einem Kreditvermittler. Frau Schmidt sagt „Ich brauche Geld" und gibt auf dem Kreditformular ihren Namen an. Sie erwähnt Herrn Meier überhaupt nicht. Der Kreditvertrag ist damit zwischen Frau Schmidt - nicht Herrn Meier - und dem Vermittler zustande gekommen. Frau Schmidt wird den Kredit zurückzahlen müssen, selbst wenn sie das Geld Herrn Meier nach dem Termin gegeben hat. Das ist auch nachvollziehbar, da sicher die Kreditwürdigkeit von Frau Schmidt entscheidend war und der Vermittler Herrn Meier keinen Kredit gegeben hätte, jedenfalls nicht zu den gleichen Konditionen.

In schriftlichen Erklärungen wird häufig dem Namen „i. A." (im Auftrag) oder „i.V." (in Vertretung) hinzugefügt, um kenntlich zu machen, dass der Unterschreibende nicht in eigenem Namen handelt.

Es kann auch aus den **Umständen** deutlich werden, dass der Vertreter bzw. Bote nicht in eigenem Namen handelt. Das gilt beispielsweise, wenn unternehmensbezogene Geschäfte von Mitarbeitern abgewickelt werden. Ansonsten sollte der Vertreter aber darauf achten, dass kein Zweifel daran aufkommen kann, dass er nicht im eigenen Namen abschließen will.

Ein **Bote** übermittelt lediglich eine fremde Erklärung. Er hat aber keine Befugnis, selbst Entscheidungen zu treffen.

> **Beispiel:**

> Herr Meier bittet seine Sekretärin Frau Schmidt, für ihn ein bestimmtes Buch (xyz) für ihn zu kaufen. Frau Schmidt geht in die Buchhandlung und sagt: „Herr Meier schickt mich, um das Buch xyz zu kaufen." Den Mitarbeitern der Buchhandlung ist dadurch deutlich geworden, dass Frau Schmidt das Rechtsgeschäft für Herrn Meier abschließen will, nicht etwa für sich selbst. Wenn die Buchhandlung das Buch xyz nicht hat, der Frau Schmidt aber das ähnliche Buch xyz2 anbietet, so darf sie nur unverrichteter Dinge heimkehren und Herrn Meier fragen (oder ihn aus der Buchhandlung anrufen), keineswegs aber einfach selbst entscheiden, das Buch xyz2 statt xyz zu nehmen.

Ein **Stellvertreter** gibt eine eigene Willenserklärung ab. Das ist regelmäßig auch der Grund, warum man einen Stellvertreter und nicht etwa einen Boten „benutzt": Ein Stellvertreter hat einen Entscheidungs- und Verhandlungsspielraum, während ein Bote sich immer neue Weisungen holen muss.

> **Beispiel:**

> Herr Meier hat einen Bescheid vom Finanzamt erhalten. Er kann damit nichts anfangen, meint aber, dass er falsch sei. Er beauftragt seinen Steuerberater, ihn gegenüber dem Finanzamt zu vertreten. Der Steuerberater verhandelt im Namen des Herrn Meier mit dem Finanzamt und einigt sich schließlich (nur) auf eine Ratenzahlung. Der Steuerberater hat also einen bestimmten Entscheidungs- und Verhandlungsspielraum von Herrn Meier eingeräumt bekommen, innerhalb dessen er keinerlei Rücksprache halten muss (das aber ggf. doch bei schwerwiegenden Entscheidungen tut, um Herrn Meier nicht zu verärgern).

Gibt der Stellvertreter bzw. Bote nicht klar zu erkennen, dass er in fremdem Namen handeln will, so kann das Geschäft ihm persönlich zugerechnet werden. Er sollte also ein großes Interesse daran haben, transparent zu machen, für wen er handelt.

Für die **Abgrenzung** zwischen dem Boten und dem Stellvertreter ist wichtig, ob der Vertreter aus Sicht des Erklärungsempfängers einen **eigenen Entscheidungsspielraum** hat oder eine reine Übermittlungsfunktion hat.

Wie wird denn nun ein **Stellvertreter** überhaupt zum Stellvertreter? Sehen wir uns dazu den § 167 BGB an.

§ 167 BGB: „Erteilung der Vollmacht"

> (1)   Die Erteilung der Vollmacht erfolgt durch Erklärung gegenüber dem zu Bevollmächtigenden oder dem Dritten, dem gegenüber die Vertretung stattfinden soll. [...]

Das bedeutet, die Vollmacht kann zunächst einmal mündlich erfolgen, indem der Vollmachtgeber den Dritten informiert, wer ihn vertreten soll.

3.2.8.2   Vollmachtsurkunde

Wie kann aber eine schriftliche Bevollmächtigung erfolgen? Darauf gibt uns § 172 BGB eine Antwort:

§ 172: „Vollmachtsurkunde"

(1)   Der besonderen Mitteilung einer Bevollmächtigung durch den Vollmachtgeber steht es gleich, wenn dieser dem Vertreter eine Vollmachtsurkunde ausgehändigt hat und der Vertreter sie dem Dritten vorlegt.

(2)   Die Vertretungsmacht bleibt bestehen, bis die Vollmachtsurkunde dem Vollmachtgeber zurückgegeben oder für kraftlos erklärt hat.

Die Vollmacht kann schriftlich also durch eine **Vollmachtsurkunde** erteilt werden. Eine Vollmachtsurkunde kann z. B. ein Blatt Papier sein, auf dem steht: „Hiermit bevollmächtige ich Herrn V (Bundespersonalausweisnummer 12345), wohnhaft Beispielstr. 3, Beispielstadt, damit, für mich einen Rechner der Marke xyz zu kaufen. Datum, Unterschrift".

Zwei Dinge sind dabei zu empfehlen: Der Vollmachtgeber sollte der Vollmacht eine kurze, aber ausreichende **Befristung** beifügen, z. B. „am 01.06.xx" oder „bis zum 30.06.xx". Damit lässt sich der Schaden begrenzen, wenn die Vollmacht abhandenkommt bzw. ggf. missbräuchlich genutzt wird.

Zudem sollte der Vollmachtgeber die Formulierung zwar knapp, aber **nicht zu eng** fassen. Anderenfalls riskiert der Vollmachtgeber, dass der Vertreter das Geschäft insgesamt nicht zufriedenstellend abschließen kann. Es empfiehlt sich daher ein Zusatz wie „und sämtliche damit zusammenhängenden Geschäfte vorzunehmen".

Beispiel:

Herr A erteilt obige Vollmacht an Herrn V. Zum Betrieb des Rechners benötigt Herr A aber nach Wissen des Herrn V noch einen Monitor und entsprechende Kabel. Darauf erstreckt sich die Vollmacht nicht, so dass Herr V ein gewisses Risiko eingeht, wenn er beides dennoch mitnimmt. Der Händler wird (bzw. sollte) sich ggf. weigern, Herrn V auch einen Monitor mitzugeben.

Der Vertreter muss dem Dritten die Vollmachtsurkunde **vorlegen**.

Ein Risiko besteht darin, dass der Vertreter die Vollmachtsurkunde **nicht zurückgibt**. Im Zweifel sollte der Dritte daher explizit darüber informiert werden, dass die Vollmacht erloschen ist. Anderenfalls riskiert der Vertretene, dass das Geschäft wirksam ist, und zwar in seinem Namen (!).

Der (tatsächlich) **vollmachtlose Vertreter** macht sich ggf. schadensersatzpflichtig, was aber dem Vertretenen zunächst nicht unbedingt hilft, da er bereits aus dem Geschäft verpflichtet ist. Der Vertretene kann für den (seltenen) Fall, dass ihm das Geschäft ganz recht kommt, das Geschäft auch **nachträglich genehmigen**.

3.2.8.3   Rechtsscheinvollmachten

Die Vorlage einer Vollmachtsurkunde ist ein Fall einer so genannten Rechtsscheinvollmacht. Darunter versteht man eine Vollmacht, die durch den besonderen Anschein aus rechtlichen Gründen angenommen wird, selbst wenn sie tatsächlich im Innenverhältnis zwischen Vertreter und Vertretenem gar nicht oder nicht mehr existiert. Zu den Rechtsscheinvollmachten zählen die Duldungsvollmacht und die Anscheinsvollmacht.

Duldungsvollmacht

Eine Duldungsvollmacht liegt vor, wenn ein unbefugter Vertreter oft für den (vermeintlich) Vertretenen handelt, dieser das weiß und zulässt (duldet).

> **Beispiel:**

> Herr A weiß, dass Herr B häufig so tut, als ob er ihn bevollmächtigt habe, Warenfehler für ihn bei Händlern zu reklamieren. Herr B erhält so kostenlose Kleingeräte und Kabel von den Händlern. Bislang hat Herrn A das nicht wirklich gestört. Irgendwann reklamiert Herr B wieder bei einem Händler und bietet ihm als Drohmittel an, die Ware zurückzugeben. Dem Händler kommt das sehr recht, da inzwischen der Preis deutlich gestiegen ist, und er nimmt das Angebot des erstaunten Herrn B an. Herr A muss nun die Ware zurückgeben bzw. dem Händler den Schaden ersetzen, wenn er das nicht kann.

Man sollte also unbedingt **einschreiten**, wenn man Kenntnis davon erhält, dass jemand unbefugt so tut, als hätte er eine Vollmacht.

Anscheinsvollmacht

Die Anscheinsvollmacht setzt hingegen nicht voraus, dass der vermeintlich Vertretene das Auftreten des vollmachtlosen Vertreters kennt. Es reicht, wenn er es bei Anwendung der gebotenen **Sorgfalt** hätte kennen können (= rechtlich müssen).

> **Beispiel:**

> Die Firma F kann nur von den beiden Geschäftsführern A und B gemeinsam vertreten werden. A vertritt regelmäßig die Gesellschaft allein nach außen, um Waren zu beschaffen. B weiß das nicht, da er sich nicht dafür interessiert. Eines Tages vertritt A wiederum die F allein und verpflichtet sie, Rohstoffe zur Weiterverarbeitung für 500.000 Euro abzunehmen. Als der andere Geschäftsführer B dies bemerkt, möchte er das Geschäft nicht gelten lassen. B hätte aber wissen können, dass A die Gesellschaft regelmäßig allein vertritt, da er sich bei Anwendung der notwendigen Sorgfalt hätte wundern müssen, woher ohne seine Beteiligung die Rohstoffe kommen, und die Lieferanten durften daher davon ausgehen, dass B mit dem Handeln des A einverstanden ist. (Etwaige handelsregisterliche Eintragungen lassen wir mal unberücksichtigt, dazu sogleich unter 3.2.8.5.)

Das alles gilt natürlich nur, solange die Geschäftspartner nicht tatsächlich wussten, dass eine Vertretungsmacht der vollmachtlosen Vertreter nicht gegeben war, also z. B. absichtlich mit dem Vertreter zusammengewirkt haben (so genannte **Kollusion**).

3.2.8.4   Zustimmungsfreie und einschränkbare Bevollmächtigung

Die Erteilung einer Vollmacht bedarf *nicht* der Zustimmung des Vertreters.

❯ Beispiel:

Der Geschäftsführer der Firma F ruft bei Firma G an und erklärt, dass seine Sekretärin S bevollmächtigt sei, für die Firma F Waren zu kaufen. S möchte diese Vollmacht nicht haben, da sie mit G unangenehme Erfahrungen gemacht hat. Auf die Meinung von S kommt es allerdings nicht an, die Vollmacht ist wirksam. S ist allerdings nicht gezwungen (außer ggf. durch ihr Arbeitsverhältnis), die Vollmacht auch zu benutzen.

Der Vollmachtgeber kann die Vollmacht gegenüber dem Vertreter **einschränken**. Das wirkt jedoch nicht gegenüber gutgläubigen Dritten.

❯ Beispiel:

Der Geschäftsführer der Firma F hat der Sekretärin S gesagt, sie solle nur grüne Ordner kaufen. S kommt von G wieder mit blauen Ordnern. Die G gegenüber erklärte Vollmacht lautete, Frau S dürfe „Waren" kaufen. Mithin ist das Geschäft zwischen F und G über blaue Ordner wirksam zustande gekommen (Außenverhältnis). F kann ggf. S auf Schadensersatz in Anspruch nehmen (Innenverhältnis).

Anders ist die Situation, wenn der Dritte die Einschränkung tatsächlich kannte (nicht nur hätte kennen müssen), denn dann ist er nicht gutgläubig.

3.2.8.5   Sonderregeln für Kaufleute

Für Kaufleute gelten einige spezielle Regeln. Die §§ 48 ff. HGB enthalten wichtige Regeln für Prokura, Handlungsvollmacht, Abschlussvertreter und Angestellte im Laden oder Warenlager.

§ 49 HGB: „Umfang der Prokura"

(1) Die Prokura ermächtigt zu allen Arten von gerichtlichen und außergerichtlichen Geschäften und Rechtshandlungen, die der Betrieb eines Handelsgewerbes mit sich bringt. [...]

§ 50 HGB: „Beschränkung des Umfanges"

Eine Beschränkung des Umfanges der Prokura ist Dritten gegenüber unwirksam. [...]

Die **Prokura** wird im Handelsregister veröffentlicht. Außenstehende können sich im Außenverhältnis so lange darauf verlassen, dass jemand Prokura hat, bis seine Prokura aus dem Handelsregister ausgetragen wird (es sei denn, sie wissen tatsächlich, dass er kein Prokurist mehr ist – dann sind sie nicht schutzbedürftig). Im Innenverhältnis macht sich der Prokurist ggf. schadensersatzpflichtig, wenn er trotz gegenteiliger Anweisung Geschäfte abschließt.

Der Prokurist **zeichnet** mit „pp", „ppa" oder „Prokurist", um die Prokura deutlich zu machen. Zeichnet er nicht so, besteht die Gefahr, dass das Geschäft zwischen ihm persönlich (nicht dem Unternehmen, für das er Prokura hat) und dem Geschäftspartner zustande kommt.

Beim **Handelsregistergericht** (innerhalb des zuständigen Amtsgerichts für das Unternehmen, z.T. auch zentralisiert bei einem Amtsgericht für eine Region) sind die Informationen über die Prokura hinterlegt. Regelmäßig hat diese Informationen auch die (meist besser erreichbare) IHK, ggf. etwas zeitverzögert. Falls häufiger solche Auskünfte benötigt werden, kann man auf (relativ günstige) Online-Datenbanken zurückgreifen (die aber nichts mit teuren Kreditwürdigkeitsauskünften o. Ä. zu tun haben).

Die **Handlungsvollmacht** ist in § 54 HGB definiert.

§ 54 HGB: „Handlungsvollmacht"

(1)   Ist jemand ohne Erteilung der Prokura zum Betrieb eines Handelsgewerbes oder zur Vornahme einer bestimmten zu einem Handelsgewerbe gehörigen Art von Geschäften oder zur Vornahme einzelner zu einem Handelsgewerbe gehöriger Geschäfte ermächtigt, so erstreckt sich diese Vollmacht (Handlungsvollmacht) auf alle Geschäfte und Rechtshandlungen, die der Betrieb eines derartigen Handelsgewerbes oder die Vornahme derartiger Geschäfte gewöhnlich mit sich bringt. [...]

(3)   Sonstige Beschränkungen der Handlungsvollmacht braucht ein Dritter nur dann gegen sich gelten zu lassen, wenn er sie kannte oder kennen musste.

Unter diesen Paragrafen kann man auch den **Projektleiter** einordnen, der somit im Außenverhältnis alle mit dem Projekt zusammenhängenden Geschäfte gegenüber Dritten vornehmen darf (unabhängig von seiner internen Befugnis dazu).

§ 55 HGB: „Abschlussvertreter"

(1)   Die Vorschriften des § 54 finden auch Anwendung auf Handlungsbevollmächtigte, die Handelsvertreter sind oder die als Handlungsgehilfen damit betraut sind, außerhalb des Betriebes des Prinzipals Geschäfte in dessen Namen abzuschließen. [...]

Die Vorschrift dient der Klarstellung für **Handelsvertreter** und **Handlungsgehilfen**, die außerhalb der Niederlassung des Kaufmanns Geschäfte in dessen Namen abschließen. In diesem Fall ist es für Dritte schwerer, zu beurteilen, für wen das Geschäft abgeschlossen werden soll. Auch für **Angestellte** gibt es im HGB eine Regelung:

§ 56 HGB: „Angestellte in Laden oder Warenlager"

Wer in einem Laden oder in einem offenen Warenlager angestellt ist, gilt als ermächtigt zu Verkäufen und Empfangnahmen, die in einem derartigen Laden oder Warenlager gewöhnlich geschehen.

Die praktische Anwendung dieser Vorschrift kennen Sie sicher aus jedem Kaufhaus.

Zu einem besonderen Rätselraten führt nicht selten die **Zeichnung** unter Geschäftsbriefen. Da gibt es vielerlei Zusätze, die richtig gedeutet werden wollen.

▶ **Beispiel:**

„ppa. Müller" bedeutet, dass Herr Müller als Prokurist unterschreibt. Das könnte er auch durch „Müller, Prokurist" deutlich machen. „i.A. Müller" bedeutet, dass Herr Müller „im Auftrag" eines Dritten unterschreibt. „i.V. Müller" macht deutlich, dass Herr Müller das Geschäft nicht für sich abschließen will, sondern für einen Dritten, dessen Name regelmäßig auch unter der Unterschrift aufgeführt ist. In einem Schreiben aus den USA hat „pp" (= per procura) die gleiche Bedeutung wie das „i.A." im deutschen Rechtsverkehr, es bedeutet also nicht, dass der Unterzeichner eine Prokura im deutschen Rechtssinne hat.

3.3 Wie kann man einen Vertrag wieder loswerden?

Wenn man einen Vertrag geschlossen hat, will man ihn vielleicht irgendwann wieder loswerden. Das geht allerdings nicht so einfach, denn es gilt der Grundsatz: „Verträge müssen eingehalten werden!" (lat. „pacta sunt servanda").

Der einfachste Fall ist natürlich, dass der Vertrag sich selbst **erledigt**. Dadurch, dass er vollständig durchgeführt worden ist, erledigt sich der Vertrag meist nicht, da es ggf. noch Gewährleistungsfristen gibt und die Vertragspartner die vertraglichen Leistungen ja auch behalten sollen. Es kommt aber beispielsweise eine Irrtumsanfechtung, die Kündigung oder ein Aufhebungsvertrag in Frage. Es gibt also durchaus einige Möglichkeiten, sich von einem Vertrag zu lösen.

3.3.1 Irrtumsanfechtung

„Oh, da habe ich mich wohl geirrt!" – das hört man recht häufig. Unter welchen Voraussetzungen ist ein Irrtum aber rechtlich relevant? Damit setzen sich die §§ 119 ff. BGB auseinander. Vorweg: Diese Vorschriften sind eher selten sinnvoll anwendbar. Gleich werden Sie sehen, warum.

§ 119 BGB: „Anfechtbarkeit wegen Irrtums"

(1)   Wer bei der Abgabe einer Willenserklärung über deren Inhalt im Irrtum war oder eine Erklärung dieses Inhalts überhaupt nicht abgeben wollte, kann die Erklärung anfechten, wenn anzunehmen ist, dass er sie bei Kenntnis der Sachlage und bei verständiger Würdigung des Falles nicht abgegeben haben würde.

(2)   Als Irrtum über den Inhalt der Erklärung gilt auch der Irrtum über solche Eigenschaften der Person oder Sache, die im Verkehr als wesentlich angesehen werden.

Absatz 1 und 2 hören sich zunächst sehr gut an. Geradezu wie ein Freibrief, missliebige Verträge rückgängig machen zu können. „Da habe ich mich geirrt!", und schon kippt der Vertrag? Wohl kaum. Ein so genannter **Motivirrtum** ist rechtlich weitestgehend unbeachtlich. Einerseits ist regelmäßig nicht nachvollziehbar, ob diese Motive tatsächlich zu dem Geschäft führten oder erst im Nachhinein erfunden wurden. Andererseits kann es nicht – ohne weiteres – ein Problem des Geschäftspartners sein, wenn sich z. B. der Käufer in seinen Motiven geirrt hat. Beachtlich ist rechtlich nur, wenn Wille und Erklärung auseinanderfallen, und das ist nur selten der Fall.

❯ Beispiel:

Der einfallslose Herr Müller kauft einen Dual-Channel-Speicherbaustein bei der Firma F, den er seinem Sohn zum Geburtstag schenken will. Zu Hause angekommen stellt Herr Müller fest, dass das Mainboard seines Sohnes mit Dual-Channel-RAM gar nichts anfangen kann. Sein Sohn freut sich auch nicht über (noch mehr) RAM, sondern möchte lieber eine neue Grafikkarte. Herr Müller kann den Vertrag mit F nicht wirksam anfechten. Denn bezüglich beider Aspekte liegt ein Motivirrtum vor: Warum Herr Müller den Speicher gekauft hat (weil er in das Board passt, damit sein Sohn sich freut), liegt nicht im Verantwortungsbereich der Firma F und kann daher für die Anfechtung nicht von Bedeutung sein. Würde man eine Anfechtung aus derartigen Gründen für wirksam halten, wäre jedes Geschäft beliebig anfechtbar. Darüber hinaus wären sogar Kettenreaktionen wahrscheinlich: Mit dem Wegbrechen eines Geschäfts würde ggf. das Motiv für viele andere Geschäfte entfallen.

Nebenbemerkung: Herr Müller hätte sich von F *beraten* lassen können, ob der Speicher in das Board passt. Dann wäre es die vertragliche Pflicht der F gewesen, einen passenden Speicherbaustein zu bestimmen. Herr Müller hätte auch mit F vereinbaren können, dass er ein Rücktrittsrecht für den Fall haben soll, dass der Speicherbaustein nicht passt bzw. seinem Sohn nicht gefällt oder dass der Vertrag in diesem Fall erst gar nicht zustande kommen soll (aufschiebende Bedingung, s. 3.2.6.1). Die Situation unterscheidet sich dann grundlegend von der obigen: Herr Müller und die Firma F haben dann die Motive des Herrn Müller ausdrücklich zum Vertragsinhalt gemacht.

Ein **Irrtum** liegt insbesondere dann nicht vor, wenn der Erklärende überhaupt keine Vorstellung davon hatte, was er erklären wollte. Denn dann können das Erklärte und das (nicht vorhandene) Gewollte auch nicht auseinanderfallen, z. B. bei der Blankounterschrift.

❯ Beispiel:

> Herr A gibt Frau B ohne konkreten Anlass eine Unterschrift auf einem leeren Blatt Papier zur späteren Verwendung durch Frau B. Jahre später streiten sich A und B, worauf B sich an die Blankounterschrift erinnert.

Eine **Blankounterschrift** ist also recht gefährlich: Vom Kaufvertrag bis zur Vertretungsvollmacht kann vieles über die Unterschrift gesetzt werden. Dem Unterschreibenden wird es auch schwer fallen, mögliche Geschäftspartner vor der ihm zugerechneten Erklärung zu warnen, da er sie regelmäßig nicht einmal kennt.

Der § 119 BGB betrifft beispielsweise den Fall, in dem sich jemand verschreibt. Das kann jedem passieren, also musste man das im Gesetz regeln.

❯ Beispiel:

> Herr A bestellt bei Firma B 10 Drucker vom Typ 111, verschreibt sich aber in der Typenbezeichnung. Auf der Bestellung steht „1111". Firma B liefert die falschen Drucker.

Das kann auch geschehen, wenn ein Bote geschickt wird, der die Willenserklärung überbringen soll. Dafür gilt § 120 BGB.

§ 120 BGB: „Anfechtbarkeit wegen falscher Übermittlung"

> ❯ Eine Willenserklärung, welche durch die zur Übermittlung verwendete Person oder Einrichtung unrichtig übermittelt worden ist, kann unter der gleichen Voraussetzung angefochten werden wie nach § 119 eine irrtümlich abgegebene Willenserklärung. Beispiel:

> Herr A schickt seinen Mitarbeiter B, der ausrichten soll, Herr A wolle Drucker vom Typ „111". Der Bote B sagt aber „1111".

Solche Fälle werden in der Praxis regelmäßig durch Kulanz des Vertragspartners gelöst. Man möchte schließlich noch ein wenig länger mit dem Kunden Geschäfte machen. Falls man jedoch an einen kundenfeindlichen Geschäftspartner geraten ist, so kann man § 120 BGB bemühen.

Immer muss man aber § 121 BGB beachten.

§ 121 BGB: „Anfechtungsfrist"

> (1)   Die Anfechtung muss in den Fällen der §§ 119, 120 ohne schuldhaftes Zögern (unverzüglich) erfolgen, nachdem der Anfechtungsberechtigte von dem Anfechtungsgrund Kenntnis erlangt hat. Die einem Abwesenden gegenüber erfolgte Anfechtung gilt als rechtzeitig erfolgt, wenn die Anfechtungserklärung unverzüglich abgesendet worden ist.

(2)   Die Anfechtung ist ausgeschlossen, wenn seit der Abgabe der Willenserklärung zehn Jahre verstrichen sind.

In Absatz 1 ist einerseits die wichtige, auch in anderen Zusammenhängen gültige Definition von „unverzüglich" zu finden. Andererseits sagt der Absatz, dass der Anfechtungsberechtigte unverzüglich handeln muss. Er darf sich also nicht beliebig viel Zeit lassen, sondern muss eben ohne schuldhaftes Zögern die Anfechtung erklären, wenn er dies denn tun möchte. Die Formulierung „ohne schuldhaftes Zögern" heißt nicht „sofort". Denn es können auch Umstände eintreten, die der Anfechtungsberechtigte nicht zu vertreten hat. Diese Umstände gereichen ihm nicht zum Nachteil. Wohl aber, wenn er selbst schuldhaft die Anfechtung unterlässt.

❯ Beispiel:

Der Geschäftsführer G der Firma F hat den Tippfehler seiner Sekretärin im gerade vom Kunden K unterschriebenen Vertrag bemerkt. Sie hat eine Neun zu viel getippt, so dass die Ausfallsicherheit des Rechenzentrums nun statt 99,9 % mit 99,99 % vereinbart ist, was enorme Risiken birgt und Mehrkosten verursacht. Er fährt zurück ins Büro, um die Anfechtung gegenüber dem Vertragspartner auf Firmenpapier zu erklären. Er gerät unverschuldet in einen schweren Unfall und liegt drei Wochen bewusstlos auf der Intensivstation. Es reicht wohl, wenn er anficht (bzw. durch Mitarbeiter anfechten lässt), sobald er wieder arbeitsfähig ist.

❯ Negativ-Beispiel:

G lässt die Anfechtung auch nach seiner Genesung noch einige Tage auf dem Schreibtisch liegen, weil er darüber nachdenken möchte, ob er sich damit ggf. gegenüber dem Kunden blamiert. Darin liegt ein schuldhaftes Zögern.

In jedem Fall sollte unverzüglich, ggf. mit rechtsanwaltlicher Beratung, geklärt werden, ob es besser ist, anzufechten oder nicht. Warum? Nun, weil es § 122 BGB gibt:

§ 122 BGB: „Schadensersatzpflicht des Anfechtenden"

(1) Ist eine Willenserklärung nach § 118 nichtig oder auf Grund der §§ 119, 120 angefochten, so hat der Erklärende, wenn die Erklärung einem anderen gegenüber abzugeben war, diesem, andernfalls jedem Dritten den Schaden zu ersetzen, den der andere oder der Dritte dadurch erleidet, dass er auf die Gültigkeit der Erklärung vertraut, jedoch nicht über den Betrag des Interesses hinaus, welches der andere oder der Dritte an der Gültigkeit der Erklärung hat.

(2) Die Schadensersatzpflicht tritt nicht ein, wenn der Beschädigte den Grund der Nichtigkeit oder der Anfechtbarkeit kannte oder infolge von Fahrlässigkeit nicht kannte (kennen musste).

Dieser Paragraf ist der eigentliche Haken bei der Irrtumsanfechtung. Denn nach Absatz 1 muss der Anfechtende den dadurch entstehenden **Schaden** ersetzen.

Genauer: Er muss den Schaden ersetzen, den der andere dadurch erleidet, dass er auf die Gültigkeit der Willenserklärung **vertraut** (hat).

> **Beispiel:**

> Der Kunde K hat seinerseits schon Verträge mit Dritten abgeschlossen, in denen er 99,99 % Verfügbarkeit des Rechenzentrums zugesagt hat. Diese Verträge müssen nun in irgendeiner Form berücksichtigt werden. K könnte sie prinzipiell zum nächstmöglichen Termin kündigen, er könnte sie einvernehmlich mit seinen Kunden ändern, er könnte sie aber auch weiterlaufen lassen und der Firma F einen eventuell entstehenden Schaden in Rechnung stellen. Er könnte auch versuchen, diesen Fall zu versichern. K könnte auch prüfen, seinerseits die Verträge mit seinen Kunden anzufechten. Was genau zu tun ist, hängt vom Einzelfall ab. Denn es ist allgemein nicht zu sagen, in welchem Fall der Schaden minimiert werden kann. Einerseits muss F den Schaden tragen, andererseits muss K im Rahmen des Zumutbaren den Schaden minimieren.

Nach oben ist der Schaden begrenzt durch den Betrag des Interesses, das der andere an der Gültigkeit der Erklärung hat. Das muss man übersetzen: Damit ist gemeint, dass der Schadensersatz den Erklärungsempfänger **nicht besser stellen** soll, als er ohne Anfechtung gestanden hätte. Hier zeigt sich wieder, dass das deutsche Schadensersatzrecht **keinerlei Bestrafungs- oder Abschreckungsaspekt** kennt, sondern nur den entstandenen Nachteil ausgleichen will.

> **Beispiel:**

> Obwohl bei der durch den Schreibfehler vereinbarten 99,99 % eine Versicherung über die restlichen 0,01 % ausgereicht hätte, weil V selbst ausreichend zahlungskräftig war (das soll einmal unterstellt werden), schließt K eine Versicherung ab, die das Ausfallrisiko zu 0,02 % abdeckt. Diese kostet 20.000 Euro pro Jahr. Wegen der Anfechtung des V kommt es gar nicht mehr zu einem Vertrag, weil K kein Interesse an einem Vertrag mit einer Verfügbarkeit von „nur" 99,9 % hat, so dass die Versicherung für K vollkommen nutzlos ist. Eine Versicherung für die eigentlich erforderlichen 0,01 % kostet aber nur 10.000 Euro. K kann nur 10.000 Euro verlangen, weil er, auch wenn der Vertrag wirksam geworden wäre (wenn F den Vertrag also nicht angefochten hätte), nur eine Versicherung für 0,01 % benötigt hätte.

In der Praxis wird es in solch einer Situation mit einer Anfechtung keinen Gewinner geben, weil neben den juristischen noch **kaufmännische Aspekte** eine Rolle spielen. Es kann für F klüger sein, den Fehler geheim zu halten und den Vertrag mit 99,99 % so bestehen zu lassen. Eventuell kann F eine Versicherung über die Risikodifferenz abschließen. Kommt es zu einer Anfechtung, so dürfte ziemlich sicher sein, dass F bald keine Kunden mehr hat, weil das Image ruiniert ist.

Das dürfte auch ein Grund sein, wieso in der kaufmännischen Praxis der **Umtausch** (z. B. Geld zurück oder Gutschein bei mangelfreier Ware, die einfach nur nicht gefällt) oder die

Kulanz (z. B. kostenlose Realisierung von Change-Requests innerhalb eines Werkvertrags) eine solch große Rolle spielen. Regelmäßig haben die Kunden darauf keinen rechtlichen Anspruch. Gerade in hart umkämpften Märkten kommt man dem Kunden aber selbst unter höchster Anstrengung noch entgegen, um ihn nicht zu verlieren.

Aus rechtlicher Sicht ist es wichtig, darauf **hinzuweisen**, dass die Leistung aus Kulanz und **ohne Anerkennung einer rechtlichen Verpflichtung** erfolgt. Sonst riskiert man durch Nettigkeit, Anhaltspunkte für eine mögliche, für einen selbst negative Interpretation des Vertrages zu schaffen oder gar eine stillschweigende Abänderung des Vertrags herbeizuführen, die dem Kunden sogar einen Rechtsanspruch auf diese Leistungen einräumen könnte. Nettigkeit in diesem Sinne ist juristisch eher gefährlich. Häufig macht man sich vor, der Kunde werde einem schon entgegenkommen, wenn man ihm nur auch entgegenkommt: „Eine Hand wäscht die andere". Tatsächlich ist es allerdings oft so, dass der Kunde sich die ganze Hand nimmt, wenn man ihm den kleinen Finger reicht. Um das zu vermeiden, sollten Sie unbedingt, am besten nachweislich, die kulanzweise Erledigung betonen („für dieses Mal kostenlos").

3.3.2   Kündigung

Die meisten Verträge, z.B. Kaufverträge, können (und brauchen) nicht gekündigt werden. Sie können nur unwirksam sein (oder werden) oder sich erledigen.

Etwas anderes gilt für so genannte **Dauerschuldverhältnisse** (oder diesen ähnliche Verträge wie z.B. Werkverträge und Aufträge). Dabei verpflichten sich die Vertragspartner zu wiederkehrenden Leistungen.

❯ **Beispiel:**

Herr A mietet bei Herrn B einen Rechner auf unbestimmte Zeit.

Dauerschuldverhältnisse können gekündigt werden. Die Kündigung ist eine **einseitige, empfangsbedürftige Willenserklärung**. Die Kündigung ist darüber hinaus ein Gestaltungsrecht, d. h. der Kündigungsberechtigte kann kündigen, muss das aber nicht tun.

❯ **Beispiel:**

Herr A schreibt an Herrn B ein Fax: „Ich kündige den Mietvertrag über den Rechner."

Die Kündigung erfordert insbesondere **keine Zustimmung** des Vertragspartners. Es ist zwar nett, wenn dieser etwa schreibt, er akzeptiere die Kündigung, doch notwendig ist es nicht.

Ein **Kündigungsgrund** muss regelmäßig nicht angegeben werden (Ausnahme aber z. B. bei der Kündigung von Wohnraum durch den Vermieter).

Durch die Kündigung wird das Dauerschuldverhältnis **mit Wirkung für die Zukunft** aufgelöst.

> **Beispiel:**

Wenn jemand zum 1.5. einen Mietvertrag kündigt, so entfällt dadurch nicht der Mietvertrag für die Vormonate. Das bedeutet auch, dass die Miete für die Vormonate noch gezahlt werden muss.

Es stellt sich aber die Frage, zu welchem Zeitpunkt gekündigt werden kann bzw. die Kündigung dann wirksam wird. Im Normalfall der so genannten ordentlichen Kündigung ist eine **Kündigungsfrist** einzuhalten. Dadurch soll dem Kündigungsgegner ermöglicht werden, sich auf die neue Rechtslage einzustellen. Die Kündigungsfrist wird regelmäßig vertraglich vereinbart. Für bestimmte Vertragstypen gibt es gesetzliche Sonderregelungen (z. B. für die Wohnraummiete, § 573 c BGB).

Die Kündigung kann auch als **Änderungskündigung** formuliert werden. Damit will der Kündigende im Grunde (nur) die Vertragsbedingungen ändern. Da er das nicht einseitig tun kann, muss er kündigen und gleichzeitig ein neues Angebot auf Abschluss eines neuen Vertrags zu geänderten Konditionen machen.

> **Beispiel:**

F hat einen Webserver für 100 Euro pro Monat gemietet. F schreibt dem Provider: „Ich kündige den Mietvertrag über den Webserver. Gleichzeitig biete ich Ihnen den Abschluss eines insoweit gleichen Mietvertrags an, bei dem der Mietpreis allerdings auf die zurzeit üblichen 25 Euro reduziert ist. Wenn Sie sich nicht bis zum x.x. mit dem Abschluss eines entsprechenden Vertrags einverstanden erklären, werde ich den Anbieter wechseln."

In einigen Fällen ist eine außerordentliche (meist, aber nicht zwingend, fristlose) Kündigung aus wichtigem Grund möglich (§ 314 BGB). Das sind vor allem Fälle, in denen dem kündigenden Vertragspartner das Festhalten am Vertrag (auch unter Berücksichtigung der Interessen des anderen Vertragspartners) bis zur nächsten regulären Kündigungsmöglichkeit nicht mehr zugemutet werden kann. Durch die außerordentliche fristlose Kündigung erlischt das Vertragsverhältnis mit sofortiger Wirkung, wenn die Kündigung berechtigt ist. Manchmal, v.a. im Arbeitsrecht, kann es sein, dass dem Kündigenden das Festhalten am Vertrag bis zur nächsten regulären Kündigungsmöglichkeit unzumutbar ist, aber dass es ihm nach Abwägung aller Umstände, insbesondere der Interessen der Gekündigten, zumutbar ist, den Vertrag noch eine kurze Zeit fortzusetzen. Daher ist nicht jede außerordentliche Kündigung fristlos, aber in der Regel ist das der Fall, und in der Praxis werden die Begriffe oft synonym verwendet.

> **Beispiel:**

Herr A hat bei Herrn B ein Auto gemietet. Herr B verprügelt Herrn A eines Tages auf offener Straße in angetrunkenem Zustand. Eine etwas weniger gewalttätige Abwandlung: Herr A findet heraus, dass Herr B die Abrechnung manipuliert, so dass Herr A fortgesetzt eine Rechnung über zu hohe Miete bekommen hat.

Daraus folgt, dass wiederholte Pflichtverletzungen durchaus einen Grund zur fristlosen Kündigung bieten, sofern sie von einigem Gewicht sind.

❯ Beispiel:

Entwickler E spielt Änderungen wiederholt und trotz Ermahnung direkt auf der Produktionsdatenbank der Firma F ein, ohne sie vorher auf dem Testsystem hinreichend getestet zu haben. F ist es unzumutbar, sehenden Auges einen Produktionsausfall zu riskieren.

Grundsätzlich kann die Kündigung auch mündlich erfolgen. Aus Beweisgründen ist jedoch dringend die **Schriftform** zu empfehlen. Bei einigen Vertragstypen ist die Form der Kündigung sogar vorgeschrieben. So schreibt beispielsweise § 568 Abs. 1 BGB die Schriftform für die Kündigung des Mietverhältnisses über Wohnraum vor.

Eine Kündigung kann nicht einseitig zurückgenommen werden. Die Vertragspartner können aber einvernehmlich ein neues Vertragsverhältnis begründen (ggf. auch konkludent durch tatsächliche Fortsetzung des Vertrags).

❯ Beispiel:

Herr Meier kündigt Herrn Müller zum 1.8. den Rechnermietvertrag. Er behält aber mit Billigung des Herrn Müller auch über den 1.8. hinaus den Rechner und überweist weiterhin die Miete.

3.3.3   Rücktritt

Ein Rücktritt vom Vertrag kommt im Wesentlichen nur in Frage, wenn Leistungen nicht oder nicht vertragsgemäß erbracht werden (§ 323 BGB). Verbraucherschutzvorschriften ermöglichen auch einen Widerruf (z. B. § 312 d BGB für Fernabsatzverträge).

3.3.4   Aufhebungsvertrag

Die Vertragspartner haben jederzeit die Möglichkeit, einen einmal geschlossenen Vertrag durch einen Aufhebungsvertrag aufzuheben.

❯ Beispiel:

Herr Meier hat den Webserver am 1.1. fest für 12 Monate für 100 Euro im Monat gemietet. Als die Mietpreise im Sommer auf 25 Euro fallen, möchte Herr Meier den Vertrag beenden. Herr Müller muss das nicht akzeptieren, er möchte seine Kunden aber nicht vergraulen und bietet Herrn Meier daher die Aufhebung des Vertrags zum 1.7. gegen eine Einmalzahlung von 250 Euro an.

Wenn also der Kündigungsgegner behauptet, eine Kündigung sei nicht zulässig, so dürfte es sich um ein vorgeschobenes Argument handeln. Zwar ist vielleicht eine Kündigung tatsächlich nicht möglich. Mit gutem Willen ist ein Aufhebungsvertrag aber in jedem Fall möglich. Der Kündigungsgegner muss das natürlich nicht wollen. Wenn ihm an seinem Kunden liegt, sollte er aber ernsthaft darüber nachdenken, ob er ihn weiter verärgern will.

3.3.5   Sonstige Möglichkeiten

Man kann prüfen, ob der Vertrag insgesamt oder störende Teile unwirksam sind. In Frage kommen Verstöße gegen das AGB-Recht (dazu mehr in Kapitel 4), aber auch der Wegfall der Geschäftsgrundlage (§ 313 BGB), Sittenwidrigkeit/Wucher (§ 138 BGB) oder ein heftiger Verstoß gegen Treu und Glauben (§ 242 BGB). Diese Fälle sind jedoch eher selten, so dass wir nicht weiter darauf eingehen.

3.4   Die Grenzen des Rechts

Sie haben jetzt viel über das Recht gelesen. Man kann noch viel mehr darüber lesen. Doch in manchen Fällen kann man ein Problem einfach nicht (nur) mit dem Recht befriedigend lösen. Häufig ist die rechtliche Beurteilung eines Falles auch relativ einfach, löst allerdings nicht das (kaufmännische) Problem.

Neben juristischen Lösungen kommen immer auch **kaufmännische und technische Lösungen** in Betracht. Es hängt vom Einzelfall ab, welche Lösung sinnvoller ist. In einigen Fällen ist man zwar mit nahezu 100%iger Gewissheit im Recht und könnte vielleicht sogar mit 80%iger Gewissheit einen entsprechenden Prozess gewinnen. Und dennoch wäre diese Lösung schlecht, weil der Kunde dann nie wieder bestellen würde, und die Geschäftspartner des Kunden vielleicht auch nicht mehr.

Manchmal ist es auch besser, einen Schritt zurückzugehen, um wesentlich einfacher zwei Schritte vorwärtsgehen zu können.

Vergessen Sie nicht, dass Geschäfte auch immer eine Sache der beteiligten **Persönlichkeiten** sind. Haben Sie es mit empfindlichen, eitlen oder gar gekränkten Personen zu tun, so wird jede Lösung schwer fallen, die weiterhin zulasten dieser Person geht. Versuchen Sie die beteiligten Personen auszutauschen, um wieder ein rationales Verhandlungsklima herzustellen.

❱ Beispiel:

Sachbearbeiter S1 von Firma A und Sachbearbeiter S2 von Firma B haben sich persönlich gegenseitig hochgeschaukelt. Möglicherweise ist es für ihre Vorgesetzten deshalb wesentlich einfacher, eine Lösung zu finden.

Viele, wenn nicht sogar die meisten Menschen, sind nur begrenzt in der Lage, zwischen **sachlichen Lösungen** und persönlichen Lösungen zu unterscheiden. Sie verstehen fast jede sachliche Lösung, die ihnen nicht nur Vorteile bringt, auch als persönlichen Angriff (Niederlage, Beleidigung). Es sollte Ihnen deshalb daran gelegen sein, deutlich zu machen, dass es Ihnen allein um die Sache geht und nicht um die Person. Verzichten Sie in jedem Fall auf polemische oder sarkastische Anmerkungen, und überhaupt auf alles, was in den Geruch kommen könnte, destruktiv zu sein. Machen Sie stattdessen lieber konstruktive Vorschläge, um das Problem zu lösen, und bitten Sie Ihren Verhandlungspartner um Hilfe dabei. Erfreulicherweise sind die meisten Menschen sehr hilfsbereit.

Manchmal hilft es, sich selbst oder dem Verhandlungspartner darzustellen, welche **Alternativen** es gibt und welche Vor- und Nachteile diese haben. Eine solche Darstellung sollte einigermaßen neutral sein, also gerade nicht den Vertragspartner überrumpeln wollen, indem offensichtliche Argumente weggelassen oder verzerrt dargestellt werden.

Freundlichkeit hat übrigens nichts mit Weichheit zu tun. Leider schließen manche Menschen aus Freundlichkeit direkt auf Weichheit und versuchen diese auszunutzen. In diesem Fall sollten Sie sofort klarstellen, dass es bald aus ist mit der Freundlichkeit und Sie auch anders können. Sie können höflich auftreten, aber durchaus bestimmt Ihre Positionen vertreten.

Erfahrene Verhandlungsprofis wissen, dass das **Umfeld** für Verhandlungen eine wichtige Rolle spielt. Dazu gehören Räume (Licht, Geräuschpegel, Akustik) ebenso wie das persönliche Umfeld (Zeitdruck, Erfolgsdruck). Versuchen Sie also Lösungen zu finden, von denen beide Vertragspartner profitieren können.

❯ Beispiel:

Herr A hat Herrn B auf 100.000 Euro verklagt. Herr B bestreitet, überhaupt zur Zahlung verpflichtet zu sein. Herr B fragt an, ob Herr A zur Vermeidung eines Rechtsstreits bereit sei, einen Vergleich zu schließen. Herr A antwortet: „Ich biete Ihnen großzügig an, dass Sie die 100.000 Euro in zehn Monatsraten zahlen dürfen." Es ist wohl offensichtlich, dass dieses Angebot dazu führt, dass Herr B einen Prozess führen muss, den er durchaus gerne vermeiden würde. Hätte Herr A angeboten, 50.000 Euro in Raten zu zahlen, hätte sich Herr B sein Prozessrisiko durch den Kopf gehen lassen und ggf. den Vorschlag akzeptiert.

Wenn man die juristische Argumentation und Gerechtigkeitsüberlegungen beiseitelässt, die hoffentlich bei der einen oder anderen Seite eine Erhöhung der Chancen auf einen Prozessgewinn bewirken sollten, so stehen die Gewinnchancen eines Prozesses statistisch bei 50/50 (Gewinnen und Verlieren sind dann gleich wahrscheinlich). Da üblicherweise jede Seite davon überzeugt ist, den Prozess zu gewinnen und im Recht zu sein, ggf. auch noch „angefeuert" von außenstehenden Dritten (z. B. die Frau des Herrn A), sollte ein Vergleichsvorschlag daran ausgerichtet werden. Am Ende eines Prozesses gibt es häufig genug zwei Verlierer, u.a. weil der Gewinner viel Aufregung hatte, die ihm vom Unterlegenen nicht ersetzt wird. Wenn Herr A im Laufe des mehrjährigen Prozesses durch alle Instanzen aufgrund der haarsträubenden Argumentation des Anwalts von Herrn B und der Prozesskosten einen Herzinfarkt erleidet, helfen ihm die 100.000 Euro auch nicht wirklich weiter. Hätte er sich mit 50.000 Euro zufrieden gegeben, wäre die Angelegenheit in wenigen Tagen erledigt gewesen und Herr A und Herr B hätten wieder Geschäfte machen können - vielleicht sogar miteinander.

Eine interessante Überlegung ist die „**Kuchenvergrößerung**". Üblicherweise geht man davon aus, dass ein Kuchen bestimmter Größe unter den beteiligten Personen aufzuteilen ist. Mit entsprechendem Ellenbogeneinsatz gehen die Vertragspartner bei Verhandlungen vor: Jeder will das größte Stück. Man kann sich nun aber auch überlegen, dass es vielleicht gar nicht so klug ist, das größte Stück zu bekommen. Vielleicht bringt es einem Verhandlungspartner insgesamt mehr, ein kleineres Stück zu erhalten – dafür aber als Ausgleich noch ein leckeres Getränk von dem Vertragspartner, der das größte Stück bekommt? In eine ähnliche Richtung führt es, wenn man nach Symbiose-, Synergie- oder Katalyse-Effekten sucht und diese in die Verhandlungen einbringt.

❯ Beispiel:

Der Kunde K braucht neue Bürodrehstühle, die aber möglichst unter der für geringwertige Wirtschaftsgüter relevanten Grenze von 410 Euro liegen sollen, um nicht über viele Jahre abgeschrieben werden zu müssen. Die Stühle des Händlers H kosten 500 Euro, und von diesem Preis kann H auch schon nicht mehr viel abweichen, weil sie ihn selbst 450 Euro im Einkauf kosten. Andererseits hat H noch einen Besprechungstisch von einem Kunden zurückbekommen, den er schwer los wird. K gefällt der Besprechungstisch. Man verständigt sich auf 400 Euro für die Stühle und 1.000 Euro für den Tisch (steuerrechtliche Frage lassen wir hier einmal außer Acht). H und K sind zufrieden.

Neben solchen rein kaufmännischen Lösungen können auch eher **technische Lösungen** in Frage kommen.

❯ Beispiel:

Der Kunde K ist wieder auf Einkaufstour. Diesmal benötigt er ein Warenwirtschaftssystem für seinen Internethandel. Das System von H gefällt ihm gut, doch kann er es mit 25.000 Euro nicht bezahlen. Er braucht aber bestimmte Funktionen (noch) gar nicht. H liefert ihm daher für 10.000 Euro eine Version, in der nur das enthalten ist, was K wirklich benötigt. Alle anderen Funktionen wurden ausgebaut. K ist zufrieden und H hat 10.000 Euro Umsatz gemacht. Wenn K sich an das Programm gewöhnt hat und sein Shop gut läuft, wird er vielleicht zu H kommen und die Vollversion kaufen.

4   AGB-Recht

Immer wieder unterschätzt wird die Bedeutung des Rechts der Allgemeinen Geschäftsbedingungen (AGB). Bestimmte Vereinbarungen können unwirksam sein, wenn sie in AGB
festgelegt werden. Das kann für Sie günstig oder ungünstig sein. Wenn Sie diesen Abschnitt gelesen haben, werden Sie vermutlich eine andere Sicht auf so manchen Vertrag
haben. Sie werden sich wundern, wie oft Sie es bislang schon mit AGB zu tun hatten, ohne
es gemerkt zu haben. Die Unwirksamkeit von Vertragsbedingungen nach dem AGB-Recht
ist in der Praxis z. B. wesentlich relevanter als die deutlich bekannteren Beschränkungen
der Vertragsfreiheit durch die Regelungen zu „Sittenwidrigkeit/Wucher" (§ 138 BGB) oder
„Treu und Glauben" (§ 242 BGB).[1]

4.1   Begriff der AGB im Rechtssinne

Sehen wir uns zunächst die Definition von Allgemeinen Geschäftsbedingungen an:

§ 305 Abs. 1 Satz 1 BGB:

> „Allgemeine Geschäftsbedingungen sind alle für eine Vielzahl von Verträgen vorfor-
> mulierten Vertragsbedingungen, die eine Vertragspartei (Verwender) der anderen
> Vertragspartei bei Abschluss eines Vertrags stellt."

Allgemeine Geschäftsbedingungen sind also zunächst alle Vertragsbedingungen, die für
die **mehrfache Verwendung** vorformuliert sind. Eine mehrfache Verwendung ist im Extremfall schon beabsichtigt, wenn die gleichen Vertragsbedingungen mindestens dreimal
verwendet werden sollen. Regelmäßig geht es aber um viele hundert, tausend oder gar
Millionen Verwendungen. Es kommt nicht darauf an, ob sie tatsächlich mehrfach verwendet werden, es reicht schon, wenn das (nur) geplant ist.

▶ **Beispiel:**

> Herr A beauftragt seinen Anwalt, für ihn einen Mietvertrag aufzusetzen, den er zu-
> künftig gegenüber seinen Mietern verwenden will.

Die AGB müssen „**gestellt**" werden, d. h. einer der Vertragspartner muss sie dem anderen
gleichsam auferlegen. AGB liegen also nicht vor, wenn die Vertragspartner gemeinsam
gerade diese Vertragsbedingungen frei wählen.

---

[1] An dieser Stelle können wir nur die wesentlichen Grundzüge darstellen. Ausführlichere Informationen und zahlreiche Beispiele für verbreitete Klauseln aus dem IT-Bereich finden Sie beispielsweise in
unserem Buch: *Allgemeine Geschäftsbedingungen – IT-Verträge wirksam vereinbaren*, 1. Aufl. 2011, Wiesbaden (Hrsg.: Erben).

❯ Beispiel:

Herr A und Frau B möchten einen Mietvertrag schließen. Sie gehen gemeinsam in einen Buchladen und suchen einen Vordruck aus, auf dem Bedingungen vorformuliert sind. Es handelt sich nicht um AGB.

Es kommt auch nicht darauf an, welcher Vertragspartner sie zum Vertragsbestandteil machen will. So kann z. B. der Käufer AGB verwenden, aber auch der Verkäufer – oder beide.

Ob die AGB tatsächlich „AGB" genannt werden oder einen anderen **Namen** tragen („Kaufvertrag", „Werkvertrag", „Einkaufsbedingungen", „Hinweise für Lieferanten"), ist unerheblich.

Auch auf die **formale Abfassung** kommt es nicht an. Ob die AGB klein, fett, kursiv oder farbig gedruckt oder handgeschrieben sind, ist also egal. Die AGB können in einem Notarvertrag ebenso auftauchen wie in einem Gesprächsprotokoll oder bei einem mündlich geschlossenen Vertrag. Letzteres ist z. B. auch der Fall, wenn Vertreter Standardtexte auswendig lernen.

Also sind nach dem Gesetz auch alle Standardtexte, ob diese nun in einem Angebotstext, in einem Vertrag oder in einer Preisliste (!) stehen, AGB.

Es kommt auch nicht darauf an, ob das Vorformulierte die Hauptleistungspflichten der Vertragspartner, Nebenabreden oder Tatsachenbestätigungen betrifft. Die Frage ist nur, ob es die **vertragliche Beziehung** ausgestalten soll. Bloße Anpreisungen, Empfehlungen, Hinweise oder Bitten sind also eher keine AGB – dennoch ist das im Einzelfall möglich.

Vermutlich überrascht Sie das eben Gelesene. Darum möchten wir Sie bitten, sich einige Minuten Zeit zu nehmen und anhand Ihrer eigenen Verträge zu überlegen, wo Sie schon einmal auf AGB gestoßen sind. Wie war das letztens im PC-Laden? Bei Abschluss des Mietvertrages? Oder im Reisebüro?

Damit Sie die folgenden Ausführungen besser einordnen können, erläutern wir ein wenig die **Hintergründe** des AGB-Rechts: Ursprünglich ging man einmal davon aus, dass Verträge eher selten, höchst individuell auf den Einzelfall zugeschnitten und von Kaufleuten geschlossen werden. Heute sieht die Realität anders aus. Die erdrückende Mehrzahl aller Verträge besteht aus standardisierten Texten, an denen praktisch keine Änderungen vorgenommen werden (können). Ob Vermieter, Kaufhaus oder Versandhandel: Überall werden Vorlagen verwendet. Verlangt ein Kunde Änderungen, so ist das eher unüblich. Häufig wird das auch nicht akzeptiert.

Der kleine Kunde steht großen Verwendern von AGB gegenüber. Diese Verwender haben die Verträge so **vorformuliert**, dass sie oft recht eindeutig zu ihren Gunsten sind. Dadurch ist das Vertragsgleichgewicht gefährdet. Das Recht muss daher besonders denjenigen schützen, der einen vom Verwender vorformulierten Vertrag schließt. Denn hier ist es sehr wahrscheinlich, dass Regelungen enthalten sind, die sowohl nicht gerecht als auch für den

Vertragspartner nicht leicht als solche erkennbar sind. Dafür passen die „normalen" Regeln des Gesetzes nicht.

Es soll aber auch nicht verschwiegen werden, dass AGB nicht nur „böse" sind: Ihre Verwendung führt zu einer **Rationalisierung**, weil nicht jedes Mal alles einzeln ausgehandelt werden muss. Sie erleichtern damit auch die Kalkulation, weil man immer einen gewissen Risikoaufschlag zur Berechnung heranziehen kann, der bei gleichen AGB einigermaßen gleich ist. Und sie ermöglichen eine Begrenzung der Vertragsrisiken in Form von Haftungsbeschränkungen. Stellen Sie sich einfach mal vor, wie eine Bank, Versicherung, ein Telekom-Anbieter oder Paketdienst organisiert sein müsste, wenn jeder Vertrag mit jedem Kunden einzeln verhandelt werden müsste. Andererseits entstünde auch ein großer volkswirtschaftlicher Schaden, wenn Unternehmen, die derartig viele Verträge schließen, dabei „ungestraft" unfaire Geschäftsbedingungen verwenden würden.

Abgesehen von den rechtlichen Aspekten ist zu berücksichtigen, dass AGB einigermaßen fair sein sollten (das muss nicht „nett" heißen), weil der Verwender sonst Gefahr läuft, den Kunden zu verprellen.

4.2   Wie werden AGB Vertragsbestandteil?

Einige Verwender sind der Meinung, dass AGB schon Vertragsbestandteil werden, wenn die AGB einfach nur existieren. Weiter müsse man nichts tun. Großzügige Verwender glauben daran, dass der klein gedruckte Hinweis auf AGB in irgendeinem Vertragsdokument bereits ausreichend ist, oder auch auf einem Lieferschein oder einer Rechnung. Das stimmt so nicht. AGB müssen in den Vertrag einbezogen werden, damit sie überhaupt Wirksamkeit entfalten können. Und selbst wenn sie einbezogen wurden, können sie immer noch unwirksam sein.

Schauen wir uns zur **Einbeziehung** von AGB in einen Vertrag das Gesetz an:

§ 305 Abs. 2 BGB:

> Allgemeine Geschäftsbedingungen werden nur dann Bestandteil eines Vertrags, wenn der Verwender bei Vertragsschluss
>
> 1. die andere Partei ausdrücklich oder, wenn ein ausdrücklicher Hinweis wegen der Art des Vertragsschlusses nur unter unverhältnismäßigen Schwierigkeiten möglich ist, durch deutlich sichtbaren Aushang am Orte des Vertragsschlusses auf sie hinweist und
>
> 2. der anderen Vertragspartei die Möglichkeit verschafft, in zumutbarer Weise [...] von ihrem Inhalt Kenntnis zu nehmen, und wenn die andere Vertragspartei mit ihrer Geltung einverstanden ist.

Wie bezieht man nun die AGB praktisch in den Vertrag ein? Dafür gibt es verschiedene Möglichkeiten. Eine gute Möglichkeit ist, die gut lesbar ausgedruckten AGB dem Vertrag beizufügen, diese ggf. auch unterschreiben zu lassen, um damit sicherzustellen, dass der Partner sie auch wirklich erhalten und (zumindest) gesehen hat. Wenn Sie die AGB doppelseitig ausdrucken, sollte das deutlich erkennbar sein. Im Zweifel können Sie die Seiten auch einzeln abzeichnen lassen.

Notfalls können Sie die AGB auch im Internet auf Ihrer Website bereitstellen und im herkömmlichen Vertrag (außerhalb des Internets) deutlich erkennbar darauf verweisen, wenn Ihr Vertragspartner **Unternehmer** ist. Denn dann geht man davon aus, dass man angesichts seiner Geschäftserfahrung von ihm erwarten kann, dass er sich darum kümmert, die AGB vor Vertragsunterzeichnung in lesbarer Form zu erhalten.

Problematisch ist der **Aushang** im Ladengeschäft. Regelmäßig sind diese Aushänge so angebracht, dass ein Kunde nicht mit zumutbarem Aufwand Kenntnis von ihnen erhalten kann.

Wichtig ist auch der zeitliche Aspekt. Die AGB müssen *„bei* Vertragsschluss" gestellt werden. Es reicht also keinesfalls, wenn sie dem Vertragspartner beispielsweise erst nach Abschluss des Vertrages übergeben werden.

❯ Negativ-Beispiel:

> Herr A und Frau B schließen einen Vertrag. Herr A schickt eine Woche später die Ware an Frau B und legt seine AGB mit in den Karton.

Wie soll man aber vorgehen, wenn man regelmäßig Verträge mit seinen Kunden schließt und die AGB immer einbeziehen möchte? § 305 Absatz 3 ermöglicht es, die AGB **im Voraus** für bestimmte Geschäfte zu vereinbaren. Sie können also mit ihren Kunden explizit vereinbaren, dass für bestimmte zukünftige Geschäfte jeweils Ihre AGB gelten sollen. Wichtig ist, dass diese Vereinbarung die Art der Geschäfte genau bezeichnet.

❯ Beispiel:

> „Für Kaufverträge zwischen Firma A und Firma B sollen zukünftig die dieser Vereinbarung beigefügten AGB der Firma A gelten."

4.3   Überraschende und mehrdeutige Klauseln

Warum ist das alles so wichtig? Weil die Kontrolle nach dem AGB-Recht die Vertragsfreiheit desjenigen, der Vertragsbedingungen formuliert, stärker einschränkt als bei individuell formulierten Verträgen.

Nehmen wir auch hier wieder das Gesetz zu Hilfe:

§ 305c BGB: „Überraschende und mehrdeutige Klauseln"

> (1)   Bestimmungen in Allgemeinen Geschäftsbedingungen, die nach den Umständen, insbesondere nach dem äußeren Erscheinungsbild des Vertrages, so ungewöhnlich

sind, dass der Vertragspartner des Verwenders mit ihnen nicht zu rechnen braucht, werden nicht Vertragsbestandteil.

(2) Zweifel bei der Auslegung Allgemeiner Geschäftsbedingungen gehen zulasten des Verwenders.

Der Absatz 1 besagt, dass **überraschende Klauseln** gar nicht erst Vertragsbestandteil werden. Damit soll beispielsweise verhindert werden, dass der Verwender seitenlange AGB stellt und darin Regelungen versteckt, die in Verträgen über ähnliche Geschäfte nicht üblich sind. Das gilt natürlich nur, wenn der Verwender nicht extra auf sie hingewiesen oder sie erläutert hat – denn dann konnte die Klausel nicht mehr überraschen. Als solcher Hinweis kommt auch in Betracht, dass die Klausel deutlich hervorgehoben ist (z. B. durch Textmarker) und sich dadurch von den unbedenklichen Formulierungen abhebt.

Wenn eine Klausel **mehrdeutig** ist, so gehen Zweifel bei ihrer Auslegung nach Absatz 2 zulasten des Verwenders. Das ist eine deutliche Abweichung von den „normalen", neutralen Auslegungsregeln der §§ 133, 157 BGB. Der Verwender soll auf diese Weise angehalten werden, möglichst klare, transparente Regelungen vorzuformulieren. Ganz fern liegende Auslegungsalternativen sind allerdings nicht zu berücksichtigen. Wenn eine Klausel so vieldeutig und widersprüchlich ist, dass ihr kein bestimmter (eventuell noch mehrdeutiger) Inhalt zuzuschreiben ist, so kann sie bereits nach § 305 Absatz 2 BGB nicht Vertragsbestandteil geworden sein, weil die Kenntnisnahme ihres Inhalts dann unzumutbar ist.

Machen wir eine kurze Pause: Bislang haben Sie schon eine Reihe von Gründen kennen gelernt, die zur Nichteinbeziehung bzw. Unwirksamkeit von Vertragsbedingungen führen können. Nehmen Sie sich doch einfach mal einen beliebigen Vertragstext aus Ihrer Vergangenheit und halten Sie Ausschau nach den möglicherweise unwirksamen Regelungen darin!

4.4 Inhaltskontrolle von AGB

Neben den überraschenden und mehrdeutigen Klauseln gibt es noch die **Inhaltskontrolle**. Sie setzt da an, wo Klauseln tatsächlich in den Vertrag einbezogen wurden (also nicht z. B. schon an § 305 c BGB scheitern).

Der Inhaltskontrolle geht zunächst die **Auslegung** nach den §§ 133, 157 BGB voraus. Es ist also der wirkliche Inhalt zu erforschen (nicht an den Buchstaben zu verhaften, siehe Kapitel. 2.1.4), und es ist Treu und Glauben mit Rücksicht auf die Verkehrssitte zu beachten. Erst auf das so erhaltene Verständnis des Vertrages und seiner Bestimmungen wird die Inhaltskontrolle angewendet. Den Kern der Inhaltskontrolle bildet dann der § 307 BGB.

§ 307 BGB: „Inhaltskontrolle"

(1) Bestimmungen in Allgemeinen Geschäftsbedingungen sind unwirksam, wenn sie den Vertragspartner des Verwenders entgegen den Geboten von Treu und Glauben

unangemessen benachteiligen. Eine unangemessene Benachteiligung kann sich auch daraus ergeben, dass die Bestimmung nicht klar und verständlich ist.

(2)   Eine unangemessene Benachteiligung ist im Zweifel anzunehmen, wenn eine Bestimmung

1.   mit wesentlichen Grundgedanken der gesetzlichen Regelung, von der abgewichen wird, nicht zu vereinbaren ist oder

2.   wesentliche Rechte oder Pflichten, die sich aus der Natur des Vertrages ergeben, so einschränkt, dass die Erreichung des Vertragszwecks gefährdet ist.

(3)   Die Absätze 1 und 2 sowie die §§ 308 und 309 gelten nur für Bestimmungen in Allgemeinen Geschäftsbedingungen, durch die von Rechtsvorschriften abweichende oder diese ergänzende Regelungen vereinbart werden. Andere Bestimmungen können nach Absatz 1 Satz 2 in Verbindung mit Absatz 1 Satz 1 unwirksam sein.

Die Prinzipien der **Angemessenheitskontrolle** sind in den Absätzen 1 und 2 geregelt.

Nach Absatz 1 sind Bestimmungen in AGB unwirksam, wenn sie den Vertragspartner entgegen Treu und Glauben unangemessen benachteiligen.

Bei der Prüfung ist ein genereller, **überindividueller Prüfungsmaßstab** anzulegen – auf die speziellen Umstände des Einzelfalles kommt es (zumindest bei Unternehmerverträgen) nicht an.

Der Kern der Prüfung besteht in einer **Abwägung** der Interessen der Vertragspartner. Eine unangemessene Benachteiligung liegt vor, wenn die AGB von wesentlichen gesetzlichen Grundgedanken abweichen, ohne dass dies durch die besonderen Umstände des Einzelfalles gerechtfertigt ist (Absatz 2 Nr. 1) oder ohne dass auf andere Weise berechtigte Interessen des anderen Vertragspartners ausreichend berücksichtigt werden (Absatz 2 Nr. 2).

Grundsätzlich kann man annehmen, dass in einem Vertrag die Leistungen und Gegenleistungen nach Auffassung der Vertragspartner ein bestimmtes **Gleichgewicht** bekommen sollten. Wenn dieses Gleichgewicht durch die AGB-Regelungen deutlich gestört ist und die Rechte und Pflichten der Vertragspartner deutlich zulasten des Vertragspartners des Verwenders verschoben werden, so spricht das für die Unwirksamkeit der Regelung.

❯ Beispiel:

Firma A und Firma B schließen einen Kaufvertrag über eine Standardsoftware. A soll die Software liefern, B soll dafür 400 Euro zahlen. In den von A gestellten AGB wird festgelegt, dass die Firma B auch Hardware von A kaufen muss.

Wenn einer der Vertragspartner möchte, dass sein Interesse im konkreten Fall stärker bewertet wird, so muss er für eine **Individualvereinbarung** sorgen.

Nach Absatz 1 Satz 2 kann die unangemessene Benachteiligung auch schon darin liegen, dass die Regelung **unklar** ist. Der Grund dafür ist, dass der Vertragspartner dann nicht wissen kann, was eigentlich gelten soll. Andererseits kann man vom Verwender erwarten, dass er die Bedingungen klar formuliert. Schließlich hat er den Vertrag vorformuliert.

Man muss aber zwischen rechtlichen Regelungen und **kaufmännischen Leistungsbestimmungen** unterscheiden. Rechtliche Regelungen in AGB unterliegen einer Kontrolle, während kaufmännische Leistungsbestimmungen nicht kontrollfähig sind.

Kaufmännische Leistungsbestimmung ist beispielsweise der **Preis** an sich. Er ist damit nicht kontrollfähig nach AGB-Recht, allenfalls im Falle der Sittenwidrigkeit nichtig nach § 138 BGB.

> ### Beispiel:

In AGB zu einem Vertrag über die Entwicklung einer Software wird festgelegt, dass der Kunde pro Stunde Entwicklungsleistung 250 Euro zahlt. Ob die 250 Euro angemessen sind oder nicht, unterliegt keiner Prüfung, weil es sich um eine kaufmännische Leistungsbestimmung handelt.

Sehr wohl einer Prüfung unterliegen aber Vertragsbedingungen, an deren Stelle eine gesetzliche Regelung treten könnte. Das hört sich zunächst verwirrend an, hat aber durchaus Sinn. Der Gesetzgeber achtet die Vertragsfreiheit. Insofern hat er (mit sehr wenigen Ausnahmen in Spezialbereichen, z. B. im Medizinbereich) auch keine Preise für bestimmte Leistungen festgelegt. Würde also eine AGB-Regelung eines Preises für unwirksam erachtet, so könnte an deren Stelle keine gesetzliche Regelung treten, weil es diese nicht gibt. Ein Gericht müsste dann einen Preis festlegen – und wäre damit wohl angesichts der Vielzahl der potenziellen Fallgestaltungen hoffnungslos überfordert. Es reicht, wenn ein Gericht sich diese Mühe bei ganz krassen, sittenwidrigen Fällen machen muss, nicht aber schon bei jeder „kleineren" Ungerechtigkeit.

> ### Beispiel:

In AGB werden Verzugszinsen in Höhe von 15 % festgelegt. Diese Regelung ist überprüfbar, weil die Verzugszinsen auch in § 288 BGB festgelegt werden. Erklärt ein Gericht die AGB-Regelung für unwirksam, so kann an ihre Stelle die Regelung des § 288 BGB treten.

Kontrollfähig sind aber formularmäßig festgelegte Preise, Zuschläge, Rabatte oder Nachlässe, sofern sie zu einer **versteckten Änderung** des vereinbarten Preises führen.

> ### Beispiel:

Herr A und Herr B vereinbaren den Verkauf eines PC zum (günstigen) Preis von 1.000 Euro. In den von A gestellten AGB heißt es, dass der Kaufpreis sich um die Lieferkosten in Höhe von 200 Euro und weitere 50 Euro erhöht, wenn nicht gleich bar bezahlt wird, und noch mal um 200 Euro, wenn nicht auch das Zubehör bei A gekauft wird. Insgesamt läge der Kaufpreis also um 45 % höher. Darin sind kontrollfähige Zuschläge zu sehen. Wenn diese Zuschläge nicht durch besondere Umstände gerechtfertigt sind (dem Grunde oder ihrer Höhe nach), sind sie unwirksam. Will A tatsächlich 1.450 Euro für den PC, dann soll er es offen ausweisen bzw. individuell vereinbaren.

Es spielt im gegebenen Beispiel keine Rolle, wie viel der PC „wirklich" **wert** ist. Denn die Berücksichtigung des Preises ist bei der Beurteilung der Angemessenheit von Vertragsbedingungen prinzipiell ausgeschlossen. Das liegt daran, dass es einen „gerechten" Preis nicht gibt.

Bei Haftungsbeschränkungen könnte man auch argumentieren, dass der Anbieter seine Preise so kalkulieren soll, dass er seine Pflichten aus den gesetzlichen Rahmenbedingungen erfüllen kann, indem er **differenzierte Angebote** macht, beispielsweise einen günstigen Preis mit reduzierter Haftung anbietet und einen höheren Preis mit voller Haftung. Die Rechtsprechung sieht das aber anders. Sie stellt besondere Bedingungen an die Formulierung von Haftungsbeschränkungen in AGB. Wenn diese nicht eingehalten werden, ist die Haftungsbeschränkung unwirksam, d.h., die Haftung ist dann unbeschränkt und der Höhe nach unbegrenzt! Denn es gibt (von Spezialbereichen etwa im Transportwesen abgesehen) keine gesetzliche Haftungsbeschränkung, und wenn eine Regelung in AGB unwirksam ist, gilt das Gesetz. Bei der Formulierung von Haftungsbeschränkungen in AGB sollte daher immer ein Anwalt zu Rate gezogen werden. Einzelheiten dieses komplexen Themas können im Rahmen dieses Buchs nicht dargestellt werden[2].

Die Abgrenzung bei **Preisabreden** ist nicht immer einfach. Sonderleistungen gelten eher als kontrollfrei, während Entgelte für Leistungen, mit denen der Verwender seine eigenen Pflichten erfüllt, eher kontrollfähig sind.

Absatz 3 enthält eine **Schrankenregelung**. Dabei geht es zunächst um so genannte deklaratorische Klauseln. Das sind Vertragsbedingungen, die einfach nur einen Gesetzesinhalt wiederholen. Grundsätzlich könnte man auf diese natürlich auch verzichten. Aber viele Verwender binden sie ein, um aufzuklären und ihre Kunden über diese Rechtsfolgen zu informieren. Das ist dann zwar rechtlich überflüssig, schadet aber auch nicht und kann als Klarstellung im Einzelfall durchaus sinnvoll sein.

❯ **Beispiel:**

> In AGB sei die folgende Regelung enthalten: „Bei Verzug werden Verzugszinsen fällig. Deren Höhe beträgt 5 % für Verbraucher bzw. 8 % für Unternehmer, jeweils über dem Basiszinssatz." Im Wesentlichen gibt das lediglich § 288 BGB wieder und unterliegt damit keiner weiteren Prüfung.

---

[2] Vgl. dazu beispielsweise: *Allgemeine Geschäftsbedingungen – IT Verträge wirksam vereinbaren, 1. Aufl. 2011, Wiesbaden* (Hrsg. Erben), Kapitel 2.3.5 (S. 80) .

In den §§ 308 **und 309 BGB** werden explizit Klauseln aufgezählt, die vom Gesetz als unwirksam erachtet werden.

§ 308 BGB: „Klauselverbote mit Wertungsmöglichkeit"

In Allgemeinen Geschäftsbedingungen ist insbesondere unwirksam

1.   (Annahme- und Leistungsfrist) eine Bestimmung, durch die sich der Verwender unangemessen lange oder nicht hinreichend bestimmte Fristen für die Annahme oder Ablehnung eines Angebots oder die Erbringung einer Leistung vorbehält; ausgenommen hiervon ist der Vorbehalt, erst nach Ablauf der Widerrufs- oder Rückgabefrist nach § 355 Abs. 1 und 2 und § 356 zu leisten;

2.   (Nachfrist) eine Bestimmung, durch die sich der Verwender für die von ihm zu bewirkende Leistung abweichend von Rechtsvorschriften eine unangemessen lange oder nicht hinreichend bestimmte Nachfrist vorbehält;

3.   (Rücktrittsvorbehalt) die Vereinbarung eines Rechts des Verwenders, sich ohne sachlich gerechtfertigten und im Vertrag angegebenen Grund von seiner Leistungspflicht zu lösen; dies gilt nicht für Dauerschuldverhältnisse;

4.   (Änderungsvorbehalt) die Vereinbarung eines Rechts des Verwenders, die versprochene Leistung zu ändern oder von ihr abzuweichen, wenn nicht die Vereinbarung der Änderung oder Abweichung unter Berücksichtigung der Interessen des Verwenders für den anderen Vertragsteil zumutbar ist;

5.   (Fingierte Erklärungen) eine Bestimmung, wonach eine Erklärung des Vertragspartners des Verwenders bei Vornahme oder Unterlassung einer bestimmten Handlung als von ihm abgegeben oder nicht abgegeben gilt, es sei denn, dass

a)   dem Vertragspartner eine angemessene Frist zur Abgabe einer ausdrücklichen Erklärung eingeräumt ist und

b)   der Verwender sich verpflichtet, den Vertragspartner bei Beginn der Frist auf die vorgesehene Bedeutung seines Verhaltens besonders hinzuweisen;

dies gilt nicht für Verträge, in die Teil B der Verdingungsordnung für Bauleistungen insgesamt einbezogen ist;

6.   (Fiktion des Zugangs) eine Bestimmung, die vorsieht, dass eine Erklärung des Verwenders von besonderer Bedeutung dem anderen Vertragsteil als zugegangen gilt;

7.   (Abwicklung von Verträgen) eine Bestimmung, nach der der Verwender für den Fall, dass eine Vertragspartei vom Vertrag zurücktritt oder den Vertrag kündigt,

a)   eine unangemessen hohe Vergütung für die Nutzung oder den Gebrauch einer Sache oder eines Rechts oder für erbrachte Leistungen oder

b)   einen unangemessen hohen Ersatz von Aufwendungen verlangen kann;

8.   (Nichtverfügbarkeit der Leistung) die nach Nummer 3 zulässige Vereinbarung eines Vorbehalts des Verwenders, sich von der Verpflichtung zur Erfüllung des Vertrags
bei Nichtverfügbarkeit der Leistung zu lösen, wenn sich der Verwender nicht verpflichtet,

a)   den Vertragspartner unverzüglich über die Nichtverfügbarkeit zu informieren
und

b)   Gegenleistungen des Vertragspartners unverzüglich zu erstatten.

Bei den in § 308 BGB aufgezählten Klauseln gibt es noch eine Wertungsmöglichkeit. Das
heißt, das Gericht kann aufgrund besonderer Umstände zu der Einschätzung gelangen,
dass die Klausel ausnahmsweise im konkreten Fall doch wirksam ist.

§ 309 BGB: „Klauselverbote ohne Wertungsmöglichkeit"

Auch soweit eine Abweichung von den gesetzlichen Vorschriften zulässig ist, ist in
Allgemeinen Geschäftsbedingungen unwirksam

1.   (Kurzfristige Preiserhöhungen) eine Bestimmung, welche die Erhöhung des Entgelts für Waren oder Leistungen vorsieht, die innerhalb von vier Monaten nach Vertragsschluss geliefert oder erbracht werden sollen; dies gilt nicht bei Waren oder
Leistungen, die im Rahmen von Dauerschuldverhältnissen geliefert oder erbracht
werden;

2.   (Leistungsverweigerungsrechte) eine Bestimmung, durch die

a)   das Leistungsverweigerungsrecht, das dem Vertragspartner des Verwenders nach
§ 320 zusteht, ausgeschlossen oder eingeschränkt wird oder

b)   ein dem Vertragspartner des Verwenders zustehendes Zurückbehaltungsrecht,
soweit es auf demselben Vertragsverhältnis beruht, ausgeschlossen oder eingeschränkt, insbesondere von der Anerkennung von Mängeln durch den Verwender abhängig gemacht wird;

3.   (Aufrechnungsverbot) eine Bestimmung, durch die dem Vertragspartner des
Verwenders die Befugnis genommen wird, mit einer unbestrittenen oder rechtskräftig
festgestellten Forderung aufzurechnen;

4.   (Mahnung, Fristsetzung) eine Bestimmung, durch die der Verwender von der gesetzlichen Obliegenheit freigestellt wird, den anderen Vertragsteil zu mahnen oder
ihm eine Frist für die Leistung oder Nacherfüllung zu setzen;

5.   (Pauschalierung von Schadensersatzansprüchen) die Vereinbarung eines pauschalierten Anspruchs des Verwenders auf Schadensersatz oder Ersatz einer Wertminderung, wenn

a)   die Pauschale den in den geregelten Fällen nach dem gewöhnlichen Lauf der Dinge zu erwartenden Schaden oder die gewöhnlich eintretende Wertminderung übersteigt oder

b)   dem anderen Vertragsteil nicht ausdrücklich der Nachweis gestattet wird, ein Schaden oder eine Wertminderung sei überhaupt nicht entstanden oder wesentlich niedriger als die Pauschale;

6.   (Vertragsstrafe) eine Bestimmung, durch die dem Verwender für den Fall der Nichtabnahme oder verspäteten Abnahme der Leistung, des Zahlungsverzugs oder für den Fall, dass der andere Vertragsteil sich vom Vertrag löst, Zahlung einer Vertragsstrafe versprochen wird;

7.   (Haftungsausschluss bei Verletzung von Leben, Körper, Gesundheit und bei grobem Verschulden)

a)   (Verletzung von Leben, Körper, Gesundheit) ein Ausschluss oder eine Begrenzung der Haftung für Schäden aus der Verletzung des Lebens, des Körpers oder der Gesundheit, die auf einer fahrlässigen Pflichtverletzung des Verwenders oder einer vorsätzlichen oder fahrlässigen Pflichtverletzung eines gesetzlichen Vertreters oder Erfüllungsgehilfen des Verwenders beruhen;

b)   (Grobes Verschulden)

ein Ausschluss oder eine Begrenzung der Haftung für sonstige Schäden, die auf einer grob fahrlässigen Pflichtverletzung des Verwenders oder auf einer vorsätzlichen oder grob fahrlässigen Pflichtverletzung eines gesetzlichen Vertreters oder Erfüllungsgehilfen des Verwenders beruhen; die Buchstaben a und b gelten nicht für [...];

8.   (Sonstige Haftungsausschlüsse bei Pflichtverletzung)

a)   (Ausschluss des Rechts, sich vom Vertrag zu lösen) eine Bestimmung, die bei einer vom Verwender zu vertretenden, nicht in einem Mangel der Kaufsache oder des Werkes bestehenden Pflichtverletzung das Recht des anderen Vertragsteils, sich vom Vertrag zu lösen, ausschließt oder einschränkt; dies gilt nicht für die in der Nummer 7 bezeichneten Beförderungsbedingungen und Tarifvorschriften unter den dort genannten Voraussetzungen;

b)   (Mängel) eine Bestimmung, durch die bei Verträgen über Lieferungen neu hergestellter Sachen und über Werkleistungen

aa)   (Ausschluss und Verweisung auf Dritte) die Ansprüche gegen den Verwender wegen eines Mangels insgesamt oder bezüglich einzelner Teile ausgeschlossen, auf die Einräumung von Ansprüchen gegen Dritte beschränkt oder von der vorherigen gerichtlichen Inanspruchnahme Dritter abhängig gemacht werden;

bb)   (Beschränkung auf Nacherfüllung) die Ansprüche gegen den Verwender insgesamt oder bezüglich einzelner Teile auf ein Recht auf Nacherfüllung beschränkt werden, sofern dem anderen Vertragsteil nicht ausdrücklich das Recht vorbehalten wird, bei Fehlschlagen der Nacherfüllung zu mindern oder, wenn nicht eine Bauleistung Gegenstand der Mängelhaftung ist, nach seiner Wahl vom Vertrag zurückzutreten;

cc) (Aufwendungen bei Nacherfüllung) die Verpflichtung des Verwenders ausgeschlossen oder beschränkt wird, die zum Zwecke der Nacherfüllung erforderlichen Aufwendungen, insb. Transport-, Wege-, Arbeits- und Materialkosten, zu tragen;

dd) (Vorenthalten der Nacherfüllung) der Verwender die Nacherfüllung von der vorherigen Zahlung des vollständigen Entgelts oder eines unter Berücksichtigung des Mangels unverhältnismäßig hohen Teils des Entgelts abhängig macht;

ee) (Ausschlussfrist für Mängelanzeige) der Verwender dem anderen Vertragsteil für die Anzeige nicht offensichtlicher Mängel eine Ausschlussfrist setzt, die kürzer ist als die nach dem Doppelbuchstaben ff zulässige Frist;

ff) (Erleichterung der Verjährung) die Verjährung von Ansprüchen gegen den Verwender wegen eines Mangels in den Fällen des § 438 Abs. 1 Nr. 2 und des § 634a Abs. 1 Nr. 2 erleichtert oder in den sonstigen Fällen eine weniger als ein Jahr betragende Verjährungsfrist ab dem gesetzlichen Verjährungsbeginn erreicht wird; [...];

9. (Laufzeit bei Dauerschuldverhältnissen) bei einem Vertragsverhältnis, das die regelmäßige Lieferung von Waren oder die regelmäßige Erbringung von Dienst- oder Werkleistungen durch den Verwender zum Gegenstand hat,

a) eine den anderen Vertragsteil länger als zwei Jahre bindende Laufzeit des Vertrags,

b) eine den anderen Vertragsteil bindende stillschweigende Verlängerung des Vertragsverhältnisses um jeweils mehr als ein Jahr oder

c) zulasten des anderen Vertragsteils eine längere Kündigungsfrist als drei Monate vor Ablauf der zunächst vorgesehenen oder stillschweigend verlängerten Vertragsdauer;

dies gilt nicht für Verträge über die Lieferung als zusammengehörig verkaufter Sachen, für Versicherungsverträge sowie für Verträge zwischen den Inhabern urheberrechtlicher Rechte und Ansprüche und Verwertungsgesellschaften im Sinne des Gesetzes über die Wahrnehmung von Urheberrechten und verwandten Schutzrechten;

10. (Wechsel des Vertragspartners) eine Bestimmung, wonach bei Kauf-, Dienstoder Werkverträgen ein Dritter anstelle des Verwenders in die sich aus dem Vertrag ergebenden Rechte und Pflichten eintritt oder eintreten kann, es sei denn, in der Bestimmung wird

a) der Dritte namentlich bezeichnet oder

b) dem anderen Vertragsteil das Recht eingeräumt, sich vom Vertrag zu lösen;

11. (Haftung des Abschlussvertreters) eine Bestimmung, durch die der Verwender einem Vertreter, der den Vertrag für den anderen Vertragsteil abschließt,

a) ohne hierauf gerichtete ausdrückliche und gesonderte Erklärung eine eigene Haftung oder Einstandspflicht oder

b) im Falle vollmachtslosen Vertretung eine über § 179 hinausgehende Haftung auferlegt;

12. (Beweislast) eine Bestimmung, durch die der Verwender die Beweislast zum Nachteil des anderen Vertragsteils ändert, insbesondere indem er

a) diesem die Beweislast für Umstände auferlegt, die im Verantwortungsbereich des Verwenders liegen, oder

b) den anderen Vertragsteil bestimmte Tatsachen bestätigen lässt; Buchstabe b gilt nicht für Empfangsbekenntnisse, die gesondert unterschrieben oder mit einer gesonderten qualifizierten elektronischen Signatur versehen sind;

13. (Form von Anzeigen und Erklärungen) eine Bestimmung, durch die Anzeigen oder Erklärungen, die dem Verwender oder einem Dritten gegenüber abzugeben sind, an eine strengere Form als die Schriftform oder an besondere Zugangserfordernisse gebunden werden.

Dabei ist jedoch insgesamt § 310 Absatz 1 zu beachten:

§ 310 Abs. 1 BGB:

§ 305 Abs. 2 und 3 und die §§ 308 und 309 finden keine Anwendung auf Allgemeine Geschäftsbedingungen, die gegenüber einem Unternehmer [...] verwendet werden. § 307 Abs. 1 und 2 findet in den Fällen des Satzes 1 auch insoweit Anwendung, als dies zur Unwirksamkeit von den in den §§ 308 und 309 genannten Vertragsbedingungen führt; auf die im Handelsverkehr geltenden Gewohnheiten und Gebräuche ist angemessen Rücksicht zu nehmen.

Der **Unternehmer** ist in § 14 BGB als Person definiert, die in Ausübung ihrer gewerblichen oder selbstständigen beruflichen Tätigkeit handelt. Von Unternehmern wird allgemein größere Sorgfalt und Vorsicht bei Vertragsschlüssen erwartet. Die §§ 308 und 309 gelten nicht direkt für Unternehmer, sondern nur mittelbar über § 307 und dort angepasst um die im Handelsverkehr geltenden Gewohnheiten und Gebräuche. Letzteres ist vor allem wichtig, weil darüber auch ein bestimmtes Rationalisierungsinteresse anerkannt wird. Dazu zählt ein Interesse am beschleunigten Warenumsatz, an der Rationalisierung der Geschäftsabwicklung und der Senkung der Kosten. Nach der Rechtsprechung des BGH ist es aber ein Indiz für die Unwirksamkeit der Klausel auch im unternehmerischen Verkehr, wenn eine Klausel unter § 309 BGB fällt.

§ 308 enthält Klauselverbote *mit* Wertungsmöglichkeit, für die in § 309 genannten Klauseln gibt es *keine* Wertungsmöglichkeit. Das Gericht muss die Unwirksamkeit einer Klausel **von**

Amts wegen berücksichtigen, nicht nur dann, wenn einer der Beteiligten sich darauf beruft.

4.5   Vorrang der Individualvereinbarung

Selbst wenn AGB in den Vertrag einbezogen wurden, gewährt das Gesetz individuell ausgehandelten Regelungen dennoch einen **Vorrang**:

§ 305b BGB: „Vorrang der Individualabrede"

> Individuelle Vertragsabreden haben Vorrang vor Allgemeinen Geschäftsbedingungen.

Das betrifft den Fall, dass es sowohl AGB gibt, die den betreffenden Fall regeln, als auch eine individuelle Vereinbarung. Dann haben die individuellen Abreden laut Gesetz Vorrang vor den AGB.

Eine andere Konsequenz ist: Wenn eine Klausel nach AGB-Recht nicht wirksam ist, so kann der gleiche Inhalt dennoch wirksam werden, wenn er individuell vereinbart worden ist. Das Verhandeln einer unwirksamen Klausel kann also gerade zur Wirksamkeit führen (dazu unten mehr).

Was ist aber eine individuelle Vertragsabrede? Im Grunde das Gegenteil von AGB. Man versteht darunter gerade *nicht* vorgefertigte, einseitig gestellte Vereinbarungen. Vielmehr ist kennzeichnend, dass man den Inhalt solcher Vereinbarungen spontan und individuell gefasst hat.

❯ Beispiel:

> Herr A und Herr B möchten einen Vertrag schließen. Herr A bringt umfangreiche AGB mit. Herr B ist mit deren Geltung einverstanden. Herr B weist aber darauf hin, dass ein bestimmter Fall gar nicht in den AGB geregelt wird. Herr A und Herr B suchen gemeinsam eine Formulierung, die das gewünschte Ergebnis dieses Falles zum Ausdruck bringt, und schreiben sie auf. Nun ist es egal, was die AGB für diesen Fall vorsehen, denn die individuelle Absprache hat Vorrang.

Wenn Ihnen das Lesen und Prüfen(-lassen) umfangreicher fremder AGB zu mühsam ist, könnten Sie also grundsätzlich die Ihnen wichtigen Kernpunkte kurz mit dem Vertragspartner *individuell* (also nicht z. B. durch Vorformulierungen, die wiederum AGB wären, nämlich von Ihnen gestellte) festhalten. Dazu reichen auch Stichpunkte. Das birgt ein gewisses Risiko, dass sich in den AGB trotzdem für Sie ungünstige Regelungen befinden, die Sie durch die Individualvereinbarung nicht abgedeckt haben. Es dürfte aber meist besser sein, als die fremden AGB einfach so zu akzeptieren – in der Hoffnung auf ihre Unwirksamkeit.

Wichtige regelungsbedürftige Punkte für solche Individualvereinbarungen sind regelmäßig: Haftung, Verjährungsfristen und Beweislast für Mängel, Garantien/zugesicherte Eigenschaften, Abnahme, Change-Request-Verfahren, Nutzungsrechte, Datenschutz und Geheimhaltung, Zahlungsweise / Bürgschaften / Insolvenzregelungen, bei Auslandsberührung auch das anwendbare Recht und die Gerichtsstandsvereinbarung.

Vom Ergebnis her gleich, doch von der Sache her anders liegt es, wenn an sich AGB vorliegen, diese aber **verhandelt** werden. Das ist dann letztlich auch eine Art von Individualvereinbarung, wird vom Gesetzgeber aber noch einmal explizit erwähnt (und das zu Recht, weil die Vertragspartner im Eifer des Gefechts der Vertragsverhandlungen häufig übersehen, dass sie bestimmte Vertragsbedingungen tatsächlich verhandelt haben).

§ 305 Abs. 1 Satz 3 BGB:

Allgemeine Geschäftsbedingungen liegen nicht vor, soweit die Vertragsbedingungen zwischen den Vertragspartner im Einzelnen ausgehandelt sind.

Hiermit ist u.a. der Fall gemeint, dass zwar vorformulierte, gestellte Texte verwendet werden, die an sich jeweils AGB darstellen würden, aber diesmal gerade über die Verwendung dieser Texte verhandelt wird, ganz oder auch nur teilweise.

Von **Aushandeln** kann man allerdings nur ausgehen, wenn ernsthafte Bereitschaft zur Abänderung von Klauseln besteht.

▶ Beispiel:

Herr A und Herr B verhandeln über den Verkauf eines PC. Herr A bringt seine vorformulierten Standard-Vertragsmuster mit. Darin ist eine Regelung enthalten, die für Herrn B ungünstig ist. Herr B reklamiert das. Herr A meint, entweder würde diese Klausel im Vertrag enthalten sein, oder er wäre nicht bereit, den Vertrag zu schließen. Herr B resigniert, unterschreibt dennoch den Vertrag. Im Ergebnis gilt die Klausel laut BGH nicht als ausgehandelt, weil B nur vor die Wahl gestellt wurde, vom Vertrag Abstand zu nehmen.

❗ Abwandlung:

Herr A bietet Herrn B einen Preisnachlass von 5 % an, wenn die Klausel so bleibt. Herr B akzeptiert das. Nun gilt diese Klausel als ausgehandelt.

Es geht also nicht darum, ob letztlich „beide Vertragspartner etwas bekommen", sondern nur um die besondere rechtsgeschäftliche **Einigung** über die Verwendung dieser Vertragsbedingung.

Bei **vorformulierten Texten** spricht der äußere Anschein dagegen, dass sie ausgehandelt wurden. Der Verwender muss diesen Anschein beseitigen, wenn er geltend macht, die Vertragsbedingungen seien im Einzelnen ausgehandelt. Bedenklich sind aus diesem Gesichtspunkt handschriftliche Änderungen oder Streichungen in AGB. Diese erwecken gerade den Eindruck, dass durchaus über den Text verhandelt wurde.

❯ Beispiel (Abwandlung):

Herr A sperrt sich gegen einen Preisnachlass und argumentiert, der Preis sei deshalb so niedrig, weil diese Klausel im Vertrag enthalten sei. Beide diskutieren noch ein wenig, schließen den Vertrag aber schließlich trotzdem mit der von B kritisierten Klausel ab, und ohne Preisnachlass. Damit gilt die für B ungünstige Klausel als individuell ausgehandelt, auch wenn Herr B „nichts dafür bekommen hat". Entscheidend ist (nur), dass man (ernsthaft) darüber verhandelt hat und nicht nur theoretisch zu Anpassungen bereit war; das Verhandlungsergebnis ist weitgehend ohne Bedeutung.

Es kann also klüger sein, nachteilige, vermutlich unwirksame Klauseln gar nicht erst anzusprechen. Denn das **Aushandeln** von Vertragsbedingungen hebt ihren Charakter als AGB auf. Durch das Nichtansprechen heben Sie die vermutlich unwirksame Klausel wenigstens nicht auch noch in den Rang einer (gar nicht mehr nach AGB-Recht überprüfbaren) Individualvereinbarung. Dabei ist aber auch zu bedenken, welchen Stellenwert die Klausel hat. Ist sie Dreh- und Angelpunkt des Vertrages, kann es klüger sein, spätere juristische Auseinandersetzungen (= langjähriger Ärger über viele Instanzen) mit unsicherem Ausgang lieber gleich zu vermeiden und zu verhandeln (und sich ggf. nach einem anderen Vertragspartner umzusehen, wenn das Verhandlungsziel nicht einigermaßen durchgesetzt werden kann).

4.6   Unwirksamkeit von Klauseln

Was gilt eigentlich, wenn AGB ganz oder teilweise nicht Vertragsbestandteil geworden sind? Darauf gibt § 306 BGB die Antwort.

§ 306 BGB: „Rechtsfolgen bei Nichteinbeziehung und Unwirksamkeit"

(1)   Sind Allgemeine Geschäftsbedingungen ganz oder teilweise nicht Vertragsbestandteil geworden oder unwirksam, so bleibt der Vertrag im Übrigen wirksam.

(2)   Soweit die Bestimmungen nicht Vertragsbestandteil geworden oder unwirksam sind, richtet sich der Inhalt des Vertrags nach den gesetzlichen Vorschriften.

(3)   Der Vertrag ist unwirksam, wenn das Festhalten an ihm auch unter Berücksichtigung der nach Absatz 2 vorgesehenen Änderung eine unzumutbare Härte für eine Vertragspartei darstellen würde.

Absatz 1 ist selbsterklärend und birgt enorme Risiken für den Verwender. Regelmäßig benutzt der AGB-Verwender Klauseln, die für den Vertragspartner im Vergleich zur „normalen" gesetzlichen Regelung nachteilig sind. Sind diese Klauseln nun entweder nicht Vertragsbestandteil geworden oder unwirksam, so bleibt der übrige Vertrag wirksam. Absatz 2 legt fest, dass stattdessen die gesetzlichen Bestimmungen gelten. Das kann für den Verwender sehr nachteilig sein.

❯ Beispiel:

Firma A legt in ihren AGB nur fest, dass eine Haftung für einfache Fahrlässigkeit ausgeschlossen sein soll. Sie verlässt sich darauf und versichert sich dementsprechend gering. Die AGB werden dem Kunden B aber erst nach Vertragsschluss mit der Ware zugeschickt (= zu spät). Insgesamt ist der Vertrag ohne die AGB wirksam, lediglich der Ausschluss der Haftung für einfache Fahrlässigkeit ist unwirksam. Deshalb hat Firma A nun auch einfache Fahrlässigkeit zu vertreten, also *jedes* Außerachtlassen der im Verkehr erforderlichen Sorgfalt (§ 276 Absatz 1 BGB). Genau das wollte Firma A eigentlich vermeiden.

Der Absatz 3 bietet dem Verwender nur einen schwachen Trost. Denn der Vertrag als Ganzes ist erst unwirksam, wenn sich – zum Zeitpunkt der Geltendmachung dieses Lösungsrechts – eine *unzumutbare* Härte für eine Vertragspartei ergibt. Dafür reicht in der Regel nicht aus, dass nun das „normale" Gesetz an die Stelle der AGB getreten ist, auch nicht, dass sämtliche AGB nicht einbezogen wurden bzw. unwirksam waren, und auch nicht, dass es zu einer erheblichen Kostensteigerung kommt oder ein vertragliches Ungleichgewicht entstanden ist. Es müsste schon eine besonders krasse Störung im Vertragsgleichgewicht vorliegen.

Ganz „clevere" Verwender versuchen diese Folgen zu vermeiden, indem sie eine so genannte **salvatorische Klausel** verwenden. Darin verpflichten sich die Vertragspartner, im Falle der Unwirksamkeit von Regelungen neue Vereinbarungen zu treffen, die den unwirksamen Regelungen möglichst nahe kommen. Oder die Regelungen enthalten Formulierungen wie „soweit gesetzlich zulässig". Ersteres benachteiligt den Vertragspartner unangemessen, das zweite ist intransparent, und damit beides selbst nicht wirksam (vgl. oben zu § 307 BGB).

Wenn Klauseln inhaltlich **teilbar** sind, ist möglicherweise auch nur ein Teil unwirksam.

Es findet aber **keine geltungserhaltende Reduktion** statt. Das heißt, eine unwirksame Klausel wird nicht so reduziert, dass sie gerade noch wirksam wäre, sondern fällt ganz weg. Anderenfalls gäbe es für den Verwender ja keinerlei Risiko. Er würde einfach überall für ihn maximal nützliche Bedingungen aufstellen und diese dann vom Gericht auf das gerade noch wirksame Maß reduzieren lassen. Das ist gerade nicht der Sinn des AGB-Rechts.

Im Übrigen unterliegen nach § 306a BGB auch **Umgehungen** wieder den AGB-Vorschriften. Es nutzt also nichts, besonders kunstvoll Ideen zu entwickeln, um die §§ 305 ff. BGB auszuhebeln.

Ein Sonderproblem liegt vor, wenn zwei Vertragspartner jeweils AGB verwenden, die zwar einbezogen wurden, sich aber **widersprechen**. Die Rechtsprechung geht davon aus, dass in diesen Punkten Dissens vorliegt und die AGB deshalb nicht Vertragsinhalt wurden, der Vertrag im Übrigen aber wirksam ist (dies ist eine Ausnahme von den in Ziffer

3.1.7 (S. 61) beschriebenen Regeln zu Angebot und Annahme unter Änderung). Hinsichtlich der AGB greift § 306 Abs. 2 BGB, es gilt also die gesetzliche Regelung.

❯ Beispiel:

> Herr A (Lieferant) und Frau B (Kundin) schließen einen Vertrag. A schließt in seinen AGB die Haftung für leichte Fahrlässigkeit aus. B verwendet auch AGB, die aber eine Haftung für leichte Fahrlässigkeit vorsehen. Wenn beide AGB in den Vertrag einbezogen wurden, so herrscht im Punkt Haftung Dissens. Es gilt die gesetzliche Regelung des § 276 Abs. 1 und damit Haftung auch für leichte Fahrlässigkeit.

Wie Sie am letzten Beispiel sehen können, lohnt sich die Verwendung unterschiedlicher AGB für den Einkauf und Verkauf, je nachdem ob man auf der Anbieter- oder Lieferantenseite steht. Als Lieferant hätte Frau B sicher selbst auch die Haftung für leichte Fahrlässigkeit ausgeschlossen.

4.7   Tipps und Tricks

Sie sollten die AGB wenigstens kurz überfliegen, insbesondere wenn Sie Unternehmer sind.

Nutzen Sie die vorrangigen Individualvereinbarungen. Stichpunkte genügen oft.

Schaffen Sie Beweise für Aussagen Ihres Vertragspartners, lassen Sie sich nicht auf „Das ist nur das übliche Kleingedruckte, Sie wissen schon" o. Ä. ein.

Verhandeln Sie nicht über klar unwirksame AGB-Regelungen, es sei denn, die Regelung ist für Sie so wichtig, dass Sie jedes Restrisiko vermeiden müssen, dass ein Gericht die Regelung doch für wirksam ansieht. Stellen Sie ggf. vor den Verhandlungen klar, dass Sie davon ausgehen, dass Ihr Vertragspartner die Inhaltskontrolle anhand des AGB-Rechts kennt und Sie deshalb nur über aus Ihrer Sicht wirksame AGB verhandeln werden.

Wenn Sie als Verwender keine moralischen Bedenken haben, könnten Sie darauf spekulieren, dass Ihr Vertragspartner die Unwirksamkeit bestimmter Regelungen nicht erkennt und sich daher trotzdem daran hält. Aber Vorsicht: Unwirksame AGB können auch Gegenstand einer Abmahnung sein! Daher müssen wir davon abraten. Außerdem gibt es Fälle, in denen das Gesetz (das ja gilt, wenn die AGB-Regelung unwirksam ist) für Sie so ungünstig ist, dass Sie das Risiko einer unwirksamen Regelung nicht in Kauf nehmen können.

5   Rechte und Beweislast

Gehen wir davon aus, dass Sie das vorstehende Kapitel gelesen und beherzigt haben. Sie haben jetzt einen „tollen" Vertrag mit jemandem abgeschlossen. Gratulation!

Doch halt: Vielleicht sollten wir uns erst noch einmal klar machen, was aus so einem Vertrag folgen kann. Denn Verträge dienen ja gerade dazu, Rechte (Anspruchsgrundlagen) zu schaffen. Der eine will nun etwas vom anderen. Er bekommt es, wenn es für sein Begehren eine Anspruchsgrundlage gibt, die Voraussetzungen der Anspruchsgrundlage vorliegen und er im Streitfall die Anspruchsvoraussetzungen beweisen kann.

Lernen Sie, mit der zentralen Konstruktion des Vertragsrechts – den Anspruchsgrundlagen – zu arbeiten. Gewinnen Sie einen Eindruck davon, wie ein Jurist denkt.

5.1   Ansprüche auf eine Leistung oder aus Haftung wegen Pflichtverletzung

5.1.1   Ansprüche und Anspruchsgrundlagen

Die Idee ist ganz einfach: Wenn jemand von einem anderen etwas möchte, dann ist das ein **Anspruch**. Um einen Anspruch durchzusetzen, braucht man eine Anspruchsgrundlage. Da das Zivilrecht die Privatautonomie (dass die Vertragspartner z. B. den Inhalt ihrer Verträge frei vereinbaren können) ziemlich hoch bewertet, ergeben sich Anspruchsgrundlagen zunächst aus dem Vertrag. Häufig ist die Anspruchsgrundlage aber auch ein bestimmter Paragraf eines Gesetzes, z. B. des BGB. Die Anspruchsgrundlage muss nun daraufhin geprüft werden, ob sie entstanden ist, nicht erloschen ist und ob es Gegenrechte gibt.

5.1.1.1   Anspruch entstanden

Damit ein Anspruch entsteht, müssen seine **Entstehungsvoraussetzungen** erfüllt sein. Letztlich beziehen sich diese immer auf einen bestimmten Lebenssachverhalt (z. B. eine Vereinbarung zwischen zwei Personen).

Es handelt sich hier um eine klassische „Wenn-Dann"-Beziehung.

❯ **Beispiel:**

Wenn sich zwei Personen A und B darüber geeinigt haben, dass A dem B eine Sache übergeben und das Eigentum daran verschaffen soll, und B dem A die Sache abnehmen und auch noch eine Gegenleistung erbringen soll (= tatbestandliche Voraussetzungen), dann ist das ein Kaufvertrag (Rechtsfolge, siehe § 433 BGB). Dieser verpflichtet zu den gerade aufgezählten Leistungen, also z. B. Zahlung des Kaufpreises als Gegenleistung.

Die Anspruchsgrundlagen beziehen sich häufig auf andere Anspruchsgrundlagen, es formen sich also immer komplexere Gebilde, und die Anzahl der **Voraussetzungen** steigt.

> **Beispiel:**
>
> Wenn die Voraussetzungen eines Kaufvertrages vorliegen und die Sache mangelhaft ist (tatbestandliche Voraussetzungen, §§ 433, 437 BGB), dann kann der Käufer die Nacherfüllung (nach seiner Wahl die Beseitigung des Mangels oder Lieferung einer mangelfreien Sache) geltend machen (Rechtsfolge, siehe § 439 BGB).

Der Anspruch entsteht aber gar nicht erst, wenn **Nichtigkeitsgründe** vorliegen. Dazu gehören einmal die eher seltenen Gründe, an die man aber sofort denkt, z. B. Nichtigkeit wegen Geschäftsunfähigkeit (§ 105 BGB) und Formmängeln (§ 125 BGB). Wesentlich bedeutsamer ist die Nichtigkeit von Allgemeinen Geschäftsbedingungen wegen Verstoßes gegen die §§ 305 ff. BGB und/oder wegen Sittenwidrigkeit/Wucher (§ 138 BGB). Ein Anspruch entsteht auch dann nicht, wenn eine aufschiebende Bedingung nicht eintritt (§ 158 Abs. 1 BGB). Juristen nennen das **rechtshindernde Einwendungen**.

5.1.1.2   Anspruch nicht erloschen

Ein Anspruch kann zwar entstanden, zwischenzeitlich aber wieder **erloschen** sein. Im Einzelnen darf er nicht untergegangen, inhaltlich verändert oder auf Dritte übergegangen sein.

Ein Anspruch ist z. B. **untergegangen**, wenn die Vertragspartner über ihn einen Erlassvertrag geschlossen haben. Häufiger ist allerdings, dass der Anspruch bereits erfüllt wurde (§ 362 BGB).

§ 362 BGB: „Erlöschen durch Leistung"

(1)   Das Schuldverhältnis erlischt, wenn die geschuldete Leistung an den Gläubiger bewirkt wird.

(2)   Wird an einen Dritten zum Zwecke der Erfüllung geleistet, so finden die Vorschriften des § 185 Anwendung.

> **Beispiel:**
>
> Herr A und Frau B haben einen Kaufvertrag geschlossen. Der Anspruch von Herrn A gegen Frau B auf Zahlung des Kaufpreises ist untergegangen, wenn Frau B den Kaufpreis gezahlt hat.

Es kann auch eine wirksame **Aufrechnung** erfolgt sein (§ 387 BGB).

§ 387 BGB: „Aufrechnung"

Schulden zwei Personen einander Leistungen, die ihrem Gegenstand nach gleichartig sind, so kann jeder Teil seine Forderung gegen die Forderung des anderen Teils aufrechnen, sobald er die ihm gebührende Leistung fordern und die ihm obliegende Leistung bewirken kann.

Die Aufrechnung kommt insbesondere dann in Betracht, wenn Geldleistungen geschuldet sind.

> **Beispiel:**

Herr A hat von Herrn B, der chronisch in Geldnöten ist, für 10 Euro eine Wärmeleitpaste gekauft. Gleichzeitig hat Herr B bei Arbeiten bei Herrn A (beweisbar) eine Beschädigung des Rechners des Herrn A im Wert von 100 Euro verursacht. Der Anspruch des Herrn B auf Zahlung von 10 Euro gegen Herrn A ist untergegangen, wenn Herr A die Aufrechnung mit dem Schaden in Höhe von 100 Euro erklärt. Dann schuldet Herr B dem Herrn A (nur noch) 90 Euro.

An diesem Beispiel sieht man recht gut, dass die Aufrechnung das Fortbestehen einer Vielzahl von Forderungen verhindert. Stattdessen können diese aus wirtschaftlichen Gründen zusammengefasst werden. Die Aufrechnung ist aber darüber hinaus auch ein starkes Selbsthilferecht, gerade wenn der Vertragspartner eine zweifelhafte Bonität hat.

Praktisch kann eine Aufrechnung zu einer Erhöhung des Klagerisikos führen.

> **Beispiel:**

Der Besteller B und der Unternehmer U schließen einen Werkvertrag. U soll für 100.000 Euro eine Software entwickeln. B erklärt nach Fertigstellung und Inbetriebnahme die Aufrechnung mit einem (angeblich entstandenen) Verzögerungsschaden in Höhe von 1.000.000 Euro. Um an den Werklohn zu kommen, muss U nun die – ungleich riskantere – Klage einreichen. U riskiert mit einem solchen Prozess nicht nur, die 100.000 Euro nicht zu bekommen, sondern sogar 900.000 Euro zahlen zu müssen, wenn sich die außergerichtliche Aufrechnung von B auch vor Gericht als berechtigt herausstellt. Objektiv hat die Aufrechnung zwar nichts an der tatsächlichen Situation geändert, doch die psychologische Wirkung bleibt oft nicht ohne Folgen. (Andererseits stellt sich natürlich die Frage, warum B seinerseits nicht längst Klage eingereicht hatte, wenn der Verzögerungsschaden tatsächlich in dieser Höhe von U verursacht wurde.)

Die Aufrechnung ist ein **Gestaltungsrecht**, d. h. man kann die Aufrechnung erklären, muss das aber nicht.

Der Anspruch kann sich auch **inhaltlich verändert** haben.

> **Beispiel:**

Bei einem Kaufvertrag beträgt der Kaufpreis 800 Euro. Der Käufer macht einen Mangel geltend und mindert nach erfolgloser Fristsetzung zur Nacherfüllung den Kaufpreis um 100 Euro (§ 441 BGB). Der Anspruch des Verkäufers gegen den Käufer auf

Zahlung von 800 Euro hat sich inhaltlich geändert und besteht jetzt nur noch auf Zahlung von 700 Euro.

Möglich ist auch, dass der Anspruch **auf Dritte übergegangen** ist, z. B. durch Forderungsabtretung (§ 398) oder Schuldübernahme durch Vertrag zwischen Gläubiger und neuem Schuldner (§ 414 BGB). Im ersten Fall kann der bisherige Forderungsinhaber vom Schuldner nichts mehr fordern, sondern nur der neue Forderungsinhaber. Im zweiten Fall kann der Forderungsinhaber die Erfüllung nicht mehr vom alten Schuldner fordern, wohl aber vom neuen Schuldner. Es werden also die Personen ausgetauscht.

❯ **Beispiel:**

Der Verkäufer V tritt seinen Erfüllungsanspruch gegen den Käufer K auf Zahlung der 700 Euro an einen Finanzdienstleister F ab. V kann jetzt nicht mehr von K die Zahlung der 700 Euro verlangen, das kann nur F.

5.1.1.3   Keine Gegenrechte

Ein bestehender und nicht erloschener Anspruch kann aber nur dann rechtlich durchgesetzt werden, wenn keine Gegenrechte bestehen. Man unterscheidet zwischen Einreden und Einwendungen.

Unter **Einreden** versteht man vorübergehende oder dauerhafte Leistungsverweigerungsrechte des Verpflichteten, die er geltend machen kann, aber nicht muss. Im Grunde handelt es sich also um Gegen*rechte*, aber keine Gegen*pflichten*. Man kann das auch Abwehrgrundlage nennen: So wie es Anspruchsgrundlagen gibt, gibt es auch Abwehrgrundlagen, auf die man sich berufen kann, aber nicht muss. Eine praktisch wichtige Einrede ist die Verjährung (vgl. dazu Kapitel 7.1.3). Wenn man sich nicht auf die Einrede beruft, beachtet der Richter sie in einem Prozess nicht (und fragt auch nicht danach, also Vorsicht; um die Ein*rede* geltend zu machen, muss man eben „reden"). Ob man eine Einrede geltend macht, soll einem selbst überlassen bleiben (vielleicht will man ja als ehrbarer Kaufmann die gekaufte Software bezahlen, auch wenn die Forderung verjährt ist, man will aber durch den Prozess klären lassen, ob die Software evtl. nicht den vertraglichen Vereinbarungen entspricht und nur dann nicht zahlen).

❯ **Beispiel:**

Herr A schließt mit der Firma F einen Werkvertrag. Das Werk wird nicht fertig. Die Firma F verlangt gleichwohl Bezahlung der letzten Teilvergütung. A weigert sich und macht die Einrede des nicht erfüllten Vertrags geltend (§ 320 BGB). A muss nicht zahlen, weil die Vergütung des Werkunternehmers nach § 641 BGB nach dem Gesetz erst mit Abnahme fällig wird.

Dagegen sind **Einwendungen** rechtshindernde oder rechtsvernichtende Umstände, die bereits kraft Gesetzes und damit ohne besondere Geltendmachung die Entstehung des Anspruchs verhindern oder den bereits entstandenen Anspruch untergehen lassen. So kann z. B. die Ausübung eines Rechts nach § 242 BGB gegen Treu und Glauben verstoßen.

Das ist vom Gericht zu berücksichtigen, ohne dass sich einer der Beteiligten darauf berufen muss.

⊗ Beispiel:

Herr A und Herr B haben vor 5 Jahren einen Dienstvertrag geschlossen. Herr A möchte nun Herrn B fristlos aus wichtigem Grund kündigen, weil er es für unzumutbar hält, dass Herr B mit seinem Erzfeind, Herrn C, befreundet ist. Die Kündigung kann nach § 242 ausgeschlossen sein, wenn Herr B schon seit frühester Jugend mit Herrn C befreundet war und Herr A das auch wusste. Denn eine Berufung auf diesen Grund verstieße gegen den Grundsatz des „venire contra factum proprium" – wie man am Namen schon merkt, ein sehr alter Rechtsgrundsatz, der besagt, dass man sich auf etwas nicht berufen kann, was man bislang auch immer so gemacht bzw. akzeptiert hat. Die Freundschaft zwischen Herrn B und C hat Herrn A die letzten 5 Jahre nicht gestört, dann soll ihn das (ohne neue, zusätzliche Gründe) auch in Zukunft nicht stören. Ob eine fristlose Kündigung aus dem genannten Grund überhaupt berechtigt wäre, sei einmal dahingestellt.

5.1.1.4 Prüfung von Ansprüchen

Wie geht nun der Jurist vor?

Juristen denken in Anspruchsgrundlagen. Also sucht der Jurist zuerst nach einer **Anspruchsgrundlage**, die zu der gewünschten **Rechtsfolge** führt. Er geht also gewissermaßen verkehrt herum vor. Man könnte natürlich auch zu einem Tatbestand alle möglichen Rechtsfolgen suchen. Das ergäbe aber regelmäßig eine sehr lange Liste möglicher Rechtsfolgen. Für die meisten davon interessiert sich jedoch niemand. In der Regel hat der Mandant (bzw. sein Anwalt) ja auch ein bestimmtes Ziel vor Augen, das er verfolgt.

⊗ Beispiel:

Herr A kommt zu Rechtsanwalt R, weil der gekaufte Rechner zu laut ist und er ihn zurückgeben möchte. R wird also eine Anspruchsgrundlage suchen, die es ermöglicht, eine Kaufsache zurückzugeben. Der Blick fällt somit direkt auf § 437 Nr. 2 BGB, 1. Alternative.

Für diese Anspruchsgrundlagen wird dann detailliert geprüft, ob der Anspruch **entstanden**, **nicht erloschen** und ob er **durchsetzbar** ist. Selbstverständlichkeiten werden dabei zunächst einmal eher großzügig übergangen, während Knackpunkte intensiv geprüft werden müssen.

Es ist übrigens nicht notwendigerweise so, dass zwei Juristen immer zu einem identischen Ergebnis kommen. Das hat auch etwas mit Dialektik zu tun: Für die meisten Lösungen gibt es **Argumente** und ebenso **Gegenargumente**. Es ist zwar Aufgabe des Rechtsanwalts, die günstigen und ungünstigen Argumente für seinen Mandanten zu suchen. Er vertritt aber regelmäßig nur die seinem Mandanten günstigen Argumente. Mehr braucht er auch nicht zu tun, denn der Rechtsanwalt der Gegenseite macht das für dessen Mandanten auch. Am

Ende gewinnt (sehr idealisiert) derjenige, der die überzeugenderen Argumente für das Gericht hatte. Sie werden also kaum einen Prozess erleben, in dem der gegnerische Anwalt Ihnen jemals insgesamt (und nicht nur in Einzelpunkten) zustimmt (wenn doch, dann sollten Sie die eigene Argumentation am besten einmal kritisch überprüfen!). Auch wenn die gegnerischen Argumente Ihnen noch so weit hergeholt oder dümmlich erscheinen mögen, Sie können sich darauf verlassen, dass der Rechtsanwalt erwägen wird, sie vorzutragen – das ist zu einem gewissen Teil sein Job. Vielleicht springt das Gericht ja doch darauf an. Das gilt natürlich für Ihren Anwalt genauso.

Sie werden beim Lesen dieses Buches gemerkt haben, dass Recht zwar nicht unbedingt komplexer als die übliche IT-Materie ist, aber auch mit Sicherheit **nicht einfacher**. Es gibt Regeln, Ausnahmen von Regeln, Ausnahmen von den Ausnahmen der Regeln usw. Bei der Prüfung kann es einem Juristen passieren, dass er bestimmte Voraussetzungen verneint, obwohl sie eigentlich vorliegen. Das passiert besonders bei mangelhafter **Kommunikation** zwischen Rechtsanwalt und Mandant. Wenn der komplexe Sachverhalt nur in wenigen Minuten erklärt werden soll oder der Anwalt sich mit der Materie nicht wirklich auskennt, kann es sein, dass wichtige Details auf der Strecke bleiben.

Wie kommt man aber darauf, welche Anspruchsgrundlagen es überhaupt gibt und welche davon für den vorliegenden Fall relevant sind? Mit scharfem **Nachdenken** allein kommt man nur selten zum Ziel. Im Studium hat der Jurist die wichtigsten Konzepte kennen gelernt. Darüber hinaus gibt es stapelweise **Fachliteratur** und **Rechtsprechung**, zu jedem kleinen Sätzchen in jedem noch so kleinen Gesetzchen. Für den Laien ist das nicht überschaubar. Sie werden in diesem Buch sicher an der einen oder anderen Stelle bemerkt haben, dass wir etwas erläutern, obwohl es so gar nicht im Gesetz steht. In seltenen Fällen wird man dem Wortlaut des Gesetzes sogar das **Gegenteil** entnehmen können.

5.1.2   Vertragliche Schuldverhältnisse

Im Folgenden stellen wir dar, welche **Schuldverhältnisse** es im Einzelnen gibt und welche Rechte und Pflichten sich daraus ergeben. Denn wir hoffen, dass es Ihnen desto mehr Spaß bereiten wird, rechtliche Probleme selbst zu durchdenken, je besser Sie selbst informiert sind.

Wenn zwei Personen einen Vertrag geschlossen haben, dann entsteht damit ein Schuldverhältnis. Man unterscheidet zwischen gesetzlichen und vertraglichen Schuldverhältnissen.

Ein **vertragliches Schuldverhältnis** liegt vor, wenn aufgrund eines Vertrags die eine Person der anderen Person etwas schuldet. Was geschuldet wird, kann eine Leistung (das ist der Regelfall), aber auch ein Unterlassen sein. Zentrale Norm ist § 241 BGB:

§ 241 BGB: „Pflichten aus dem Schuldverhältnis"

(1)   Kraft eines Schuldverhältnisses ist der Gläubiger berechtigt, von dem Schuldner eine Leistung zu fordern. Die Leistung kann auch in einem Unterlassen bestehen.

(2) Das Schuldverhältnis kann nach seinem Inhalt jeden Teil zur Rücksicht auf die Rechte, Rechtsgüter und Interessen des anderen Teils verpflichten.

Für **gesetzliche Schuldverhältnisse** braucht es keinen Vertrag. Darauf gehen wir erst weiter unten ein.

5.1.2.1 Pflichten aus dem Schuldverhältnis

Man unterscheidet bei vertraglichen Schuldverhältnissen die Primärpflichten und die Sekundärpflichten. Innerhalb der Primärpflichten unterscheidet man die Hauptleistungspflichten, Nebenleistungspflichten, unselbstständige Nebenpflichten und Obliegenheiten.

Die sich aus dem Schuldverhältnis ergebenden Pflichten sind grundsätzlich **relativ**, das bedeutet, dass sie nur unter den Partnern des jeweiligen Schuldverhältnisses wirken. Insbesondere sind Verträge zulasten Dritter unzulässig und unwirksam.

❯ Beispiel:

Herr A und Herr B schließen einen Vertrag, der besagt, dass Herr C 1.000 Euro an Herrn A zahlen soll. Herr C weiß nichts davon und ist damit auch nicht einverstanden. Der Vertrag ist unzulässig und unwirksam. (Beachten Sie aber die Möglichkeit der Stellvertretung, z. B. wenn Herr C Herrn A eine Vollmacht erteilt hat, ihn in dieser Sache zu vertreten und einen solchen Vertrag mit Herrn B abzuschließen.)

Es gibt **Primärleistungspflichten** und **Sekundärleistungspflichten.** Die **Primärleistungspflichten** richten sich auf die Erfüllung des Vertrages, während die **Sekundärleistungspflichten** nur im Falle von Leistungsstörungen neben oder an die Stelle der Primärpflichten treten. Zu den Sekundärleistungspflichten gehören z. B. die für die Praxis wichtigen Ansprüche auf Schadensersatz und/oder Rückabwicklung des Vertrags.

Eine weitere Unterscheidung ist die in **Hauptleistungspflichten** und **Nebenleistungspflichten.** Als **Hauptleistungspflichten** bezeichnet man die Pflichten, deretwegen der Vertrag abgeschlossen wurde. Der Gläubiger kann diese Leistungspflichten grundsätzlich gerichtlich erzwingen.

❯ Beispiel:

Bei einem Kaufvertrag sind die Übergabe der Kaufsache und die Verschaffung des Eigentums daran sowie die Zahlung des Kaufpreises Hauptleistungspflichten (vgl. § 433 BGB). Bei Software ist die Überlassung der Benutzerdokumentation nach der Rechtsprechung Hauptleistungspflicht (denn ohne die Benutzerdokumentation ist eine komplexere Software meist gar nicht vernünftig zu verwenden).

Nebenleistungspflichten dienen dazu, die Hauptleistungspflichten vorzubereiten, durchzuführen oder zu sichern. Diese Pflichten bestimmen nicht den Vertragstyp. Die Nebenleistungspflichten sind einklagbar.

> **Beispiel:**

Jemand kauft eine Maschine. Regelmäßig benötigt er in bestimmten Intervallen Verschleißteile. Eine Nebenleistungspflicht aus dem Kaufvertrag ist, diese Verschleißteile zumindest über einen gewissen Zeitraum während der üblichen Nutzungsdauer der Maschine anzubieten (Einzelheiten sind umstritten, das gilt übrigens genauso zu der Frage, ob zu Software Pflege angeboten werden muss, siehe dazu Kapitel 7.2.3). Das dient der Sicherung der Hauptleistungspflicht, denn sonst könnte der Käufer die Maschine nicht (lange) nutzen.

Die Nebenleistungspflichten können vertraglich vereinbart sein, gesetzlich geregelt sein oder sich aus Treu und Glauben ergeben. Aus Treu und Glauben ergeben sich beispielsweise Mitwirkungspflichten, Auskunfts- und Rechenschaftspflichten sowie Loyalitätspflichten wie beispielsweise Schutz des Vertragspartners vor Konkurrenz.

Unter **Mitwirkungspflichten** versteht man die Verpflichtung des Schuldners, die Voraussetzungen für die Durchführung des Vertrages zusammen mit dem Gläubiger zu schaffen und Erfüllungshindernisse zu beseitigen. Die Auskunftspflicht umfasst die Erteilung von Auskünften, wenn der Vertragspartner darauf angewiesen ist und die Auskunftserteilung zumutbar ist. Rechenschaftspflichtig ist jeder, der fremde Angelegenheiten besorgt.

Die **unselbstständigen Nebenpflichten** oder auch **Rücksichtnahmepflichten** sind in § 241 Abs. 2 BGB angesprochen. Sie sind grundsätzlich nicht selbst einklagbar, verpflichten aber ggf. zum Schadensersatz. Dazu gehören Aufklärungspflichten, Leistungstreue- und Mitwirkungspflichten und Schutzpflichten.

> **Beispiel:**

Jemand kauft eine neuartige Flüssigkühlung für seinen PC. Diese Flüssigkühlung funktioniert nur, wenn man ein bestimmtes flüssiges Kühlmittel (gerade nicht Wasser) verwendet. Der Händler muss den Käufer im Rahmen seiner Aufklärungspflicht darauf hinweisen.

Die **Aufklärungspflicht** besteht nur, soweit der Geschäftspartner nach der im Geschäftsverkehr üblichen Ansicht eine Aufklärung erwarten darf. Das ist gerade im technischen Bereich von einiger Bedeutung, da Kunden häufig offensichtlich unrealistische Vorstellungen vom Einsatzgebiet z. B. des Kaufgegenstands haben.

> **Beispiel:**

Der Kunde bestellt einen Papst-Lüfter, weil dieser dann überhaupt kein Geräusch mehr machen soll. Hier kann der Kunde den Hinweis erwarten, dass es Lüfter, die **überhaupt** kein Geräusch machen (im Sinne von 0 dB (A)), nicht gibt, sondern nur leise Lüfter (oder *Kühler* mit 0 dB (A)).

Die Abgrenzung zum **Beratungsvertrag** ist schwierig. Denn die Aufklärungspflicht dient nicht dazu, einem Vertragspartner das typische Geschäfts- oder Verwendungsrisiko abzunehmen. Man wird aber fordern können, dass z. B. der Händler mit **überlegenem Wissen** den Kunden bei **offensichtlichen Fehlannahmen** aufklären muss.

> **Beispiel:**

Verwendbarkeit von AMD-Prozessoren in Intel-Boards.

Zumindest sollte man aber deutlich darauf hinweisen, dass z. B. im Rahmen des Verkaufs keine Gewähr für das Zusammenarbeiten der gekauften Komponenten übernommen werden kann. Einem allzu eifrigen Verkäufer („nehmen Sie doch noch diesen Kühler mit") könnte man rechtlich leicht den Vorwurf machen, dem Kunden eigennützig zu dem (falschen) Produkt geraten zu haben. Das gilt natürlich nicht nur für den Kauf, sondern auch z. B. für die Entwicklung von Software, wenn diese erkennbar die vom Besteller beabsichtigte Rationalisierung nicht bewirken kann.

Unter der **Leistungstreuepflicht** versteht man die Pflicht, alles zu unterlassen, was den Vertragszweck und den Leistungserfolg gefährden könnte. Die **Mitwirkungspflicht** verpflichtet den Schuldner, alles Erforderliche zu tun, um den Leistungserfolg herbeizuführen.

> **Beispiel:**

Herr A wird von Firma V zwecks Mitarbeit zum Endkunden E vermittelt. Herr A gibt E den Tipp, dass dieser die Leistung billiger bei B bekommen kann. Damit gefährdet er den Vertrag zwischen V und E und verletzt damit die Treuepflicht aus seinem Vertrag mit V, dem V nicht die Kunden zu vergraulen. Die Mitwirkungspflicht könnte Herrn A verpflichten, an einem unverbindlichen Vorstellungstermin beim Endkunden E vor Projektbeginn teilzunehmen (auf jeden Fall dann, wenn V die Kosten dafür trägt).

Die **Schutzpflichten** umfassen die Schutz-, Fürsorge-, Sorgfalts- und Obhutspflichten bezüglich der Person und des Vermögens der anderen Partei des Schuldverhältnisses, insbesondere natürlich des Vertragspartners. Jede Schädigung der Person oder des Vermögens ist also zu unterlassen und sogar nach Kräften zu verhindern.

> **Beispiel:**

Herr H hat einen kleinen Laden für Computerzubehör. Die Reinigungskraft hat den Boden mal wieder zu gut gebohnert, so dass ein Kunde auf dem spiegelglatten Boden ausrutscht und sich den Knöchel verstaucht.

Ferner gibt es noch die **Obliegenheiten:** Darunter versteht man Verhaltensanforderungen im eigenen Interesse, die von der anderen Partei also nicht verlangt werden können. Wenn die betreffende Vertragspartei diese Anforderungen nicht beachtet, so kann sie dadurch jedoch ihre eigenen Rechte verlieren.

> **Beispiel:**

Nach § 377 Abs. 1 HGB muss der Käufer beim beiderseitigen Handelsgeschäft die Ware unverzüglich untersuchen und dem Verkäufer Mängel anzeigen. Beachtet der Käufer diese Obliegenheit nicht, so gilt die Ware nach § 377 Abs. 2 HGB als genehmigt und der Käufer verliert seine Gewährleistungsrechte.

5.1.2.2   Verletzung schuldrechtlicher Pflichten

Verletzt der Schuldner seine Pflichten, kann er sich schadensersatzpflichtig machen. Wir kommen damit zu einem der wichtigsten Abschnitte in diesem Buch. Denn die Verletzung schuldrechtlicher Pflichten ist mit enormen Risiken für den Schuldner verbunden.

Vermutlich haben Sie schon oft Sätze gelesen wie: „Jegliche Haftung ist ausgeschlossen, wir übernehmen keinerlei Gewährleistung oder Garantie". Das ist der verzweifelte (und meist wirkungslose – vgl. dazu Kapitel 4) Versuch der Anbieterseite, diese enormen Risiken zu begrenzen.

§ 249 BGB regelt Art und Umfang des Schadensersatzes:

§ 249 BGB: „Art und Umfang des Schadensersatzes"

(1)   Wer zum Schadensersatz verpflichtet ist, hat den Zustand herzustellen, der bestehen würde, wenn der zum Ersatz verpflichtende Umstand nicht eingetreten wäre. [...]

Das Maß der **Verantwortlichkeit** des Schuldners richtet sich nach § 276 BGB:

§ 276 BGB: „Verantwortlichkeit des Schuldners"

(1)   Der Schuldner hat Vorsatz und Fahrlässigkeit zu vertreten, wenn eine strengere oder mildere Haftung weder bestimmt noch aus dem sonstigen Inhalt des Schuldverhältnisses, insbesondere aus der Übernahme einer Garantie oder eines Beschaffungsrisikos, zu entnehmen ist. [...]

(2)   Fahrlässig handelt, wer die im Verkehr erforderliche Sorgfalt außer Acht lässt.

(3)   Die Haftung wegen Vorsatzes kann dem Schuldner nicht im Voraus erlassen werden.

Damit sind die Eckpfeiler des Schadensersatzes eingeschlagen. Aber Achtung: Ob jemand überhaupt zum Schadensersatz verpflichtet ist, ergibt sich aus diesen Vorschriften noch nicht. Dafür benötigt man eine entsprechende Anspruchsgrundlage (s.o.).

Zum **Vorsatz:** Darunter versteht man die absichtliche, willentliche Schädigung. Etwas anders ausgedrückt: das Wissen und Wollen des rechtswidrigen Erfolges. Vorsatz ist bei seriösen Vertragspartnern somit äußerst selten anzutreffen, jedenfalls zu beweisen.

Häufig und damit für die Praxis wichtig ist die Fahrlässigkeit. Absatz 2 definiert die **einfache Fahrlässigkeit**. Sie ist z. B. gegeben, wenn die im Geschäftsverkehr erforderliche Sorgfalt außer Acht gelassen wird. Dafür ist erforderlich, dass die Schädigung vorhersehbar und vermeidbar war. Außerdem muss ein Sorgfaltsmaßstab angelegt werden, der die Verkehrserfordernisse berücksichtigt. Einfache Fahrlässigkeit liegt in der Praxis sehr häufig vor.

❯ **Beispiel:**

Herr Müller fährt zum Kunden, um eine Software zu installieren. Beim Kunden stößt er gegen den Rechner, wodurch die Festplatte beschädigt wird. Die darauf gespeicherten Daten sind verloren und müssen wieder hergestellt werden.

Die **grobe Fahrlässigkeit** kommt sehr viel seltener vor. Von ihr spricht man, wenn jemand die im Verkehr erforderliche Sorgfalt in so schwerem Maße verletzt, dass man sagt: „Wie kann man nur!". Damit sind Fälle gemeint, in denen jemand etwas nicht beachtet, was jedem in der gegebenen Situation hätte einleuchten müssen.

❯ **Beispiel:**

Herr Müller aus dem obigen Beispiel ist nun richtig in Fahrt geraten. Er baut aus einem anderen Rechner des Kunden eine Festplatte aus, installiert darauf das Betriebssystem neu und spielt die Sicherungskopie wieder ein, um die Software nun endlich installieren zu können. Leider hat er nun „vergessen", die Festplatte vor der Reinstallation zu sichern – wiederum sind Daten verloren gegangen. Jedem leuchtet ein, dass man für eine Neuinstallation entweder eine fabrikneue Festplatte nimmt, die Daten auf ihr vorher sichert oder zumindest sicherstellt, dass sie nicht mehr benötigt werden.

An dieser Stelle möchten wir auch auf den Begriff des **Übernahmeverschuldens** hinweisen. Ein solches kann vorliegen, wenn der Schuldner einer risikobehafteten Tätigkeit die Ausführung ohne die erforderliche Fachkunde, Ausrüstung oder Vorbereitung übernimmt. Hinzu kommt, dass ein normativer Maßstab angelegt wird – d. h. verbreitete Unsitten oder Nachlässigkeiten schließen die Vorwerfbarkeit nicht aus. Man geht davon aus, dass sich alle Beteiligten darauf verlassen können müssen, dass der Schuldner über die Fähigkeiten und Kenntnisse zur Erfüllung seiner Pflichten verfügt. Besondere Fachkenntnisse, die normalerweise bei einem vergleichbaren Schuldner nicht vorliegen würden, können aber noch zusätzlich die Anforderungen an den konkreten Schuldner erhöhen. Zur Auslegung können auch technische Vorschriften wie z. B. **DIN-Normen** herangezogen werden.

Nach § 278 BGB muss der Schuldner auch für Dritte einstehen.

§ 278 BGB: „Verantwortlichkeit des Schuldners für Dritte"

Der Schuldner hat ein Verschulden seines gesetzlichen Vertreters und der Personen, derer er sich zur Erfüllung seiner Verbindlichkeit bedient, in gleichem Umfang zu vertreten wie eigenes Verschulden. [...]

Das bedeutet insbesondere, dass der Schuldner auch für seine **Mitarbeiter** einstehen muss.

❯ Beispiel:

Herr Meier hat einen Auszubildenden eingestellt. Mit diesem fährt er zum Kunden. Der Auszubildende baut ein Mainboard derart falsch ein, dass es Schaden nimmt. Herr Meier muss für den Schaden einstehen.

5.1.2.3   Unmöglichkeit

Meist bringt es wenig, von jemandem etwas Unmögliches zu fordern. Rechtlich ist es allerdings sehr wichtig, ob eine Leistung unmöglich ist oder nicht. Denn danach richten sich die Rechte des Gläubigers, aber auch die des Schuldners.

Ob etwas unmöglich ist oder nicht, kann man nicht aus dem Bauch heraus beantworten.

Die **Unmöglichkeit** wird in § 275 BGB näher beschrieben.

§ 275 BGB: „Ausschluss der Leistungspflicht"

(1)   Der Anspruch auf Leistung ist ausgeschlossen, soweit diese für den Schuldner oder für jedermann unmöglich ist.

(2)   Der Schuldner kann die Leistung verweigern, soweit diese einen Aufwand erfordert, der unter Beachtung des Inhalts des Schuldverhältnisses und der Gebote von Treu und Glauben in einem groben Missverhältnis zu dem Leistungsinteresse des Gläubigers steht. Bei der Bestimmung der dem Schuldner zuzumutenden Anstrengungen ist auch zu berücksichtigen, ob der Schuldner das Leistungshindernis zu vertreten hat.

(3)   Der Schuldner kann die Leistung ferner verweigern, wenn er die Leistung persönlich zu erbringen hat und sie ihm unter Abwägung des seiner Leistung entgegenstehenden Hindernisses mit dem Leistungsinteresse des Gläubigers nicht zugemutet werden kann.

(4)   Die Rechte des Gläubigers bestimmen sich nach den §§ 280, 283 bis 285, 311 a und 326.

Es gibt mehrere Arten der Unmöglichkeit. Bei der **objektiven Unmöglichkeit** ist die Leistung niemandem (und damit auch dem Schuldner nicht) möglich.

❯ Beispiel:

Herr A verspricht Herrn B, einen bestimmten, ganz besonderen Rechner für sein Computermuseum zu liefern. Am Vorabend der Übergabe wird der Rechner bei einem Brand zerstört. Die Erfüllung ist dem Herrn A dadurch objektiv unmöglich geworden, da der Rechner unersetzbar ist.

Die Unmöglichkeit hat auch ein Zeitelement, das auf den ersten Blick nicht so auffällt: Die Leistung kann durch Zeitablauf unmöglich werden, z. B. weil sie nicht nachholbar ist. Das betrifft besonders Mietverträge und Dienstverträge.

> **Beispiel:**

> Firma F richtet am 1.1. ein Rechenzentrum ein und bestellt dazu den Netzwerktechniker Neumann, um die Geräte anzuschließen. Neumann hat gut gefeiert und verschläft den Termin. Er erscheint nüchtern am 2.1. - da sind die Geräte schon von seinem Konkurrenten verkabelt, weil das Rechenzentrum noch am 1.1. in Betrieb gehen musste. Am 2.1. ist die Leistung wegen Zeitablaufs objektiv unmöglich geworden.

Bei der **subjektiven Unmöglichkeit** ist die Leistung gerade dem Schuldner nicht möglich (anderen wäre sie aber schon möglich).

> **Beispiel (Abwandlung zu oben):**

> Herr Neumann macht sich rechtzeitig auf den Weg zu Firma F. Er erfährt durch einen Anruf auf dem Weg ins Rechenzentrum, dass ein naher Verwandter im Sterben liegt. Darauf fährt er sofort ins Krankenhaus zu dem Verwandten.

Daneben gibt es noch die **faktische Unmöglichkeit**. Darunter versteht man eine Situation, in der dem Schuldner die Erbringung der Leistung zwar noch möglich ist, aber der Aufwand dafür in einem groben Missverhältnis zum Interesse des Gläubigers an der Leistung steht. Die wirtschaftliche Unmöglichkeit gehört eher nicht hierher, da sie überwiegend als Störung der Geschäftsgrundlage betrachtet wird.

> **Beispiel:**

> Herr A hat für 100 Euro ein individuell lackiertes Rechnergehäuse bei Herrn B gekauft (ein Unikat). Es findet sich eine kleine Beule im Gehäuse. Herr B könnte diese Beule beseitigen lassen, müsste den Rechner aber in die USA zum Hersteller einschicken, da sonst die individuelle Lackierung beschädigt werden könnte. Alles in allem würde das Spezialverfahren zur Beseitigung der Beule rund 500 bis 1.000 Euro kosten. Die Beule verursacht im Betrieb keine Probleme.

Jetzt kommen wir zu den **Rechtsfolgen** der Unmöglichkeit.

Wenn die Leistung unmöglich ist, so ist der Anspruch darauf ausgeschlossen (§ 275 Abs. 1 BGB, siehe oben). Das hört sich für den Gläubiger zunächst schlimm an, doch dafür gibt es im Falle eines gegenseitigen Vertrages (wegen § 275 Abs. 4) den § 326 BGB:

§ 326 BGB: „Befreiung von der Gegenleistung und Rücktritt beim Ausschluss der Leistungspflicht"

(1)   Braucht der Schuldner nach § 275 Abs. 1 bis 3 nicht zu leisten, entfällt der Anspruch auf die Gegenleistung [...]

(2)   Ist der Gläubiger für den Umstand, aufgrund dessen der Schuldner nach § 275 Abs. 1 bis 3 nicht zu leisten braucht, allein oder weit überwiegend verantwortlich oder tritt dieser vom Schuldner nicht zu vertretende Umstand zu einer Zeit ein, zu welcher der Gläubiger im Verzug der Annahme ist, so behält der Schuldner den Anspruch auf die Gegenleistung. Er muss sich jedoch dasjenige anrechnen lassen, was er infolge der Befreiung von der Leistung erspart oder durch anderweitige Verwendung seiner Arbeitskraft erwirbt oder zu erwerben böswillig unterlässt. [...]

(5)   Braucht der Schuldner nach § 275 Abs. 1 bis 3 nicht zu leisten, kann der Gläubiger zurücktreten [...]

Das **Leistungsverweigerungsrecht** ist aber eine Einrede, d. h. der Schuldner kann wählen, ob er sich darauf berufen will (siehe Kapitel 5.1.1.3). Falls es Anzeichen für eine Unmöglichkeit gibt, sollten Sie sich daher als Schuldner rechtsanwaltlich beraten lassen. Denn man kann nicht pauschal für alle Fälle sagen, ob es klug oder wenigstens vorteilhaft ist, sich darauf zu berufen.

Wenn der Schuldner von der Leistungspflicht befreit wurde, so können nach § 275 Abs. 4 BGB **Sekundäransprüche** entstehen. Zunächst ist § 311 a Satz 2 BGB zu nennen:

§ 311 a Abs. 2 BGB:

Der Gläubiger kann nach seiner Wahl Schadensersatz statt der Leistung oder Ersatz seiner Aufwendungen in dem in § 284 bestimmten Umfang verlangen. Dies gilt nicht, wenn der Schuldner das Leistungshindernis bei Vertragsschluss nicht kannte und seine Unkenntnis auch nicht zu vertreten hat. [...]

§ 311 a Abs. 2 BGB regelt den Schadensersatzanspruch bei **anfänglicher** Unmöglichkeit.

Die §§ 280 Abs. 1 und 3, 283 BGB regeln dagegen den Schadensersatzanspruch bei **nachträglicher Unmöglichkeit**. Damit ist der Fall gemeint, dass die Leistung anfangs, bei Vertragsabschluss, möglich gewesen wäre, mittlerweile aber unmöglich geworden ist.

Der Schuldner kann nach den §§ 280 Abs. 1 und 3, 283, 284 bei nachträglicher Unmöglichkeit bei Verschulden des Gläubigers nach seiner Wahl Schadensersatz oder **Aufwendungsersatz** verlangen.

Falls der Schuldner infolge der Leistungsbefreiung etwas **erlangt** hat (z. B. Schadensersatzleistungen von Dritten, Versicherungsleistungen), kann der Gläubiger dessen **Herausgabe** verlangen (§ 285 BGB).

Der Gläubiger kann nach § 326 Abs. 5 in Verbindung mit den §§ 346-348 BGB eine bereits erbrachte **Gegenleistung zurückfordern**.

Darüber hinaus hat der Gläubiger nach § 326 Abs. 5, 323 ein **Rücktrittsrecht**.

5.1.2.4   Schuldnerverzug

Schuldnerverzug kommt in Betracht, wenn der Schuldner bis zum vereinbarten oder aus den Umständen zu entnehmenden Termin nicht geleistet hat.

Der Verzug des Schuldners wird in § 286 BGB behandelt:

§ 286 BGB: „Verzug des Schuldners"

(1)   Leistet der Schuldner auf eine Mahnung des Gläubigers nicht, die nach dem Eintritt der Fälligkeit erfolgt, so kommt er durch die Mahnung in Verzug. [...]

(2)   Der Mahnung bedarf es nicht, wenn

1.   für die Leistung eine Zeit nach dem Kalender bestimmt ist,

2.   der Leistung ein Ereignis vorauszugehen hat und eine angemessene Zeit für die Leistung in der Weise bestimmt ist, dass sie sich von dem Ergebnis an nach dem Kalender berechnen lässt,

3.   der Schuldner die Leistung ernsthaft und endgültig verweigert,

4.   aus besonderen Gründen unter Abwägung der beiderseitigen Interessen der sofortige Eintritt des Verzugs gerechtfertigt ist.

(3)   Der Schuldner einer Entgeltforderung kommt spätestens in Verzug, wenn er nicht innerhalb von 30 Tagen nach Fälligkeit und Zugang einer Rechnung oder gleichwertigen Zahlungsaufstellung leistet; das gilt gegenüber einem Schuldner, der Verbraucher ist, nur, wenn auf diese Folge in der Rechnung oder Zahlungsaufstellung besonders hingewiesen ist. Wenn der Zeitpunkt des Zugangs der Rechnung oder Zahlungsaufstellung unsicher ist, kommt der Schuldner, der nicht Verbraucher ist, spätestens 30 Tage nach Fälligkeit und Empfang der Gegenleistung in Verzug.

(4)   Der Schuldner kommt nicht in Verzug, solange die Leistung infolge eines Umstands unterbleibt, den er nicht zu vertreten hat.

Nichtleistung trotz Fälligkeit

Voraussetzung für die Entstehung eines **Verzugsschadens** ist zunächst ein fälliger und durchsetzbarer Anspruch auf die Leistung.

> **Beispiel:**

Herr A sollte - vertraglich vereinbart zum 30.6. - einen bestellten Rechner liefern. Der Käufer, Herr B, braucht ihn nun aber schon dringend. Am 25.6. mahnt Herr B ihn, er solle nun endlich liefern. Am 28.6. sitzt Herr B bei seinem Anwalt und möchte eine Klage auf Schadensersatz einreichen, weil ihm in Ermangelung des Rechners ein Auftrag durch die Lappen gegangen ist. Der Anwalt wird ihm sagen, dass rechtlich vor dem 30.6. nichts zu machen ist, weil die Leistung noch gar nicht fällig ist.

Vor Fälligkeit kann man Schadensersatz nur ausnahmsweise dann verlangen, wenn der Schuldner die (zukünftige) Erfüllung schon ernsthaft und endgültig verweigert hat.

> **Beispiel:**

Herr A ruft Herrn B am 25.6. an und meint, er könne sich den Rechner abschminken, er würde ihn jetzt aus Protest gegen das Gedrängel gar nicht mehr liefern, auch nicht nach dem 30.6.

Seltener ist, dass der Schuldner **offensichtlich nicht mehr leisten** wird. Dann kommt analog zu § 323 Abs. 4 BGB auch schon vor Fälligkeit ein Schadensersatzanspruch in Frage.

> **Beispiel:**

Am 15.6. hat Herr A seinen Laden geschlossen und einen Zettel an die Tür gehängt: „Zu hohe Steuern in Deutschland - bin ausgewandert!" Die Wahrscheinlichkeit, dass Herr A doch noch liefern wird, ist verschwindend gering.

Durchsetzbarkeit des Anspruchs

Der Anspruch muss aber auch **durchsetzbar** sein. Durchsetzbar ist ein Anspruch insbesondere dann nicht mehr, wenn er **verjährt** ist. Es ist aber auch möglich, dass andere Einreden oder eine Einwendung aus § 242 BGB dem entgegenstehen. Zunächst einmal ein Beispiel zur **Verjährung**.

> **Beispiel:**

A und B vereinbaren die Lieferung eines Rechners, A liefert aber nicht. Herr B ist hartnäckig und bösartig. Als er merkt, dass Herr A nicht wie besprochen liefert, meldet er sich nicht bei ihm. Er plant, auf den obigen Rechner fünf Jahre zu warten und in der Zwischenzeit ein hübsches Sümmchen Verzugsschaden anzuhäufen, das er A dann in Rechnung stellen will, um sich an ihm zu rächen. Er tritt erstmalig fünf Jahre nach der Bestellung wieder in Kontakt mit Herrn A und verlangt nun umgehend die Lieferung des Rechners. Herr B hat doppelt falsch geplant: Erstens könnte er einen Verzugsschaden erst **nach** der Mahnung geltend machen, die fünf Jahre zählen also gar nicht mit. Zweitens, und das ist hier der zentrale Punkt, ist der Anspruch auf die Lieferung des Rechners bereits nach drei Jahren verjährt (§ 195 BGB), gerechnet ab Jahresende (§ 199 BGB). Der Anspruch ist damit nicht mehr durchsetzbar, zumindest wenn A sich tatsächlich auf die Verjährung beruft (das muss er nicht tun, ist aber die Regel).

Die **Einrede des nicht erfüllten Vertrages** ist in § 320 BGB definiert.

§ 320 BGB: „Einrede des nicht erfüllten Vertrags"

(1) Wer aus einem gegenseitigen Vertrag verpflichtet ist, kann die ihm obliegende Leistung bis zur Bewirkung der Gegenleistung verweigern, es sei denn, dass er vorzuleisten verpflichtet ist. [...]

Der eine Schuldner ist danach berechtigt, seine Leistung so lange zurückzuhalten, bis der Gläubiger (also der andere Schuldner; es ist ja ein gegenseitiger Vertrag, es gibt also zwei Schuldverhältnisse, der eine schuldet z. B. Geld, der andere die Ware) seinerseits geleistet hat.

Das klingt nach einem typischen Deadlock, zumindest wenn sich beide Vertragspartner darauf berufen. Und ein Deadlock bliebe es auch, wenn er nicht durch eine Leistung **„Zug-um-Zug"** aufgelöst würde. Das kann z. B. dadurch geschehen, dass Geld auf das Konto eines Dritten eingezahlt wird, der es erst dann frei gibt, wenn die Ware geliefert wurde.

Häufiger ist allerdings der Fall, dass jemand zur **Vorleistung** verpflichtet ist. Dazu kann sich ein Vertragspartner vertraglich verpflichtet haben. In Allgemeinen Geschäftsbedingungen ist die vertragliche Vereinbarung einer Vorleistungspflicht regelmäßig unwirksam (§ 309 Nr. 2 BGB). Es gibt aber auch gesetzliche Regelungen zur Vorleistungspflicht (z. B. § 556 Abs. 1 BGB für die Wohnraum-Miete – bis dritter Werktag des Zeitabschnitts, § 614 BGB beim Dienstvertrag – nach Leistung der Dienste, § 641 Abs. 1 BGB beim Werkvertrag – bei Abnahme). In diesen Fällen kommt es natürlich nicht in Frage, dass sich der Schuldner auf § 320 BGB beruft.

Der Schuldner kann sich ggf. auch auf § 273 BGB berufen, also von einem **Zurückbehaltungsrecht** Gebrauch machen.

§ 273 BGB: „Zurückbehaltungsrecht"

(1) Hat der Schuldner aus demselben rechtlichen Verhältnis, auf dem seine Verpflichtung beruht, einen fälligen Anspruch gegen den Gläubiger, so kann er, sofern nicht aus dem Schuldverhältnis sich ein anderes ergibt, die geschuldete Leistung verweigern, bis die ihm gebührende Leistung bewirkt wird (Zurückbehaltungsrecht).

(2) Wer zur Herausgabe eines Gegenstandes verpflichtet ist, hat das gleiche Recht, wenn ihm ein fälliger Anspruch wegen Verwendungen auf den Gegenstand oder wegen eines ihm durch diesen verursachten Schadens zusteht, es sei denn, dass er den Gegenstand durch eine vorsätzlich begangene unerlaubte Handlung erlangt hat.

(3) Der Gläubiger kann die Ausübung des Zurückbehaltungsrechts durch Sicherheitsleistung abwenden. Die Sicherheitsleistung durch Bürgen ist ausgeschlossen.

Mithilfe dieses Rechts kann der Schuldner seinen Anspruch gegen den Gläubiger sichern und **Druck** auf ihn ausüben, damit dieser seine Verbindlichkeit ihm gegenüber erfüllt.

❯ Beispiel:

> Herr Meier bringt der Firma F, die ständig seine Rechner repariert, seinen Rechner zur Reparatur. F repariert den Rechner, stellt aber fest, dass noch einige (längst fällige) Rechnungen von Herrn Meier offen sind. Herr Meier will den Rechner abholen. Die Firma F macht von ihrem Zurückbehaltungsrecht Gebrauch und verlangt die Begleichung der alten Rechnungen. An sich wäre F zur Herausgabe an den Eigentümer Herrn Meier verpflichtet, aber § 273 BGB berechtigt F gerade dazu, den Rechner als eine Art Pfand zu behalten, um Herrn Meier zur Begleichung der Rechnungen zu motivieren. Das geht aber nur dann, wenn zwischen beiden Ansprüchen ein innerer natürlicher und wirtschaftlicher Zusammenhang besteht. Beispiel ist eine ständige Geschäftsbeziehung, sofern die Ansprüche zeitlich oder sachlich als eine natürliche Einheit erscheinen.

Mahnung

Der Gläubiger muss den Schuldner aber auch **mahnen**.

Unter einer **Mahnung** versteht man eine Aufforderung des Gläubigers an den Schuldner, nun unverzüglich zu leisten. Die Mahnung ist als **Warnsignal** gedacht. Sie muss deshalb einigermaßen **eindeutig** und **bestimmt** sein – der Schuldner muss erkennen können, was von ihm verlangt wird.

Falls Sie sich einmal in der Rolle des Schuldners befinden, sollten Sie beachten, dass die **Mahnung durch schlüssiges Handeln** (und nicht nur explizit) erklärt werden kann.

❯ Beispiel:

> Der Gläubiger sendet die Rechnung zum zweiten und dritten Mal.

Der Schuldner sollte also keinesfalls abwarten, bis ein Brief mit der fett gedruckten 28-Punkt-Überschrift „Mahnung" ins Haus kommt, sondern **unverzüglich die Leistung erbringen**. Kann er das nicht, sollte er sich rechtlich beraten lassen oder auf eigene Faust mit dem Gläubiger über einen Aufschub **verhandeln**.

Prinzipiell steht der Mahnung die Zustellung eines **Mahnbescheids** und die **Klageerhebung** gleich. Das gerichtliche **Mahnverfahren** (§ 688 ff. ZPO) hat den Vorteil, **kostengünstig**, einigermaßen **schnell** und **beweissicher** zu sein. Manche Schuldner lassen sich auch schon durch die amtliche Zustellung beeindrucken (im unternehmerischen Verkehr ist das allerdings eher nicht der Fall). Die Einreichung des Antrags auf Erlass des Mahnbescheides hemmt nach § 204 Nr. 3 BGB, ebenso wie die Klage, die **Verjährung**. Der Gläubiger sollte sich aber überlegen, ob nicht gleich die Einreichung einer Klage angebracht ist, insbesondere wenn der Schuldner den Anspruch weitgehend unbegründet bestreitet. Denn das Mahnverfahren würde wiederum Zeit kosten. Andererseits könnte der Gläubiger, der gleich Klage einreicht, bei einem insolventen Schuldner auf den **Kosten** sitzen bleiben. Grundsätzlich ist hier die Frage zu stellen, ob der Gläubiger dem „schlechten Geld auch noch gutes hinterherwerfen" will. Das bedeutet: Wenn tatsächlich nichts zu holen ist, ist aus wirtschaftlichen Gründen ggf. von der Rechtsverfolgung abzusehen.

Stundung

Eventuell hilft auch schon das Angebot einer **Stundung**. Dabei wird die Rechtmäßigkeit der Forderung vom Schuldner grundsätzlich anerkannt, der Gläubiger gewährt aber einen Aufschub bezüglich der Vollstreckung (z. B. durch Ratenzahlung).

Schuldanerkenntnis

Eine Alternative zum Rechtsstreit ist bei einem grundsätzlich zahlungswilligen, aber nicht zahlungsfähigen Schuldner das **Schuldanerkenntnis**.

Man unterscheidet einerseits das **deklaratorische Schuldanerkenntnis**, das die bestehende Schuld nur bestätigt. Es dient dazu, Streit oder Ungewissheit über einzelne Inhalte des Schuldverhältnisses oder das gesamte Schuldverhältnis zu beseitigen. Das deklaratorische Schuldanerkenntnis ist praktisch nicht dadurch zu beseitigen, dass der Schuldner einwendet, es hätte keinen Grund dafür gegeben oder es sei inhaltlich falsch (vgl. §§ 812 Abs. 2, 821 BGB).

Auf der anderen Seite gibt es das **abstrakte Schuldanerkenntnis** (§ 781 BGB), welches einen selbstständigen Schuldgrund schafft, der neben das bestehende Schuldverhältnis tritt. Dies verstärkt das bestehende Schuldverhältnis. Der Gläubiger könnte hier auf einen Prozess über das ggf. komplizierte Ursprungsverhältnis (z. B. Kauf, Werkvertrag) verzichten und stattdessen *direkt* aus dem abstrakten Schuldanerkenntnis gegen den Schuldner vorgehen, was wesentlich einfacher ist. Dieser kann dann praktisch nur einwenden, es hätte *keinen Rechtsgrund* für das Schuldanerkenntnis gegeben, was er dann aber beweisen muss.

In beiden Fällen ist es sehr wahrscheinlich, dass der Gläubiger, der sich auf das Schuldanerkenntnis beruft, in kürzester Zeit einen entsprechenden Prozess gewinnt, da der Schuldner praktisch alle tatsächlichen und rechtlichen Möglichkeiten zum **Bestreiten** der Verpflichtung aufgegeben hat. Der Schuldner unterwirft sich im Schuldanerkenntnis ebenso regelmäßig einer **Vollstreckung** in sein Vermögen. Im Ergebnis bewirkt das Schuldanerkenntnis eine **Umkehr der Beweislast** und bietet dadurch deutliche Vorteile für den Gläubiger. Der Gläubiger muss nicht mehr (ggf. über mehrere Instanzen, Jahre und verbunden mit hohen Kosten) beweisen, dass er z. B. seine Leistung mangelfrei erbracht hat. Stattdessen müsste der Schuldner beweisen, dass dem Schuldanerkenntnis keinerlei Rechtsgrund zugrunde lag. Bei einem **deklaratorischen Schuldanerkenntnis** stehen die Chancen dafür sehr schlecht, denn es ja dient gerade dazu, Klarheit bezüglich der Verpflichtungen zu schaffen. Die **notarielle Beurkundung** eines Schuldanerkenntnisses ist recht preiswert. Die Kosten dafür trägt vereinbarungsgemäß regelmäßig der Schuldner.

Als „Dank" für die Ausstellung des Schuldanerkenntnisses **verzichtet** der Gläubiger regelmäßig für einen bestimmten Zeitraum nicht nur auf einen Prozess, sondern auch auf Vollstreckungsmaßnahmen in das Vermögen des Schuldners, ggf. sogar auf einen Teil der Forderung. Der Gläubiger muss sich aber vor Augen halten, was geschieht, wenn der Schuldner Insolvenz anmeldet: Regelmäßig kommt für ihn dann eine sehr geringe Quote heraus (meist nur 3 bis 10 % der Forderung).

Wenn Sie ein Schuldanerkenntnis abgeben oder einfordern möchten, sollten Sie sich durch einen Rechtsanwalt oder Notar **beraten** lassen. Die Kosten für eine **Erstberatung** sind im Vergleich zu den meisten Forderungen im geschäftlichen Bereich eher preiswert.

Zuwenig- und Zuvielforderung

Nach diesem kleinen inhaltlichen Ausflug kommen wir zurück zur **Mahnung**. Sie muss sich auf die tatsächlich geschuldete Leistung beziehen. Bei einer **Zuwenigforderung** tritt der Verzug nur für die angeforderte Leistung ein. Bei einer **Zuvielforderung** ist zu fragen, ob der Schuldner noch erkennen kann, dass nur die geschuldete Leistung angefordert wird, oder ob er sich bei krasser Zuvielforderung berechtigterweise nicht wirksam gemahnt fühlen kann.

Mahnung entbehrlich

In einigen Fällen bedarf es gemäß § 286 Abs. 2 BGB keiner Mahnung.

§ 286 Abs. 2 BGB:

(2)   Der Mahnung bedarf es nicht, wenn

1.   für die Leistung eine Zeit nach dem Kalender bestimmt ist,

2.   der Leistung ein Ereignis vorauszugehen hat und eine angemessene Zeit für die Leistung in der Weise bestimmt ist, dass sie sich von dem Ereignis an nach dem Kalender berechnen lässt,

3.   der Schuldner die Leistung ernsthaft und endgültig verweigert,

4.   aus besonderen Gründen unter Abwägung der beiderseitigen Interessen der sofortige Eintritt des Verzugs gerechtfertigt ist.

Der erste Fall liegt vor, wenn z. B. ein **festes Datum** vereinbart ist oder man das Datum leicht **berechnen** kann.

▶ **Beispiel:**

„Der Rechner wird am 01.05.xx geliefert.", „Der Rechner wird eine Woche nach Ostern xx geliefert.", ebenso „in der 24. Kalenderwoche" und „im ersten Quartal". Erst nach dem Ende dieser Zeiträume kann Verzug vorliegen.

Der zweite Fall meint die **relative Bestimmung** des Fälligkeitsdatums, bezogen auf ein bestimmtes **Ereignis**.

⊳ Beispiel:

„eine Woche nach Lieferung", „2 Wochen nach Zugang der Rechnung".

§ 286 Abs. 2 Nr. 4 BGB meint beispielsweise die so genannte **Selbstmahnung**. Damit ist gemeint, dass der Schuldner selbst seine Leistung zu einem bestimmten Termin ankündigt.

⊳ Beispiel:

Herr A schuldet Herrn B die Zahlung von 100 Euro. Herr A schreibt in einer Mail an Herrn B: „Ich habe die Überweisung vergessen, das hole ich aber heute noch nach!"

In Frage kommt auch ein **stillschweigender Verzicht** auf die Mahnung, wenn sich aus dem Vertragsverhältnis eine besondere Dringlichkeit ergibt.

⊳ Beispiel:

Firma F soll den abgestürzten Server umgehend wieder zum Laufen bringen.

Wegen § 286 Abs. 3 BGB führt auch der **Zugang einer Rechnung** nach 30 Tagen zum Verzug (BGB), im Zweifel über den Zugang gelten 30 Tage nach Empfang der Gegenleistung. Geht die Rechnung schon vor Fälligkeit zu, beginnt die 30-Tages-Frist erst mit Fälligkeit. **Verbraucher** müssen darauf extra hingewiesen werden. Die Rechnung muss so gestaltet sein, dass sie dem Schuldner eine **Überprüfung** ermöglicht. Übrigens: Hier sind wirklich 30 Tage gemeint, **nicht 1 Monat**. Man muss die Tage also einzeln abzählen.

Der Schuldner muss übrigens innerhalb der Frist nur die **Leistungshandlung** vornehmen – das heißt noch nicht, dass auch der **Leistungserfolg** innerhalb der Frist eintreten muss.

⊳ Beispiel:

M aus München bestellt online einen Rechner bei O in Frankfurt (Schickschuld). Er setzt eine Nachfrist bis zum 05.07. O übergibt den bestellten Rechner am 05.07. in Frankfurt zur Auslieferung an einen Transportunternehmer. Der Rechner wird am 07.07. in München ausgeliefert. Die Leistung wurde innerhalb der Frist in Frankfurt erbracht. Der Erfolg ist erst nach Ablauf der Frist in München eingetreten, aber darauf kommt es für die Einhaltung der Frist nicht an.

Kein Verzug ohne Vertretenmüssen

Ein Verzug ist nicht gegeben, wenn der Schuldner die Nichtleistung nicht zu **vertreten** hat (§ 286 Abs. 4 BGB). Dafür gibt es mehrere Möglichkeiten. Der Leistung des Schuldners könnten unverschuldete **tatsächliche oder rechtliche Leistungshindernisse** entgegenstehen. Darunter versteht man z. B. eine schwere Krankheit oder Unkenntnis der geänderten Anschrift des Gläubigers. **Beschaffungsschwierigkeiten** zählen aber regelmäßig nicht dazu, da sie im normalen **Geschäftsrisiko** des Schuldners liegen bzw. er gerade dieses Risiko durch den Vertrag **übernimmt**.

Ganz wichtig besonders für **Werkverträge** ist, dass ein Verschulden des Schuldners und damit ein Verzug nicht möglich ist, solange der Gläubiger eine erforderliche **Mitwirkungshandlung** noch nicht vorgenommen hat. (Die muss der Schuldner allerdings auch **angefordert** haben.)

In sehr seltenen Fällen kann sich der Schuldner auch im **Tatsachenirrtum** oder **Rechtsirrtum** befinden, d. h. er geht aus tatsächlichen oder rechtlichen Gründen entschuldbar davon aus, dass er gar nicht leisten müsse.

Zu der Voraussetzung für Verzug „Kein Vertretenmüssen" siehe Kapitel 5.1.2.9 für das Tatbestandsmerkmal **Vertretenmüssen** sowie das Muster-Beispiel in Kapitel 5.3 zum Thema **Beweislast**. Dazu haben wir ganz bewusst ein Beispiel aus dem Bereich des Verzugs gewählt, weil dieses Thema nach unseren Erfahrungen extrem praxisrelevant ist – es sei denn, Sie gehören zu denjenigen, die immer und selbstverständlich ohne Probleme alles rechtzeitig ausliefern …

Verzugszinsen

Liegt Verzug vor, so muss der Schuldner dem Gläubiger den daraus entstandenen Schaden ersetzen. Regelmäßig geht es mindestens um die Erstattung von Zinsen für den Verzugszeitraum.

§ 288 BGB: „Verzugszinsen"

(1) Eine Geldschuld ist während des Verzugs zu verzinsen. Der Verzugszinssatz beträgt für das Jahr fünf Prozentpunkte über dem Basiszinssatz.

(2) Bei Rechtsgeschäften, an denen ein Verbraucher nicht beteiligt ist, beträgt der Zinssatz für Entgeltforderungen acht Prozentpunkte über dem Basiszinssatz. [...]

(4) Die Geltendmachung eines weiteren Schadens ist nicht ausgeschlossen.

Der **Zinssatz** ist also nur indirekt festgelegt.

Mehraufwendungen

Als ersatzfähiger Schaden kommen auch Mehraufwendungen wegen verspäteter Herstellung in Frage.

❯ Beispiel:

Die Firma F stellt aus eigenem Verschulden die Software verspätet fertig. In der Zwischenzeit muss der Kunde die Daten aufwendig durch einen Dienstleister von Hand eingeben lassen. Die Kosten für den Dienstleister sind als Verzugsschaden ersatzfähig.

Entgangener Gewinn

Ersatzfähig ist auch der entgangene Gewinn.

§ 252 BGB: „Entgangener Gewinn"

Der zu ersetzende Schaden umfasst auch den entgangenen Gewinn. Als entgangen gilt der Gewinn, welcher nach dem gewöhnlichen Lauf der Dinge oder nach den besonderen Umständen, insbesondere nach den getroffenen Anstalten und Vorkehrungen, mit Wahrscheinlichkeit erwartet werden konnte.

Der zweite Satz ist als praktische Beweiserleichterung für den Geschädigten gedacht. Er muss (nur) die *Wahrscheinlichkeit* des Schadens darlegen.

❯ **Beispiel:**

Herr A bestellt bei Firma F einen Rechner zur Lieferung am 10.01.04. A mahnt am 11.01., doch F liefert erst am 15.01. A kann dadurch einen Auftrag nicht bearbeiten. Der entgangene Gewinn ist ersatzfähig. Üblicherweise machte A einen Tagesumsatz von 1.000 Euro, wovon 100 Euro Gewinn blieben. Bei 5 Tagen Verzug müsste F 500 Euro erstatten.

Auch die **Kosten der Rechtsverfolgung**, die nach Verzugseintritt entstanden sind, sind ersatzfähig. Dazu gehören z. B. die Kosten für die Beauftragung eines **Rechtsanwalts**, wenn nicht zu erwarten ist, dass der Schuldner zügig zahlen wird, und das ggf. folgende **Gerichtsverfahren**. Die erste Mahnung – die ja den Verzug erst begründet – ist nicht ersatzfähig.

Der Verzögerungsschaden kann **neben der Erfüllung** gefordert werden.

❯ **Beispiel:**

A befindet sich mit der Zahlung von 1.000 Euro an B im Verzug. B hat Anspruch auf Zahlung der 1.000 Euro, aber zusätzlich auch einen Anspruch auf Zahlung der Zinsen.

Schadensersatz und Vertragsstrafe

Der Schadensersatz in Deutschland ist (anders als z. B. in den USA) **nicht als Strafe** für den Verursacher ausgeprägt, sondern dient (nur) zum Ersatz der tatsächlich entstandenen Schäden. Wenn die Vertragspartner eine **Vertragsstrafe** (im Sinne der §§ 339 ff. BGB) vereinbaren möchten, so können sie das tun – das hat dann aber mit Schadensersatz relativ wenig zu tun. Das Gesetz sieht beispielsweise ausdrücklich in § 340 Abs. 2 BGB vor, dass weitergehende Ansprüche auf Schadensersatz wegen Nichterfüllung durch die Verpflichtung zur Zahlung der Vertragsstrafe unberührt bleiben.

Das Instrument der Vertragsstrafe soll also dazu dienen, den Verpflichteten davon abzuschrecken, die vertragsstrafenbewehrte Handlung (oder Unterlassung) vorzunehmen. Sie dient also gerade dazu, die ordnungsgemäße Vertragserfüllung abzusichern.

Die Vertragsstrafe soll auch einen gewissen Mindestbetrag als „Schaden" gewähren, da Schadensersatzansprüche häufig nur schwer beweisbar bezifferbar sind oder rechtlich kaum ersatzfähig sind (z. B. Image-Schaden).

In die gleiche Richtung zielt auch die **Pauschalierung von Schadensersatzansprüchen**.

❯ Beispiel:

> „Herr A verpflichtet sich, Herrn B pauschal 1.000 Euro Schadensersatz zu zahlen, wenn es während der Konvertierung zu einem Datenverlust kommt."

Damit ist nicht gesagt, dass Herr B nicht noch einen höheren Schaden geltend machen kann. Pauschal hat hier nur die Bedeutung, einen Mindestbetrag festzulegen, der bei konkretem Nachweis durchaus überschritten werden kann. Häufig ist unklar, ob eine Vertragsstrafe oder ein pauschalierter Schadensersatz gemeint ist.

Ist ein pauschalierter Schadensersatz vereinbart, so ist für AGB noch § 309 Nr. 5 BGB zu beachten. Die Regelung kann unwirksam sein, wenn die Pauschale den gewöhnlicherweise zu erwartenden Betrag übersteigt, aber auch, wenn dem anderen Vertragsteil nicht *ausdrücklich* der Nachweis gestattet wird, dass gar kein oder ein wesentlich niedrigerer Schaden entstanden ist. Letzterer Hinweis fehlt häufig und führt dann zur Unwirksamkeit.

Oft sind **Vertragsstrafen** stark überhöht. Dann kann der Schuldner nach § 343 BGB einen Antrag auf Herabsetzung auf den angemessenen Betrag stellen. Wichtig: Nach Entrichtung der Strafe ist eine solche Herabsetzung ausgeschlossen (§ 343 Abs. 1 S. 3 BGB). Die Grenze zwischen einer (noch) wirksamen und damit auf Antrag herabsetzbaren, stark überhöhten Vertragsstrafe und einer sittenwidrigen, weil drastisch überhöhten Vertragsstrafe ist fließend. In AGB führt eine erhöhte Vertragsstrafe in der Regel dazu, dass die Vertragsstrafenregelung dann ganz unwirksam ist.

Wenn der Gläubiger selbst jedoch einem **Dritten** eine (angemessene) Vertragsstrafe bzw. pauschalierten Schadensersatz zahlen musste, so muss der Schuldner auch dies als Schadensersatz ersetzen.

Schadensminderungspflicht

Der Gläubiger muss die gesetzlich normierte **Schadensminderungspflicht** nach § 254 BGB beachten.

§ 254 BGB: „Mitverschulden"

(1)   Hat bei der Entstehung des Schadens ein Verschulden des Beschädigten mitgewirkt, so hängt die Verpflichtung zum Ersatz sowie der Umfang des zu leistenden Ersatzes von den Umständen, insbesondere davon ab, inwieweit der Schaden vorwiegend von dem einen oder dem anderen Teil verursacht worden ist.

(2)   Dies gilt auch dann, wenn sich das Verschulden des Beschädigten darauf beschränkt, dass er unterlassen hat, den Schuldner auf die Gefahr eines ungewöhnlich

hohen Schadens aufmerksam zu machen, die der Schuldner weder kannte noch kennen musste, oder dass er unterlassen hat, den Schaden abzuwenden oder zu mindern. Die Vorschrift des § 278 findet entsprechende Anwendung.

Der Geschädigte muss sich also im Wesentlichen so verhalten, als ob ihm niemand den Schaden ersetzen würde. Wenn und soweit es ihm zumutbar ist, soll der Geschädigte also auch den **Schaden abwenden** oder mindern. Man legt dabei den Maßstab eines gewissenhaften und verständigen Menschen an. Der Geschädigte darf sich nicht bewusst in Gefahr begeben oder ein Risiko auf sich nehmen. Beweispflichtig ist hier der Schädiger. Aufwendungen, die der Geschädigte zur Abwendung unternimmt, gehören zum Schaden, den der Schuldner zu ersetzen hat.

Der Schuldner kann (und soll) auch jederzeit den bestehenden **Verzug beenden**, indem er leistet oder zumindest seine Leistung ernsthaft anbietet. Voraussetzung ist allerdings, dass der Gläubiger nicht schon vom Vertrag zurückgetreten ist.

Haftungserweiterung während des Verzugs

Während des Verzugs trifft den Schuldner eine erhebliche **Haftungserweiterung**:

§ 287 BGB: „Verantwortlichkeit während des Verzugs"

Der Schuldner hat während des Verzugs jede Fahrlässigkeit zu vertreten. Er haftet wegen der Leistung auch für Zufall, es sei denn, dass der Schaden auch bei rechtzeitiger Leistung eingetreten sein würde.

Mit **Fahrlässigkeit** ist jede Nichtbeachtung der im Verkehr erforderlichen Sorgfalt gemeint. Also einfache sowie grobe Fahrlässigkeit und natürlich Vorsatz.

Darüber hinaus haftet der Schuldner aber auch für **Zufall**. Zufall im Sinne dieser Vorschrift bedeutet, dass das Leistungshindernis von keiner Vertragspartei zu vertreten ist. Damit sind sowohl Einwirkungen Dritter gemeint als auch höhere Gewalt.

Die meisten Menschen assoziieren mit **höherer Gewalt** nur Hochwasser, Blitz, Sturm oder Erdbeben. Rechtlich versteht man unter höherer Gewalt ein außergewöhnliches, betriebsfremdes, von außen durch elementare Naturkräfte oder Handlungen dritter Personen herbeigeführtes Ereignis, das nach menschlicher Einsicht und Erfahrung nicht vorhersehbar ist und mit wirtschaftlich erträglichen Mitteln auch durch die äußerste, vernünftigerweise zu erwartende Sorgfalt nicht verhütet oder unschädlich gemacht werden kann. Höhere Gewalt kann also durchaus auch von Menschen ausgehen: Brandstiftung ist ein typisches Beispiel. Sie merken aber schon: Das sind eher äußerst seltene Fälle. Vor allem die Einschränkungen, dass das Ereignis **betriebsfremd** sein muss, **nicht vorhersehbar** sein darf und dass **äußerste Sorgfalt** zugrunde zu legen ist, reduzieren den Anwendungsbereich höherer Gewalt erheblich.

Es bleibt allerdings für den Verzug dabei, dass der Schuldner während des Verzugs sogar für solch extreme Schäden haftet.

> **Beispiel:**

> Firma F ist mit der Lieferung von hundert Computern an Firma K in Verzug. Aus ungeklärter Ursache brennt das (unversicherte) Lager von F ab, in dem sich die Rechner befinden. F haftet im Verzug vollständig dafür, selbst wenn F kein Verschulden trifft. (Man könnte darüber nachdenken, ob nicht sogar ein Verschulden darin liegt, das Lager nicht gegen solche Ereignisse versichert zu haben, doch das ist eine andere Frage.) Im Ergebnis muss F die Rechner nun also noch einmal beschaffen.

Beruhigend für den Schuldner kann allenfalls sein, dass der Gläubiger (nur) bei Verzug (noch) nicht das Recht hat, Schadensersatz *statt der Leistung* zu verlangen (das ist etwas anderes als der „nur" durch den Verzug entstehende Schaden) und/oder vom Vertrag zurückzutreten. Diese Rechte stellen wir im Einzelnen weiter unten dar.

> **Beispiel:**

> Zwar ist F das Lager abgebrannt. F kann aber versuchen, kurzfristig noch 100 Rechner zu beschaffen und an K zu liefern, um wenigstens den entsprechenden Gewinn einzufahren, der dann den Verlust der 100 verbrannten Rechner mindert. Schlimmer wäre es vermutlich, wenn nun K auch einfach vom Vertrag zurücktreten und Schadensersatz statt der Leistung verlangen könnte. Das geht aber regelmäßig erst nach Fristsetzung.

Inkasso-Unternehmen

Ein Wort noch zu den verbreiteten **Inkasso-Unternehmen**: Für den Gläubiger ist deren Beauftragung mit Risiken verbunden. Es ist nämlich umstritten, ob die Inanspruchnahme solcher Dienstleister tatsächlich notwendig ist und deren Kosten angemessen sind. Der Gläubiger könnte ebenso gleich einen Anwalt beauftragen, so die Argumentation, zumindest wenn nicht zu erwarten ist, dass der Schuldner freiwillig zahlt. Falls es dann doch zum Prozess käme, wäre durch dessen erste Gebühr bereits die außergerichtliche Tätigkeit mit abgegolten (wenn der Anwalt nach Gebühren und nicht nach Stundensätzen abrechnet). Der Gläubiger soll zwar seinen Schaden ersetzt bekommen, aber nicht noch **zusätzlichen Schaden** zuungunsten des Schuldners verursachen. Legale Inkasso-Unternehmen schreiben letztlich auch nur böse Briefe oder rufen den Schuldner an – das kann der Gläubiger oder sein Rechtsanwalt auch tun. Vor illegalen Inkasso-Unternehmen, die den Schuldner mit „sanfter Gewalt" überzeugen wollen, kann hier – aus strafrechtlicher Sicht – nur dringend gewarnt werden. Sprechen Sie lieber mit einem Rechtsanwalt über die Einreichung einer Klage oder mögliche Verhandlungslösungen.

5.1.2.5   Nichtleistung nach Fristsetzung

Wenn der Schuldner seine fällige Leistung nicht erbringt (wie beim Schuldnerverzug oben) und (neue Anforderung) der Gläubiger ihm erfolglos eine **Frist** zur Leistung gesetzt hat, ist das ein Fall der Nichtleistung nach Fristsetzung.

Eine Mahnung zur Begründung des Schuldnerverzugs kann auch gleich eine Frist beinhalten. Insofern kommt es regelmäßig zunächst zum Schuldnerverzug und dann zur Nichtleistung nach Fristsetzung.

> **Beispiel:**

Herr A soll bei Firma F die Drucker reinigen. Das wurde am 1.3. vereinbart. Am 1.4. war A immer noch nicht bei F. Der Geschäftsführer von F ruft bei A an und meint „Kommen Sie mal so langsam vorbei!" (= Mahnung). Am 10.4. war Herr A immer noch nicht da. Der Geschäftsführer schickt ein Fax an A: „Ich fordere Sie auf, bis spätestens zum 15.04. wie vereinbart bei uns die Drucker zu reinigen." (= Mahnung mit Fristsetzung).

Anmerkung für Fortgeschrittene: Beim Telefonat könnte man auch von einer konkludenten Fristsetzung ausgehen, da sich aus den Umständen ergibt, dass innerhalb von wenigen Tagen geleistet werden soll. Übrigens ist es aus Beweisgründen unklug, am Telefon zu mahnen (und das auch noch als Geschäftsführer der Gläubiger-GmbH zu tun, denn der Geschäftsführer ist rechtstechnisch „Partei" und scheidet damit als Zeuge vor Gericht - jedenfalls solange er Geschäftsführer ist - aus, was so manchem Geschäftsführer nach unserer Erfahrung übrigens gar nicht bewusst ist).

Der Gläubiger hat nun **verschiedene Optionen**: Er kann nach §§ 280 Abs. 1 und 2, 281 BGB Schadensersatz statt der Leistung verlangen, nach § 284 BGB Aufwendungsersatz fordern oder gemäß § 323 Abs. 1 BGB vom Vertrag zurücktreten. Das gilt nicht nur, wenn der Schuldner die Leistung gar nicht erbringt, sondern auch, wenn er sie (nur) nicht wie geschuldet erbringt.

Schadensersatz statt der Leistung

Für den Schadensersatz statt der Leistung muss der Gläubiger dem Schuldner eine **Frist** gesetzt haben. Er muss klar zum Ausdruck gebracht haben, dass er die Leistung innerhalb der Frist verlangt.

> **Beispiel:**

Herr B schreibt am 30.06. an Herrn A: „Ich fordere Sie auf, bis zum 03.07. den von mir gekauften Rechner zu liefern."

Sofern der Gläubiger aber deutlich **zu viel** fordert, liegt keine wirksame Fristsetzung vor. Da die Grenze fließend ist, sollte man sich darauf aber lieber nicht verlassen.

Die Frist muss ferner **angemessen** sein. Dem Schuldner soll sie die **letzte Möglichkeit** geben, die Leistung noch zu erbringen. Andererseits muss die Frist nicht so lang sein, dass der Schuldner die Möglichkeit hat, erst jetzt mit der Leistungserbringung zu beginnen.

Grund für die notwendige Fristsetzung ist die Erkenntnis, dass (insbesondere kleinere) Fehler menschlich sind. Jeder kann mal einen Termin vergessen. Das allein rechtfertigt im Normalfall noch keine schlimme, möglicherweise existenzvernichtende Rechtsfolge. Wenn der Schuldner jedoch vom Gläubiger gerade besonders auf seine Verpflichtung hingewiesen worden ist, eine bestimmte Leistung bis zu einem bestimmten Termin zu erbringen, ihm also eine Frist gesetzt wurde, können daran auch Rechtsfolgen geknüpft werden.

❯ Beispiel:

Die Firma F hat am 1.4. beim Spezialisten für Individualsoftware, der Firma I, eine Verwaltungssoftware bestellt. Die fertige Software sollte am 30.09. installiert werden. Am 01.10. fordert F die I auf, die Software nunmehr bis spätestens 05.10. zu installieren. I ist der Meinung, die Frist sei zu kurz, da man den Auftrag vergessen habe und die Entwicklung deutlich länger brauche. Völlig vergessene Aufträge nachholbar zu machen ist aber nicht Zweck einer Fristsetzung. Die Frist ist angemessen, weil ein ordentlicher Schuldner, der die Software grundsätzlich fertig entwickelt, aber nur den Installationstermin vergessen hat, sie innerhalb dieser Frist installieren kann.

Interessant für Gläubiger und riskant für Schuldner ist die Möglichkeit, individualvertraglich auf die Erforderlichkeit der Fristsetzung zu verzichten (in AGB ist eine derartige Regelung aber nicht wirksam).

Die Fristsetzung ist gemäß § 281 Abs. 2, 2. Alternative BGB **entbehrlich**, wenn die Geltendmachung des Schadensersatzanspruchs ohne Fristsetzung durch besondere Umstände bei Abwägung der beiderseitigen Interessen gerechtfertigt ist.

❯ Beispiel:

Der Computernotdienst N wird um 10 Uhr gerufen, um das defekte Netzwerk des Online-Auktionshauses A zu reparieren. N sagt zu, sofort zu kommen. Für 14 Uhr ist eine Auktion angesetzt, was N auch weiß. Das Booten und Testen der Server dauert erfahrungsgemäß rund 2 Stunden. Um 11.30 Uhr ist immer noch kein Mitarbeiter von N erschienen. A entscheidet sich daher, umgehend den Notdienst von B zu beauftragen, der das Netzwerk bis 12 Uhr wieder zum Laufen bringt, so dass die Auktion um 14 Uhr starten kann.

Ferner muss die Frist erfolglos verstrichen sein, um einen Schadensersatzanspruch zu begründen. Das hört sich einfach an, doch steckt der Teufel auch hier wieder im Detail.

Leistet der Schuldner innerhalb der Frist nur einen **Teil**, so kommt es darauf an, ob dieser Teil für den Gläubiger **selbstständig nutzbar** ist (§ 281 Abs. 1 Satz 2 BGB). Kann der Gläubiger die Teilleistung selbstständig nutzen, so kommt ein Schadensersatz nur bezüglich der restlichen Leistung in Betracht. Ist die Teilleistung nicht selbstständig nutzbar, so kommt auch ein Schadensersatz statt der ganzen Leistung in Frage.

❯ Beispiel:

Firma A bestellt bei Firma B fünf Festplatten Typ 1 für je 100 Euro. B liefert innerhalb der gesetzten Frist nur drei Festplatten dieses Typs. A besorgt sich kurzfristig noch zwei Festplatten, die aber vom Typ 2 sind und 150 Euro kosten. A kann die drei

Festplatten von B tatsächlich problemlos neben den 2 Festplatten vom anderen Lieferanten einsetzen.

Abwandlung: A will damit ein RAID-Array aufbauen, wofür es wichtig ist, möglichst
fünf identische Festplatten zu benutzen. Im letzteren Fall wäre die Leistung von B für
A ohne Wert.

Besonderheiten gelten eventuell, wenn der Schuldner die Leistung innerhalb der Frist
erfüllt, das aber mangelhaft tut. Darauf gehen wir hier nicht weiter ein.

Der Schuldner kann sich nach § 280 Abs. 1 Satz 2 BGB **entlasten**, wenn er die Pflichtverletzung nicht zu vertreten hat.

§ 280 Abs. 1 BGB:

(1) Verletzt der Schuldner eine Pflicht aus dem Schuldverhältnis, so kann der Gläubiger Ersatz des hierdurch entstehenden Schadens verlangen. Dies gilt nicht, wenn
der Schuldner die Pflichtverletzung nicht zu vertreten hat.

Das muss er allerdings beweisen, da ihm die Formulierung des Gesetzes ein **Vertretenmüssen** unterstellt, d. h. das Gesetz bürdet hier vergleichbar der Situation bei Verzug dem
Schädiger die Beweislast dafür auf, dass kein Vertretenmüssen vorliegt.

❯ Beispiel:

Firma A aus dem obigen Beispiel hat die zwei fehlenden Festplatten am letzten Tag
der Frist (abends, kurz vor Geschäftsschluss) durch einen eigenen Fahrer ausliefern
lassen. Aufgrund der winterlichen Verhältnisse gerät der Fahrer jedoch in einen un-
verschuldeten Unfall. Die Firma A erhält davon erst am nächsten Tag Kenntnis und
lässt die Festplatte umgehend durch einen anderen Fahrer ausliefern.

Der Schuldner haftet dabei auch für seine **Erfüllungsgehilfen**.

Der Schuldner muss insbesondere auch für seine **Garantien** und **Zusicherungen** einstehen.

Insgesamt sehen Sie hier, dass sowohl Gläubiger als auch Schuldner erhebliche Probleme
bekommen können, wenn tatsächlich (und ggf. auch rechtlich) **unsicher** ist, ob die Frist
versäumt wurde.

Der Anspruch auf Schadensersatz ist allerdings gemäß § 242 BGB ausgeschlossen, wenn
dem Gläubiger **eigene Vertragsuntreue** vorzuwerfen ist. Denn der Gläubiger kann sich
nicht auf einen Vertrag berufen, wenn er diesem selbst nicht treu ist. Häufig kann sich der
Schuldner dann aber schon auf § 320 BGB (Einrede des nicht erfüllten Vertrags) berufen.
Wenn der Gläubiger ungerechtfertigt drastisch **zu viel** fordert, so kann es möglicherweise
schon an einer wirksamen Fristsetzung fehlen.

Wenn die Voraussetzungen so weit vorliegen, gibt es die nachstehenden **Rechtsfolgen**:

Nach § 284 Abs. 4 BGB erlischt der **Erfüllungsanspruch** des Gläubigers. Das geschieht aber nicht schon bei Fristablauf, sondern erst, wenn sich der Gläubiger dahingehend erklärt hat, dass er statt der Leistung Schadensersatz möchte. Denn es steht ihm frei, auch weiterhin auf der Leistung zu bestehen (oder darauf zu hoffen). Der Gläubiger hat hier also eine Art **Gestaltungsrecht**. Der Gläubiger sollte sich eindeutig erklären, der Schuldner ggf. nachfragen.

> **Beispiel:**

> „Ich mache Schadensersatz statt der Leistung geltend" statt „Wir behalten uns die Geltendmachung von Schadensersatz statt der Leistung vor". Letzteres ist nichtssagend, weil die mögliche Ausübung des Gestaltungsrechts nur angekündigt wird – der Schuldner ist dadurch nicht schlauer als vorher.

Bei gegenseitigen Verträgen erlischt mit dem Erlöschen des Leistungsanspruchs auch der **Gegenleistungsanspruch**.

Zudem kann der Gläubiger **Schadensersatz statt der Leistung** verlangen. Das heißt: Er ist so zu stellen, wie er bei ordnungsgemäßer Erfüllung gestanden hätte.

Wenn die Leistung (nur) nicht wie geschuldet erbracht wurde, so hat der Gläubiger ein Wahlrecht zwischen dem (so genannten „kleinen") **Schadensersatz statt der Nacherfüllung** und dem (so genannten „großen") **Schadensersatz statt der ganzen Leistung**.

> **Beispiel:**

> Der Lieferant hat einen mangelhaften Rechner geliefert und den Mangel trotz Fristsetzung nicht beseitigt. Die Grafikkarte hat nicht die zugesagte Leistung. Der Kunde kann nun entweder den Rechner behalten und Schadensersatz statt der Nacherfüllung verlangen. Das wird er z. B. tun, wenn er sich von einem anderen Lieferanten eine Grafikkarte mit entsprechender Leistung besorgt. Er kann aber auch den ganzen Rechner zurückgeben, sich bei einem anderen Lieferanten einen entsprechenden Rechner besorgen und Schadensersatz statt der ganzen Leistung verlangen.

Hier ist ein Hinweis auf so genannte **Mangelfolgeschäden** angebracht. Darunter versteht man Schäden, die eine gekaufte Sache an *anderen* Rechtsgütern bewirkt.

> **Beispiel:**

> Herr A kauft eine Wärmeleitpaste für seinen Prozessorkühler. Die Paste ist chemisch/physikalisch mangelhaft und beschädigt den Prozessor. Der Prozessor hat nun also einen Schaden infolge eines Mangels der Wärmeleitpaste.

Aber was ist überhaupt ein **Schaden**? „Schaden" ist juristisch definiert als die Vermögensdifferenz zwischen dem Zustand, der herrschen würde, wenn der Schuldner vertragsgemäß geleistet hätte, und dem tatsächlichen Zustand. Diese Definition ist in manchen Fällen allerdings tückisch.

> **Beispiele:**

Herr A geht zum Computerhändler C und möchte einen Rechner für Rendering-Aufgaben kaufen. Für den geringen Bedarf von A würde ein Rechner mit 3 GHz für 1.000 Euro ausreichen. C wittert seine Chance und verkauft dem A einen Dual-Prozessor-Rechner mit 2 mal 3 GHz für 2000 Euro. A meint, die 1.000 Euro Preisdifferenz seien nun von C als Schaden zu ersetzen. Er übersieht, dass er nun einen Rechner im Wert (oder nur zum Preis?, s.u.) von 2.000 Euro in seinem Vermögen hat – unter Umständen ist also gar kein Schaden vorhanden. A könnte den Rechner ja auch verkaufen und würde dann (in der Logik des Gesetzes) 2.000 Euro erhalten. Erhält A tatsächlich bei sofortigem Verkauf nur 1.700 Euro, so spricht einiges dafür, dass der tatsächliche Wert des Rechners auch nur 1.700 Euro betrug, d. h. die 300 Euro als Schaden anzusehen wären. Dagegen spricht aber, dass es einen „gerechten Preis" nicht gibt und A bereit war, 2.000 Euro für den Rechner zu zahlen, er also offenbar der (wenn auch falschen) Meinung war, dieser würde sein Vermögen im Gegenwert von 2.000 Euro mehren.

Oder: Verkäufer V rät in Kenntnis der Anforderungen von Käufer K zu einem Rechner mit objektiv deutlich zu geringer Speicherkapazität für die Anforderungen des K. Kurz darauf verlangt K erbost kostenlose Aufrüstung. Ein Schaden im Rechtssinne liegt nicht vor, jedenfalls nicht in den Kosten der Differenz für den größeren Speicher, weil K diese Kosten auch hätte bezahlen müssen, wenn V ihn gleich ordnungsgemäß beraten hätte.

Diese Beispiele sollen verdeutlichen, dass es sich lohnt, **kritisch** darüber nachzudenken, in welcher Höhe tatsächlich ein Schaden entstanden ist. Subjektiv und nicht juristisch tendiert man eher dazu, sofort einen hohen Schaden anzunehmen, weil einem die Vorgänge einfach ungerecht vorkommen und man sie korrigieren möchte. Wie bereits dargestellt, geht es im deutschen Schadensrecht aber nicht darum, eine Strafe zu verhängen oder gar ein abschreckendes Beispiel zu schaffen, sondern einzig und allein um den Ausgleich von Vermögensnachteilen.

Das ist häufig unbefriedigend für den Betroffenen, zumal er regelmäßig auch noch das **Risiko der Rechtsverfolgung** zu tragen hat. Nur in sehr seltenen Fällen kann auch das Strafrecht zur Anwendung kommen. Auch hier tendiert man aber schnell dazu, voreilig Betrug oder Ähnliches zu vermuten, obwohl ein solcher aus juristischer Sicht ziemlich offensichtlich nicht vorliegt, jedenfalls aber kaum bis gar nicht beweisbar ist.

Aufwendungsersatz

Der Gläubiger kann auch **Aufwendungsersatz** gemäß §§ 280 Abs. 1 und 3, 281, 284 BGB geltend machen.

§ 284 BGB: „Ersatz vergeblicher Aufwendungen"

> Anstelle des Schadensersatzes statt der Leistung kann der Gläubiger Ersatz der Auf-
> wendungen verlangen, die er im Vertrauen auf den Erhalt der Leistung gemacht hat
> und billigerweise machen durfte, es sei denn, deren Zweck wäre auch ohne die
> Pflichtverletzung des Schuldners nicht erreicht worden.

Entgegen dem Wortlaut des § 284 BGB ist das in bestimmten Fällen nicht nur „anstelle"
des Schadensersatzes statt der Leistung möglich, sondern auch kumulativ, d. h. **beides**
zusammen.

Unter Aufwendungsersatz versteht man Aufwendungen, die der Gläubiger im **berechtigten Vertrauen** auf die Leistung des Schuldners macht.

Wir erläutern das dahinter stehende Problem am besten an einem Beispiel, weil man es auf
den ersten Blick vermutlich kaum erkennt.

❯ Beispiel:

> Firma F kauft bei R ein Rechenzentrum. Da es entsprechende Belüftung und Kühlung
> benötigt, beauftragt F auch den Klimatechniker K mit der Installation entsprechender
> Klimageräte. Leistet aber der Rechenzentrums-Lieferant nicht und F entscheidet
> sich, gar kein Rechenzentrum mehr zu kaufen, so muss F dennoch K bezahlen. Diese
> Kosten können per Definition kein Schaden sein: Denn hätte R geleistet, hätte F die
> Rechnung des K ebenso bezahlen müssen. Die Differenz zwischen dem Zustand „R
> leistet" und „R leistet nicht" ist bezüglich der Rechnung von K genau null, also kein
> Schaden. Es gibt also gerade keinen durch die Nichtleistung eingetretenen Vermö-
> gensnachteil, der als Schaden geltend gemacht werden könnte.

Also: Was man umgangssprachlich als **Schaden** bezeichnet, muss juristisch noch lange
kein ersatzfähiger Schaden sein. Der Gesetzgeber hat jedoch mit § 284 BGB anerkannt, dass
der Gläubiger diese Vermögensverfügung häufig nicht getätigt hätte, wenn er nicht auf die
Leistung des Schuldners vertraut hätte. Daher kann ein Ersatz dieser vergeblichen *Aufwendungen* verlangt werden, die keine Schäden im Rechtssinne sind.

Rücktritt

Der Rücktritt ist in § 323 BGB geregelt.

§ 323 BGB: „Rücktritt wegen nicht oder nicht vertragsgemäß erbrachter Leis-
tung"

> (1)   Erbringt bei einem gegenseitigen Vertrag der Schuldner eine fällige Leistung
> nicht oder nicht vertragsgemäß, so kann der Gläubiger, wenn er dem Schuldner er-
> folglos eine angemessene Frist zur Leistung oder Nacherfüllung bestimmt hat, vom
> Vertrag zurücktreten.

> (2)   Die Fristsetzung ist entbehrlich, wenn

1.   der Schuldner die Leistung ernsthaft und endgültig verweigert,

2.   der Schuldner die Leistung zu einem im Vertrag bestimmten Termin oder innerhalb einer bestimmten Frist nicht bewirkt und der Gläubiger im Vertrag den Fortbe-
stand seines Leistungsinteresses an die Rechtzeitigkeit der Leistung gebunden hat
oder

3.   besondere Umstände vorliegen, die unter Abwägung der beiderseitigen Interessen den sofortigen Rücktritt rechtfertigen.

(3)   Kommt nach der Art der Pflichtverletzung eine Fristsetzung nicht in Betracht, so
tritt an deren Stelle eine Abmahnung.

(4)   Der Gläubiger kann bereits vor dem Eintritt der Fälligkeit der Leistung zurücktreten, wenn offensichtlich ist, dass die Voraussetzungen des Rücktritts eintreten
werden.

(5)   Hat der Schuldner eine Teilleistung bewirkt, so kann der Gläubiger vom ganzen
Vertrag nur zurücktreten, wenn er an der Teilleistung kein Interesse hat. Hat der
Schuldner die Leistung nicht vertragsgemäß bewirkt, so kann der Gläubiger vom Ver-
trag nicht zurücktreten, wenn die Pflichtverletzung unerheblich ist.

(6)   Der Rücktritt ist ausgeschlossen, wenn der Gläubiger für den Umstand, der ihn
zum Rücktritt berechtigen würde, allein oder weit überwiegend verantwortlich ist
oder wenn der vom Schuldner nicht zu vertretende Umstand zu einer Zeit eintritt, zu
welcher der Gläubiger im Verzug der Annahme ist.

Die Voraussetzungen des Rücktrittsrechtes nach § 323 BGB sind im Wesentlichen die gleichen wie beim Schadensersatz statt der Leistung: Die Leistung wurde vom Schuldner
nicht oder nicht wie geschuldet erbracht und der Gläubiger hat ihm eine **Frist** gesetzt, die
erfolglos verstrichen ist.

Jedoch wird für § 323 BGB ein **gegenseitiger Vertrag** benötigt (nicht nur ein beliebiges
Schuldverhältnis), d. h. die Leistungen müssen in einem Gegenseitigkeitsverhältnis stehen.

Der Anspruch muss **fällig** und **durchsetzbar** sein. „Fällig" bedeutet im Regelfall: Der Zeitpunkt der Leistungserbringung ist bereits erreicht oder überschritten, so dass der Schuldner nun leisten müsste. „Durchsetzbar" heißt, dass der Schuldner sich nicht z. B. auf Verjährung berufen, also berechtigt die Leistung verweigern kann.

Die Fristsetzung ist **entbehrlich**, wenn es sich um ein relatives Fixgeschäft handelt. Ein
solches liegt vor, wenn bei einem gegenseitigen Vertrag eine Frist vereinbart wird, aus der
hervorgeht, dass das Geschäft mit der Einhaltung der Frist **steht und fällt**.

> **Beispiel:**

Der Lieferant L und der Schulungsanbieter S vereinbaren, dass L dem S zehn Rechner
liefert (Kauf). Der Vertrag sagt: „L muss bis spätestens 01.08.04, 8.00 Uhr liefern, da

um 10 Uhr die Schulung beginnt." S hat 20 Teilnehmer und würde die schon vorhandenen zehn Rechner gerne um weitere zehn Rechner des L ergänzen. Wenn die Rechner nicht um 8.00 Uhr geliefert sind, so soll das Geschäft fallen, denn dann kann S die Rechner nicht mehr für die Schulung einsetzen. Wenn S die Rechner für die Schulung einsetzt, so kann er das gegenüber den Teilnehmern abrechnen und die Rechner damit sogleich refinanzieren. L liefert a) gar nicht bzw. b) erst um 10 Uhr. In beiden Fällen ist das relative Fixgeschäft gescheitert. Wenn L beispielsweise um 8.05 Uhr liefert, dürfte das hingegen nach Treu und Glauben keine Folgen haben.

Das Rücktrittsrecht kann **ausgeschlossen** sein.

§ 323 Abs. 6 nennt zwei Gründe: das **Vertretenmüssen** und den **Annahmeverzug**. Denn wenn der Gläubiger **selbst** allein oder weit überwiegend daran schuld ist, dass die Leistung nicht innerhalb der Frist erfolgen konnte, verdient er kein Rücktrittsrecht.

❯ Beispiel:

L soll S wie oben die Rechner liefern. S hat dem L aber die falsche Lieferanschrift (die Niederlassung in einer anderen Stadt) genannt, so dass L die Rechner erst um 12 Uhr liefern kann.

Der zweite Ausschluss des Rücktrittsrechts besteht während eines **Annahmeverzugs** des Gläubigers. Wenn der Schuldner den Rücktrittsgrund während des Annahmeverzugs nicht zu vertreten hat, so kann der Gläubiger nicht zurücktreten. Dem Schuldner kommt die **Haftungserleichterung** des § 300 Abs. 1 BGB zugute: Der Schuldner haftet während des Annahmeverzugs nur für grobe Fahrlässigkeit und Vorsatz, nicht aber für einfache Fahrlässigkeit.

❯ Beispiel:

L soll S wie oben die Rechner liefern. S ist aber bis 8.30 Uhr nicht zu erreichen. L fährt daher mit den Rechnern wieder weg. Auf dem Rückweg hat L unverschuldet einen Unfall, bei dem die Rechner beschädigt werden. S befindet sich im Annahmeverzug und hat daher - trotz nun mangelhafter Rechner - kein Rücktrittsrecht.

Ein weiterer Grund, dem Gläubiger das Rücktrittsrecht zu **verwehren**, kann nach § 242 BGB in dessen eigener **Vertragsuntreue** liegen. Wenn der Gläubiger sich selbst in wesentlichen Teilen nicht an den Vertrag hält, so soll er sich auch nicht auf ein Rücktrittsrecht berufen können.

Wenn die oben genannten Voraussetzungen vorliegen, kommt ein **Rücktrittsrecht** des Gläubigers in Betracht. Es handelt sich dabei um ein **Gestaltungsrecht**, d. h. es wird nur wirksam, wenn der Gläubiger dem Schuldner mitteilt, dass er zurücktreten will. Er kann vom Vertrag zurücktreten, muss das aber nicht tun.

Wenn der Schuldner die Leistung nur **teilweise** erbringt, so ist ein Rücktritt vom ganzen Vertrag nur möglich, wenn die Teilleistung für den Gläubiger **keinen Sinn** hat. Bei nicht vertragsgemäßer Leistung besteht auch kein Rücktrittsrecht, wenn die Mängel **unerheblich** sind. Der Gläubiger soll in diesen Fällen wegen **geringfügiger Abweichungen** nicht den ganzen Vertrag zu Fall bringen können.

Mit der Ausübung des Rücktrittsrechts **erlöschen** die beiderseitigen Erfüllungsansprüche. Es entsteht ein so genanntes **Rückabwicklungsschuldverhältnis** (§§ 346 ff. BGB).

§ 346 BGB: „Wirkungen des Rücktritts"

(1) Hat sich eine Vertragspartei vertraglich den Rücktritt vorbehalten oder steht ihr ein gesetzliches Rücktrittsrecht zu, so sind im Falle des Rücktritts die empfangenen Leistungen zurückzugewähren und die gezogenen Nutzungen herauszugeben. [...]

(4) Der Gläubiger kann wegen Verletzung einer Pflicht aus Absatz 1 nach Maßgabe der §§ 280 bis 283 Schadensersatz verlangen.

Im Kern geht es also darum, dass beide Partner die empfangenen Leistungen zurückgewähren müssen. Die folgenden Absätze regeln, was passieren soll, wenn das ganz oder teilweise nicht geht (z. B. weil etwas bereits verarbeitet oder beschädigt wurde).

An Absatz 4 kann man gut sehen, wie Anspruchsgrundlagen aufeinander **aufbauen**: Ein Schadensersatzanspruch kann entstehen, wenn der Gläubiger eine Pflicht nach § 346 Abs. 1 BGB verletzt. Dazu muss man ggf. erst einmal prüfen, ob der Rücktritt überhaupt wirksam möglich ist, also ob ein vertragliches oder gesetzliches Rücktrittsrecht besteht. Ohne wirksamen Rücktritt können die Pflichten aus § 346 Abs. 1 BGB gar nicht entstehen. Die Prüfung auf das Bestehen eines gesetzlichen Rücktrittsrechts erfordert dann im Wesentlichen wieder die Prüfung der Voraussetzungen wie beim Schadensersatz statt der Leistung (siehe oben).

5.1.2.6   Sonstige Verletzung von Leistungspflichten

Ein Schadensersatzanspruch kann auch wegen der **Schlechtleistung** bezüglich einer Primärpflicht bestehen. Mit Schlechtleistung sind – grob gesagt – die Fälle gemeint, in denen der Schuldner zwar grundsätzlich leistet, aber eben in irgendeiner Form mangelhaft.

Es gibt verschiedene Kategorien von Schlechtleistung: mangelhafte Erfüllung von Verträgen *mit speziellen Gewährleistungsregelungen,* mangelhafte Erfüllung bei Verträgen *ohne spezielle Gewährleistungsregelungen* und die *Verletzung sonstiger leistungsbezogener Nebenpflichtverletzungen* (z. B. Informationspflichten). Letzteres wurde oben bereits dargestellt.

Eine Schlechtleistung kann darin bestehen, dass etwas **Schlechtes**, **anderes** oder **zu wenig** geleistet wurde. Angesichts der sehr unterschiedlichen möglichen Verträge ist es sinnvoll, sich das an einem Kaufvertrag klarzumachen.

❯ **Beispiel:**

Herr A und Frau B vereinbaren, dass Herr A Frau B zwei bestimmte, von ihr ausgesuchte Rechner liefert und sie dafür 2.000 Euro zahlt. Damit liegen zwei Schuldverhältnisse vor: Herr A schuldet die beiden Rechner, Frau B schuldet die 2.000 Euro. Sehen wir uns nur das eine an: Wenn Herr A zwei defekte Rechner liefert, liegt eine Schlechtleistung vor. Die liegt aber in der Regel auch vor, wenn er andere als die von Frau B ausgesuchten Rechner liefert (jedenfalls wenn nachvollziehbar ist, warum Frau B gerade diese Rechner haben wollte, z. B. weil es ein Andenken an jemanden oder etwas ist). Liefert Herr A zwar, aber nur einen Rechner, so liegt eine Zuweniglieferung vor.

Es gibt Schuldverhältnisse, die **speziellen Gewährleistungsregeln** unterfallen. Der Kaufvertrag ist ein Beispiel dafür, denn § 440 BGB regelt Rücktritt und Schadensersatz für das Kaufrecht. Diese Regelung ist spezieller als die allgemeinen Vorschriften. Daher ist § 440 BGB nach allgemeiner „BGB-Logik" vorrangig anzuwenden. Dementsprechend ist § 636 BGB ebenso eine speziellere Regelung, nämlich für den Werkvertrag, § 536 a für den Mietvertrag usw.

Es gibt auch den Fall der mangelhaften Erfüllung bei Schuldverhältnissen **ohne spezielle Gewährleistungsregeln**. Das sind beispielsweise Dienst- und Arbeitsverträge. Bei diesen kann die mangelhafte Leistung regelmäßig *nicht noch einmal richtig erbracht werden*, insbesondere weil sie wegen Zeitablaufs nicht mehr nachholbar ist.

❯ Beispiel:

> Wenn ein Arbeitnehmer am Freitag nicht zur Arbeit kommt, dann kann er das typischerweise nicht einfach am Samstag nachholen. Zwar auch deshalb nicht, weil da weder Kunden noch Kollegen anwesend sind, aber primär, weil er am Freitag leisten sollte und der Freitag vorbei ist.

In diesen Fällen gelten die allgemeinen Regelungen. Typischerweise verlangt der Gläubiger dann nach § 280 Abs. 1 BGB **Schadensersatz wegen der Schlechtleistung**.

❯ Beispiel:

> Der Steuerberater (Dienstvertrag) reicht einen Widerspruch gegen einen Steuerbescheid zu spät ein. Dadurch wird er rechtskräftig. Der dadurch entstehende Schaden ist nach § 280 Abs. 1 BGB zu ersetzen.

5.1.2.7   Verletzung von Pflichten zur Rücksichtnahme

Aus § 241 Abs. 2 BGB ergeben sich Pflichten zur Rücksichtnahme auf die Rechte, Rechtsgüter und Interessen des anderen Teils. Werden diese Pflichten verletzt, so kann sich daraus ein Anspruch auf **Schadensersatz statt der Leistung**, ein **Rücktrittsrecht** oder auch (zusätzlicher) **Schadensersatz (neben der Leistung)** ergeben.

Typischerweise entsteht durch die Verletzung von Rücksichtnahmepflichten (nur) ein Schadensersatzanspruch neben der Leistung (§ 280 Abs. 1 BGB). In seltenen Fällen hat der Gläubiger jedoch das Recht, Schadensersatz statt der Leistung zu verlangen (§§ 280 Abs. 1 und 3, 282 BGB) und vom Vertrag zurückzutreten (§ 324 BGB). Das kann der Fall sein, wenn es dem Gläubiger aufgrund der Pflichtverletzung des Schuldners **unzumutbar** ist, den Vertrag fortzuführen.

Schadensersatz statt der Leistung, Rücktritt

Für den **Schadensersatz statt der Leistung** kommt eine Verletzung der Leistungstreuepflichten, der Aufklärungspflichten und der Schutzpflichten in Frage. Die Leistung muss dem Gläubiger **unzumutbar** sein, und die Unzumutbarkeit muss **gerade durch die Pflichtverletzung des Schuldners bewirkt** worden sein. Nur in seltenen Fällen hat der Schuldner die Pflichtverletzung nicht auch zu vertreten.

Wenn der Schuldner **Rücksichtnahmepflichten** verletzt hat und dem Gläubiger ein Festhalten an einem Vertrag nicht zuzumuten ist, so hat der Gläubiger ein **Rücktrittsrecht** nach § 324 BGB.

> **Beispiel:**

> Die Firma F beauftragt Herrn A mit der Erstellung einer Software, die das Produkt des Herstellers H mit dem des Herstellers J verbinden soll. F ist mit der Arbeit von A sehr zufrieden. Doch F erfährt eines Tages, dass A bei den Herstellern H und J angerufen hat und die dortigen Marketingabteilungen gefragt hat, warum sie nicht selbst so ein Produkt auf den Markt bringen, es gebe doch genügend Bedarf. Die weitere Zusammenarbeit mit A ist F nicht zuzumuten, da A die Refinanzierung von F gefährdet hat.

Der **Schadensersatz statt der Leistung** und das **Rücktrittsrecht** unterscheiden sich primär dadurch, dass das Rücktrittsrecht nicht von einem **Vertretenmüssen** des Schuldners (§ 280 Abs. 1 Satz 2 BGB) abhängt.

Bei **Sukzessivlieferungsverträgen** kann man davon ausgehen, dass Leistungsstörungen für die Zukunft eine Kündigung ermöglichen und Schadensersatz verlangt werden kann. Dazu gleich ein Beispiel:

> **Beispiel:**

> Die Firma F kauft im Januar bei der Firma S zum Sonderpreis 1200 DVD-Rohlinge. Zum Zwecke der Datensicherung sollen jeden Monat 100 Rohlinge geliefert werden, damit die einzelnen Mitarbeiter die wichtigsten Daten auf ihren PCs zusätzlich zur Zentralsicherung sichern können. Im März und April stellt sich heraus, dass die Rohlinge Haltbarkeitsprobleme haben. Die Daten sind regelmäßig nach wenigen Tagen nicht mehr zuverlässig lesbar. F ist daher (unabhängig von Mängelrechten bzgl. der bisher schon gelieferten defekten Rohlinge) berechtigt, den Vertrag mit S (mit Wirkung nur für die Zukunft) zu kündigen. Wir nehmen an, dass F der Pflicht zur unverzüglichen Untersuchung auf Mängel nach § 377 HGB nachgekommen ist, der Schaden dabei aber nicht erkennbar war (vgl. § 377 Abs. 2 HGB).

Schadensersatz wegen Pflichtverletzung

Wenn es sich um Schäden handelt, die nicht Schäden statt der Leistung oder wegen der Verzögerung der Leistung sind (also keine Spezialfälle vorliegen), so ist § 280 Abs. 1 BGB einschlägig, der den (allgemeinen) Schadensersatz wegen Pflichtverletzung regelt.

In diese Fallgruppe gehören vor allem Situationen, in denen Pflichten im **vorvertraglichen Schuldverhältnis** verletzt wurden. Im Grunde sind das zwei Konstellationen: Die eine Konstellation ist, das ein Vertragspartner die **Vertragsverhandlungen grundlos abbricht**. Ein Grund kann aber durchaus darin liegen, dass z. B. ein anderer Lieferant billiger ist. Man muss also schon in besonderer Weise das **Vertrauen** des zukünftigen Vertragspartners in Anspruch genommen haben – so dass dieser eben davon ausgehen durfte, der Vertrag werde später auch tatsächlich geschlossen.

> **Beispiel:**
>
> Firma F und Firma G verhandeln schon seit Monaten über ein Projekt. F hat bereits enorme Aufwendungen gemacht, um G die immer wieder angeforderten Arbeitsproben bereitzustellen. Der Vertrag ist praktisch unterschriftsreif ausgehandelt, als der Geschäftsführer von G ein Fax an F schickt, dass er es sich (aus objektiv nicht nachvollziehbaren Gründen) anders überlegt habe und nun lieber eine andere Firma suche. F kann hier als Schadensersatz eventuell ausnahmsweise sogar den Abschluss des Vertrags verlangen, jedenfalls aber mit hoher Wahrscheinlichkeit den Ersatz des entstandenen (objektiv angemessenen) Aufwands für die Arbeitsproben.

Die andere Konstellation ist, dass ein **wirksamer Vertragsabschluss verhindert** wird. Darunter fallen neben dem schuldhaften Herbeiführen eines Dissenses auch die Variante, dass es durch Fehlberatung nicht zu einem (an sich notwendigen, z. B. Versicherungs-) Vertrag mit einem Dritten kommt, oder auch formbedürftige Geschäfte (z. B. die Verweigerung einer notariellen Beurkundung eines Grundstücksgeschäfts, § 311 b BGB).

Äußerst relevant im IT-Bereich ist die **Verletzung von Aufklärungspflichten**. Die Vertragspartner müssen den jeweils anderen über alle für das Zustandekommen und die Abwicklung des Vertrages typischen Umstände aufklären. Das gilt besonders für Risiken und Gefahren, die mit dem Vertrag verbunden sind. Jedenfalls gilt das in den Grenzen von Treu und Glauben. Wenn also ein Vertragspartner eine entsprechende Aufklärung erwarten darf, dann muss sie auch erfolgen.

> **Beispiel:**
>
> Herr Meier verkauft Herrn Müller einen neuartigen, geräuschlosen PC-Kühler. Dieser wird gerade nicht mit Strom betrieben, sondern arbeitet auf chemischer Basis. Es entstehen dadurch hohe Verbrauchskosten. Herr Müller kann (auch rechtlich) vom Verkäufer eine entsprechende Aufklärung erwarten, da es sich um Wissen handelt, das ein durchschnittlicher Käufer nicht haben kann. Andererseits kann man von Herrn Müller (auch rechtlich) nicht erwarten, sich genau darüber zu erkundigen, weil er auf eine solche Frage als Laie gar nicht kommen kann. Er wollte einfach nur einen leisen Kühler.

Das gilt jedoch nur für Informationen, die ein durchschnittlicher Kunde nicht haben kann.

❯ Beispiel:

Es dürfte jedem klar sein, dass ein PC Strom verbraucht und ggf. eine sehr hohe Stromrechnung produzieren kann, wenn man ihn nie ausschaltet oder den Energiesparmodus nicht einschaltet.

Das Geschäftsrisiko, ob der Vertrag für ihn sinnvoll ist oder sogar Vorteile bringt, trägt aber allein der Käufer bzw. Auftraggeber.

❯ Beispiel:

Herr Müller kauft bei Herrn Meier auch noch eine Wärmeleitpaste. Herr Müller glaubt, dass er damit die Wärme aus dem Gehäuse leiten kann (was Herr Meier aber nicht weiß). Hier wäre allenfalls zu bemerken, dass von Herrn Meier eine Nachfrage zu erwarten gewesen wäre, wenn Herr Müller 20 Packungen (also eine ungewöhnlich große Menge für einen Verbraucher) kauft. Ob Herr Müller danach mit den vielen Packungen etwas anfangen kann, ist allein sein Risiko.

Für den Verkäufer ist insofern Vorsicht geboten, als es in solchen Situationen auch zum (konkludenten) Abschluss eines Beratungsvertrags kommen kann, bei dem der Verkäufer dann ordnungsgemäße Beratung schuldet.

❯ Beispiel:

Herr Müller hat dazugelernt. Beim nächsten Besuch sagt er zu Herrn Meier: „Ich brauche Beratung. Würden Sie mir raten, diesen PC zu kaufen, damit ich damit meine Modelleisenbahn-Videos digitalisieren kann, diese ins Internet stellen und damit Geld machen kann?" Herr Müller springt voll darauf an: „Ja, das ist gut möglich, damit verdient man heute viel Geld! Ich würde Ihnen zu diesem Zweck zu einem schnelleren PC mit 12 GB Hauptspeicher und RAID-System raten. Außerdem vermitteln wir auch symmetrische DSL-Anschlüsse. Die Investition haben Sie dann bald wieder raus." Hier war einerseits erkennbar, dass der Kunde beratungsbedürftig ist. Herr Meier hat das auch gleich ausgenutzt, um für einen erhöhten Umsatz zu sorgen. Damit kommt ein Schadensersatzanspruch wegen Pflichtverletzung in Frage.

Es sind also eher Understatement, Zurückhaltung und Vorsicht gefragt als Selbstüberschätzung und Risiko.

Die Grenze zwischen **Beratungsverträgen** und **unverbindlichen Auskünften** oder **Gefälligkeiten** ist fließend. Ein Beratungsvertrag kann entweder als **unselbstständige Beratungspflicht** als Nebenpflicht (z. B. *innerhalb* eines Kaufvertrags) übernommen werden, oder auch als **selbstständiger Beratungsvertrag** (also z. B. *neben* dem Kaufvertrag). Ob der Beratende tatsächlich Geld für die Auskunft erhält oder darauf hingewiesen hat, dass er nicht für die Auskunft haften möchte, ist dafür nicht entscheidend, und zwar insbesondere dann nicht, wenn für ihn erkennbar ist, dass der Ratsuchende sich voll auf die Auskunft verlässt und diese Auskunft für ihn eine große Bedeutung hat.

Warnen Sie den Kunden also lieber einmal zu viel als zu wenig. Das kann man auch so tun, dass es positiv wirkt.

❯ Beispiel:

„Damit kenne ich mich leider nicht aus - Sie sollten jemanden fragen, der das schon einmal gemacht hat. Ich verkaufe das Produkt nur, aber setze es nicht aktiv ein, weil uns hier im Laden die Gelegenheit fehlt. Wenn Sie möchten, kann ich Ihnen gerne die Telefonnummer der Herstellerhotline geben."

❯ Negativ-Beispiel:

„[...] Ich gebe Ihnen die Telefonnummer von Herrn Schmidt, der ist Profi in dem Bereich, auf dessen Auskunft können Sie sich blind verlassen." Wenn Herr Schmidt falsche Auskünfte gibt (und das bekanntermaßen häufig tut, weil er von allem ein wenig - und vor allem: wenig - versteht), kann der Fragende wiederum versuchen, Schadensersatzansprüche geltend zu machen, nämlich wegen der Auswahl und Empfehlung von Herrn Schmidt.

Sie sehen schon, es gibt hier viele Fettnäpfchen, in die man treten kann. Bestimmte zurückhaltende Charaktere bekommen selten Probleme, aber wenn jemand ein echtes Verkaufstalent ist, sollte er diesen Abschnitt lieber noch einmal lesen, um zu realisieren, welche Risiken er täglich so auf sich nimmt.

5.1.2.8   Gläubigerverzug

Auch der Gläubiger kann in Verzug kommen. Relevant sind besonders der Verzug des Gläubigers mit Mitwirkungsleistungen und der Annahmeverzug.

Ein Verzug bezüglich **Mitwirkungsleistungen** setzt voraus, dass der Gläubiger zur Erbringung dieser Leistungen vertraglich oder gesetzlich verpflichtet ist.

❯ Beispiel:

Die Firma F soll für den Kunden K ein Programm entwickeln. K hat sich vertraglich verpflichtet, Unterlagen zur Berechnung seiner Versicherungsprodukte bereitzustellen. Auch gesetzlich würde man eine solche Verpflichtung wohl annehmen, wenn die Berechnung spezifisch an den Bedürfnissen von K ausgerichtet und nicht allgemein bekannt ist.

Für den Werkvertrag, bei dem die Mitwirkung des Bestellers regelmäßig eine wichtige Rolle spielt, ist das ausdrücklich in § 642 BGB geregelt; daraus kann unter weiteren Voraussetzungen auch ein **Kündigungsrecht des Werkunternehmers** resultieren (§ 643 BGB). Die §§ 642, 643 BGB enthalten allgemeine Rechtsgrundsätze, die für vergleichbare Fälle entsprechend auch auf andere Vertragstypen anwendbar sind.

In **Annahmeverzug** kommt der Gläubiger, wenn er eine fällige Leistung des Schuldners nicht annimmt.

> **Beispiel:**

Firma F soll beim Kunden K am 1.8. ein Programm installieren. Die Mitarbeiter von F stehen am 1.8. zur abgesprochenen Zeit vor verschlossenen Türen.

Ist der Gläubiger in Verzug, haftet der Schuldner gemäß § 300 Abs. 1 BGB nur für Vorsatz und grobe Fahrlässigkeit (Haftungserleichterung).

5.1.2.9   Vertretenmüssen

An einigen Stellen wurde bereits über das „Vertretenmüssen" des Schuldners gesprochen. Insbesondere heißt es zum Schadensersatz wegen Pflichtverletzung in § 280 Abs. 1 BGB:

§ 280 BGB: „Schadensersatz wegen Pflichtverletzung"

(1)   Verletzt der Schuldner eine Pflicht aus dem Schuldverhältnis, so kann der Gläubiger Ersatz des hierdurch entstehenden Schadens verlangen. Dies gilt nicht, wenn der Schuldner die Pflichtverletzung nicht zu vertreten hat. [...]

Der Schuldner soll also nur Schadensersatz leisten müssen, wenn er die Pflichtverletzung zu vertreten hat. Aber was genau bedeutet *Vertretenmüssen*? Schauen wir uns § 276 BGB einmal genauer an.

§ 276 BGB: „Verantwortlichkeit des Schuldners"

(1)   Der Schuldner hat Vorsatz und Fahrlässigkeit zu vertreten, wenn eine strengere oder mildere Haftung weder bestimmt noch aus dem sonstigen Inhalt des Schuldverhältnisses, insbesondere aus der Übernahme einer Garantie oder eines Beschaffungsrisikos zu entnehmen ist. Die Vorschriften der §§ 827 und 828 finden entsprechende Anwendung.

(2)   Fahrlässig handelt, wer die im Verkehr erforderliche Sorgfalt außer Acht lässt.

(3)   Die Haftung wegen Vorsatzes kann dem Schuldner nicht im Voraus erlassen werden.

Auf einzelne Punkte sind wir schon eingegangen (siehe unter 5.1.2.2 Verletzung schuldrechtlicher Pflichten). Lassen Sie uns das Ergebnis noch einmal zusammenfassen:

Auf das Wesentliche reduziert gibt es vier Stufen: kein Verschulden, einfache Fahrlässigkeit, grobe Fahrlässigkeit und Vorsatz.

Beim **Vorsatz** weiß der Schuldner, dass er den Gläubiger schädigt, und will das regelmäßig auch. Ihm muss auch klar sein, dass dies rechtswidrig ist.

❯ Beispiel:

> Herr A gibt bei Herrn B ein Programm zur Abrechnung der Sozialversicherungsdaten seiner Mitarbeiter in Auftrag. Herr B mag Herrn A nicht und baut deshalb eine „Zeitbombe" in das Programm ein, die Herrn A durch Falschberechnungen schwer schädigen soll.

Der krasse Gegensatz dazu ist die **einfache** (manchmal auch, etwas ungenau, da der Begriff aus dem Arbeitsrecht kommt und dort eine etwas andere Bedeutung hat) leichte **Fahrlässigkeit (= normale Fahrlässigkeit)**. Dabei beachtet der Schuldner „einfach nur" nicht die „im Verkehr erforderliche Sorgfalt". Vergegenwärtigt man sich das einmal, liegt das relativ oft bis sehr oft vor und passiert, weil man über bestimmte Dinge oder Situationen nicht weiter nachdenkt. Die Sorgfalt wird nach objektiviertem Maßstab beurteilt; ob gerade der Schuldner zu mehr überhaupt in der Lage war, interessiert nicht.

❯ Beispiel:

> Herr B gibt Herrn A ein Programm, bei dem nicht einmal 50 % aller Codezeilen ausgetestet sind. (Ein wesentlich härteres Kriterium wäre: 50 % aller Pfade durch das Programm.) Ein sorgfältiger Entwickler könnte und würde das Programm weitaus sorgfältiger testen. Ein Entwickler, der so vorgeht wie Herr B, kann die drohenden Folgen seiner ungenügenden Tests durchaus voraussehen und vermeiden.
>
> Man mag zum Spruch „Software kann nie fehlerfrei sein" stehen, wie man will: Das rechtfertigt es aber in keinem Fall, erst gar nicht zu versuchen, mit zumutbarem Aufwand Fehler zu suchen und zu beheben. Man stelle sich vor, die Produzenten von Autobremssystemen würden argumentieren: „Autobremssysteme können nie fehlerfrei sein" und deshalb erst gar keine oder nur ungenügende Tests machen. Dieses Beispiel ist übrigens angesichts des drastisch steigenden Anteils an softwarebasierter Elektronik im Kraftfahrzeug alles andere als abwegig.

Bei der **groben Fahrlässigkeit** beachtet der Schuldner die im Verkehr erforderliche Sorgfalt in einem derart eklatanten Maß nicht, dass sich jeder sagt: „Wie kann man nur?" Der Schuldner muss also ganz nahe liegende Überlegungen nicht angestellt oder beiseite geschoben haben, die sich im gegebenen Fall jedem aufgedrängt hätten.

❯ Beispiel:

> Herr B testet das Programm überhaupt nicht systematisch (z. B. mithilfe eines Werkzeugs, das beim Test bereits durchlaufene Zeilen markiert), sondern klickt nur einmal kurz den Standardfall durch und gibt es dann Herrn A zum Produktiveinsatz.

Den Schuldner trifft nur dann (gar) kein Verschulden, wenn nicht einmal einfache Fahrlässigkeit vorliegt.

Wenn zwischen den Vertragspartnern nichts geregelt ist, haftet der Schuldner nach § 276 Abs. 1 BGB für einfache und grobe Fahrlässigkeit sowie für Vorsatz.

Die dargestellten Überlegungen zeigen, dass der Lieferant ein starkes Interesse daran hat, für einfache Fahrlässigkeit – soweit gesetzlich überhaupt möglich – die **Haftung auszuschließen** bzw. zu begrenzen.

Grundsätzlich geht das (auch) in **AGB**. Es ist dabei aber besonders § 309 Nr. 7 BGB (ggf. mit Wirkung indirekt über § 307 Abs. 1 BGB) zu beachten. Danach ist ein Ausschluss *ohne Wertungsmöglichkeit* unwirksam, wenn er die Haftung für einfache Fahrlässigkeit insgesamt ausschließt (d. h. ohne die Verletzung von Leben, Körper und Gesundheit davon auszunehmen; aber auch dann ist eine Haftungseinschränkung für einfache Fahrlässigkeit in AGB nicht ohne Weiteres möglich[3]). Ohne Wertungsmöglichkeit in AGB unwirksam ist – mit nur wenigen praxisrelevanten Ausnahmen – auch ein Ausschluss oder eine Begrenzung der Haftung für grobe Fahrlässigkeit.

Der Schuldner ist also, jedenfalls in der Regel, für den Ausschluss von grober Fahrlässigkeit auf **Individualvereinbarungen** angewiesen. Das ist eine recht hohe Hürde, die zumindest im Massengeschäft kaum zu nehmen ist. Und seien wir einmal ehrlich: Möchten Sie jemandem eine Aufgabe anvertrauen, der seine Haftung für grobe Fahrlässigkeit ausschließt oder begrenzt?

Der Ausschluss der Haftung für **Vorsatz** ist immer, ohne jede Wertungsmöglichkeit und auch in Individualvereinbarungen, unwirksam (§ 276 Abs. 3 BGB). Es bleibt nur die (wenig relevante) Möglichkeit, dass der Schuldner *im Nachhinein* (also nach Schadenseintritt) die Haftung erlässt. Das hat aber auch Sinn, denn das Recht dient nicht dazu, eine vorsätzliche Schädigung des Vertragspartners zu ermöglichen oder auch nur zu dulden.

Von der Haftung zu trennen ist jedoch eine auf den ersten Blick „schädigende" Verpflichtung des Schuldners. Dann liegt nämlich gar kein Fall von Haftung vor. Es kommt also entscheidend darauf an, was der Schuldner dem Gläubiger schuldet.

❯ **Beispiel:**

Herr A bittet Herrn B, seine alte Festplatte (aus Datenschutzgründen) zu zerstören. Herr B zerstört wunschgemäß die Festplatte und haftet natürlich nicht für die kaputte Festplatte, denn das war ja gerade Inhalt des Vertrags. Eine Haftung käme im Gegenteil sogar dafür in Betracht, dass Herr B die Festplatte nicht unter Beachtung der im Verkehr erforderlichen Sorgfalt zerstört hat, also z. B. noch Daten darauf lesbar sind. Sie sollten sich also nicht vom Ergebnis leiten lassen, sondern von der Vereinbarung zwischen den Vertragspartnern.

Die Verantwortlichkeit des Schuldners kann gesetzlich gemildert oder erhöht sein.

---

[3] Vgl. dazu beispielsweise: *Allgemeine Geschäftsbedingungen – IT-Verträge wirksam vereinbaren*, 1. Aufl. 2011, Wiesbaden (Hrsg. Erben), Kapitel 2.3.5 (S. 80).

Gemildert ist sie insbesondere, wenn sich der *Gläubiger* im Annahmeverzug befindet (§ 300 Abs. 1 BGB): Der Schuldner muss während des Verzugs „nur" Vorsatz und grobe Fahrlässigkeit vertreten. Es gibt auch Einschränkungen, die auf der Art des Geschäfts basieren (z. B. für die Schenkung, § 521 BGB: keine Haftung des Schenkers für einfache Fahrlässigkeit).

Erhöht ist die Verantwortlichkeit z. B. während des Verzugs des *Schuldners* (§ 287 BGB): Der Schuldner hat dann jede Fahrlässigkeit (und natürlich auch Vorsatz) zu vertreten und haftet in bestimmten Fällen sogar für Zufall.

Im **Arbeitsrecht** gelten Besonderheiten im Verhältnis zwischen Arbeitnehmer und Arbeitgeber, die regelmäßig eine mildere Haftung des Arbeitnehmers bewirken; der Arbeitgeber trägt das sogenannte Betriebsrisiko (dafür bekommt der Arbeitgeber auch den gesamten Gewinn und der Arbeitnehmer hat nur Anspruch auf das vereinbarte Gehalt, selbst wenn das Geschäft sehr gut läuft).

Der Schuldner kann aber auch vertraglich oder gesetzlich seine Haftung erhöhen. So kann er über die einfache Fahrlässigkeit hinaus sogar **verschuldensunabhängig** haften. Beispielsweise besteht die Haftung für Fehler eines Produkts nach dem Produkthaftungsgesetz verschuldensunabhängig, nur die (objektive) Unvermeidbarkeit des Fehlers lässt die Haftung entfallen (aber was ist schon „unvermeidbar"?). Das Produkthaftungsgesetz, also die Produkthaftung, gilt übrigens unabhängig von vertraglichen Beziehungen zwischen dem Schädiger und dem Geschädigten und ist daher streng zu unterscheiden von der vertraglichen Haftung für Mängel gegenüber dem Vertragspartner („Gewährleistung").

Die **Haftung ohne Verschulden** kann individualvertraglich ausdrücklich vereinbart werden (ist aber in Einkaufs-AGB wegen § 307 BGB unwirksam). Sie kann sich aber auch daraus ergeben, dass der Schuldner inhaltlich gerade ein **Beschaffungsrisiko** oder eine entsprechende **Garantie** übernommen hat oder erklärt hat, dass er bestimmte Eigenschaften zusichert (= Garantie). Diese letzten zwei Fälle sind relativ häufig; vor der Übernahme von Garantien oder der **Zusicherung von Eigenschaften** kann angesichts der Rechtsfolge (verschuldensunabhängige Haftung) deshalb – gerade bei Softwareverträgen – gar nicht ausdrücklich genug gewarnt werden!

Der Schuldner muss auch für seine Hilfspersonen (Erfüllungsgehilfen) einstehen. Ein Erfüllungsgehilfe ist jemand, der mit dem Willen des Schuldners bei der Erfüllung einer diesem obliegenden Verbindlichkeit tätig wird.

> ● **Beispiel:**
>
> Die Firma F soll für die Firma von Herrn Meier einen Drucker reparieren. Der Geschäftsführer von F schickt den Auszubildenden A. Der bohrt ein Loch in die Tintenpatrone, um nachzusehen, ob noch Tinte darin ist oder nur die Düsen eingetrocknet sind. Dabei entsteht ein Farbfleck auf dem Teppich. F muss für den Erfüllungsgehilfen A einstehen und den Schaden tragen.

Wenn der Erfüllungsgehilfe seinerseits weitere Hilfspersonen einsetzt, kommt es zwar grundsätzlich darauf an, ob der Schuldner das weiß und damit einverstanden ist. Wenn er nicht einverstanden war, haftet der Schuldner dann zwar nicht direkt für die Hilfsperson, aber für die Eigenmächtigkeit seines Erfüllungsgehilfen, also im Ergebnis ebenfalls.

> **Beispiel:**

> Der Auszubildende A bringt noch seinen Kumpel K mit, der gerade schulfrei hat und nun beim Reinigen der Verschmutzung ein unter dem Teppich verlegtes Kabel beschädigt. Da F nichts vom Einsatz des K weiß und damit sicher auch nicht einverstanden gewesen wäre, scheidet eine Haftung des F für den Fehler des K eigentlich aus. Herr Meier kann sich bezüglich der Kabelbeschädigung dennoch an F wenden, weil F den Fehler gemacht hat, den unverantwortlichen A zu schicken, der K mitgebracht hat.

Der Schuldner muss aber nur für Pflichtverletzungen einstehen, die im Zusammenhang mit der Erfüllung der Verbindlichkeit stehen.

> **Beispiel:**

> A besucht nach diesem Stress noch kurz seine Freundin, die in der Buchhaltung von Herrn Meier arbeitet. Dabei stößt er eine Kaffeekanne um. Diesen Schaden hat nicht F zu vertreten, sondern A direkt. Das gilt erst recht, wenn A, um den Schaden später bezahlen zu können, noch 100 Euro aus der Kaffeekasse der Firma Meier stiehlt (vorausgesetzt, F wusste nichts von derartigen Neigungen des A).

5.1.2.10   Mitverschulden

Bei der Berechnung des Schadens ist ggf. ein Mitverschulden des Geschädigten zu berücksichtigen.

§ 254: „Mitverschulden"

(1)   Hat bei der Entstehung des Schadens ein Verschulden des Beschädigten mitgewirkt, so hängt die Verpflichtung zum Ersatz sowie der Umfang des zu leistenden Ersatzes von den Umständen, insbesondere davon ab, inwieweit der Schaden vorwiegend von dem einen oder dem anderen Teil verursacht worden ist.

(2)   Dies gilt auch dann, wenn sich das Verschulden des Beschädigten darauf beschränkt, dass er es unterlassen hat, den Schuldner auf die Gefahr eines ungewöhnlich hohen Schadens aufmerksam zu machen, die der Schuldner weder kannte noch kennen musste, oder dass er es unterlassen hat, den Schaden abzuwenden oder zu mindern. [...]

Diese Vorschrift wird in der Praxis häufig relevant. Sie ist aber wohl eher durch Unfälle im Straßenverkehr bekannt. Die Vorschrift ermöglicht im Extremfall sogar eine Verteilung 0 % (Schädiger) zu 100 % (Geschädigter). Im Prozess ist zu berücksichtigen, dass ein Mitverschulden nur dann berücksichtigt wird, wenn man das dem Gericht auch entsprechend vorgetragen hat. Es lohnt sich also, alles, was als Mitverschulden gewertet werden kann, nicht etwa deshalb auszulassen, weil man es für irrelevant hält, und vorsorglich zu dokumentieren, um Beweise zu schaffen.

5.2   Gesetzliche Schuldverhältnisse

Neben den vertraglich vereinbarten Schuldverhältnissen gibt es auch Schuldverhältnisse, die gewissermaßen „automatisch" geschlossen werden, also ohne Vereinbarung zwischen den Vertragspartnern. Die gesetzlichen Schuldverhältnisse setzen damit gerade kein Einverständnis der Betroffenen voraus. Man kann sie deshalb auch schlecht „Vertragspartner" nennen – regelmäßig handelt es sich um „Zwangsbeziehungen".

5.2.1   Gesetzliche Schadensersatzpflichten

Die vertragliche Schadensersatzpflicht haben Sie bereits kennen gelernt. Daneben gibt es noch eine gesetzliche Schadensersatzpflicht. Sehen wir uns dazu den § 823 BGB an:

§ 823 BGB: „Schadensersatzpflicht"

(1)   Wer vorsätzlich oder fahrlässig das Leben, den Körper, die Gesundheit, die Freiheit, das Eigentum oder ein sonstiges Recht eines anderen widerrechtlich verletzt, ist dem anderen zum Ersatz des daraus entstehenden Schadens verpflichtet.

(2)   Die gleiche Verpflichtung trifft denjenigen, welcher gegen ein den Schutz eines anderen bezweckendes Gesetz verstößt. Ist nach dem Inhalt des Gesetzes ein Verstoß gegen dieses auch ohne Verschulden möglich, so tritt die Ersatzpflicht nur im Falle des Verschuldens ein.

Dieser Paragraf ist die zentrale Norm des außervertraglichen Schuldrechts. Selbst wenn keinerlei Vertragsbeziehungen zwischen zwei Personen bestehen, führt dieser Paragraf unter den genannten Voraussetzungen zu einer Schadensersatzpflicht. Er ist der Grund für viele, eine Haftpflichtversicherung abzuschließen. Denn der hier begründeten gesetzlichen Haftung kann sich niemand entziehen. Die Grundidee dabei ist, dass niemand einen anderen schädigen darf bzw. soll.

Im IT-Bereich dürften eine vorsätzliche Schädigung sowie die Verletzung von Leben, Körper, Gesundheit und Freiheit eher selten sein. Wenn Sie jedoch Hardware oder Software für den Einsatz z. B. in Kraftfahrzeugen herstellen, wird regelmäßig die unten beschriebene Produkt- bzw. Produzentenhaftung einschlägig sein (siehe Kapitel 5.2.3).

Konzentrieren wir uns also auf den IT-typischen Fall: die fahrlässige Verletzung des Eigentums oder eines sonstigen Rechts.

> **Beispiel:**

Herr A geht in einen PC-Shop. Er legt sein neu zu installierendes Notebook auf den Tresen und holt einen Shop-Mitarbeiter. Herr B kauft ebenfalls in dem Shop ein. Er stößt aus Unachtsamkeit ein Regal um. Dadurch wird das Notebook des Herrn Müller zerquetscht. Die Unachtsamkeit stellt eine Fahrlässigkeit dar, das zerquetschte Notebook stand im Eigentum des Herrn A. Herr B muss Herrn A den Schaden wegen § 823 BGB ersetzen.

Beachten Sie, dass Herr B im Beispiel absichtlich kein Mitarbeiter des PC-Shops ist, sondern ein anderer Kunde. Sonst wären wohl Ansprüche aus Verschulden bei Vertragsverhandlungen vorrangig. Die gesetzlichen Schuldverhältnisse sind als Auffangregelungen zu sehen, die nur dann wichtig werden, wenn keine vertraglichen Ansprüche bestehen.

Das Eigentum ist nicht auf körperliche Gegenstände beschränkt.

> **Beispiel:**

Der Informatik-Student S aus Frankfurt hasst von Microsoft-Programmen erstellte Dateien, weil er proprietäre Software aus ideologischen Gründen nicht gut findet. Nun hat auch noch seine Freundin F einen Arbeitsvertrag bei Microsoft in München für die Zeit nach dem Diplom unterschrieben. Er baut den Virus „Ring 09/23", der die Microsoft-Dateien alle finden und vernichten soll. Der Virus ist zwar nicht besonders gut, löscht aber immerhin die als DOC-Datei gespeicherte Diplomarbeit der (danach Ex-) Freundin. Die DOC-Datei stand im Eigentum der F, und S war zum Löschen auch nicht berechtigt, so dass S nach § 823 Abs. 1 BGB haftet. Er müsste S also insbesondere den Aufwand für das Einspielen der Datensicherung und die nachfolgenden Änderungen ersetzen. Im Extremfall kommen bei verpasstem Abgabetermin und dadurch bedingtem Nichtbestehen sogar der notwendige Unterhalt sowie entgangene Einnahmen aus der bereits vereinbarten Festanstellung während der Zeit der Anfertigung einer neuen Diplomarbeit in Frage. Denn F ist so zu stellen, wie sie ohne die Schädigung des S stehen würde. Das kann für S also teuer werden, zumal seine Ex-Freundin wohl keine Skrupel haben wird, ihre Rechte durchzusetzen. Existiert keine Datensicherung, kann das im Rahmen eines Mitverschuldens der F berücksichtigt werden.

Der **§ 823 Abs. 1 BGB** erwähnt aber auch „ein sonstiges Recht". Darunter fällt vor allem der Besitz an Sachen. Der Besitzer kann insbesondere Schäden geltend machen, die ihm entstanden sind, weil er nicht über den Gegenstand verfügen konnte.

> **Beispiel:**

Herr B mietet für eine Spezialschulung bei Herrn E einen PC. Der Eigentümer E übergibt den PC an Herrn B, der nun die tatsächliche Sachherrschaft über den PC hat und damit gemäß § 854 Abs. 1 BGB Besitzer ist. B möchte den PC in sein Büro bringen, als der Mitarbeiter M bemerkt, dass es sich um das neueste Modell der Marke handelt, von der er sich auch privat einen PC kaufen möchte. Beim näheren interessierten Betrachten stößt M den Rechner um, wodurch die Festplatte beschädigt wird. Die Ansprüche des E gegen M sind oben bereits erläutert. Der B ist nun aber zusätzlich von

M so zu stellen, als ob M den Rechner nicht beschädigt hätte. Muss B also die Schu-
lungsteilnehmer nach Hause schicken, weil der zwingend benötigte Rechner defekt
ist, so muss M den Schaden tragen (etwa Teilnehmergebühren minus Kosten des B).

Bei **Gewerbetreibenden** wird zudem das Recht auf eine störungsfreie gewerbliche Betätigung als sonstiges Recht im Sinne des § 823 Abs. 1 BGB anerkannt. Daraus kann ein Unterlassungsanspruch hergeleitet werden.

❯ **Beispiel:**

Die Hardware-Firma F erhält ständig unerwünschte Werbefaxe und E-Mails vom Kaf-
feeautomatenaufsteller K.

In diesem Zusammenhang eine Anmerkung zu den „beliebten" **Abmahnungen**: Eine
unberechtigte Abmahnung wegen mancher Ansprüche, z. B. Markenrechten, also wegen
Schutzrechten (nicht aber wegen unlauteren Wettbewerbs) fällt unter den Begriff „Verletzung eines sonstigen Rechtes". Denn dadurch kann der Abmahner in das Recht des Abgemahnten auf eine störungsfreie gewerbliche Betätigung eingreifen. Daher sollte man
eine Abmahnung nicht ohne anwaltliche Hilfe versenden.

Für den Abgemahnten ist die rechtsanwaltliche Unterstützung zwar ärgerlich, da er bei
einer berechtigten Abmahnung regelmäßig die Kosten tragen muss. Die Kosten orientieren
sich am Rechtsanwaltsvergütungsgesetz (RVG), wodurch die Kosten nach Streitwert berechnet werden. Der Streitwert liegt regelmäßig bei 50.000 bis 100.000 Euro (in Wettbe-
werbssachen eher bei 20.000 Euro). Denn man muss davon ausgehen, dass es in diesem
Rechtsstreit nur einen Gewinner geben kann, der das Schutzrecht tatsächlich innehat. Der
andere (und das kann auch der Abmahner sein!) muss ggf. umfirmieren, seine bisherigen
Investitionen in Werbung abschreiben usw. Ein Streitwert in der genannten Höhe ist da
durchaus realistisch. Es ist für den Abmahner also mit erheblichem Risiko verbunden,
selbst einen hohen Schaden tragen zu müssen, wenn er unberechtigt abmahnt. Denn stellt
der Abgemahnte z. B. die Nutzung der Marke sofort ein, benennt alle Produkte um, und
stellt sich dann heraus, dass die Abmahnung unberechtigt war, so muss der Abmahner
ggf. die gesamten Kosten als Schadensersatz übernehmen.

Umgekehrt kann eine Abmahnung auch dem Abgemahnten dienen. Denn wenn die Abmahnung berechtigt ist, muss der Abgemahnte für die Zeit des unberechtigten Eingriffs in
das Recht des Abmahners, z.B. in dessen Markenrecht, Lizenzgebühren als Schadensersatz
zahlen. Daher hat der Abgemahnte ein Interesse daran, sobald wie möglich von der
Rechtsverletzung zu erfahren, damit er diese beenden kann, und eine Mitteilung der
Rechtsverletzung ist in der Regel rechtlich eine Abmahnung, für die der Abmahner aus
den o.g. Gründen eben einen Anwalt benötigt. Das soll nicht bedeuten, dass Abmahnungen immer gut sind – aber es zeigt, dass es auch Argumente gibt, die für (seriöse) Abmahner sprechen. In unklaren Fällen bietet sich stattdessen die sog. Berechtigungsanfrage an,
mit der angefragt wird, warum die andere Seite meint, das Recht benutzen zu dürfen.
Diese löst nicht die o.g. Folge aus, dass bei einer unberechtigten Abmahnung wegen
Schutzrechten Schadensersatz wegen Eingriffs in die gewerbliche Tätigkeit zu zahlen ist.

Die öffentliche Herabsetzung eines Unternehmens, nicht neutrale, objektive und sachkundige Warentests sowie Boykottaufrufe stellen ebenfalls Eingriffe in die gewerbliche Tätigkeit als sonstiges Recht dar.

⊙ Beispiel:

Herr A zieht im Internet über den Versandhändler V her, der ihn nach schlechten Erfahrungen nicht mehr per Rechnung beliefern wollte, und verlässt dabei deutlich den Boden einigermaßen nachvollziehbarer, sachbasierter Kritik, indem er zu Beleidigungen und wilden Spekulationen greift. Sofern Herr A lediglich wahre (und von ihm beweisbare) Tatsachen oder einigermaßen sachlich formulierte Meinungen verbreitet hätte, wäre wohl Art. 5 Abs. 1 Grundgesetz (GG) (Meinungsfreiheit) vorrangig gewesen. Nun führt Herr A einen eigenen Einkaufstest bei V durch, bei dem er absichtlich nur Ware bestellt, die bekanntermaßen nicht lieferbar ist (was im Bestellsystem von V noch nicht eingepflegt ist). Er veröffentlicht dieses provozierte Ergebnis im Internet und fügt gleich noch einen Boykottaufruf hinzu. V kann die eingebrochenen Umsätze nun über § 823 BGB von A ersetzt verlangen. (Allerdings kann der Beweis, dass der Umsatzeinbruch gerade auf den Handlungen des A beruht, problematisch sein.)

In einigen Fällen kann als sonstiges Recht auch das Recht an persönlichen Daten in Frage kommen.

⊙ Beispiel:

Detektiv D dringt in den PC der kerngesunden K ein, die gerade eine Berufsunfähigkeitsversicherung bei der Versicherung V beantragt hat, und kopiert persönliche Daten aus dem Intimbereich der K (Mailwechsel mit Freunden und Bekannten). Diese verkauft er an V. Die Versicherung lehnt daraufhin den Versicherungsschutz ab, weil ihr K viel zu aktiv ist. Einige Wochen später erkrankt K auf einer Auslandsreise an einer tropischen Krankheit und wird tatsächlich berufsunfähig. Sie verlangt von D als Schadensersatz die entgangene Absicherung aus der Berufsunfähigkeitsversicherung.

Das **Vermögen** ist übrigens nicht in jedem Fall geschützt. Unter Vermögen versteht man die Gesamtheit der einer Person zustehenden Güter und Rechte von wirtschaftlichem Wert. Etwas präziser: die Differenz zwischen geldwerten Aktiva und Passiva einer Person. Das Vermögen kann als eine Vorstufe zu Eigentum begriffen werden, d. h. aus Vermögenspositionen kann später Eigentum werden (muss aber nicht), z. B. wenn es sich um Anwartschaftsrechte oder Optionsversprechen handelt; aber auch das Eigentum an sich ist ein Teil des Vermögens.

⊙ Beispiele:

Eigentumsrecht an einem Notebook, Besitzrecht an einem gemieteten Auto, Recht zur Teilnahme an bestimmten Golfturnieren, Daten auf einer Festplatte, Recht zur Nutzung eines bekannten Markennamens. Aber auch Know-how, Goodwill oder Kundenbeziehungen. Auch ein Vorkaufsrecht gehört zum Vermögen.

Man unterscheidet reine Vermögensschäden und Vermögensfolgeschäden. Die **reinen Vermögensschäden** sind von § 823 Abs. 1 BGB nicht abgedeckt. Sie müssen nur innerhalb vertraglicher Beziehungen ersetzt werden oder wenn eine vorsätzliche sittenwidrige Schädigung (dazu gleich zu § 826 BGB) vorliegt. Wären reine Vermögensschäden zu ersetzen, so wäre der wirtschaftliche Wettbewerb stark beeinträchtigt.

▶ **Beispiel:**

> Firma Billig schreibt (ggf. zufällig) einen Kunden der Firma Teuer, Herrn K, an und weist ihn auf günstigere Angebote hin. Herr K ist begeistert und kauft fortan bei Firma Billig. Firma Teuer könnte nun gegen die Firma Billig einen Vermögensschaden geltend machen, weil die Firma Billig bewirkt hat, dass die Kundenbeziehung zu K im Vermögen der Firma Teuer verloren ging. Solche Schäden ersatzfähig zu machen, würde deutlich die allgemeine Handlungsfreiheit, und insbesondere den Wettbewerb, einschränken. Daher sind solche reinen Vermögensschäden nicht nach § 823 BGB ersatzfähig. (Eventuelle **vertragliche** Ansprüche von Teuer gegen Billig bleiben davon allerdings unberührt.)

Hingegen sind **Vermögensfolgeschäden** durchaus ersatzfähig. Darunter versteht man Vermögensschäden, die erst durch die in Verletzung eines der in § 823 Abs. 1 BGB genannten Rechte oder Rechtsgüter entstanden sind.

▶ **Beispiele:**

> Herr A zerstört den PC des Grafikers G. Dieser verliert daraufhin seinen Kunden, da dieser sich wegen eines dringenden Auftrags einen anderen Grafiker suchen muss. Hierin kann man einen (ersatzfähigen) Vermögensfolgeschaden sehen.

Der oben bereits erwähnte Nutzungsausfallschaden ist ein klassischer Vermögensfolgeschaden.

Nach **§ 823 Abs. 2 BGB** entsteht eine Schadensersatzpflicht auch, wenn gegen ein **Schutzgesetz** verstoßen wird. Solche Schutzgesetze können beispielsweise einzelne Artikel im Grundgesetz, Paragrafen im BGB und HGB, Strafgesetzbuch (StGB), Sozialversicherungsrecht und Kartellrecht sein. Aber auch Gewohnheits- und Richterrecht kommen als solche Schutzgesetze in Betracht.

Z. B. ist § 226 BGB ein solches Schutzgesetz.

§ 226 BGB: „Schikaneverbot"

> Die Ausübung eines Rechts ist unzulässig, wenn sie nur den Zweck haben kann, einem anderen Schaden zuzufügen.

Aus § 823 Abs. 2 BGB folgt, dass der Schikanierende zum Schadensersatz verpflichtet ist. Das Besondere an § 226 BGB ist, dass der Schikanierende an sich durchaus das Recht besitzt (!), es aber wegen § 226 BGB nicht ausüben darf.

❯ Beispiel:

A hat sich vertraglich verpflichtet, das Rechenzentrum des B sauber zu halten. B nutzt diese Vereinbarung, um A täglich putzen zu lassen – und zwar besteht er auch auf einem Putzen von Stellen, die offensichtlich keinerlei Verschmutzung aufweisen. Es bestehen gute Chancen, dass A hier sich hier auf das Schikaneverbot berufen kann.

Auch § 858 BGB ist ein Schutzgesetz, und zwar gegen **Besitzstörung**:

§ 858 BGB: „Verbotene Eigenmacht"

(1) Wer dem Besitzer ohne dessen Willen den Besitz entzieht oder ihn im Besitz stört, handelt, sofern nicht das Gesetz die Entziehung oder die Störung gestattet, widerrechtlich (verbotene Eigenmacht). [...]

Im Ergebnis ergibt sich damit eine ähnliche Situation wie bei § 823 Abs. 1 BGB, wenn man als sonstiges Recht das Recht des Besitzers zum (ungestörten) Besitz annimmt.

Relevanter dürfte der § 1004 BGB sein, der einen **Unterlassungsanspruch des Eigentümers** gegen Störung seines Eigentums gewährt. Er ist von der Rechtsprechung häufig verwendet worden, um einen Schadensersatzanspruch gegen unverlangte Email-Zusendung zu begründen.

§ 1004 BGB: „Beseitigungs- und Unterlassungsanspruch"

(1) Wird das Eigentum in anderer Weise als durch Entziehung oder Vorenthaltung des Besitzes beeinträchtigt, so kann der Eigentümer von dem Störer die Beseitigung der Beeinträchtigung verlangen. Sind weitere Beeinträchtigungen zu besorgen, so kann der Eigentümer auf Unterlassung klagen.

(2) Der Anspruch ist ausgeschlossen, wenn der Eigentümer zur Duldung verpflichtet ist.

Auch die §§ 4, 28 und 4, 29 **Bundesdatenschutzgesetz** (BDSG) sind Schutzgesetze zugunsten der von unbefugter Datenübermittlung Betroffenen.

§ 4 BDSG: „Zulässigkeit der Datenerhebung, -verarbeitung und -nutzung"

(1) Die Erhebung, Verarbeitung und Nutzung personenbezogener Daten sind nur zulässig, soweit dieses Gesetz oder eine andere Rechtsvorschrift dies erlaubt oder anordnet oder der Betroffene eingewilligt hat. [...]

Dabei ist besonders der in § 3a BDSG genannte Grundsatz zu berücksichtigen:

§ 3a BDSG: „Datenvermeidung und Datensparsamkeit"

Gestaltung und Auswahl von Datenverarbeitungssystemen haben sich an dem Ziel auszurichten, keine oder so wenig personenbezogene Daten wie möglich zu erheben, zu verarbeiten oder zu nutzen. Insbesondere ist von den Möglichkeiten der Anonymisierung und Pseudonymisierung Gebrauch zu machen, soweit dies möglich ist und der Aufwand in einem angemessenen Verhältnis zu dem angestrebten Schutzzweck steht.

Das BDSG gilt übrigens nach § 1 Abs. 2 Nr. 3 BDSG auch für die Privatwirtschaft (also nicht nur für Behörden). Die besonderen Regelungen für die Privatwirtschaft finden sich ab § 27 ff. BDSG.

DIN-Normen stellen übrigens keine solchen Schutzgesetze dar, da sie keine allgemeinen (staatlichen) Rechtsnormen sind, sondern nur private Empfehlungen eines privaten Vereins (des DIN Deutsches Institut für Normung e. V.), es sei denn, in einem Gesetz werden sie für verbindlich erklärt. Sie können aber – neben anderen Umständen – zur Auslegung herangezogen werden, was der Stand der Technik ist (wobei dieser aber auch schon weiter fortgeschritten sein kann als die DIN-Normen).

Neben § 823 BGB kann auch § 826 BGB ein gesetzliches Schuldverhältnis begründen.

§ 826 BGB: „Sittenwidrige vorsätzliche Schädigung"

Wer in einer gegen die guten Sitten verstoßenden Weise einem anderen vorsätzlich Schaden zufügt, ist dem anderen zum Ersatz des Schadens verpflichtet.

Dieser Paragraf ist wohl nahezu selbsterklärend. Hier geht es nur um die *vorsätzliche* Schädigung, also die, bei der der Schädiger weiß, dass er jemanden schädigt, und das auch beabsichtigt. Hinzu kommt, dass die Schädigung *sittenwidrig* sein muss. Aufgrund dieser hohen Anforderungen ist die Praxisrelevanz eher gering.

5.2.2   Spezialfall Urheberrechtsgesetz

Damit kommen wir nun vom allgemeinen Fall gesetzlicher Schuldverhältnisse in einen für ITler besonders relevanten spezialgesetzlichen Bereich: das Urheberrecht. Praktisch jeder in der Branche hat mit Software zu tun – entweder als Ersteller von Software oder als Nutzer.

In § 97 UrhG wird ein gesetzlicher Anspruch auf Unterlassung und Schadensersatz normiert.

§ 97 UrhG: „Anspruch auf Unterlassung und Schadensersatz"

(1)   Wer das Urheberrecht oder ein anderes nach diesem Gesetz geschütztes Recht widerrechtlich verletzt, kann vom Verletzten auf Beseitigung der Beeinträchtigung, bei Wiederholungsgefahr auf Unterlassung und, wenn dem Verletzer Vorsatz oder Fahrlässigkeit zur Last fällt, auch auf Schadenersatz in Anspruch genommen werden. Anstelle des Schadenersatzes kann der Verletzte die Herausgabe des Gewinns, den der Verletzer durch die Verletzung des Rechts erzielt hat, und Rechnungslegung über diesen Gewinn verlangen. [...]

(3)   Ansprüche aus anderen gesetzlichen Vorschriften bleiben unberührt.

Um den Paragrafen verstehen zu können, bedarf es wohl noch einiger Begriffsklärungen. Der **Urheber** ist in § 7 UrhG als „Schöpfer des Werkes" definiert. Der in § 97 UrhG „Verletzte" ist also regelmäßig der Entwickler des Programms. Mehrere Urheber gelten u.U. als **Miturheber**.

Man unterscheidet im Urheberrecht die Urheberpersönlichkeitsrechte und die Verwertungsrechte. Darauf und auf das Folgende gehen wir in Kapitel 7.4 noch näher ein.

Die **Urheberpersönlichkeitsrechte** (Veröffentlichungsrecht, Anerkennung der Urheberschaft, Schutz gegen Entstellung, § 12 bis 14 UrhG) sind nicht übertragbar. Im Grunde spielen sie eher bei literarischen Werken eine Rolle, wenn z. B. der Autor auf Namensnennung besteht oder eine Verbreitung seines Werks verhindern will, weil er sich eine andere Meinung gebildet hat.

Wesentlich relevanter sind die **Verwertungsrechte** (§ 15 bis 24 UrhG), insbesondere das (ausschließliche) Vervielfältigungsrecht und das Verbreitungsrecht. Grundsätzlich hat also der Urheber allein das Recht, darüber zu bestimmen, ob eine Kopie von seinem Programm erstellt werden darf oder nicht. Die Verwertungsrechte kann der Urheber auf andere Personen übertragen und dabei auch entscheiden, welche Verwertungsrechte er überträgt (z.B. nur das Verbreitungsrecht, nicht aber das Recht, Bearbeitungen vorzunehmen).

Man unterscheidet ausschließliche und nichtausschließliche Verwertungsrechte. Davon ist die Frage zu trennen, ob die Verwertungsrechte übertragbar sein sollen oder nicht. Die Übertragung kann auch befristet sein oder unter Bedingungen stehen.

⊙ Beispiel:

Herr A erstellt ein Programm. Er überträgt Herrn B gegen Zahlung von 10.000 Euro für das Jahr 2018 die ausschließlichen Verwertungsrechte. Das bedeutet, Herr A darf das Programm im Jahr 2018 selbst nicht mehr verwerten, weil er Herrn B insoweit die ausschließliche Verwertung übertragen hat. Im Jahr 2018 überträgt Herr B nun Herrn C1 und Herrn C2 nichtausschließliche Verwertungsrechte. Herr B darf also weiter verwerten. C1 soll seine Rechte übertragen dürfen, C2 nicht. C1 und C2 dürfen das Programm nun also selbst verwerten, aber anderen (insbesondere B) nicht verbieten, es auch zu verwerten. C1 darf seine Verwertungsrechte an D1 übertragen (dann aber selbst nicht mehr verwerten). Wenn C1 selbst ein ausschließliches Verwertungsrecht übertragen wollte, scheitert er daran, dass er dieses Recht selbst gar nicht hat. Er kann nur übertragen, was er selbst hat. Im Jahr 2019 fällt das nichtausschließliche Verwertungsrecht zurück an A. Die im Jahr 2018 von B erworbenen Verwertungsrechte verfallen, doch nach der neueren Rechtsprechung ist der bisherige Bestand (C1 und C2, damit auch D1) wohl geschützt (sog. Sukzessionsschutz).

Ein **Softwarehersteller** möchte regelmäßig nichtausschließliche Benutzungsrechte übertragen, wenn er selbst den Vertrieb übernehmen will – weil er an viele Kunden (nicht nur an einen) vertreiben möchte. Ansonsten erhält üblicherweise (gegen entsprechende Umsatzbeteiligung) ein Distributor die ausschließlichen Verbreitungsrechte und ggf. Vervielfältigungsrechte. Das erfolgt in der Regel zeitlich befristet und ggf. sogar räumlich auf ein bestimmtes Land beschränkt. Bei Erstellung von spezieller Software im Kundenauftrag wird der Kunde dagegen regelmäßig die ausschließliche Einräumung aller Verwertungsrechte fordern.

In Verträgen ist es wichtig, genau zu regeln, welche Verbreitungsrechte eingeräumt werden (nur Benutzen oder auch Vervielfältigen und/oder Bearbeiten und/oder Verbreiten), in welchem sachlichen (z.B. kein Einsatz in der Luftfahrt, nur Benutzung durch namentlich benannte Nutzer), zeitlichen und räumlichen Umfang das erfolgen darf und ob die Rechte ausschließlich oder nichtausschließlich eingeräumt werden, statt nur zu schreiben: „Es wird eine Lizenz eingeräumt."

Für den Spezialfall **Computerprogramm** gelten die §§ 69a bis 69g UrhG. § 69b UrhG legt fest, dass bei Urhebern in Arbeitsverhältnissen (ohne besondere Vereinbarung) ausschließlich der Arbeitgeber zur Ausübung der vermögensrechtlichen Befugnisse (also insbesondere der Verwertungsrechte) am Programm berechtigt ist.

Zurück zum § 97 Abs. 1 UrhG: Wenn nun jemand Kopien von einem Programm erstellt, ohne (üblicherweise durch einen Vertrag mit dem Inhaber der Verwertungsrechte) dazu berechtigt zu sein, kann ihn der Inhaber der Verwertungsrechte (z. B. Urheber, sein Arbeitgeber oder einfach ein Käufer der ausschließlichen Verwertungsrechte) nach § 97 UrhG auf Unterlassung und Schadensersatz in Anspruch nehmen. Der Verletzte kann aber stattdessen auch die Herausgabe des Gewinns verlangen, sowie Rechnungslegung/Auskunft darüber, oder er kann die Lizenzgebühr verlangen, die er üblicherweise am Markt durchsetzen kann/könnte.

An dieser Stelle ist ein Wort zu **Open-Source-Software** angebracht. So mancher Mitarbeiter entwickelt während seiner Arbeitszeit mit Mitteln des Arbeitgebers Software und stellt diese später ohne Wissen (genauer: Erlaubnis) des Arbeitgebers ins Internet. Dadurch kann sich der Mitarbeiter nicht nur schadensersatzpflichtig, u.U. auch strafbar machen, sondern ihm kann auch noch fristlos gekündigt werden, weil man einen irreparablen Vertrauensverlust annehmen kann. Die Wettbewerbsvorteile, die der Arbeitgeber durch die (bezahlte) Tätigkeit des Mitarbeiters erlangt, werden dabei durch diesen aufgehoben. Ob der Arbeitgeber mit der Freigabe der Software einverstanden ist, muss er selbst – und nicht sein Mitarbeiter für ihn – entscheiden.

Urheberrechtlich entsteht dadurch noch ein weiteres, ganz anderes Problem. Denn wer sich das Open-Source-Programm herunterlädt, hat keine Verwertungsrechte vom Urheber erworben. Regelmäßig liegen die Verwertungsrechte *ausschließlich* beim Arbeitgeber (§ 69 b UrhG, s.o.), und nicht etwa beim (programmierenden) Arbeitnehmer. Mithin kann der Arbeitgeber gegen jeden, der seine Rechte verletzt, auf Unterlassung und Schadensersatz klagen. Die gut gemeinte Freigabe von Software als Open-Source kann also durchaus schlimme Folgen haben – und zwar für Geber und Nehmer. Man darf eben nur „verschenken", was einem auch gehört.

Sehr verbreitet ist auch die Denkweise, dass man durch Nutzung einer illegalen Kopie dem Urheber sogar helfe, weil sein Programm dadurch eine größere Verbreitung finde. Das ändert aber nichts an der Tatsache, dass rechtlich allein dem Rechteinhaber (und nicht etwa dem illegalen Nutzer) eine solche Entscheidung vorbehalten ist. Seltsamerweise bitten die Vertreter dieser Auffassung den Rechteinhaber auch nicht um eine entsprechende Erlaubnis – wohl ahnend, dass er sie nicht erteilen würde. Solange der Rechteinhaber also der Nutzung nicht explizit zustimmt, ist davon auszugehen, dass er seine gesetzlichen Rechte nutzen will. An dieser Stelle kann nur davor gewarnt werden, derart abstrusen Argumentationen zu folgen. Vor Gericht wird man damit mit hoher Wahrscheinlichkeit Schiffbruch erleiden.

In der Praxis zeigt sich auch, dass **Urheberrechtsverletzungen** angreifbar machen.

❯ Beispiel:

> Firma F nutzt in großem Umfang ein Textverarbeitungsprogramm, für das keine entsprechenden Rechte erworben wurden. F kündigt im Streit dem Mitarbeiter M. Einige Tage später führt die Staatsanwaltschaft „zufällig" eine Durchsuchung der Geschäftsräume von F durch. Der Inhaber der Firma F hat nun ein Problem (siehe dazu auch weiter unten bei § 100 UrhG). (M vielleicht auch, aber das nutzt F nicht viel.)

Nach § 98 UrhG hat der Rechteinhaber einen **Vernichtungsanspruch**.

§ 98 UrhG: „Anspruch auf Vernichtung oder Überlassung der Vervielfältigungsstücke"

> (1)   Der Verletzte kann verlangen, dass alle rechtswidrig hergestellten, verbreiteten oder zur rechtswidrigen Verbreitung bestimmten Vervielfältigungsstücke, die im Besitz oder Eigentum des Verletzers stehen, vernichtet werden. [...]

Ein scharfes Schwert ist § 99 UrhG. Denn danach wird häufig auch ein Anspruch auf Vernichtung der Rechner geltend gemacht, die zum Erstellen oder Verbreiten von „Raubkopien" eingesetzt wurden (z. B. Internet-Server).

§ 99 UrhG: „Anspruch auf Vernichtung oder Überlassung der Vorrichtungen"

> Die Bestimmungen des § 98 sind entsprechend auf die im Eigentum des Verletzers stehenden, ausschließlich oder nahezu ausschließlich zur rechtswidrigen Herstellung von Vervielfältigungsstücken benutzten oder bestimmten Vorrichtungen anzuwenden.

Inhaber von **Unternehmen** sollten im eigenen Interesse dringend darauf achten, dass es in ihrem Unternehmen nicht zur Verletzung von Urheberrechten (z. B. durch Mitarbeiter) kommt. Denn nach § 100 UrhG haftet *auch* der Inhaber des Unternehmens.

§ 100 UrhG: „Haftung des Inhabers eines Unternehmens"

> Ist in einem Unternehmen von einem Arbeitnehmer oder Beauftragten ein nach diesem Gesetz geschütztes Recht widerrechtlich verletzt worden, so hat der Verletzte

die Ansprüche aus den §§ 97 bis 99 mit Ausnahme des Anspruchs auf Schadenersatz auch gegen den Inhaber des Unternehmens. Weitergehende Ansprüche nach anderen gesetzlichen Vorschriften bleiben unberührt.

Der Verletzte kann sich hier also aussuchen, ob er den Mitarbeiter oder auch den Inhaber des Unternehmens verklagen will. Regelmäßig wird er sich für den Inhaber des Unternehmens entscheiden, sofern dieses zahlungskräftiger ist als der einzelne Mitarbeiter.

Der Vollständigkeit halber soll hier § 53 UrhG erwähnt werden, der eine Schranke des Urheberrechts darstellt, aber für Software nicht gilt (da § 69 c ff. UrhG „andere Bestimmungen" im Sinne von § 69 a Abs. 4 UrhG sind)!

§ 53 UrhG: „Vervielfältigungen zum privaten und sonstigen eigenen Gebrauch"

(1) Zulässig sind einzelne Vervielfältigungen eines Werkes durch eine natürliche Person zum privaten Gebrauch auf beliebigen Trägern, sofern sie weder unmittelbar noch mittelbar Erwerbszwecken dienen, soweit nicht zur Vervielfältigung eine offensichtlich rechtswidrig hergestellte Vorlage verwendet wird. Der zur Vervielfältigung Befugte darf die Vervielfältigungsstücke auch durch einen anderen herstellen lassen, sofern dies unentgeltlich geschieht oder es sich um Vervielfältigungen auf Papier oder einem ähnlichen Träger mittels beliebiger fotomechanischer Verfahren oder anderer Verfahren mit ähnlicher Wirkung handelt. [...]

(6) Die Vervielfältigungsstücke dürfen weder verbreitet noch zu öffentlichen Wiedergaben benutzt werden. Zulässig ist jedoch, rechtmäßig hergestellte Vervielfältigungsstücke von Zeitungen und vergriffenen Werken sowie solche Werkstücke zu verleihen, bei denen kleine beschädigte oder abhanden gekommene Teile durch Vervielfältigungsstücke ersetzt worden sind.

Die Details sind durchaus umstritten, von Reformbestrebungen des Gesetzgebers betroffen und würden hier den Rahmen sprengen. Wichtig ist zunächst die Grundregel, dass nur der Erwerb der Verwertungsrechte vom Rechteinhaber (s.o.) den sicheren Weg darstellt. Wer sich auf Ausnahmen von dieser Grundregel beruft, muss auch das Risiko einer Fehleinschätzung der Rechtslage tragen (bzw. zur Vermeidung von Nachteilen nachweisen, dass er sich intensiv rechtsanwaltlich hat beraten lassen). Neben den hier dargestellten Paragrafen gibt es in den §§ 106 bis 111a UrhG noch Straf- und Bußgeldvorschriften (Freiheitsstrafen bis zu fünf Jahren, Einziehung von Rechnern möglich).

Die Paragrafen §§ 97 ff. UrhG sind ein weiteres Beispiel für gesetzliche Schuldverhältnisse.

5.2.3   Spezialfall Produkt-/Produzentenhaftung

Falls Sie Hardware oder Software herstellen, sollten Sie sich unbedingt mit der Produkt- bzw. Produzentenhaftung beschäftigen. Sehr relevant ist das beispielsweise bei der Verwendung von Software im Automobilbereich (z. B. Bremssysteme).

Die gesetzliche **Produkthaftung** nach dem Produkthaftungsgesetz (ProdHaftG) ist als Gefährdungshaftung ausgestaltet. Das bedeutet: Es kommt überhaupt nicht auf ein Verschulden (Fahrlässigkeit/Vorsatz) des Produzenten an. Es reicht bereits aus, dass das von ihm in Verkehr gebrachte Produkt eine Schädigung bewirkt hat. Es wird also an das *Inverkehrbringen* angeknüpft. Der Produzent (!) muss dann beweisen, dass diese Schädigung *unvermeidbar* war. Das wird er nur sehr selten beweisen können.

Die Produkthaftung zeichnet sich dadurch aus, dass nicht nur Vertragspartner (z. B. der Käufer des Produktes) geschützt ist, sondern auch **Dritte**, die durch das Produkt geschädigt werden. Das ist nur mit einem gesetzlichen Schuldverhältnis zu erreichen.

§ 1 ProdHaftG: „Haftung"

(1)   Wird durch den Fehler eines Produkts jemand getötet, sein Körper oder seine Gesundheit verletzt oder eine Sache beschädigt, so ist der Hersteller des Produkts verpflichtet, dem Geschädigten den daraus entstehenden Schaden zu ersetzen. Im Falle der Sachbeschädigung gilt dies nur, wenn eine andere Sache als das fehlerhafte Produkt beschädigt wird und diese andere Sache ihrer Art nach gewöhnlich für den privaten Ge- oder Verbrauch bestimmt und hierzu von dem Geschädigten hauptsächlich verwendet worden ist.

(2)   Die Ersatzpflicht des Herstellers ist ausgeschlossen, wenn

1.   er das Produkt nicht in den Verkehr gebracht hat,

2.   nach den Umständen davon auszugehen ist, dass das Produkt den Fehler, der den Schaden verursacht hat, noch nicht hatte, als der Hersteller es in den Verkehr brachte,

3.   er das Produkt weder für den Verkauf oder eine andere Form des Vertriebs mit wirtschaftlichem Zweck hergestellt noch im Rahmen seiner beruflichen Tätigkeit hergestellt oder vertrieben hat,

4.   der Fehler darauf beruht, dass das Produkt in dem Zeitpunkt, in dem der Hersteller es in den Verkehr brachte, dazu zwingenden Rechtsvorschriften entsprochen hat, oder

5.   der Fehler nach dem Stand der Wissenschaft und Technik in dem Zeitpunkt, in dem der Hersteller das Produkt in den Verkehr brachte, nicht erkannt werden konnte.

(3)   Die Ersatzpflicht des Herstellers eines Teilprodukts ist ferner ausgeschlossen, wenn der Fehler durch die Konstruktion des Produkts, in welches das Teilprodukt eingearbeitet wurde, oder durch die Anleitungen des Herstellers des Produkts verursacht worden ist. Satz 1 ist auf den Hersteller eines Grundstoffs entsprechend anzuwenden.

(4)   Für den Fehler, den Schaden und den ursächlichen Zusammenhang zwischen Fehler und Schaden trägt der Geschädigte die Beweislast. Ist streitig, ob die Ersatzpflicht gemäß Absatz 2 oder 3 ausgeschlossen ist, so trägt der Hersteller die Beweislast.

Der Begriff Fehler wird in § 3 ProdHaftG definiert:

§ 3 ProdHaftG: „Fehler"

(1)   Ein Produkt hat einen Fehler, wenn es nicht die Sicherheit bietet, die unter Berücksichtigung aller Umstände, insbesondere

a)   seiner Darbietung,

b)   des Gebrauchs, mit dem billigerweise gerechnet werden kann,

c)   des Zeitpunkts, in dem es in den Verkehr gebracht wurde,

berechtigterweise erwartet werden kann.

(2)   Ein Produkt hat nicht allein deshalb einen Fehler, weil später ein verbessertes Produkt in den Verkehr gebracht wurde.

Absatz 1 stellt klar, dass vertragliche Vereinbarungen über die Beschaffenheit hier nur eine geringe Rolle spielen. Es muss also insbesondere **kein Mangel** vorliegen. Stattdessen kommt es auf die Darbietung, den zu erwartenden Gebrauch und den Zeitpunkt des Inverkehrbringens an.

Nach § 4 ProdHaftG gelten u.U. auch **Importeure und Lieferanten** als Hersteller. Der Haftungshöchstbetrag ist nur für Körperschäden nach § 10 ProdHaftG auf 85 Millionen Euro (!) festgelegt, bei Sachschäden gibt es keine relevante Haftungsbeschränkung. Es ist also dringend eine entsprechende Versicherung zu empfehlen.

In § 14 ProdHaftG wird festgelegt, dass die Ersatzpflicht des Herstellers vertraglich weder eingeschränkt noch ausgeschlossen werden kann.

Soweit das Produkthaftungsgesetz nicht eingreift (beispielsweise ist die Haftungssumme bei Körperschäden nach § 10 ProdHaftG begrenzt, Schmerzensgeld nach § 8 ProdHaftG ausgeschlossen, bei Sachschäden sind nach § 1 Abs. 1 ProdHaftG nur private Ge- oder Verbraucher geschützt), kommt eine **Produzentenhaftung** nach § 823 Abs. 1 BGB in Betracht. Sie setzt jedoch im Unterschied zum ProdHaftG einen schuldhaften Verstoß gegen die dem Hersteller obliegenden Verkehrssicherungspflichten voraus. Die Einhaltung von Produktsicherheitsstandards und DIN-Normen, amtliche Prüfungen, sogar öffentlich-rechtliche Genehmigungen, GS-, CE-Zeichen und TÜV-Prüfungen stellen nur Mindeststandards dar.

Man unterscheidet zunächst Entwicklungs-, Konstruktions- und Fabrikationsfehler sowie Verstöße gegen Befundsicherungspflichten und Instruktionsfehler. Nach Inverkehrbringen entstehen Pflichten zur Produktbeobachtung, Warnpflichten und Rückrufpflichten. Sie sehen schon an diesem kurzen Anriss, dass die Risiken im Bereich Produkt- und Produzentenhaftung enorm sind.

Daneben ist noch das 2004 eingeführte **Geräte- und Produktsicherheitsgesetz** (GPSG) zu beachten. Danach treffen den Hersteller ggf. Überwachungspflichten.

Auch bei der Produkthaftung handelt es sich um ein weiteres gesetzliches Schuldverhältnis.

5.3   Beweislast

Beweislast bedeutet, dass derjenige, der einen Anspruch vor Gericht durchsetzen möchte, dafür zunächst a) eine Anspruchsgrundlage benötigt, dass b) die tatbestandlichen Voraussetzungen dieser Anspruchsgrundlage vorliegen müssen und dass er c) das Vorliegen dieser tatbestandlichen Voraussetzungen auch beweisen kann.

Das klingt relativ einfach, doch schauen wir uns einmal an, was das für die Praxis bedeutet. Dazu ein Beispiel:

❯ **Beispiel:**

Der Auftragnehmer soll ein Programm zum Festpreis von 100.000 Euro zum 30.06.xx erstellen. Im Zuge der Erstellung hat der Kunde zwei, drei Änderungswünsche, die er jeweils telefonisch mit dem Mitarbeiter des Auftragnehmers durchspricht. Der Auftragnehmer führt die Änderungswünsche aus, kann dadurch allerdings den Termin 30.06.xx nicht einhalten (darauf hatte der Mitarbeiter des Auftragnehmers den Kunden in den Telefonaten jeweils hingewiesen). Am 01.07.xx verlangt der Kunde Zahlung der vereinbarten Vertragsstrafe wegen Terminüberschreitung, sowie am 15.07.xx, als immer noch nichts geliefert ist, darüber hinaus Ersatz des ihm entstandenen Verzugsschadens (entgangener Gewinn).

Wir haben unter 5.1.2.4 dargestellt, dass ein Verzug dann nicht vorliegt, wenn der Schuldner die Nichtleistung nicht zu **vertreten** hat (§ 286 Abs. 4 BGB).

§ 286 Abs. 4 BGB:

(4)   Der Schuldner kommt nicht in Verzug, solange die Leistung infolge eines Umstands unterbleibt, den er nicht zu vertreten hat.

Der Gesetzgeber hat hier ganz bewusst die doppelte Verneinung gewählt: Damit bürdet er die **Beweislast** dafür, dass der Schuldner die Nichtleistung nicht zu vertreten hat, dem Schuldner auf. Anders gesagt: Der Schuldner muss beweisen, dass er nicht zu vertreten hat, dass nicht geleistet wurde. Das kann er regelmäßig nur tun, indem er beweist, dass die Nichtleistung durch Umstände erfolgte, auf die er a) keinen Einfluss hatte und für die er b) nicht gerade eine Garantie übernommen hatte, also verschuldensunabhängig haften wollte.

Hier zeigt sich die enorme Bedeutung der Beweislast für die Praxis: Wenn der Mitarbeiter des Kunden in unserem Beispiel bestreitet, dass er die Änderungswünsche verlangt hat, hat der Auftragnehmer zwar materiell-rechtlich Recht, verliert aber den Prozess vor Gericht, wenn er die telefonischen Vereinbarungen nicht beweisen kann. Das Gleiche gilt, wenn der Mitarbeiter des Kunden zwar nicht bestreitet, dass er die Änderungswünsche verlangt hat, aber bestreitet, dass der Mitarbeiter des Auftragnehmers ihn auf die Terminverschiebung hingewiesen hat.

Deshalb heißt es oft: Recht haben und Recht bekommen ist zweierlei. Aus juristischer Sicht gilt: Recht bekommen ist Recht haben und das auch beweisen können.

6   Vertragstypen

Die Frage, um welchen Vertragstyp es sich bei dem Vertrag handelt, den man im Rahmen eines IT-Projekts schließt, ist von hoher Bedeutung. Denn davon hängt ab, welche gesetzlichen Regelungen auf den Vertrag anwendbar sind. Das hat Bedeutung für die Frage, welche Rechte und Pflichten die Vertragspartner treffen, sowie auch, welche Folgen ein Verstoß gegen die Pflichten aus dem Vertrag hat. Für die Vertragsgestaltung ist die Bestimmung des Vertragstyps wichtig, weil dann beurteilt werden kann, wie auf die jeweiligen gesetzlichen Regelungen reagiert werden kann und ob diese im Vertrag eventuell (falls und soweit das zulässig ist, vgl. Kapitel 2.2) ausgeschlossen werden sollten.

Das BGB zählt einige Vertragstypen auf, z. B. Kaufvertrag, Werkvertrag und Dienstvertrag. Es ist möglich, dass gleichzeitig mehrere Vertragstypen auf ein einziges Vertragsverhältnis angewandt werden.

▶ **Beispiel:**

> Die Vertragspartner vereinbaren, dass der Auftragnehmer im Rahmen des Projekts Standardsoftware liefert (Kaufvertrag), zusätzlich individuell auf den Auftragnehmer abgestimmte Programmierleistungen erbringt (Werkvertrag) und schließlich Beratungsleistungen oder die Pflege der gelieferten Software übernimmt (mit dienst- und werkvertraglichen Elementen). Wenn der Anteil an Werkleistungen allerdings einen nicht nur unerheblichen Umfang einnimmt, kann es sein, dass auf den Vertrag insgesamt Werkvertragsrecht angewandt wird.

> Weiteres Beispiel: Bei einem Vollpflegevertrag gegen pauschale Vergütung schuldet der Auftragnehmer Fehlerbeseitigung = Werkvertrag, telefonische Unterstützung (Hotline) = Dienstvertrag und die Lieferung weiterentwickelter Versionen der Software = Kaufvertrag; teilweise wird in der Literatur vertreten, insoweit liege ein Werkvertrag vor. Das überzeugt jedenfalls dann nicht, wenn die Lieferung der Ausgangsversion ebenfalls bereits als Kaufvertrag erfolgte.

Diese Vertragstypen unterscheiden zu können ist insbesondere hinsichtlich der Gewährleistungsrechte sehr wichtig, also wenn die Software bzw. die Dienstleistungen mangelhaft erbracht werden, aber auch, wenn es um die Frage geht, ob für nicht fertiggestellte Leistungen Vergütung verlangt werden kann.

Wichtig zu wissen ist, dass es nur in Grenzen möglich ist, eine bestimmte Vertragsart dadurch zu vereinbaren, dass man den Vertrag mit einem bestimmten Titel versieht, z. B. „Vertrag über Beratungsleistungen" (= Dienstvertrag). Um welchen Vertragstyp es sich handelt, hängt weitgehend nicht davon ab, wie die Vertragspartner den Vertrag bezeichnen oder welche Überschrift sie ihm geben. Regelmäßig maßgeblich ist stattdessen die „den Vertrag prägende Leistung".

Die „den Vertrag prägende Leistung" ergibt sich aus dem Inhalt des Vertrags, also dem, was der Auftragnehmer leistet und wofür der Auftraggeber bezahlt (z. B. Übergabe von Standardsoftware oder Herstellung von Individualsoftware). Wenn aber die zu erbringenden Leistungen zwei verschiedenen Vertragstypen unterfallen *könnten*, kann man in einem individuell verhandelten Vertrag festlegen, dass nur ein bestimmter Vertragstyp insgesamt Anwendung finden soll (dafür kann dann auch die Überschrift des Vertrags ausreichen). Z. B. könnte in dem o.g. Beispiel geregelt werden: „Dieser Vertrag unterliegt insgesamt dem Werkvertragsrecht."

Im Folgenden werden die für die IT-Praxis wichtigsten Vertragstypen, nämlich Kaufvertrag, Werkvertrag und Dienstvertrag, dargestellt. Dabei werden wir insbesondere darlegen, wie die Vertragstypen sich bei den Rechtsfolgen unterscheiden, weil das für den IT-Praktiker letztlich das Wichtigste ist.

6.1   Abgrenzung von Kaufvertrag und Werkvertrag

6.1.1   Gesetzliche Grundlagen

Das Gesetz bestimmt in § 433 BGB, was unter einem Kaufvertrag zu verstehen ist, und definiert dort auch die Leistung, um die es bei diesem Vertragstyp geht.

§ 433 BGB

„(1) Durch den Kaufvertrag wird der Verkäufer einer Sache verpflichtet, dem Käufer die Sache zu übergeben und das Eigentum an der Sache zu verschaffen. Der Verkäufer hat die Sache frei von Sach- und Rechtsmängeln zu verschaffen.

(2) Der Käufer ist verpflichtet, dem Verkäufer den vereinbarten Kaufpreis zu zahlen und die gekaufte Sache abzunehmen."

Beim Kaufvertrag handelt es sich also um einen gegenseitigen Vertrag, der auf die Beschaffung von (beweglichen oder unbeweglichen) Sachen, Rechten und sonstigen Gegenständen abzielt. Die prägende Leistung ist beim Kaufvertrag damit eine Sache, die bereits fertiggestellt ist, z. B. ein fertiges Programm (Standardsoftware).

Der Werkvertrag richtet sich dagegen auf die Herstellung oder Veränderung einer Sache. Das Gesetz formuliert das in § 631 BGB mit den folgenden Worten:

§ 631 BGB

„(1) Durch den Werkvertrag wird der Unternehmer zur Herstellung des versprochenen Werkes, der Besteller zur Entrichtung der vereinbarten Vergütung verpflichtet.

(2) Gegenstand des Werkvertrags kann sowohl die Herstellung oder Veränderung einer Sache als auch ein anderer durch Arbeit oder Dienstleistung herbeizuführender Erfolg sein."

Damit kommt es beim Werkvertrag darauf an, dass am Ende ein „Werk" im Sinne eines „Erfolgs" übergeben wird. Die den Vertrag prägende Leistung ist jedoch ganz klar die Schöpfung dieses Werks, d. h. der Auftragnehmer wird für seine schöpferische Leistung bezahlt. Dem Gesetz nach wäre der Werkvertrag damit ein Vertrag, dessen Gegenstand die Herstellung oder die Veränderung einer körperlichen (beweglichen oder unbeweglichen) Sache, aber auch die Herstellung einer unkörperlichen Sache wie zum Beispiel von Individualsoftware sein könnte.

Diese Abgrenzung wird aber vom Gesetz eingeschränkt. Denn es gibt einen weiteren Vertragstyp, der zwischen dem Kauf- und dem Werkvertrag angesiedelt ist, den Werklieferungsvertrag. In § 651 S. 1 BGB wird bestimmt, dass auf diesen Vertragstyp die Regeln des Kaufrechts anzuwenden sind.

§ 651 Satz 1 BGB

„Auf einen Vertrag, der die Lieferung herzustellender oder zu erzeugender beweglicher Sachen zum Gegenstand hat, finden die Vorschriften über den Kauf Anwendung."

Der Gegenstand eines Werklieferungsvertrags ist also die Lieferung einer **beweglichen** Sache, die vom Lieferanten hergestellt oder erzeugt wird. Das bedeutet: Ist die prägende Leistung eines Vertrags die Herstellung einer unbeweglichen (z. B. eines Gebäudes) oder einer nicht körperlichen Sache (z. B. Konzeption), dann handelt es sich um einen Werkvertrag. Wird eine bewegliche und körperliche Sache (z. B. Hardware) hergestellt, handelt es sich um einen Werklieferungsvertrag. Bei Erstellung von Software ist umstritten, ob es sich um einen Werkvertrag oder einen Werklieferungsvertrag handelt (siehe nachfolgende Beispiele).

Zusammenfassung:

Um welchen Vertragstyp es sich handelt, richtet sich grundsätzlich nach der den Vertrag prägenden Leistung, nicht nach der Bezeichnung oder der Überschrift des Vertrages. Es kommt darauf an, auf welche Art von Leistungen sich die Vertragspartner geeinigt haben. Bei einem Kaufvertrag besteht die prägende Leistung dabei in der **Lieferung einer Sache**, beim Werkvertrag prägt **die Herstellung oder Veränderung** einer unbeweglichen oder einer nicht-körperlichen Sache den Vertrag. Wird der Vertrag durch die Herstellung einer körperlichen beweglichen Sache geprägt (z. B. der Sonderanfertigung einer Maschine), handelt es sich um einen Werklieferungsvertrag, auf den Kaufrecht anzuwenden ist.

❯ Beispiel Kaufvertrag:

Fertiges Programm (Standardsoftware)

❯ Beispiel Werkvertrag:

Studie oder Spezifikation, umstritten bei Individualsoftware (siehe nachfolgende Erklärung)

❯ Beispiel Werklieferungsvertrag:

Speziell angefertigte Maschine, umstritten bei Individualsoftware (siehe nachfolgende
Erklärung)

Die Frage, ob die Herstellung von Individualsoftware tatsächlich dem Werkvertragsrecht
unterliegt, ist umstritten (da unklar ist, ob Software eine „bewegliche Sache" ist). Da sich
der BGH zu diesem Thema immer noch nicht eindeutig geäußert hat, geht die Praxis zum
Teil davon aus, die Erstellung von Programmen unterliege dem Werkvertragsrecht (so
z. B. das OLG München). Die Verträge werden dementsprechend formuliert, aufgrund der
Vertragsfreiheit ist es ohnehin möglich, die Anwendung von Werkvertragsrecht zu vereinbaren. Warum ein solches Vorgehen sehr sinnvoll ist, zeigt sich, wenn man sich die
nachfolgend erläuterten unterschiedlichen Regelungen des Kauf- und des Werkvertragsrechts ansieht. Da nach der Handhabung der Praxis der Werklieferungsvertrag für Software weitgehend nicht von erheblicher Bedeutung ist, wird hier nur die Abgrenzung zwischen dem Kauf- und dem Werkvertrag dargestellt. Der Werklieferungsvertrag, für den
Kaufvertragsrecht anwendbar ist, wird im Folgenden nur dort erwähnt, wo er für die
Praxis von Bedeutung sein *kann*.

6.1.2   Fälligkeit der Vergütung

Wird im Vertrag nichts anderes vereinbart, ist die Vergütung beim Kaufvertrag sofort
fällig, d. h. sie ist mit Vertragsschluss zu bezahlen (und nicht erst mit Lieferung der Kaufsache, wie von juristischen Laien oft angenommen wird). Dagegen wird beim Werkvertrag
die Vergütung erst mit **Abnahme** des Werkes fällig (§ 641 BGB). Wird vereinbart, dass das
Werk in Teilen abgenommen wird, so ist nach dem Gesetz die Vergütung für jede Teilleistung bei deren Abnahme zu leisten.

Der Auftraggeber ist gesetzlich verpflichtet, die Software abzunehmen, wenn sie vertragsgemäß hergestellt ist. Alle Leistungen, die Voraussetzung für die Abnahmeprüfung des
Auftraggebers sind, müssen erbracht worden sein, insbesondere muss die Dokumentation
geliefert worden sein. Unwesentliche Mängel des Programms sind kein Grund, die Abnahme zu verweigern. Verweigert der Auftraggeber die Abnahme, obwohl keine oder nur
unwesentliche Mängel vorliegen, kann der Auftragnehmer eine Frist setzen, bis zu der die
Abnahme erfolgen muss. Nach Ablauf dieser Frist gilt die Software dann als abgenommen.

Die Abnahme kann auch darin liegen, dass der Auftraggeber die Programme, eventuell
trotz Kenntnis kleinerer Mängel, über einen längeren Zeitraum produktiv einsetzt. Hat in
unserem Beispielsfall der Auftraggeber also die Software produktiv genutzt, ohne dass er
erhebliche Mängel gemeldet hat, kann er sich kaum noch darauf berufen, eine Abnahme
hätte nie stattgefunden (zur Abnahme vgl. auch Kapitel 7.2.3). Eine produktive Nutzung

über einen kürzeren Zeitraum *kann* dagegen mit zur Abnahmeprüfung gehören. Klauseln, nach denen die (= jede) produktive Nutzung die Abnahme durch den Anwender fingiert, sollten daher aus Anwendersicht in dieser Pauschalität nicht hingenommen werden.

6.1.3 Beginn der Verjährungsfrist für Ansprüche wegen Mängeln

Die **vollständige Lieferung** der Kaufsache im Kaufvertragsrecht und die **Abnahme des Werkes** im Werkvertragsrecht spielen auch bei der Verjährung der Ansprüche wegen Mängeln eine wichtige Rolle. Die Verjährung beginnt nämlich jeweils erst mit diesem Ereignis, also bei Kaufverträgen mit der vollständigen Übergabe der vereinbarten Leistungen und bei Werkverträgen mit Abnahme des Werkes.

Wichtig ist dies insbesondere bei Individualsoftware: Wenn Standardsoftware überlassen wird, beginnt die Gewährleistungsfrist mit Erbringung aller vereinbarten Leistungen, d. h. im Wesentlichen mit Übergabe an den Kunden, zu laufen, bei der speziell für ihn erstellten Individualsoftware kommt es auf die Abnahme des Kunden an.

❯ Beispiel:

Der Kunde möchte beim Softwarehaus ein Programm zur Datenverwaltung kaufen. Bei diesem Programm handelt es sich um Standardsoftware, d. h. alle Kunden des Softwarehauses setzen das gleiche Programm ein. Damit der Kunde das Programm in seinem Betrieb nutzen kann, muss das Softwarehaus jedoch eine Schnittstelle programmieren, die extra für diesen Kunden angefertigt wird. Nach Ablieferung des Datenverwaltungsprogramms und der Schnittstelle behauptet der Kunde, die Schnittstelle sei fehlerhaft. Das Softwarehaus überprüft die Angaben des Kunden, dann stellt sich heraus, dass es sich um ein Hardwareproblem des Kunden handelte und die Schnittstelle nicht fehlerhaft ist. Daraufhin erklärt der Kunde die Abnahme der Schnittstelle. Die Gewährleistungsfrist für das Datenverarbeitungsprogramm beginnt in diesem Fall mit Übergabe, während die Frist für die Schnittstelle erst mit der später erfolgten Abnahmeerklärung zu laufen beginnt.

6.1.4 Beweislast für Mängel

Eine enorm wichtige Frage ist, wer die Beweislast für Mängel trägt, d. h. wer beweisen muss, dass die Software tatsächlich mangelhaft ist (zum Begriff der Beweislast siehe Kapitel 5.3).

❯ Beispiel:

Der Auftraggeber kauft beim Auftragnehmer Standardsoftware (Kaufvertrag) und lässt sich dazu Individualsoftware für eine ganz bestimmte Lösung programmieren (Werkvertrag). Nach Inbetriebnahme der Software tritt ein Fehler auf, so dass der Auftraggeber nicht mehr weiter mit der Software arbeiten kann. Er fordert den Auftragnehmer auf, den Fehler zu beseitigen. Der Auftragnehmer weigert sich. Er behauptet, der Fehler läge nicht in der Programmierung, sondern in der mangelhaften Handhabung der Programme durch den Auftraggeber.

Die Beweislast für Mängel liegt je Vertragstyp ab einem bestimmten Zeitpunkt beim Auftraggeber. Dabei knüpft der Zeitpunkt, ab dem die Beweislast auf den Auftraggeber übergeht, im Kauf- und Werksvertragsrecht an unterschiedliche Ereignisse an.

Beim Kaufvertrag liegt die Beweislast für Mängel ab „**Gefahrübergang**" beim Kunden. Der Zeitpunkt des Gefahrübergangs entspricht in etwa der Ablieferung, genauer: Der Gefahrübergang bei Software erfolgt, wenn der Auftragnehmer alle vertraglich vereinbarten Leistungen erbracht hat. Dabei gibt es drei verschiedene Arten der Erfüllung, die davon abhängen, was vereinbart wurde:

■ Es ist vereinbart, dass der Auftraggeber die Software beim Auftragnehmer abholt (sog. Holschuld). Die Gefahr geht mit Übergabe im Unternehmen des Auftragnehmers auf den Auftraggeber über, d. h. ab diesem Zeitpunkt geht die Beweislast auf den Auftraggeber über.

■ Es ist vereinbart, dass der Auftragnehmer die Software beim Aufraggeber installiert (Bringschuld). Die Gefahr geht erst bei Installation in den Räumen des Auftraggebers auf diesen über.

■ Es ist vereinbart, dass der Auftragnehmer das Programm auf DVD speichert und per Post an den Auftraggeber schickt (Schickschuld). Die Gefahr geht auf den Auftraggeber über, sobald der Auftragnehmer die DVD ordnungsgemäß bei der Post abgegeben hat. Verschwindet das Päckchen bei der Post, hat der Auftragnehmer den Vertrag trotzdem ordnungsgemäß erfüllt, denn die Gefahr war in diesem Zeitpunkt bereits auf den Käufer übergegangen. Ab dem Zeitpunkt, in dem der Verkäufer das Päckchen aufgegeben hat, war der Kunde dafür verantwortlich, zu beweisen, dass die Software fehlerhaft ist, falls Mängel auftreten.

Ab dem Zeitpunkt, ab dem die Gefahr auf den Auftraggeber übergegangen ist, trägt dieser nicht nur das Risiko, dass die Software bei ihm untergeht, z. B. bei einem Brand im Serverraum zerstört wird, er trägt ab diesem Zeitpunkt zudem auch die Beweislast für Mängel an der Software. Behauptet der Auftraggeber **vor** Gefahrübergang, die Software sei mangelhaft, z. B. im Rahmen eines Testlaufs beim Auftragnehmer, trägt der Auftragnehmer die Beweislast. Er muss also darlegen und notfalls beweisen, dass die Software keinen Fehler hat.

Eine Besonderheit gilt, wenn der Käufer ein Verbraucher im Rechtssinne ist, wenn also ein sog. **Verbrauchsgüterkauf** vorliegt. Zwar muss der Kunde, wenn er Verbraucher ist, ebenfalls beweisen, dass die Software mangelhaft ist. Da Verbraucher vom Gesetzgeber aber besonders geschützt werden (vgl. Kapitel 2.2), wird gesetzlich vermutet, dass ein Mangel, der innerhalb von sechs (6) Monaten nach der Ablieferung auftritt, schon bei der Ablieferung vorhanden war. Tritt also in dieser Zeit ein Mangel in der Software auf, trägt der

Verkäufer die Beweislast dafür, dass der Mangel bei Ablieferung noch nicht vorhanden war (sondern z. B. der Kunde den Mangel durch Änderung der Software verursacht hat).

Beim **Werkvertrag** geht die Beweislast für Mängel mit **Abnahme** auf den Auftraggeber über. D. h. solange (zu Recht) keine Abnahme erfolgt ist, muss der Auftragnehmer beweisen, dass die Software nicht mangelhaft ist. Erst nach erfolgter Abnahme liegt die Beweislast beim Besteller.

6.1.5   Haftung für Mängel

Hinsichtlich der Haftung für Mängel bestehen zwischen den beiden Vertragstypen Kaufvertrag und Werkvertrag seit der im Jahr 2002 erfolgten sogenannten Großen Schuldrechtsreform keine großen Unterschiede mehr.

Sowohl im Kauf- als auch im Werkvertragsrecht hat der Auftraggeber bei Mängeln der Software die Möglichkeit, a) den Preis zu mindern, b) Nacherfüllung (d. h. die Behebung des Mangels oder eine neue Software) zu verlangen, sowie nach nutzlosem Ablauf einer Nachfrist zur Mängelbeseitigung c) vom Vertrag zurückzutreten und/oder d) Schadensersatz zu verlangen.

Im Werkvertragsrecht hat der Auftraggeber zusätzlich zu den oben genannten Rechten die Möglichkeit, den Mangel auf Kosten des Auftragnehmers selbst zu beheben bzw. durch Dritte beheben zu lassen (sog. Selbstvornahme). Das gilt allerdings nur dann, wenn der Auftragnehmer mit der Mängelbeseitigung in Verzug ist. Bei der Vertragsgestaltung ist es deshalb für den Auftragnehmer ratsam, das Selbstvornahmerecht des Auftraggebers in einem individuell verhandelten Vertrag auszuschließen (ob das in AGB möglich ist, ist umstritten, die Rechtsprechung hat hierzu noch nicht eindeutig Stellung genommen).

Ein weiterer Unterschied liegt in der Nacherfüllung. Während nach dem Gesetz beim Kaufvertrag der Auftraggeber selbst wählen darf, ob der Auftragnehmer die mangelhafte Sache reparieren soll oder einen Ersatz (also z. B. neue CD-ROM) liefern soll, kann beim Werkvertrag nach dem Gesetz der Auftragnehmer bestimmen, ob er die Mängel nachbessert oder die Programme neu erstellt.

6.1.6   Vertragskündigung

Auch die Möglichkeit, den Vertrag vorzeitig, d. h. vor Erfüllung der Pflichten, zu beenden, ist bei Kauf- und Werkvertrag unterschiedlich geregelt (zur Möglichkeit der Rückabwicklung des Vertrags siehe Kapitel 5.1.2.7).

Während man beim Kaufvertrag nicht einfach grundlos vom Vertrag zurücktreten kann, etwa weil man es sich anders überlegt hat, ist dies beim Werkvertrag für den Auftraggeber jederzeit möglich.

> ● **Beispiel:**

Ein Kunde kauft ein Standardtextverarbeitungsprogramm bei einem Softwarehaus. Noch bevor das Softwarehaus das Programm liefern kann, sieht der Kunde ein ähnliches Programm bei einem anderen Softwarehaus, das viel billiger ist. Er ruft beim ersten Softwarehaus an und möchte die Lieferung stornieren. Das Softwarehaus lehnt die Stornierung ab, mit der Begründung, der Vertrag sei wirksam und es läge kein Rücktrittsgrund vor. – Zu Recht.

Im Werkvertragsrecht hat der Auftraggeber bis zur endgültigen Erstellung des Werks die Möglichkeit, den Vertrag durch Kündigung **ohne wichtigen Grund** zu beenden. Dieses Kündigungsrecht und die entsprechende Vertragsabwicklung sind in § 649 BGB geregelt:

§ 649: Kündigungsrecht des Bestellers

Der Besteller kann bis zur Vollendung des Werkes jederzeit den Vertrag kündigen. Kündigt der Besteller, so ist der Unternehmer berechtigt, die vereinbarte Vergütung zu verlangen; er muss sich jedoch dasjenige anrechnen lassen, was er infolge der Aufhebung des Vertrags an Aufwendungen erspart oder durch anderweitige Verwendung seiner Arbeitskraft erwirbt oder zu erwerben böswillig unterlässt.

Der Auftragnehmer kann also im Falle der Kündigung die vereinbarte Vergütung ersetzt verlangen, muss sich jedoch darauf ersparte Aufwendungen wie z. B. nicht aufgewendete Arbeitszeit oder böswilliges Unterlassen anderweitiger Verdienstmöglichkeiten anrechnen lassen.

> ● **Beispiel:**

Ein Kunde beauftragt ein Softwarehaus, ihm eine Software-Speziallösung für ein bestimmtes Problem zu liefern. Das Projekt ist auf zwei Monate angelegt. Es wird vereinbart, dass ein auf derartige Lösungen spezialisierter Programmierer an diesem Projekt arbeitet. Das Softwarehaus lehnt andere Aufträge ab, um den Auftrag des Kunden fristgerecht durchführen zu können. Einige Tage nach Auftragserteilung lernt der Kunde auf einer Messe ein Unternehmen kennen, das eine andere, nach Meinung des Kunden bessere, Softwarelösung anbietet. Der Kunde kündigt daraufhin sofort den Vertrag mit dem ersten Softwarehaus und beauftragt das zweite Unternehmen. Beim ersten Softwarehaus wird das Projekt daraufhin sofort abgebrochen. Das Softwarehaus versucht, neue Aufträge zu erhalten, um denjenigen Programmierer, der für dieses Projekt vorgesehen war, zu beschäftigen, da das Softwarehaus den auf diese bestimmten Lösungen spezialisierten Programmierer in anderen bereits laufenden Projekten nicht einsetzen kann. Einen Monat nach Auftragserteilung ist ein neuer Auftrag da und der Programmierer des Softwarehauses ist wieder voll ausgelastet. – Obwohl das Softwarehaus nur eine Woche am Projekt gearbeitet hat, kann es dem Kunden (mit Recht) die Hälfte der vereinbarten Vergütung berechnen, weil der vorgesehene Programmierer aufgrund der Kündigung einen Monat lang, also die Hälfte der Projektlaufzeit, keine andere Betätigung hatte. Den zweiten Teil der Vergütung kann das Softwarehaus nicht in Rechnung stellen, soweit es durch anderweitigen Einsatz des Programmierers Gewinn erzielt hat.

Die Kündigung eines Projekts durch den Auftraggeber ohne wichtigen Grund birgt also für den Auftraggeber (auch finanzielle) Risiken.

6.1.7   Abgrenzungsmerkmale

Schwierig wird die Abgrenzung, wenn im Rahmen eines IT-Projekts mehrere Leistungen vereinbart werden, wie das in der Praxis üblich ist.

Wird z. B. Standardsoftware verkauft, die noch an die individuellen Bedürfnisse des Kunden angepasst werden soll, stellt sich die Frage, ob es sich um einen Kauf-, einen Werk- oder einen sogenannten gemischten Vertrag handelt. Ein gemischter Vertrag beinhaltet mehrere verschiedene Leistungen, auf die das jeweils passende Recht angewandt wird. Bei gemischten Verträgen muss im Vertrag der Wille der beiden Vertragspartner deutlich werden, dass sie tatsächlich die verschiedenen Leistungen auch nach verschiedenem Recht beurteilt haben wollen. Kann dieser Wille dem Vertrag nicht eindeutig entnommen werden, z. B. weil keine für jede Art der Leistung getrennten Rechtsfolgen vereinbart wurden, wird der Vertrag einheitlich bewertet.

Grundsätzlich kommt es nach der Rechtsprechung darauf an, wo der **Schwerpunkt der Leistung** liegt. Dominiert z. B. die Lieferung der neuen Sache den Vertrag, ist Kaufvertragsrecht anzuwenden.

❯ **Beispiel:**

Lieferung von Standardsoftware mit anschließender Installation beim Auftraggeber.

Anders sieht es aus, wenn die werkvertragliche Leistung einen erheblichen Umfang einnimmt. Dann kann es sein, dass der gesamte Vertrag nicht mehr als Kauf-, sondern insgesamt als Werkvertrag zu qualifizieren ist (sog. einheitliche Leistung / Gesamtleistung).

❯ **Beispiel:**

Lieferung von Standardsoftware, die auf ein anderes Betriebssystem portiert wird.

In diesem Fall nimmt die Lieferung der Standardsoftware nur noch einen relativ kleinen Raum ein, denn die dominierende Leistung ist die Portierung. Daher wird ein solcher Vertrag von der Rechtsprechung als Werkvertrag eingestuft, obwohl auch Elemente des Kaufvertrags enthalten sind.

Wenn keine Leistung eindeutig dominiert, ist die Einstufung schwierig.

> **Beispiel:**

Lieferung von Standardsoftware, die in nicht nur unerheblichem Umfang an die Kundenwünsche angepasst wird.

In diesem Fall kommt es nach der Rechtsprechung auf den Umfang der Anpassung an. Es gibt z. B. ein Urteil, nach dem bei der Lieferung von Standardsoftware vier Tage Anpassung, bestehend aus zwei Tagen Beratung/Customizing und zwei Tagen kundenspezifischer Programmierung, den Vertrag insgesamt noch nicht zu einem Werkvertrag machten.

Um nicht auf solche Unwägbarkeiten angewiesen zu sein, ist es besonders wichtig, durch die Vertragsgestaltung auf den Charakter der Leistungen und damit auch auf den Vertragstyp Einfluss zu nehmen. Das kann z. B. dadurch geschehen, dass die Vertragspartner im Vertrag klar zum Ausdruck bringen, dass sie zwischen den verschiedenen Leistungen unterscheiden möchten (soweit der Auftraggeber das mitmacht). Dazu empfiehlt es sich, entweder zwei Verträge in zwei getrennten Dokumenten zu erstellen oder jedenfalls aber den Vertrag so klar zu gliedern, dass beide Leistungen getrennt voneinander geregelt werden.

> **Beispiel:**

Teil A des Vertrags: Lieferung der Standardsoftware mit sämtlichen diesbezüglichen Regelungen.

Teil B des Vertrags: Anpassung, auch mit sämtlichen diesbezüglichen Regelungen.

6.2   Abgrenzung von Werkvertrag und Dienstvertrag

Ein weiterer im IT-Recht sehr wichtiger Vertragstyp ist der Dienstvertrag. Die Praxis benutzt häufig den Begriff „Dienstleistungen". Dabei *kann* es sich um Dienstverträge im Rechtssinne handeln, das muss aber nicht sein. Denn „Dienstleistungen" im Rechtssinne können auch dem Werkvertragsrecht unterliegen. Z. B. kann auf einen Vertrag über Individualprogrammierung rechtlich Dienst- oder Werkvertragsrecht anwendbar sein; das richtet sich konkret nach dem, was die Vertragspartner vereinbart haben.

> **Beispiel:**

Gibt es eine bestimmte Spezifikation über die zu erbringenden Leistungen, liegt eher ein Werkvertrag vor. Sind die Leistungen dagegen eher undefiniert („der Auftragnehmer wird den Auftraggeber bei folgenden Leistungen unterstützen"), liegt wohl ein Dienstvertrag vor.

> **Weiteres Beispiel:**

> Unterliegt Schulung für die Benutzung eines bestimmten Programms Dienst- oder Werkvertragsrecht?

Die Beispiele zeigen, dass die Einstufung bestimmter Leistungen als Dienst- oder Werkvertrag häufig sehr schwierig ist. Die Rechtsfolgen, insbesondere die Gewährleistungsregeln und die Haftung, unterscheiden sich z. T. recht stark. Daher ist eine Abgrenzung dieser beiden Vertragstypen für den IT-Praktiker wichtig.

6.2.1   Gesetzliche Grundlagen

Das Gesetz definiert den Dienstvertrag in § 611 BGB wie folgt:

§ 611 BGB

> „(1) Durch den Dienstvertrag wird derjenige, welcher Dienste zusagt, zur Leistung der versprochenen Dienste, der andere Teil zur Gewährung der vereinbarten Vergütung verpflichtet.

> (2) Gegenstand des Dienstvertrags können Dienste jeder Art sein."

Gegenstand des Dienstvertrags kann damit auch, wie beim Werkvertrag, die Erstellung bestimmter Leistungen sein. Während aber im Werkvertragsrecht die Erstellung oder die Veränderung eines *konkreten* Werkes geschuldet ist, an deren Ende ein bestimmter definierter Erfolg steht, z. B. gemäß der vereinbarten Spezifikation programmierte Software, wird beim Dienstvertrag (nur) die Dienstleistung als solche geschuldet, also sozusagen die Arbeit in Richtung auf den Erfolg (das Ergebnis), nicht aber die Herstellung des konkreten Erfolgs selbst.

In Bezug auf unser o.g. Beispiel über IT-Schulung heißt dass, es muss geklärt werden, ob der Erfolg der Schulung oder die Dienstleistung der Schulung im Vordergrund steht. Da niemand eine „erfolgreiche" Schulung garantieren oder sonstwie dafür einstehen kann, zeigt dieses Beispiel recht anschaulich, dass es „nur" darauf ankommt, dass der Referent eine ordentliche und ordnungsgemäße Schulung abliefert, d. h. der Auftragnehmer schuldet im Rahmen der Schulung zwar die verständliche Vermittlung der Kenntnisse, nicht jedoch, dass die Mitarbeiter die neuen Kenntnisse auch wirklich verstanden haben und umsetzen können.

Ein Arbeitsvertrag mit einem Arbeitnehmer ist übrigens ein Unterfall des Dienstvertrags (mit zahlreichen Besonderheiten, v.a. zum Schutz des Arbeitnehmers).

6.2.2   Fälligkeit der Vergütung

Die Vergütung wird beim Werkvertrag mit Abnahme des Werks fällig (vgl. Kapitel 6.1.2).

Das Dienstvertragsrecht kennt keine Abnahme. Beim Dienstvertrag ist (nur) die Erbringung der Dienstleistung geschuldet, kein Erfolg, dessen Erreichen im Rahmen einer Abnahme zu überprüfen wäre. Das bedeutet: Ist die Dienstleistung erbracht, also z. B. die Schulung gehalten, wird die Vergütung fällig.

Anders ist das, wenn für die Leistungen Vergütung nach Zeitabschnitten (Stunden, Tage) vereinbart wurde. Dann wird die Vergütung mit Ablauf des Zeitabschnitts fällig.

6.2.3   Haftung und Gewährleistung

Ein weiterer Unterschied besteht in den Haftungs- und Gewährleistungsregeln. Beim Werkvertrag gilt: Ist die erstellte Individualsoftware mangelhaft, hat der Auftraggeber sehr weitgehende Rechte. Er kann entweder die Beseitigung der Mängel oder (mit bestimmten Einschränkungen) sogar die komplette Neuerstellung des Programms verlangen (sog. Nacherfüllung). Oder er kann den Preis mindern oder, nach nutzlosem Ablauf einer Nachfrist unter Angabe der konkret zu beseitigenden Mängel, vom Vertrag zurücktreten oder den Mangel selbst beheben oder beheben lassen (siehe Kapitel 6.1.5).

Solche für den Auftraggeber weitgehenden Rechte gibt es im Dienstvertragsrecht nicht. Bei einem Dienstvertrag ist der Auftragnehmer (nur) verpflichtet, ordentliche Arbeit zu leisten. Im Dienstvertragsrecht gibt es keine Minderung des Preises, wenn die Leistung hinter dem Üblichen zurückbleibt. Das heißt aber nun wiederum auch nicht, dass der Auftraggeber bei nicht ordentlicher Erfüllung des Dienstvertrags durch den Auftragnehmer (vollkommen) schutzlos wäre. Hat der Auftragnehmer die Leistungen **schuldhaft schlecht erfüllt**, kann der Auftraggeber Ersatz des ihm entstandenen Schadens verlangen. „Schaden" ist auch der Vergütungsanspruch, so dass der Auftragnehmer seine volle Vergütung bei schuldhafter Schlechterfüllung nur dann erhält, wenn er die geschuldete Leistung noch (kostenlos) erbringt.

Das Problem für den Auftraggeber beim Dienstvertrag besteht eher darin, dass schuldhafte Schlechterfüllung im Sinne des Gesetzes bedeutet, dass der Auftragnehmer seine **Pflicht zur ordentlichen Arbeitsleistung** verletzt hat. Die Anforderungen an eine ordentliche Arbeitsleistung sind geringer als die Anforderungen beim Werkvertrag daran, dass der Auftragnehmer alle in der Spezifikation vereinbarten Leistungen vollständig und im Wesentlichen mangelfrei und damit abnahmereif erbringt.

❱ **Beispiel:**

Die Leistungen des Auftragnehmers erfüllen zwar die Anforderungen an eine ordentliche und übliche Arbeitsleistung, nicht aber die darüber hinaus grob umrissenen Kriterien der Aufgabenstellung. - Keine Haftung des Auftragnehmers nach Dienstvertragsrecht, da (wohl noch) ordentliche Arbeitsleistung.

❯ Weiteres Beispiel:

Die Leistungen des auftragsgemäß vom Auftragnehmer ordnungsgemäß ausgesuchten, aber direkt vom Auftraggeber bestellten und eingesetzten Programmierers sind mangelhaft, nicht aber die des Auftragnehmers (Projektaufsicht). Keine Haftung nach Dienstvertragsrecht, da den Auftragnehmer kein Verschulden an der mangelhaften Leistung des Programmierers trifft und er die Schlechterfüllung auch nicht zu vertreten hat (zum Unterschied zwischen Vertretenmüssen und Verschulden, insbesondere wenn der Auftragnehmer als Generalunternehmer auftritt, siehe Kapitel 5.1.2.9).

Eine weitere Schwierigkeit für den Auftraggeber besteht darin, dass er darlegen und vor Gericht notfalls beweisen muss, dass er *genau durch* die Schlechtleistung des Auftragnehmers einen bestimmten Schaden erlitten hat. Das ist häufig kaum bis gar nicht möglich.

❯ Beispiel:

Der Auftragnehmer (Softwarehaus) unterstützt den Auftraggeber bei Einführung einer Software. Die Leistungen des Auftragnehmers sind mangelhaft im Rechtssinne. Da die Software nicht ordnungsgemäß funktioniert, werden Arbeitsabläufe in dem Unternehmen immer wieder unterbrochen. Der Auftraggeber müsste nachweisen, dass die Fehlfunktionen ohne die mangelhafte Unterstützung nicht aufgetreten wären und dass durch die Unterbrechung der Arbeitsabläufe dem Unternehmen auch ein nachweisbarer und bezifferbarer Schaden entstanden ist.

Der Unterschied zwischen dem Dienst- und dem Werkvertrag kann für ein Projekt und den damit verbundenen Aufwand entscheidend sein.

❯ Beispiel Werkvertrag:

Der Auftragnehmer (Softwarehaus) programmiert für den Auftraggeber spezifische Anpassungen. Der Auftraggeber setzt die Software nach Einführung in seinem Unternehmen ein. Da die Software jedoch an verschiedenen Stellen mangelhaft ist, muss der Auftraggeber den Auftragnehmer im Durchschnitt alle zwei Wochen zur Fehlerbeseitigung auffordern. – Der Auftragnehmer muss die Fehler innerhalb der Gewährleistungsfrist unentgeltlich beseitigen.

❯ Beispiel Dienstvertrag:

Der Auftragnehmer, ein externer Consultant, berät und unterstützt den Auftraggeber im Hinblick auf die von dem Softwarehaus im o.g. Beispiel gefertigte kundenspezifische Anpassung, und zwar vor, während und nach der Einführung. Es ist unklar, ob die Beratungs- und Unterstützungsleistungen des Consultant mangelhaft im Rechtssinne waren. – Der Auftraggeber kann vom Consultant weder Mängelbeseitigung durch Nacherfüllung und wohl auch kaum Schadensersatz verlangen, es sei denn, er kann beweisen, dass genau die Beratungsleistungen des Consultant dafür ursächlich waren, dass das Softwarehaus ständig zur Nachbesserung kam, sowie für einen vom Auftraggeber genau zu bestimmenden und zu beweisenden weiteren Schaden.

6.2.4   Abgrenzungsmerkmale

Da der Werkvertrag für den Auftragnehmer teilweise ungünstigere Rechtsfolgen hat, besteht ein gewisses Interesse des Auftragnehmers daran, auf Dienstvertragsbasis tätig zu werden. Allerdings ist das in der Praxis problematisch: Der Auftraggeber will regelmäßig keine bloße Beratung und Unterstützung auf Dienstvertragsbasis, ohne dass der Auftragnehmer für einen bestimmten Erfolg einstehen muss. Der Auftragnehmer will umgekehrt u.U. durchaus damit werben, dass er die Probleme des Auftraggebers effektiv und zielgerichtet lösen kann. Das dürfte aber nur auf Werkvertragsbasis möglich sein. Deshalb haben in der Praxis bei einer kaufmännischen Betrachtung regelmäßig beide Seiten ein Interesse daran, dass der Vertrag als Werkvertrag durchgeführt wird.

Auf der anderen Seite versuchen in der Praxis teilweise Auftraggeber und Auftragnehmer aus anderen Gründen den Vertrag einem bestimmten Recht zu unterstellen, z. B. aus steuerlichen Gründen – die Kosten echter Individualprogrammierung auf Dienstvertragsbasis sind sofort voll absetzbar, während Programmierung auf Werkvertragsbasis bei Unternehmen, die bilanzieren, erst mit Abnahme absetzbar ist –, oder auch, weil die Vertragspartner durch die Benennung eines eigentlich vorliegenden Dienstvertrags als Werkvertrag intendieren, (verbotene) Arbeitnehmerüberlassung und die Gefahren der Scheinselbstständigkeit zu umgehen (siehe hierzu Kapitel 8.1 und 8.2.1). Diese Versuche führen allerdings nicht zum gewünschten Ziel, da man durch die gewählten Formulierungen für die Vertragstypisierung die Einstufung des Vertragstyps (z. B. als Werkvertrag) nicht festlegen kann, soweit dieser in seiner Durchführung relativ eindeutig dem anderen Vertragstyp (z. B. Dienstvertrag, mit den dargestellten potenziellen Folgen: Arbeitnehmerüberlassung und Scheinselbstständigkeit) entspricht.

Umgekehrt nützt es nichts, ständig von „Beratung" zu sprechen, wenn die Leistungen, die dann tatsächlich erbracht werden, weit über eine bloße Unterstützung und Beratung in Richtung auf ein Ergebnis hinausgehen, sondern eher in Richtung Programmierung relativ eindeutig spezifizierter Vorgaben gehen.

Bei der Vertragsgestaltung, aber auch der Vertragsdurchführung, sollte deshalb darauf geachtet werden, dass der Dienstvertrag tatsächlich wie ein Dienstvertrag, der Werkvertrag tatsächlich wie ein Werkvertrag durchgeführt und gelebt wird.

6.2.4.1   Art der Leistung

Beim Werkvertrag bzw. Werklieferungsvertrag schuldet der Auftragnehmer die Herbeiführung eines bestimmten Erfolgs, also z. B. die vollständige und im Wesentlichen fehlerfreie Programmierung spezifizierter Individualsoftware. Beim Dienstvertrag schuldet er die Arbeitsleistung in Richtung auf ein Ergebnis. Dies kann sich so in der Formulierung des Vertrages auch widerspiegeln.

▶ Beispiel Werkvertrag / Werklieferungsvertrag:

„Der Auftragnehmer **erstellt** ein Programm für …"

❯ Beispiel Dienstvertrag:

„Der Auftragnehmer **unterstützt** den Auftraggeber bei folgenden Arbeiten: …"

Während hier bei der werkvertraglichen Formulierung klar auf einen Erfolg abgestellt wird (das Programm), wird beim Dienstvertrag nur auf die Dienstleistung, nämlich die Beratungs- und Unterstützungsleistung abgestellt.

6.2.4.2   Vergütungsform

Die Art der Vergütung ist nur bedingt ein Hinweis darauf, ob ein Werk- oder Dienstvertrag vorliegt.

Beim Werkvertrag erfolgt die Vergütung in der Regel entsprechend der konkreten vertraglichen Vereinbarung. Dies ist in der Praxis in der Regel ein Festpreis. Ein Festpreis ist für die Erstellung der Programmierung dann sinnvoll, wenn der Erfolg, die zu erbringende Leistung, im Wesentlichen feststeht.

Beim Dienstvertrag wird in der Praxis üblicherweise nach Aufwand abgerechnet. Das ist sinnvoll, da regelmäßig bei Vertragsschluss noch nicht absehbar ist, wie lange und welche Dienste des Auftragnehmers der Auftraggeber in Anspruch nehmen wird.

Da das aber nicht immer so ist und es zudem in der Praxis auch Mischformen bezüglich der Vergütung gibt, ist eine eindeutige Klassifizierung des Vertragstyps anhand der Vergütungsform nicht möglich.

6.2.4.3   Geschuldete Termine und diesbezügliche Haftung

Beim Werkvertrag schuldet der Auftragnehmer die **termingerechte Übergabe** zum vereinbarten Termin. Überschreitet der Auftragnehmer den vereinbarten Termin, kann der Auftragnehmer ohne Angabe von Gründen (!) vom Vertrag zurücktreten.

Dies gilt auch, wenn der Auftragnehmer die Terminüberschreitung nicht zu vertreten hat, ihn daran also keinerlei Verschulden trifft.

Hat der Auftragnehmer die Verspätung zu vertreten, ist er dem Auftraggeber darüber hinaus schadensersatzpflichtig.

Dagegen schuldet der Auftragnehmer beim Dienstvertrag (lediglich) **termingerechtes Arbeiten**. Ist absehbar, dass der Auftragnehmer einen vereinbarten Termin überschreitet, muss er das dem Auftraggeber rechtzeitig mitteilen.

Die Nichteinhaltung eines Termins kann also zu erheblichen Konsequenzen führen. Das sollte bei der Vertragsgestaltung immer bedacht werden. Termine sollten so bemessen werden, dass auch unvorhergesehene Ereignisse mit eingeplant werden (z. B. krankheitsbedingter Ausfall des Projektleiters). Vor allem bei der Gestaltung eines Werkvertrags sollte der Auftragnehmer versuchen, die Haftung für alle Terminverzögerungen, die er nicht zu vertreten hat, auszuschließen.

> **Beispiel:**
>
> Der Auftragnehmer entwickelt eine spezielle Software für seinen größten Kunden. Der Auftragnehmer beauftragt für die Entwicklung einer kleineren Komponente der Software ein anderes Unternehmen. Dieses Unternehmen kann die Komponente nicht liefern, da aufgrund von Arbeitsniederlegung kein Mitarbeiter für die Programmierung bereit steht. Der Auftragnehmer kann mangels dieser Komponente die Software nicht termingerecht abliefern, der beste Kunde tritt vom Vertrag zurück.

Durch geeignete Vertragsgestaltung kann dieses Ergebnis zumindest rechtlich verhindert werden.

6.2.5   Fazit

Insgesamt bleibt festzuhalten, dass die prägende Leistung der beiden Vertragstypen Werkvertrag und Dienstvertrag sehr ähnlich sein kann. Deshalb ist es anhand der vertraglichen Vereinbarungen häufig schwierig zu unterscheiden, ob ein bestimmter Erfolg, der sich aus der Arbeitsleistung ergibt, geschuldet ist (Werkvertrag) oder nur die Arbeitsleistung in Richtung auf ein Ergebnis (Dienstvertrag). Daher ist es besonders wichtig, die geschuldeten Leistungen im Vertrag präzise zu beschreiben, damit beide Vertragspartner Klarheit darüber haben, was geschuldet ist und um welchen Vertragstyp es sich handelt. Bei der tatsächlichen Durchführung des Vertrags ist es wichtig, diesen Vertragstyp dann auch so umzusetzen und nicht in der Praxis gemeinsam auf einen anderen Vertragstyp umzuschwenken (oder, falls erforderlich, den Vertrag entsprechend anzupassen).

6.3   Mietvertrag

Application Service Provider (ASP)-Dienstleistungen unterliegen nach der Rechtsprechung Mietrecht. Deshalb ist dieser Vertragstyp für die Praxis wichtig. Im Folgenden werden die wichtigsten Unterschiede zu den bereits behandelten Vertragstypen dargestellt.

6.3.1   Gesetzliche Grundlagen

Die prägende Leistung eines Mietvertrags ist die Gebrauchsüberlassung. Das Gesetz formuliert das in § 535 BGB folgendermaßen:

§ 535 BGB

> „(1) Durch den Mietvertrag wird der Vermieter verpflichtet, dem Mieter den Gebrauch der Mietsache während der Mietzeit zu gewähren. Der Vermieter hat die Mietsache dem Mieter in einem zum vertragsgemäßen Gebrauch geeigneten Zustand zu überlassen und sie während der Mietzeit in diesem Zustand zu erhalten. Er hat die auf der Mietsache ruhenden Lasten zu tragen.

(2) Der Mieter ist verpflichtet, dem Vermieter die vereinbarte Miete zu entrichten."

Nach dem Gesetz ist der Vermieter also verpflichtet, die Sache zum Gebrauch zu überlassen und sie entsprechend instand zu halten. Software wird von der Rechtsprechung als Sache qualifiziert und kann daher nach dieser Vorschrift vermietet werden. Der Vertragstyp, der unter den oben dargestellten Verträgen dem Mietvertrag am ähnlichsten ist, ist wohl der Dienstvertrag. Auch beim Dienstvertrag wird die Leistung über einen gewissen Zeitraum erbracht (Dauerschuldverhältnis). Deshalb stellt sich die Frage, ob, wenn Leistungen über einen gewissen Zeitraum zur Verfügung gestellt werden, es sich dabei um einen Dienst- oder einen Mietvertrag handelt.

6.3.2 Rechtliche Besonderheiten im Mietvertragsrecht

Zur Einführung beginnen wir mit einigen Beispielfällen.

❯ Beispiel:

Ein Unternehmer will im Bereich „Personalverwaltung" Kosten sparen und erkundigt sich bei verschiedenen Anbietern, wie er vorgehen könnte. Folgende Angebote werden ihm gemacht:

a) Der gesamte Bereich „Personalverwaltung" wird ausgelagert. Die Mitarbeiterdaten werden per Datenfernübertragung an den Anbieter weitergeleitet, der dann die entsprechenden nötigen Leistungen erbringt (z. B. Meldung an Sozialversicherung, Finanzamt, Lohnbuchhaltung …). Nach Bearbeitung leitet er dem Auftraggeber die nötigen Unterlagen zu (z B. den DATEV-Bogen).

b) Die Software wird komplett auf den Server des Anbieters ausgelagert, alle Prozesse finden dort statt, der Unternehmer sieht die Oberfläche der Software jedoch auf seinem Rechner (ASP). Der Unternehmer greift per Datenfernübertragung auf die Software zu, nimmt alle nötigen Verwaltungsaufgaben selbst vor.

c) Nur die Daten werden ausgelagert, die Software bleibt beim Unternehmer. Die Daten werden extern in einem Rechenzentrum gespeichert.

Im Fall a) (komplettes Outsourcing) kann man ziemlich schnell sagen, dass keine Gebrauchsüberlassung vertraglich vereinbart ist. Die prägende Leistung besteht nämlich nicht darin, dem Unternehmer Software oder Hardware oder sonstige Dinge zu überlassen. Hauptleistung ist die Bearbeitung der Daten, also die Personalverwaltungsleistungen. Da der Anbieter hier einen Erfolg schuldet (z. B. Anmeldung beim Sozialversicherer), handelt es sich um einen reinen Werkvertrag.

Im Beispielsfall b) ist die vertraglich vereinbarte Leistung die Gebrauchsüberlassung der Software (ASP). Der Unternehmer soll im vertraglich vereinbarten Zeitraum (z. B. fünf Jahre lang oder bis zur Vertragsbeendigung) jederzeit Zugriff auf die Software haben und damit arbeiten können. Der Vertrag wird durch die Gebrauchsüberlassung geprägt und ist damit ein Mietvertrag. Denn der Unternehmer mietet die Software, die sich auf dem Server des Anbieters befindet. Soweit nichts anderes vertraglich vereinbart ist, muss der Anbieter die Leistungen ständig bereithalten, 24 Stunden am Tag. Gleichzeitig ist er verpflichtet, die Mietsache, also die Software, instand zu halten. Das bedeutet, der Anbieter schuldet neben dem Bereitstellen der Software auch Elemente der Pflege der Software.

Der Vertrag im Beispiel b) ist kein Dienstvertrag, weil der Anbieter mehr schulden soll als das bloße „Zur-Verfügung-Stellen" der Software, nämlich das ständige Bereithalten der Daten. Der Anbieter soll außerdem nicht (nur) ordentliches Bereithalten gewährleisten (müssen), sondern bei Ausfällen der Software dafür haften. Denn der Kunde ist genau auf das (im Wesentlichen) permanente Funktionieren der Software angewiesen. Zudem wäre nach Dienstvertragsrecht keine Instandhaltung der Software geschuldet, eine zentrale Leistung, die der Kunde ebenfalls benötigt. Kein Kunde würde unter solchen Umständen ernsthaft erwägen, ASP-Dienstleistungen in Anspruch zu nehmen. Für die Praxis ist die Qualifizierung des ASP-Vertrags als Mietvertrag daher weitgehend unumgänglich.

Der Fall c) (Auslagerung der Daten) ist relativ einfach zu beurteilen: Es liegt ein Mietvertrag vor. Die den Vertrag prägende Leistung ist das Überlassen von Speicherkapazität. Die Erwägungen zu Fall b) gelten im Fall c) erst recht.

6.3.2.1   Haftung für Mängel

Wie bei den anderen Vertragstypen ist auch beim Mietvertrag die Gewährleistung bei Mängeln ein wichtiges Thema und ein Punkt, an dem die Unterschiede zwischen den Vertragstypen ziemlich deutlich werden.

Im Mietrecht besteht in bestimmtem Umfang eine Garantiehaftung des Vermieters, d. h. der Vermieter muss für solche Mängel Schadensersatz zahlen, die bereits im Zeitpunkt des Vertragsabschlusses bestanden, auch wenn er den Mangel nicht zu vertreten hat *(zum Unterschied zwischen Vertretenmüssen und Verschulden siehe Kapitel 5.1.2.9).*

Für nach Vertragsabschluss auftretende Mängel muss der Vermieter (nur) Schadensersatz leisten, wenn er die Mängel zu vertreten hat.

Bei Mängeln der Mietsache ist die Miete kraft Gesetzes gemindert. Ein Mangel im Sinne des Mietrechts liegt vor, wenn die Tauglichkeit des Programms für den vertraglich vereinbarten Zweck gemindert ist. Wirkt sich der Mangel so aus, dass die Sache überhaupt nicht zu ihrem vertraglich vereinbarten Zweck genutzt werden kann, kann dies dazu führen, dass der Mieter die Mietzahlungen in voller Höhe zurückhalten kann.

Für die Minderung als Rechtsfolge ist es unerheblich, ob der Mangel schon vor Vertragsschluss bestand oder ob er erst während der Mietzeit aufgetreten ist. Das Recht zur Minderung ist zudem unabhängig davon, ob der Vermieter den Mangel zu vertreten hat.

6.3.2.2 Mängel und Leistungsbeschreibung

Es liegt auf der Hand, dass der ASP-Anbieter aufgrund der gesetzlich vorgesehenen Garantiehaftung die Verfügbarkeitszeiten einschränken will.

In der Praxis erfolgt das regelmäßig in einem **Service Level Agreement (SLA)**, in dem Verfügbarkeitsquoten vereinbart werden können. Der Kunde wird daran interessiert sein, die Leistung ständig zur Verfügung zu haben, also eine sehr hohe Prozentzahl favorisieren (z. B. Verfügbarkeit 99,9 % im Jahresmittel), der Anbieter will dem in Grenzen entgegenwirken. Der Anbieter muss zudem bedenken, dass er nicht nur durch unvorhergesehene Softwareprobleme, sondern auch durch Pflege und Wartung bestimmte Ausfallzeiten haben wird. Hat er nichts anderes im Vertrag vereinbart, führen diese Ausfallzeiten dazu, dass die Vergütung gekürzt werden kann und Schadensersatzansprüche entstehen. Also sind die Beschränkungen der Verfügbarkeitszeiten für solche Fälle weiter einzuschränken.

Bei allen Beschränkungen der Verfügbarkeitszeiten ist zu beachten, ob es sich hierbei nur um eine Leistungsbeschreibung (auch Leistungsbestimmung; vgl. dazu Kapitel 4.4) handelt, also um die Konkretisierung der geschuldeten Leistung oder ob eine Gewährleistungsbeschränkung vorliegt, auf die ggf. das AGB-Recht anwendbar ist und die dann ggf. wegen Verstoßes gegen AGB-Recht unwirksam sein kann.

Nach dem BGH ist eine Klausel, die die Verfügbarkeit der Software beschränkt, als Leistungsbeschreibung anzusehen, wenn die Art, der Umfang oder die Güte der betreffenden Leistung festgelegt wird. Wichtig dabei ist, dass nicht die unbeschränkte Nutzbarkeit vereinbart werden darf, die dann später durch eine Klausel eingeschränkt wird. Denn dies beurteilt die Rechtsprechung dann als Einschränkung der Leistung, die als AGB der Inhaltskontrolle unterliegt.

Das bedeutet: Im Vertrag muss von vornherein vereinbart sein, dass nur ΔX % (= 100 % − X %) Verfügbarkeit geschuldet ist. Nicht vereinbart werden darf, dass 100 % geschuldet sind, unter Umständen aber X % weniger Leistung erbracht werden darf.

6.3.2.3 Vergütungsformen

Üblicherweise orientiert sich die Vergütung bei Mietverträgen an der Nutzungszeit und wird z. B. monatlich fällig. Das muss aber nicht so sein. Denkbar ist z. B. auch die Vereinbarung, dass bei ASP pro „Befehl" eine bestimmte Vergütung fällig wird. Bei Rechenzentrumsleistungen kann auch eine Vergütung nach in Anspruch genommener Speicherleistung in Frage kommen.

Die verschiedenen Vergütungsformen haben keinen Einfluss darauf, wie der Vertrag rechtlich einzuordnen ist. Das bestimmt sich allein nach der den Vertrag prägenden Leistung. Wird also Speicherplatz in einem Rechenzentrum gemietet, macht eine Vergütungsform, die nicht dem Üblichen entspricht, aus dem Mietvertrag dadurch nicht einen Werkvertrag oder einen Dienstvertrag.

6.3.3   Fazit

Wie bei allen hier vorgestellten Vertragstypen gibt es auch beim Mietvertrag spezielle Themen, die besonders wichtig sind und besondere Risiken in sich tragen. Schließt man als Anbieter einen Mietvertrag ab, muss man immer bedenken, dass man dadurch zur ständigen Gebrauchsüberlassung verpflichtet ist. Jedes Abschalten des Systems, aus welchem Grund auch immer, kann dazu führen, dass der Vergütungsanspruch gemindert wird und dass eventuell sogar Schadensersatzansprüche entstehen. Dies muss bei der Vertragsgestaltung, z. B. durch die Vereinbarung der Verfügbarkeitszeiten, unbedingt beachtet werden.

7 Einzelne gesetzliche und vertragliche Regelungen

In diesem Kapitel werden konkrete rechtliche Fragen im Zusammenhang mit IT-Verträgen behandelt. Dabei geht es hauptsächlich um Themen und Fragestellungen, die bei der Überlassung von Standardsoftware sowie bei der Entwicklung von Individualsoftware regelmäßig in der Praxis von hoher Bedeutung sind.

7.1 Überlassung von Standardsoftware

Zunächst behandeln wir Fragen zur Überlassung und Anpassung von Standardsoftware.

7.1.1 Gewährleistung: Geschuldete Verwendbarkeit

Bei der Überlassung von Standardsoftware stellt sich die Frage, worauf genau der Kunde Anspruch hat, wenn vor Vertragsschluss nicht genau definiert wurde, welche Funktionen die Standardprogramme aufweisen müssen, und damit, welchen Leistungsumfang der Kunde genau beanspruchen kann. Das folgende Beispiel verdeutlicht das.

❯ Beispiel:

> Ein Softwarehaus liefert ein Standardprogramm für die Datenkommunikation in Personenkraftwagen an einen Systemzulieferer. In dem Vertrag ist nicht definiert, um welche Daten es sich handelt. Der Systemzulieferer liefert das Programm als Teil eines Bremsassistenten an einen Automobilhersteller. Im Vertrag zwischen Systemzulieferer und Automobilhersteller ist geregelt, dass ein Bremsassistent geliefert werden soll, und getrennt davon, dass dieser integriert werden soll, die Ausfallsicherheit des Bremsassistenten ist aber nicht geregelt. Die tatsächliche Ausfallwahrscheinlichkeit reicht für einen Bremsassistenten nicht aus. Für den Automobilhersteller stellt sich die Frage, ob die Leistung mangelhaft ist und er daher Ansprüche gegen den Systemzulieferer hat. Für den Systemzulieferer schließt sich daran die Frage an, ob er, wenn dies der Fall sein sollte, Anspruch gegen das Softwarehaus auf Rückzahlung der Vergütung und auf Ersatz für die von ihm beim Automobilhersteller erbrachten Dienstleistungen hat.

Das Beispiel zeigt, wie wichtig es ist, die Leistung, die geschuldet sein soll, genau zu beschreiben. Ist dies, wie im Beispielsfall, nicht geschehen, und sind sich die Vertragspartner nicht darüber einig, um welche Leistung in welchem Umfang es eigentlich geht, gibt es im Gesetz zwar Regelungen darüber, was dann gelten soll. Allerdings sind diese gesetzlichen Regelungen nicht auf den konkreten Fall zugeschnitten, so dass nicht immer rechtlich belastbar gesagt werden kann, welcher Leistungsumfang genau geschuldet ist.

Das Gesetz knüpft zur Beantwortung der Frage, welche Leistung geschuldet ist, an die **konkret vereinbarte Verwendung** an. Das heißt, in unserem Beispielsfall bemisst sich die Frage, was die Software an Funktionen aufweisen muss, zunächst einmal daran, welche konkrete Verwendung vereinbart wurde. Entspricht die Software nicht dem, was vereinbart wurde, ist sie also für die vereinbarte konkrete Verwendung nicht geeignet, muss der Lieferant hierfür Gewähr leisten. Denn eine Abweichung dessen, was geliefert wird (Ist-Beschaffenheit), von dem, was konkret vereinbart wurde (Soll-Beschaffenheit), wird im Gesetz als Mangel definiert:

§ 434 BGB

(1) Die Sache ist frei von Sachmängeln, wenn sie bei Gefahrübergang die vereinbarte Beschaffenheit hat. Soweit die Beschaffenheit nicht vereinbart ist, ist die Sache frei von Sachmängeln,

1. wenn sie sich für die nach dem Vertrag vorausgesetzte Verwendung eignet, sonst

2. wenn sie sich für die gewöhnliche Verwendung eignet und eine Beschaffenheit aufweist, die bei Sachen der gleichen Art üblich ist und die der Käufer nach der Art der Sache erwarten kann.

Zu der Beschaffenheit nach Satz 2 Nr. 2 gehören auch Eigenschaften, die der Käufer nach den öffentlichen Äußerungen des Verkäufers, des Herstellers (§ 4 Abs. 1 und 2 des Produkthaftungsgesetzes) oder seines Gehilfen insbesondere in der Werbung oder bei der Kennzeichnung über bestimmte Eigenschaften der Sache erwarten kann, es sei denn, dass der Verkäufer die Äußerung nicht kannte und auch nicht kennen musste, dass sie im Zeitpunkt des Vertragsschlusses in gleichwertiger Weise berichtigt war oder dass sie die Kaufentscheidung nicht beeinflussen konnte.

In einer ersten Stufe regelt das Gesetz in § 434 Abs. 1 S. 2 BGB, dass die Sache dann **mangelfrei** ist, wenn sie dem entspricht, was vereinbart wurde, wenn also die Ist-Beschaffenheit der Soll-Beschaffenheit entspricht. Diese Vereinbarung kann auch konkludent getroffen werden. Das bedeutet, je genauer die Beschreibung der geschuldeten Leistung ist, umso leichter lässt sich feststellen, ob die Software mangelhaft ist. Für unseren Beispielsfall bedeutet das zunächst: Wäre in den Vertrag zwischen Softwarehaus und Systemzulieferer genau aufgenommen worden, dass die Software eine bestimmte Ausfallsicherheit aufweisen soll, wäre klar, dass die Software mangelhaft ist, wenn sie die bestimmte Ausfallsicherheit nicht erreicht.

Sofern nicht genau vereinbart wurde, wie die Sache beschaffen sein soll, ist in der zweiten Stufe des Gesetzes die **vertraglich vorausgesetzte Verwendung** ausschlaggebend (§ 434 Abs. 1 S. 2 Nr. 1 BGB). Das bedeutet, auch wenn nichts (Genaues) darüber vereinbart wurde, welche Funktionen die Software haben soll, muss sie sich zu der Verwendung eignen, die der Käufer aufgrund des Vertrags voraussetzen durfte. Hier kommt es nicht darauf an, ob die Verwendung im Vertrag vereinbart, also z. B. schriftlich festgehalten wurde. Es genügt nach dem Gesetz, dass die Verwendungsmöglichkeit „vorausgesetzt" wurde. Dies ist z. B. der Fall, wenn der Kunde bei Vertragsabschluss dem Lieferanten den Verwendungszweck nennt und der Lieferant dem Verwendungszweck ausdrücklich oder stillschweigend zugestimmt bzw. sich nicht dagegen verwahrt hat.

Wäre in unserem obigen Fall für das Softwarehaus klar gewesen, dass die Software bei einem Kunden des Systemzulieferers für einen Bremsassistenten eingesetzt werden soll, wäre die Sache mangelhaft. Diesen Rechtsfolgen hätte das Softwarehaus nur dadurch entgehen können, dass es diesem Zweck widersprochen hätte. So hätte es dem Systemzulieferer deutlich sagen müssen, dass die Ausfallsicherheit der Software dafür nicht ausreicht. Da es das nicht getan hat und wenn der Kunde aufgrund der Beschreibung der Eigenschaft der Software als „Bremsassistent" davon ausgehen durfte, dass die Software eine hohe Ausfallsicherheit aufweist, wäre die Software mangelhaft, wenn wie in unserem Beispiel die Ausfallsicherheit tatsächlich nicht erreicht wird.

In der dritten Stufe des Gesetzes ist es, unabhängig von der Frage, ob eine konkrete Verwendung oder ein konkreter Verwendungszweck bei Vertragsschluss vorausgesetzt werden konnte, entscheidend, dass sich die Sache für die **gewöhnliche Verwendung** eignet (§ 434 Abs. 1 S. 2 Nr. 2 BGB). Hierzu ist keinerlei (konkrete) Vereinbarung zwischen den Vertragspartnern nötig. Das heißt, die gekaufte Sache hat dann keinen Mangel, wenn sie so beschaffen ist, wie das bei Sachen der gleichen Art üblich ist und wie es der Käufer nach Art der Sache erwarten kann. Das bedeutet, die „**gewöhnliche Verwendung**" ergibt sich objektiv aus der Sache selbst, aus dem Verständnis der Verkehrskreise, denen der Käufer angehört, sowie aus der Werbung oder der Produktbeschreibung des Herstellers. Der Vergleichsmaßstab dafür, was die „übliche Beschaffenheit" ist, sind Sachen gleicher Art. Bei der Beurteilung, was üblich ist, orientiert man sich also z. B. an Sachen desselben Qualitätsstandards, mit derselben Gerätefunktion oder auch am selben Herstellungsmaterial. Im IT-Bereich gehört z. B. zur üblichen Beschaffenheit von Software, dass regelmäßige Programmabstürze unterbleiben.

In diesem Zusammenhang ist es sehr wichtig, zu beachten, dass sich der Kunde, was die Beschaffenheit der gekauften Sache, z. B. der Software, angeht, auch auf öffentliche Äußerungen des Verkäufers oder des Herstellers berufen kann (§ 434 Abs. 1 Satz 3 BGB). Das bedeutet, äußern sich Hersteller oder Verkäufer in der Öffentlichkeit über das Produkt und seine Eigenschaften, kann der Käufer erwarten, dass das Produkt tatsächlich diese Eigenschaften hat. Ist dies nicht der Fall, ist das Produkt mangelhaft. Solche öffentliche Äußerungen sind nur dann unerheblich, wenn der Verkäufer sie nicht kannte und auch nicht kennen musste oder wenn er sie bei Kaufabschluss berichtigt hat. Unerheblich sind sie auch, wenn sie die Kaufentscheidung des Kunden nicht beeinflussen konnten. Öffentliche Äußerungen sind auch gerade Angaben in der Werbung. Seien Sie (bzw. Ihre Marketing- und Vertriebsabteilung) also vorsichtig!

Wendet man diese Regelungen auf unseren Fall an, gilt für die Ansprüche des Automobilherstellers gegen den Systemzulieferer:

Es liegen ein Kaufvertrag und ein Werkvertrag vor, weil getrennt geregelt ist, dass der Systemlieferant ein bestimmtes System liefern und dann beim Kunden einführen soll. Die nachfolgenden Ausführungen gelten aber genauso, wenn man im Verhältnis Systemliefe-rant/Kunde einen Werklieferungsvertrag oder Werkvertrag (siehe dazu Kapitel 7.2.1) an-nimmt (was die These unterstützt, dass die genaue Unterscheidung zwischen genau diesen drei Vertragstypen für die Praxis nicht wirklich entscheidend ist).

Zunächst ist wichtig, dass man Eigenschaften der Programme nicht nur durch konkrete Regelungen, wie z. B. eine bestimmte Ausfallwahrscheinlichkeit oder sonstiges Verhalten („muss 250 km/h schnell fahren können") definieren kann, sondern auch über die Zielset-zung bzw. den Verwendungszweck („muss sehr schnell fahren können"). So ist es auch in unserem Fall: „*Im Vertrag zwischen Systemzulieferer und Automobilhersteller ist geregelt, dass ein Bremsassistent geliefert […] werden soll, die Ausfallsicherheit des Bremsassistenten ist aber nicht geregelt.*"

Damit ist der Leistungsumfang rechtlich (relativ) klar umschrieben: Die Programme müs-sen für einen Bremsassistenten tauglich sein. Da sie das nicht sind, sind sie mangelhaft. Der Kunde kann vom Systemlieferanten Nacherfüllung verlangen (= Besorgung eines mangelfreien Programms). Vom Vertrag zurücktreten und/oder Schadensersatz statt der Leistung kann der Kunde allerdings erst verlangen, wenn der Systemlieferant in Verzug mit der Mängelbeseitigung gerät.

Auf die zweite Stufe („Soweit die Beschaffenheit nicht vereinbart ist, ist das Werk frei von Sachmängeln, 1. wenn es sich für die nach dem Vertrag vorausgesetzte, sonst 2. für die gewöhnliche Verwendung eignet") kommt es deshalb in unserem Fall gar nicht (mehr) an. Die Software wäre aber gemessen an dieser Stufe ebenfalls mangelhaft, weil der Besteller kraft Beschreibung der Zielsetzung bzw. des Verwendungszwecks davon ausgehen durfte, dass die Software diese Zielsetzung erfüllt.

Für (Regress-)Ansprüche des Systemzulieferers gegen das Softwarehaus gilt: Es liegt ein Kaufvertrag vor.

Haben die Vertragspartner nichts vereinbart und der Softwareanbieter auch keine Kennt-nis darüber, für was die Software benutzt werden soll, käme es darauf an, ob mit solcher Software üblicherweise sicherheitskritische Anwendungen betrieben werden. Kann dies nicht angenommen werden, z. B. weil es sich um ein Programm handelt, das auch für nichtsicherheitsrelevante Bereiche eingesetzt werden kann, liegt kein Mangel vor. Anders wäre es nur dann, wenn bei solcher Software üblicherweise (unabhängig vom Einsatz für einen Bremsassistenten) eine höhere Ausfallsicherheit erwartet werden kann. Da man aber nicht automatisch annehmen kann, dass jedes Programm alle Kriterien für den Einsatz in sicherheitsrelevanten Bereichen erfüllen muss, ist das vom Softwarehaus gelieferte Pro-gramm nicht mangelhaft, weil es keine konkrete Vereinbarung über den Einsatz in sicher-heitsrelevanten Bereichen zwischen Softwarehaus und Systemzulieferer gab, der System-zulieferer dies mangels irgendeiner Erwähnung dieses Umstands vor Vertragsabschluss auch nicht vertraglich voraussetzen durfte und weil es nicht der gewöhnlichen Verwen-dung von Software entspricht, dass sie ohne Weiteres alle Anforderungen von Software für den Einsatz in sicherheitsrelevanten Bereichen erfüllen muss. Der Systemzulieferer hat deshalb in unserem Beispiel keine Regressansprüche gegen das Softwarehaus. Er bleibt also auf den Kosten sitzen, weil er versäumt hat, die geschuldete Vereinbarung im Vertrag mit dem Softwarehaus zu definieren.

7.1.2   Rechtsfolgen bei Schlechtleistung

Ist die Software nach den genannten Kriterien mangelhaft, spricht man von einer Schlechtleistung und der Verkäufer haftet dafür. Auf die Rechtsfolgen bei Schlechtleistung beim Kauf wurde oben schon im Rahmen der Abgrenzung zwischen Kauf- und Werkvertrag kurz eingegangen (siehe Kapitel 6.1.5).

Ist die gelieferte Software mangelhaft, muss der Verkäufer im Rahmen der Gewährleistung im Kaufrecht zunächst „Nacherfüllung" erbringen (§§ 437, 439 BGB). Nacherfüllung bedeutet, dass der Lieferant seine Vertragspflichten dadurch erfüllt, dass er entweder eine neue Software liefert oder den Mangel an der ursprünglich gelieferten Software (z. B. durch Austausch einer entsprechenden Komponente) behebt. Ob eine neue Software geliefert werden soll oder die ursprüngliche nur repariert werden soll, darf nach dem Gesetz der Auftraggeber, also der Käufer, entscheiden. Dazu kann er eine Frist setzen. Ist die Nacherfüllung für den Verkäufer mit unverhältnismäßig hohen Kosten verbunden, kann der Verkäufer die Nachbesserung verweigern. Verweigert er die Nacherfüllung oder gelingt ihm die Nacherfüllung nicht, z. B. weil die Ersatzsoftware ebenfalls mangelhaft ist oder die Reparatur erfolglos war, hat der Kunde das Recht, vom Vertrag zurückzutreten oder den Kaufpreis zu mindern.

Hat der Verkäufer den Mangel zu vertreten, kann der Käufer zudem Ersatz für den Schaden verlangen, der ihm durch den Mangel der Sache entstanden ist. Der Verkäufer hat einen Mangel dann zu vertreten, wenn der Mangel auf Fahrlässigkeit oder Vorsatz beruht (zum Begriff des „Vertretenmüssens" siehe Kapitel 5.1.2.9). Dies kann z. B. der Fall sein, wenn er eine neue Version einer Standardsoftware verkauft, ohne diese vorab entsprechenden Tests unterzogen zu haben. (Ob er auch bei ausreichenden Tests haften würde, hängt u.a. von den Umständen ab, die den Fehler verursacht haben; in der Regel wird der Verkäufer aber auch dann haften müssen. Ob die Aussage, Software könne nie ganz fehlerfrei sein, zu einem anderen Ergebnis führt – und zutrifft –, ist in der Rechtsprechung immer noch ungeklärt.) Wird in diesem Fall durch die mangelhafte Software ein mit der Software erstelltes Produkt des Käufers unbrauchbar, hat der Verkäufer Ersatz für diesen Schaden zu leisten.

Eine Besonderheit gibt es, wenn beide Vertragspartner Kaufleute, z. B. Unternehmen, sind, da dann die Regelungen des Handelsrechts anwendbar sind. Gilt Handelsrecht, hat der Käufer die Pflicht, die Ware nach Übergabe unverzüglich zu untersuchen und erkennbare Mängel unverzüglich und konkret zu rügen (sog. **kaufmännische Untersuchungs- und Rügepflicht**, § 377 HGB). Bei Standardsoftware bedeutet das, dass der Käufer die Programme unverzüglich in Betrieb nehmen und testen muss.

Mängel, die sich erst später zeigen, müssen unverzüglich nach der Entdeckung gerügt werden (§ 377 Abs. 3 und 4 HGB). Wenn die Rüge nicht rechtzeitig erfolgt, gilt die Ware

als genehmigt und der Käufer verliert seine diesbezüglichen Gewährleistungsansprüche (!). Eine Ausnahme gilt, wenn der Verkäufer den Mangel arglistig verschwiegen hat
(§ 377 Abs. 5 HGB); dann verliert der Käufer seine Gewährleistungsrechte auch dann nicht,
wenn er versäumt hat, den Mangel anzuzeigen und zu rügen.

❯ Beispiel:

> Der Lieferant verkauft und übergibt dem Kunden am 15.04.2017 ein Standard-
> Lohnprogramm zum Preis von 100.000 EUR. Am 01.08.2017 wird das Programm instal-
> liert und ein Probelauf durchgeführt. Dabei zeigen sich (nicht nur unwesentliche)
> Programmfehler. Diese werden vom Kunden am 03.08.2017 gerügt. Der Lieferant
> meint, die Rüge komme zu spät. Er verlangt (mit Recht) Bezahlung.

Diese Sonderregelung für Handelskäufe soll dazu führen, dass Handelskäufe schneller
und effizienter abgewickelt werden können als nach den Vorschriften des BGB. Gerechtfertigt wird dies durch die Erwartung, dass Teilnehmer am kaufmännischen Rechtsverkehr
über eine gewisse Erfahrung und Routine verfügen.

7.1.3   Verjährung und Gewährleistungsfrist

Es ist wichtig, die Begriffe Verjährung und Gewährleistungsfrist gegeneinander abzugren-
zen. Oft werden diese Begriffe synonym verwandt, obwohl es sich bei der Gewährleistungsfrist nur um eine Untergruppe, also einen Spezialfall der Verjährungsfristen, handelt.

7.1.3.1   Begriff der Verjährung

Unter „Verjährung" versteht man das Recht des Schuldners, nach Ablauf der Verjährungsfrist die Leistung zu verweigern (§§ 194 ff. BGB). Der Verjährungsbeginn beschreibt damit
den Zeitpunkt, ab dem der Schuldner sich weigern kann, einen gegen ihn gerichteten Anspruch zu erfüllen. Die Verjährung führt also nicht etwa dazu, dass der Anspruch nicht
mehr besteht, sondern nur dazu, dass er nicht mehr gerichtlich durchsetzbar ist, wenn der
Schuldner sich auf Verjährung beruft. Verjährung ist also so etwas wie eine Abwehrgrundlage, die der Schuldner der Anspruchsgrundlage des Gläubigers entgegenhalten kann.

Der Eintritt der Verjährung kann nur dadurch verhindert werden, dass der Anspruch vom
Gläubiger innerhalb der Verjährungsfrist gerichtlich geltend gemacht wird. Das ist auch
durch *gerichtlichen* Mahn*bescheid*, nicht aber durch eine übliche (private) Mahnung möglich. Oder dadurch, dass beide Seiten Verhandlungen über den Anspruch aufnehmen
(siehe dazu Kapitel 7.1.3.8).

Die Verjährung dient dem Schuldnerschutz und dem Rechtsfrieden. Ab einem gewissen
Zeitpunkt soll der Schuldner nicht mehr befürchten müssen, dass der Gläubiger noch
gegen ihn (gerichtlich) vorgehen kann. Daneben hat die Verjährung auch den Sinn, für
eine beschleunigte Abwicklung von Rechtsgeschäften zu sorgen und damit den Bedürfnissen des Wirtschaftsverkehrs Rechnung zu tragen.

7.1.3.2   Dauer der regelmäßigen gesetzlichen Verjährung

Die Dauer der sogenannten **regelmäßigen gesetzlichen Verjährungsfrist** beträgt drei Jahre (§ 195 BGB). „Regelmäßig" heißt in diesem Zusammenhang, dass diese Frist immer dann gilt, wenn im Gesetz oder im Vertrag nichts anderes geregelt ist.

Der Verjährungsbeginn richtet sich nach § 199 BGB:

§ 199 BGB

> „Die regelmäßige Verjährungsfrist beginnt mit dem Schluss des Jahres, in dem
>
> 1. der Anspruch entstanden ist und
>
> 2. der Gläubiger von den den Anspruch begründenden Umständen und der Person des Schuldners Kenntnis erlangt oder ohne grobe Fahrlässigkeit erlangen müsste."

Die Verjährungsregelung ist also relativ, d. h. der Verjährungsbeginn hängt davon ab, wann der Gläubiger vom Bestehen des Anspruchs erfahren hat oder hätte erfahren können. Die Ansprüche verjähren aber in der Regel spätestens 10 Jahre (§ 199 Abs. 4, § 199 Abs. 3 Nr. 1 BGB), in manchen Fällen spätestens 30 Jahre nach ihrem Entstehen (§ 199 Abs. 3 Nr. 2 BGB).

Die Regelverjährung nach den §§ 195, 199 BGB gilt grundsätzlich für alle privatrechtlichen Ansprüche, soweit vertraglich nichts Abweichendes vereinbart ist. Erfasst werden damit sowohl alle Ansprüche, die Hauptleistungspflichten des Vertrags betreffen, nämlich die Sachleistungs- und die Entgeltleistungspflicht, als auch Schadensersatzansprüche bzw. Ansprüche auf Rückabwicklung des Vertrags, es sei denn, diese ergeben sich aufgrund von Gewährleistungsansprüchen (siehe dazu Kapitel 7.1.3.4). Der Anspruch auf Kaufpreiszahlung verjährt also drei Jahre, nachdem die Anspruchsvoraussetzungen eingetreten sind und der Verkäufer davon Kenntnis hatte. Da der Kaufpreisanspruch mit Vertragsabschluss entsteht (§ 271 BGB), tritt die Verjährung drei Jahre nach Kaufvertragsschluss ein.

❯ **Beispiel:**

> Ein Kunde bestellt am 15.07.2017 bei einem Softwareunternehmen eine Standardsoftware. Diese wird ihm wie vereinbart geliefert. Der Anspruch auf den Kaufpreis verjährt mit Ablauf des 31.12.2020.

Neben der regelmäßigen Verjährungsfrist bestimmt das Gesetz eine zehnjährige Verjährungsfrist für Rechte an Grundstücken (§ 196 BGB) und die Verjährungsfrist von 30 Jahren für Herausgabeansprüche aus Eigentum, familien- und erbrechtliche Ansprüche, rechtskräftig festgestellte Ansprüche und Ansprüche auf Schadensersatz, die auf der Verletzung des Lebens, des Körpers, der Gesundheit oder der Freiheit beruhen (§§ 197, 199 BGB). Diese lange Verjährungsfrist beginnt unabhängig von der Kenntnis des Gläubigers von ihrem Entstehen (§ 199 Abs. 2, 3 und 4 BGB).

Die gesetzlichen Verjährungsfristen können grundsätzlich vertraglich abgeändert werden, so dass sowohl kürzere als auch längere Verjährungsfristen vertraglich vereinbart werden können. Nicht möglich ist es aber, die Verjährungsfrist über eine Frist von 30 Jahren hinaus auszudehnen (§ 202 BGB), weil das dem gesetzlichen Grundgedanken der Verjährung, nämlich Rechtsfrieden zu stiften, zuwider läuft.

7.1.3.3   Folgen der Verjährung

Die Folgen der Verjährung ergeben sich aus § 214 BGB:

§ 214 BGB: „Wirkung der Verjährung"

„(1) Nach Eintritt der Verjährung ist der Schuldner berechtigt, die Leistung zu verweigern.

(2) Das zur Befriedigung eines verjährten Anspruchs Geleistete kann nicht zurückgefordert werden, auch wenn in Unkenntnis der Verjährung geleistet wurde. Das Gleiche gilt von einem vertragsmäßigen Anerkenntnis sowie einer Sicherheitsleistung des Schuldners."

Die Verjährung beseitigt folglich den Anspruch nicht. Absatz 2 der Vorschrift zeigt, dass verjährte Forderungen weiterhin erfüllbar sind. Das bedeutet, der Schuldner kann auch nach der Verjährung den Kaufpreis noch bezahlen, obwohl die Kaufpreisforderung verjährt ist. Dies ist vor allem für den Fall von Bedeutung, dass jemand versehentlich den Kaufpreis bezahlt, obwohl die Kaufpreisforderung bereits verjährt ist. Dann kann das Geld nicht mit Hinweis auf die Verjährung zurückverlangt werden.

In einem Prozess wird die Verjährung nicht von Amts wegen berücksichtigt. Das bedeutet, der Schuldner muss von sich aus die „Einrede der Verjährung" geltend machen, d. h. er muss das Gericht auf die Verjährung hinweisen und sich auf die Verjährung berufen. In diesem Fall wird das Gericht die Klage abweisen. Beruft sich der Schuldner nicht auf die Verjährung, z. B. weil er sich der Verjährung nicht bewusst ist oder auch weil er das u. U. nicht will („Software von mir als Ehrenmann enthält keine Fehler: Wir lassen das gerichtlich klären!"), prüft das Gericht nur das Bestehen des Anspruchs und verurteilt den Schuldner zur Zahlung (oder im Beispiel ggf. zur Mängelbeseitigung), ohne sich um die eingetretene Verjährung zu kümmern.

7.1.3.4   Begriff der Gewährleistungsfrist

Bei der Gewährleistungsfrist handelt es sich um eine Sonderregelung der Verjährungsfrist. Als „Gewährleistungsfrist" bezeichnet man die Verjährungsfrist für Ansprüche wegen Mängeln. Die Gewährleistungsfrist weicht von der Regelverjährung von drei Jahren (siehe Kapitel 7.1.3.2) ab. Das bedeutet, sobald es um die Verjährung eines Mangelanspruchs geht, treten die Gewährleistungsfristen an die Stelle der regelmäßigen gesetzlichen Verjährungsfristen. Die Gewährleistungsfristen sind bei den einzelnen Vertragsarten, bei denen es Gewährleistungsansprüche gibt, gesetzlich geregelt. Die Vertragspartner können jedoch vertraglich in den allgemeinen Grenzen der Vertragsfreiheit, bei AGB in den Grenzen des AGB-Rechts, andere als die gesetzlichen Gewährleistungsfristen vereinbaren.

7.1.3.5   Beginn der gesetzlichen Gewährleistungsfrist

Da bei Standardsoftware Kaufvertragsrecht gilt, ist hier für den Beginn der Gewährleistungsfrist § 438 Abs. 2 BGB maßgeblich.

§ 438 Abs. 2 BGB:

> „(2) Die Verjährung beginnt bei Grundstücken mit der Übergabe, im Übrigen mit der Ablieferung der Sache."

Der Beginn der Gewährleistungsfrist ist also anders geregelt als der der regelmäßigen gesetzlichen Verjährung. Nicht erst mit Ende des Jahres, in dem die Standardsoftware gekauft wurde, sondern direkt mit der Übergabe beginnt die Gewährleistungsfrist zu laufen. Für den Fristbeginn genügt dabei die Übergabe der Standardsoftware mit der Benutzerdokumentation; nicht erforderlich ist, dass ein Probelauf durchgeführt wurde.

Die Gewährleistungsfrist beginnt übrigens auch dann zu laufen, wenn Mängel vorliegen. Die Frist beginnt jedoch erst dann, wenn der Kunde auch die echte Möglichkeit hatte, die Software zu untersuchen.

Im Werkvertragsrecht ist das ein wenig anders geregelt. Dort bestimmt § 634 a Abs. 2 BGB, dass die Gewährleistungsfrist mit der Abnahme zu laufen beginnt. Wird also Individualsoftware hergestellt, bestimmt der Zeitpunkt der Abnahme, nicht schon der der Übergabe, wann der Lauf der Gewährleistungsfrist beginnt (siehe dazu auch Kapitel 6.1.3).

7.1.3.6   Dauer der gesetzlichen Gewährleistungsfrist

Gewährleistungsrechte wegen Mängeln an Standardsoftware verjähren, soweit vertraglich nichts anderes geregelt ist, nach zwei Jahren (§ 438 Abs. 1 Nr. 3 BGB).

BGB § 438 BGB Verjährung der Mängelansprüche:

> (1) Die in § 437 Nr. 1 und 3 bezeichneten Ansprüche verjähren
>
> 1. in 30 Jahren, wenn der Mangel
>
> a) in einem dinglichen Recht eines Dritten, auf Grund dessen Herausgabe der Kaufsache verlangt werden kann, oder
>
> b) in einem sonstigen Recht, das im Grundbuch eingetragen ist,
>
> besteht,
>
> 2. in fünf Jahren
>
> a) bei einem Bauwerk und

b) bei einer Sache, die entsprechend ihrer üblichen Verwendungsweise für ein Bauwerk verwendet worden ist und dessen Mangelhaftigkeit verursacht hat, und

3. im Übrigen in zwei Jahren.

Ist die extra für den Kunden programmierte Individualsoftware mangelhaft, richtet sich die Gewährleistungsfrist nach einer Meinung nach Werkvertragsrecht, § 634a Abs. 1 Nr. 1 BGB, und nach einer anderen Meinung gem. § 651 BGB (Werklieferungsvertrag) nach Kaufrecht (siehe Kapitel Kapitel 6.1.1).

§ 634a BGB Verjährung der Mängelansprüche:

(1) Die in § 634 Nr. 1, 2 und 4 bezeichneten Ansprüche verjähren

1. vorbehaltlich der Nummer 2 in zwei Jahren bei einem Werk, dessen Erfolg in der Herstellung, Wartung oder Veränderung einer Sache oder in der Erbringung von Planungs- oder Überwachungsleistungen hierfür besteht,

2. in fünf Jahren bei einem Bauwerk und einem Werk, dessen Erfolg in der Erbringung von Planungs- oder Überwachungsleistungen hierfür besteht, und

3. im Übrigen in der regelmäßigen Verjährungsfrist.

Für Ansprüche, die die Herstellung, Veränderung, Pflege oder Wartung einer Sache betreffen, gilt ebenfalls eine Gewährleistungsfrist von zwei Jahren ab Abnahme.

Alle übrigen Ansprüche verjähren nach der regelmäßigen Verjährungsfrist von drei Jahren.

7.1.3.7   Vertragliche Gewährleistungsfrist

Die Gewährleistungsfristen können sowohl hinsichtlich ihrer Dauer als auch hinsichtlich ihres Beginns durch vertragliche Vereinbarungen abweichend von den gesetzlichen Vorgaben geregelt werden.

Für die Änderung der Gewährleistungsfristen gilt ebenfalls § 202 BGB. Gemäß dieser Vorschrift können die gesetzlichen Gewährleistungsfristen nur durch Vereinbarung zwischen den Vertragspartnern abgeändert werden, d. h. nicht durch einseitige Erklärung von einem der Vertragspartner (derjenige, der sich auf die Verjährung berufen könnte, kann aber – auch zeitlich beschränkt – darauf verzichten, etwa, um zu vermeiden, dass der andere nur zur Verhinderung von Verjährung Klage einreicht (siehe dazu Kapitel 7.1.3.8). Zudem kann die Gewährleistungsfrist nicht über 30 Jahre hinaus verlängert werden. Bei Verjährungsregelungen in AGB sind zusätzlich noch die §§ 307 ff. BGB zu beachten (siehe dazu Kapitel 4).

7.1.3.8   Verlängerung der Verjährungs- und der Gewährleistungsfrist

Die Verjährungsfrist, d. h. auch die Gewährleistungsfrist als Spezialregelung der Verjährungsfrist, wird durch bestimmte Ereignisse in ihrem Lauf gehemmt. Die Hemmung der Verjährung bedeutet, dass die Verjährung in dieser Zeit nicht weiterläuft, dass also der Zeitraum der Hemmung nicht in die Verjährungsfrist eingerechnet wird (wie z. B. Time-Out beim Basketball).

Das Gesetz bestimmt in den §§ 203 ff. BGB verschiedene Ereignisse, durch die die Verjährung gehemmt wird. Die in diesem Zusammenhang für die Praxis wichtigsten Hemmungsgründe sind die „Hemmung aufgrund von Rechtsverfolgung" (§ 204 BGB) und die „Hemmung aufgrund von Verhandlungen" (§ 203 BGB).

Die Verjährung kann durch Rechtsverfolgung gehemmt werden, z. B. indem man Klage bei Gericht erhebt. Dies ist auch noch am letzten Tag vor Ablauf der Frist möglich. Zwar gilt die Klage erst dann als erhoben (und damit als fristhemmend), wenn die Klageschrift dem Gegner zugestellt wurde (§ 253 ZPO). Eine Ausnahme gilt jedoch dann, wenn die Zustellung an den Gegner „demnächst" erfolgt ist (§ 167 ZPO). Dann genügt für die Fristhemmung auch der Eingang der Klageschrift bei Gericht. Damit genügt es also für die Hemmung der Verjährung, wenn die Klage am letzten Tag der Frist eingereicht wird. Ist dann aber die Zustellung nicht „demnächst" möglich, weil z. B. der Beklagte in der Klageschrift falsch bezeichnet und damit nicht zu ermitteln ist, tritt keine Verjährungshemmung ein. Fehler des Gerichts gehen hier zwar in der Regel nicht zu Lasten des Klägers, aber dann, wenn die Zustellung sehr viel später (wohl mindestens mehrere Monate) erfolgt. Nicht nur deshalb (sondern auch, weil sonst noch unvorhergesehene Umstände hinzukommen können) sollte man Fristen nicht bis zuletzt ausnutzen.

Sehr wichtig in der Praxis ist die Möglichkeit, gemäß § 203 BGB die Verjährung durch Verhandlungen zu hemmen. Zwar hemmt eine Mängelmeldung durch den Kunden die Verjährung nicht. Verhandelt der Lieferant jedoch über die Mangelansprüche, führen die Verhandlungen zu einer Hemmung der Verjährung, bis sie abgebrochen werden. Ein Abbruch der Verhandlungen liegt z. B. dann vor, wenn der Lieferant erklärt, er habe den Mangel beseitigt, es liege kein Mangel vor oder indem er die Mangelbeseitigung endgültig verweigert. Der Lieferant muss durch sein Verhalten aber klar und deutlich erkennen lassen, dass er sich auf Verhandlungen nicht mehr einlässt. Die Verjährung tritt dann spätestens drei Monate nach dem Ende der Verhandlungen ein.

❯ Beispiel:

Der Kunde hat beim Softwarehaus am 01.07.2016 Standardsoftware gekauft. Im Vertrag wurde die Gewährleistungsfrist auf zwölf Monate beschränkt. Am 26.06.2017, also vier Tage vor Fristablauf, entdeckt der Kunde, dass die Software seiner Meinung nach mangelhaft ist, und meldet diesen Mangel dem Softwarehaus. Das Softwarehaus teilt mit, man werde sich schon einig werden und es wolle erst einmal die Mängelmeldung prüfen. Das Softwarehaus braucht vier Wochen, um die Mängelmeldung zu überprüfen. Am 24.07.2017 lehnt das Softwarehaus die Mängelbeseitigung endgültig ab, weil davon ausgegangen wird, es handle sich nicht um einen Mangel der Software, sondern um einen Bedienungsfehler. Der Anspruch verjährt drei Monate nach Ende der Verhandlungen, also am 24.10.2017. Um die Verjährung zu verhindern, muss der Kunde nun spätestens am 24.10.2017 Klage einreichen.

In der Praxis kann es für den Lieferanten also schlecht sein, sich auf Verhandlungen wegen der Mängelbeseitigung kurz vor Fristablauf einzulassen. Unter Verhandlungen versteht man in diesem Fall nämlich jeden Meinungsaustausch über den Anspruch, solange der Schuldner, also der Kunde, klargestellt hat, dass er einen Anspruch geltend macht und worauf er ihn stützt. Der Lieferant tritt immer dann in verjährungshemmende Verhandlungen ein, wenn er Erklärungen abgibt, die den Kunden zu der Annahme berechtigen, der Lieferant lasse sich darauf ein, die Berechtigung des Anspruchs zu erörtern.

7.1.3.9   Neubeginn der Verjährungs- und der Gewährleistungsfrist

Ebenfalls problematisch kann es für den Lieferanten sein, wenn er die Mängelbeseitigung vornimmt oder eine Ersatzsache liefert. Denn darin sieht die Rechtsprechung ein Anerkenntnis des Anspruchs, das nicht etwa zu einer Hemmung der Frist führt, sondern dazu, dass die Verjährungsfrist neu, und zwar in voller (gesetzlicher oder vertraglich vereinbarter) Länge, zu laufen beginnt.

Zum Neubeginn der Verjährungsfrist bestimmt § 212 BGB:

§ 212 BGB: „Neubeginn der Verjährung"

„(1) Die Verjährung beginnt erneut, wenn

1. der Schuldner dem Gläubiger gegenüber den Anspruch durch Abschlagszahlung, Zinszahlung, Sicherheitsleistung oder in anderer Weise anerkennt oder

2. eine gerichtliche oder behördliche Vollstreckungshandlung vorgenommen oder beantragt wird."

Es ist also bei Beseitigung eines Fehlers des Software-Produkts höchste Vorsicht geboten, zumal gerade bei Software sich der Lauf der neuen Gewährleistungsfrist nicht nur auf etwaige neue oder reparierte Teile, sondern auch auf das gesamte Produkt beziehen kann. Höchstrichterliche Rechtsprechung zu dieser spannenden und für die Praxis enorm wichtigen Frage gibt es derzeit noch nicht. Daher sollte der Lieferant, ist er der Ansicht, er schulde keine Mängelbeseitigung, weil der Mangel z. B. durch unsachgemäße Verwendung der Software entstanden ist, sehr deutlich machen, dass er die Mängelbeseitigung ablehnt, oder zumindest ganz deutlich darauf hinweisen, dass ein Mangel seiner Meinung nach nicht vorliegt, er aber die Mängelbeseitigung ungeachtet dessen aus Kulanz gegenüber dem Kunden erbringt.

7.1.4   Garantie

Die Garantie wird oft mit der Gewährleistung verwechselt. Während es sich bei den Ge-
währleistungsrechten um gesetzlich verankerte Rechte des Kunden bei Mängeln handelt,
ist die Garantie eine über die gesetzliche Pflicht zur Gewährleistung hinausgehende, vom
Lieferanten (Händler oder Hersteller) *freiwillig* übernommene Verpflichtung gegenüber
dem Kunden. Eine Garantie besteht darin, dass der Händler oder Hersteller dem Kunden
ein bestimmtes Handeln oder die Beschaffenheit einer Sache vertraglich zusichert und
unabhängig von seinem Verschulden erklärt, dass er dafür haftet, dass die Sache die Eigenschaft hat, für die er die Garantie gegeben hat.

Garantien werden hauptsächlich aus wettbewerblichen Gründen zur Kundenbindung
gegeben.

Der Begriff der Garantie wird in sehr vielen Bereichen benutzt. Für die IT-Branche sind vor
allem zwei Garantiearten von Bedeutung, die Beschaffenheits- und die Haltbarkeitsgarantie. Beide Garantien sind in § 443 BGB geregelt.

7.1.4.1   Beschaffenheitsgarantie

Gibt man eine Beschaffenheitsgarantie ab, bedeutet die Zusicherung gegenüber dem Kunden, dass die Kaufsache, z. B. die Standardsoftware, eine bestimmte Eigenschaft hat.

❯ **Beispiel:**

   „garantiert kompatibel zu Microsoft Windows 10..."

Der Unterschied zur normalen Gewährleistung ist hierbei, dass der Lieferant, der eine
Garantie abgibt, verschuldensunabhängig dafür einsteht und auch dafür haftet, dass die
Software tatsächlich die Eigenschaft hat, die im Rahmen der Garantie zugesichert wurde.
Das Beispiel zeigt, dass die Übernahme einer Garantie sehr gefährlich ist.

7.1.4.2   Haltbarkeitsgarantie

Bei einer Haltbarkeitsgarantie sichert der Lieferant zu, dass die Sache, also z. B. die Hardware, die vereinbarte Beschaffenheit für eine bestimmte Dauer behält.

Die Übernahme einer solchen Garantie bewirkt u.a. auch, dass der Kunde nicht beweisen
muss, dass der Mangel schon vorlag, als er die Ware vom Lieferanten bekommen hatte. Es
handelt sich damit um eine sogenannte Beweislastumkehr, da ohne die Garantie der Kunde derjenige wäre, der beweisen müsste, dass der Mangel bereits bei Abnahme bzw. Ablieferung vorhanden war (siehe zur Beweislast auch Kapitel 5.3).

Der Lieferant kann die Vermutung, dass der Mangel bereits bei der Ablieferung vorhanden war, dadurch widerlegen, dass er das Gegenteil beweist. Er muss dann z. B. beweisen,
dass der Fehler auf der unsachgemäßen Anwendung der Software durch den Kunden
beruht. Gelingt ihm dieser Beweis, haftet er nicht für den Mangel.

7.1.5   Anpassung von Standardsoftware

Sehr oft kauft der Kunde beim Softwarehaus nicht nur Standardsoftware, sondern erwartet auch gewisse Anpassungsleistungen, um die Software im eigenen Betrieb einsetzen zu können. Sind solche Anpassungsleistungen vereinbart, stellt sich die Frage, wie diese im Verhältnis zur Überlassung von Standardsoftware rechtlich einzuordnen sind, welche Folgen z. B. eine mangelhafte Anpassungsleistung hat.

7.1.5.1   Rechtsfolgen bei mangelhafter Anpassungsleistung

Um zu wissen, welche Rechtsfolgen die Fehlerhaftigkeit der Anpassung hat, muss zuerst geprüft werden, um welche Vertragsart es sich handelt. Das kann je nach Sachverhalt unterschiedlich sein.

Es ist möglich, dass ein weiteres Softwarehaus mit den Anpassungen beauftragt wird. Dann wird diese Leistung also unabhängig vom Kaufvertrag erbracht. Die Anpassung ist in diesem Fall ein Werkvertrag, da die Veränderung einer Sache ebenfalls unter Werkvertragsrecht (oder Werklieferungsvertragsrecht) fällt (siehe dazu oben Kapitel 6.1.1). Wird also eine Anpassungsleistung mangelhaft erbracht und war nur diese geschuldet, sind die Gewährleistungsrechte aus dem Werkvertragsrecht anwendbar (siehe dazu bereits oben Kapitel 6.1.5). Die Anpassungsleistung kann so umfangreich sein, dass sie als Erstellung von Individualsoftware angesehen werden kann, für die ebenfalls Werkvertragsrecht gilt (siehe dazu Kapitel 7.2).

Problematischer ist die Einordnung des Vertrags, wenn der gleiche Vertragspartner, der die Standardsoftware überlässt, die Anpassungsleistungen erbringt. Dann handelt es sich beim Vertrag entweder um einen Kauf-, einen Werk- oder einen sogenannten gemischten Vertrag, d.h. einen Vertrag, für den teilweise Kauf- und teilweise Werkvertragsrecht gilt (vgl. oben Kapitel 6.1.7). Welche Regelungen dann anwendbar sind, ist im Einzelfall oft schwer zu sagen und hängt von den Umständen ab, wenn dies nicht genau geregelt ist. Dies kann z. B. durch eindeutige Trennung der Leistungen im Vertrag und durch eindeutige Zuordnung der unterschiedlichen Rechtsfolgen zur jeweiligen Leistung erfolgen (siehe Beispiel in Kapitel 6.1.7).

Haben die Vertragspartner nicht deutlich gemacht, dass sie die unterschiedlichen Leistungen auch unterschiedlich behandeln wollen, kommt es für die Einordnung des Vertrages in der Regel darauf an, welche der Leistungen den Vertrag prägt. Ist die Hauptleistung die Überlassung der Standardsoftware und spielt die Anpassung im Vergleich dazu nur eine sehr untergeordnete Rolle, so gilt für den gesamten Vertrag Kaufvertragsrecht mit den kaufrechtlichen Rechtsfolgen (siehe dazu Kapitel 6.1.5). Prägt die Anpassungsleistung den Vertrag, weil die Standardsoftware so erheblich angepasst werden muss, dass die Überlassung der Standardsoftware dadurch kaum noch ins Gewicht fällt, so gilt Werkvertragsrecht mit den werkvertraglichen Rechtsfolgen (siehe dazu ebenfalls Kapitel 6.1.5).

Das hat dann z. B. die Folge, dass die Standardsoftware abgenommen werden muss, damit der „Kaufpreis" fällig wird und die bloße Übergabe der Standardsoftware für die Fälligkeit der Vergütung nicht ausreicht. Ab welcher Gewichtung der Leistungen der Vertrag nach der Rechtsprechung welcher Vertragsart unterliegt, wurde oben in Kapitel 6.1.7 ausführlich dargelegt.

Da die Frage, wann welche Vertragsart vorliegt, d.h. wann welche Leistung den Vertrag dominiert, trotz der erwähnten Vorgaben durch die Gerichte in vielen Fällen nach wie vor schwer zu beurteilen ist und die Anwendung von Kaufrecht auf werkvertragliche Leistungen bzw. die Anwendung von Werkvertragsrecht auf den Kauf von Standardsoftware oft nicht sachgerecht ist, sollte bei der Vertragsgestaltung klar zwischen beiden Leistungen und den entsprechenden Rechtsfolgen unterschieden werden, damit deutlich wird, welche Regeln auf welchen Vertragsteil anwendbar sein sollen.

7.2 Erstellung von Software: Individualsoftware

Individualsoftware ist Software, die auf Bestellung und nach den Vorstellungen des Kunden hergestellt wurde. Die Praxis geht davon aus, dass Individualsoftware typischerweise Gegenstand eines Werkvertrags (oder Werklieferungsvertrags) ist (siehe Kapitel 6.1).

7.2.1 Geschuldete Beschaffenheit

Ob ein Werkvertrag ordnungsgemäß erfüllt wurde, bestimmt sich danach, was die Vertragspartner vereinbart haben, d.h. die Software muss die geschuldete Beschaffenheit aufweisen. Bei der Individualprogrammierung richtet sich die geschuldete Beschaffenheit nach den vertraglichen Vereinbarungen. Hierzu muss der Kunde zunächst einmal seine Wünsche und Vorgaben mitteilen.

Die gesetzliche Regelung, wann in einem Werkvertrag ein Mangel vorliegt, findet sich in § 633 Abs. 2 BGB und ist ähnlich aufgebaut wie oben bereits für den Kaufvertrag beschrieben.

§ 633 BGB Sach- und Rechtsmangel:

(1) [...]

(2) Das Werk ist frei von Sachmängeln, wenn es die vereinbarte Beschaffenheit hat. Soweit die Beschaffenheit nicht vereinbart ist, ist das Werk frei von Sachmängeln,

1. wenn es sich für die nach dem Vertrag vorausgesetzte, sonst

2. für die gewöhnliche Verwendung eignet und eine Beschaffenheit aufweist, die bei Werken der gleichen Art üblich ist und die der Besteller nach der Art des Werkes erwarten kann.

Einem Sachmangel steht es gleich, wenn der Unternehmer ein anderes als das bestellte Werk oder das Werk in zu geringer Menge herstellt.

Das Werk ist also dann mangelfrei, wenn es die vereinbarte Beschaffenheit aufweist; soweit diese nicht vereinbart ist, wenn es sich für die nach dem Vertrag vorausgesetzte Verwendung eignet. Man spricht in diesem Zusammenhang von der Soll- und der Ist-Beschaffenheit: Das, was vereinbart wurde, ist die Soll-Beschaffenheit. Das tatsächlich gelieferte Werk hat die Ist-Beschaffenheit. Sind Soll- und Ist-Beschaffenheit deckungsgleich, ist die Software mangelfrei, decken sich die Vorgaben (Soll-Beschaffenheit) und das tatsächliche Werk (Ist-Beschaffenheit) nicht, liegt ein Mangel vor.

Weiterhin muss die Software sich für die **gewöhnliche Verwendung** eignen und diejenige Beschaffenheit aufweisen, die bei Werken der gleichen Art üblich ist und die der Kunde (deshalb berechtigterweise) erwarten kann.

❯ Beispiel:

Das Softwarehaus und der Kunde vereinbaren, dass das Softwarehaus ein spezielles Warenwirtschaftsprogramm für den Kunden entwickeln soll. Neben der Lieferung des Programms wird die Herstellung einer Benutzerdokumentation vereinbart. Das Softwarehaus schreibt ein äußerst kurzes „Manual" und bezeichnet dieses als „Benutzerdokumentation". Der Kunde rügt, dieses „Manual" entspräche nicht den Vorgaben einer (ordnungsgemäßen) Benutzerdokumentation. Zudem richte es sich nicht an Benutzer, sondern sei im Wesentlichen nur für Anwendungsprogrammierer verständlich, die mit der Programmierung in dieser speziellen Programmiersprache vertraut seien. Der Kunde fordert das Softwarehaus auf, eine Benutzerdokumentation nachzuliefern, die dem entspricht, was üblicherweise eine Benutzerdokumentation ausmacht.

Im obigen Beispiel hat der Kunde Recht: Das vom Softwarehaus gelieferte „Manual" entspricht nicht dem, was der Kunde erwarten durfte. Die Soll-Beschaffenheit weicht von der Ist-Beschaffenheit ab. Denn unter einer Benutzerdokumentation wird üblicherweise mehr verstanden, als das Softwarehaus geliefert hat. Die gewöhnliche Verwendung einer Benutzerdokumentation dient dazu, den Benutzern konkrete Hilfe bei der Programmanwendung zu bieten. Dies würde ein Gutachter in einem Gerichtsprozess genauso feststellen und die Lieferung des „Manuals" als mangelhaft bezeichnen.

Kein Problem hätte die Lieferung der sehr einfach gehaltenen Benutzerdokumentation dargestellt, wenn dies im Vertrag konkret so vereinbart worden wäre (z. B. weil alle Nutzer auf Seiten des Kunden auch mit einem so einfach gehaltenen „Manual" mit dem Programm arbeiten können, was insbesondere bei Individualprogrammierung häufig der Fall ist). Das heißt, wird im Vertrag nicht konkret bestimmt, wie die Leistung aussehen soll, bemisst sich die Leistung am üblichen Standard. Dabei hat der Lieferant den vorgegebenen Ansatz in **mittlerem Ausführungsstandard** umzusetzen. Das bedeutet, bildlich gesprochen, dass kein Bentley geschuldet ist, sondern (nur) ein Wagen der Golfklasse.

Das Beispiel macht deutlich, wie wichtig es ist, im Vertrag genaue Festlegungen und Spezifikationen zu treffen.

Bei der Erstellung von Individualsoftware werden diese Spezifikationen häufig in einem sogenannten „**Pflichten- und Lastenheft**" zusammengefasst. Dieses ist in der Praxis von erheblicher Bedeutung, denn dort wird der Leistungsinhalt konkretisiert und damit festgelegt, wie die Software beschaffen sein muss. Es dient dem Lieferanten als Leitfaden dessen, was er herzustellen hat. Im Streitfall ist es anhand des Pflichten- und Lastenhefts möglich, zu beweisen, ob die Software den Vorgaben entspricht, ob also die Soll- und die Ist-Beschaffenheit deckungsgleich sind. Es sollte daher als **beweisgeeignetes Dokument der Beschaffenheitsvereinbarung** möglichst sorgfältig und konkret formuliert werden. Fehlerhafte, unvollständige oder gar unterbliebene Spezifikationen im Pflichtenheft sind oftmals Gegenstand von Streitigkeiten zwischen dem Lieferanten und dem Kunden.

Hat der Lieferant einer vertraglichen Spezifikation zugestimmt, ist er verpflichtet, ein Programm herzustellen, das diesen Vorgaben entspricht. Der Kunde ist gleichzeitig verpflichtet, das Programm, das diesen Vorgaben und Vereinbarungen entspricht, als Erfüllung des Vertrags abzunehmen.

Da Verträge grundsätzlich auch mündlich geschlossen werden können, ist es auch möglich, die Spezifikationen nur mündlich zu vereinbaren. Erklärt der Kunde im Gespräch, welche Vorgaben die Software erfüllen soll, und stimmt der Lieferant zu, wird auch diese mündliche Mitteilung Vertragsinhalt. Die Vertragspartner haben sich dann konkret darauf geeinigt, was der Lieferant herstellen soll. Wenn Streit darüber entsteht, ob die Software dem Vereinbarten entspricht, wird es ohne Pflichten- und Lastenheft allerdings schwierig, vor Gericht zu beweisen, welche Vorgaben die Software erfüllen sollte und inwieweit sie diesen Vorgaben entspricht. Daher ist dringend zu raten, die Vorgaben schriftlich festzuhalten.

Oft ergeben sich die konkreten Vorgaben erst im Laufe des Vertrages bzw. die Spezifikationen lassen oft unvermeidbare oder gewollte Entscheidungsspielräume, die in Absprache oder zusammen mit dem Kunden „gefüllt" werden müssen. Daher sollte vertraglich vereinbart werden, dass das Pflichten- und Lastenheft während des Projekts fortgeschrieben wird.

Von der Fortschreibung der Spezifikationen ist das **Change-Request-Verfahren** zu unterscheiden. Während es bei den Spezifikationen um die konkrete Leistungsbeschreibung und -festlegung geht, werden im Change-Request-Verfahren Änderungen des Projekts, d.h. Änderungen der Vorgaben und Vereinbarungen, in einem formalen Verfahren festgelegt. Diese Änderungsanforderung bezeichnet einen formalisierten Wunsch nach Veränderung der Eigenschaften einer bestimmten Programmversion. Jede Änderungsanforderung wird dann in einem kontrollierten Prozess, der vorab im Vertrag so festgelegt wurde, bewertet, entschieden und kommuniziert. Zumeist werden diese Änderungsverfahren von der Projektleitung, die sich aus Mitarbeitern beider Vertragspartner zusammensetzt, durchgeführt. Beim Change-Request-Verfahren handelt es sich nicht um ein gesetzlich geregeltes Verfahren, sondern um einen im Vertrag festgelegten Einigungsmodus mit dem Ziel einer Vertragsänderung.

> **Beispiel:**

Ein Softwarehaus erstellt für den Kunden ein Datenbanksystem. Zwischenzeitlich entscheidet der Kunde, die komplette IT seiner Firma auf ein anderes Betriebssystem
umzustellen. Wenn diese neue Anforderung an das Datenbanksystem durch ein Change-Request-Verfahren kommuniziert und entschieden wird, muss das Softwarehaus
ggf. gegen höhere Vergütung und mit Terminverschiebung dafür sorgen, dass das Datenbanksystem unter dem neuen Betriebssystem funktioniert. Das gilt nur, wenn ein
Change-Request-Verfahren vertraglich festgelegt wurde; so eine Regelung ist also
sehr wichtig. Denn anderenfalls kann sich das Softwarehaus auf den Grundsatz „Verträge sind einzuhalten" berufen und eine Datenbank liefern, die den ursprünglichen
Anforderungen entspricht, es sei denn, das würde grob gegen Treu und Glauben verstoßen. Der Kunde hätte in diesem Fall nur die (eher unwirtschaftliche, siehe Kapitel 6.1.6) Möglichkeit zur Kündigung.

Ebenfalls als Mangel gilt die Falschlieferung, d.h. die Lieferung einer an sich fehlerfreien
Sache, die aber nicht vertraglich geschuldet war.

> **Beispiel:**

Ein Krankenhaus schließt mit dem Softwarehaus einen Vertrag über die Herstellung
von Software für die Verwaltung von Patientendaten. Stattdessen bekommt es eine
voll funktionstüchtige Software für die Lagerverwaltung.

7.2.2   Verletzung von Mitwirkungspflichten seitens des Kunden

Jeder Vertrag formuliert nicht nur Pflichten, die der Lieferant zu erfüllen hat (z. B. Programmerstellung), sondern auch solche, die der Kunde zu erfüllen hat (z. B. Bezahlung des
gelieferten Programms). Neben den im Vertrag genannten Hauptleistungspflichten, d.h.
den Pflichten, die sich unmittelbar aus dem Charakter des geschlossenen Vertrags ergeben
und derentwegen die Vertragspartner den Vertrag überhaupt geschlossen haben, gibt es
Nebenpflichten. **Nebenpflichten** sind auf die Herbeiführung des Leistungserfolgs, d.h. auf
die Vertragserfüllung, bezogen und ergänzen die Hauptleistungspflichten. Sie dienen der
Vorbereitung, Durchführung und Sicherung der Hauptleistungspflichten. Typische Nebenpflichten sind z. B. Schutzpflichten gegenüber Arbeitnehmern. Bei einem Vertrag über
Programmerstellung ist es eine der Hauptleistungspflichten des Bestellers, das Werk abzunehmen, wenn es den Vorgaben entspricht, und die vereinbarte Vergütung zu bezahlen.

Weitere Nebenpflichten des Kunden sind die sogenannten **Mitwirkungspflicht**en. Ob und
inwieweit der Kunde bei der Vertragsdurchführung mitwirken muss, wird im individuellen Vertragsteil geregelt oder ergibt sich durch Auslegung des Vertrags. Soweit Mitwirkungspflichten des Kunden bestehen, trägt er die Kosten für seine Mitwirkung. Soweit es
sich bei den Mitwirkungspflichten des Kunden nicht um echte Pflichten des Kunden im
Rechtssinne handelt, weil sie nicht einklagbar sind, werden sie als „Obliegenheiten" be-

zeichnet, da an ihre Verletzung Rechtsnachteile geknüpft sind (siehe dazu oben Kapitel 5.1.2.1).

Mitwirkungspflichten im IT-Bereich können, je nach Vertragsinhalt, die Bereitstellung von Unterlagen über die Entwicklungs- und Zielumgebung sein, das Bereitstellen von Testfällen und auch das Testen selbst. Solche Nebenpflichten müssen nicht ausdrücklich im Vertrag festgelegt werden, da sie sich häufig auch ohne ausdrückliche Nennung aus dem Vertrag ergeben. Oft ist es jedoch ratsam, z. B. das Bereitstellen von Testfällen vertraglich zu regeln. Allerdings ist darauf zu achten, dass Nebenpflichten des Kunden nur dann vereinbart werden, wenn dies wirklich erforderlich ist. Denn ist der Kunde an zu vielen Prozessen beteiligt, kann das zu unnötigen Verzögerungen und Abstimmungsschwierigkeiten führen.

Wirkt der Kunde nicht ordnungsgemäß mit, kommt es für die Konsequenzen darauf an, ob die Mitwirkung eine echte einklagbare Pflicht oder nur eine Obliegenheit ist. Eine echte Pflicht ist die Mitwirkung, wenn sie als Hauptleistungspflicht im Vertrag festgeschrieben war oder wenn durch die Verweigerung der Pflichterfüllung der Vertragszweck gefährdet wird. Sonst ist die Mitwirkung in der Regel nur eine Obliegenheit, es ist also Sache des Kunden, ob er mitwirken möchte oder nicht. Tut er es nicht, so muss er die Nachteile tragen, die sich daraus ergeben, dass der Lieferant das Programm nicht oder nicht seinen Wünschen entsprechend fertigstellen kann. Der Lieferant kann jedoch den Kunden, der seinen Mitwirkungspflichten nicht nachkommt, durch eine Mahnung in Annahmeverzug setzen (§ 642 BGB) und nach nutzlosem Fristablauf dann eine entsprechende Entschädigung dafür verlangen, dass er seine Arbeitskraft und -mittel unproduktiv bereithält. Dieser Entschädigungsanspruch besteht neben dem Vergütungsanspruch für das Programm, d. h. wird das Programm später (doch noch) fertiggestellt, erhält der Lieferant die vereinbarte Bezahlung, unabhängig davon, dass er bereits eine Entschädigung erhalten hat.

Der Lieferant kann dem Kunden jedoch auch eine entsprechende Frist setzen und die Vertragskündigung androhen, falls der Kunde seinen Mitwirkungspflichten nicht nachkommt (§ 643 BGB). Nach erfolglosem Fristablauf gilt der Vertrag dann als aufgehoben und der Lieferant kann die Vergütung für den Teil des Programms verlangen, den er bereits hergestellt hat, zzgl. des kalkulierten Gewinns. Der Lieferant muss sich auf diesen Anspruch allerdings anrechnen lassen, was er anderweitig an Einnahmen erzielt oder böswillig zu erwerben unterlassen hat, sogenannte **ersparte Aufwendungen**.

7.2.3   Abnahme

Eine Hauptleistungspflicht des Bestellers ist es, das Werk abzunehmen. Der Kunde ist dann zur Abnahme verpflichtet, wenn das Werk vertragsgemäß ist und nicht wegen der Beschaffenheit des Werks die Abnahme ausgeschlossen ist. Ausgeschlossen ist die Abnahme dann, wenn das Werk mangelhaft ist, d.h. die Ist- von der Soll-Beschaffenheit abweicht (§ 640 Abs. 1, S. 1 BGB). Wegen unwesentlicher Mängel kann die Abnahme jedoch nicht verweigert werden (§ 640 Abs. 1, S. 2 BGB), diesbezüglich können jedoch die Gewährleistungsrechte geltend gemacht werden.

Das bedeutet, der Kunde kann das Werk, z. B. die Software, einer Abnahmeprüfung unterziehen und bei Erfolg die Abnahme erklären. Bei Softwareverträgen werden zumeist Abnahmetests vertraglich vereinbart, nach deren erfolgreicher Durchführung die Abnahme erfolgen muss.

Nimmt der Kunde die Software nicht ab, obwohl sie den Vorgaben aus dem Vertrag entspricht, d.h. obwohl der Kunde die Pflicht hat, die Software abzunehmen, kann der Lieferant dem Kunden eine Frist zur Abnahme setzen. Nach erfolglosem Ablauf dieser Frist gilt die Software als abgenommen, d.h. die Abnahme wird fingiert (§ 640 Abs. 1, S. 3 BGB). Der Kunde hat auch die Möglichkeit, ein Werk trotz Mängeln abzunehmen. Dann muss er sich jedoch das Recht, seine Ansprüche wegen der Mängel geltend zu machen, also insbesondere den Nachbesserungsanspruch, bei der Abnahme ausdrücklich vorbehalten (§ 640 Abs. 2 BGB).

Da die Abnahme wegen unwesentlicher Mängel nicht verweigert werden darf, ist es für den Lieferanten wichtig zu wissen, wann ein Mangel unwesentlich ist. Die Rechtsprechung bezeichnet einen Mangel als unwesentlich, wenn es dem Kunden zumutbar ist, die Leistung als im Wesentlichen vertragsgemäße Erfüllung anzunehmen und sich mit seinen Mängelrechten zu begnügen. Da hier die Abgrenzung schwierig sein kann (was ist zumutbar?), sollten im Vertrag Abnahmekriterien vereinbart werden, um Konflikte zu vermeiden.

Die Abnahmeprüfung ist zwar Sache des Kunden, er ist zu einer solchen Prüfung aber nicht verpflichtet (nur zur Abnahme!). Unterlässt er die Prüfung aber, läuft er Gefahr, nach Abnahme die später festgestellten Mängel nicht mehr geltend machen zu können oder zumindest einen Teil des Schadens, der aufgrund der mangelhaften Software entstanden ist, wegen Mitverschuldens selbst tragen zu müssen. Für den Lieferanten kann es in vielen Fällen sinnvoll sein, bei der Abnahmeprüfung mitzuwirken, um die Abgabe der Abnahmeerklärung durch den Kunden zu beschleunigen.

7.3   Pflege von Software

In der Praxis wird neben der Überlassung oder Erstellung der Software oft auch deren Pflege vereinbart. Dabei werden in Verträgen die Begriffe „Pflege" und „Wartung" vielfach synonym verwendet. Im Folgenden wird nur von der Pflege der Software die Rede sein, weil die Begriffe der Wartung oder Instandhaltung eher im Bereich der Hardware angewandt werden. Da die Maßnahmen, die bei Pflege von Software und bei Wartung oder Instandhaltung von Hardware zu ergreifen sind, recht unterschiedlich sind, dient die Beschränkung auf einen der Begriffe im Zusammenhang mit Software auch der Klarheit.

7.3.1   Inhalt der Pflege

Es besteht in der Praxis keine 100%-ige Einigkeit darüber, was alles unter „Pflege" zu verstehen ist. Vielfach versteht man darunter die Fehlerbeseitigung, die Lieferung von Weiterentwicklungen und die telefonische Unterstützung bei Programmfehlern, evtl. auch bei Fragen zur Handhabung der Programme. Wie diese drei genannten Aufgaben jedoch im Einzelnen ausgeformt sind, z. B., ob im Rahmen der Weiterentwicklung nur kleinere Änderungen oder auch neue Generationen geliefert werden müssen und welche anderen Pflichten hinzutreten, ist aufgrund der Unbestimmtheit des Begriffs „Pflege" nicht klar und bedarf damit der vertraglichen Vereinbarung.

Teilweise wird in der Praxis zwischen „Vollpflege" und „Upgrade-Pflege" unterschieden. Die Vollpflege soll dabei die Lieferung aller weiterentwickelten Versionen, die telefonische Unterstützung und die Mängelbeseitigung enthalten. Die Upgrade-Pflege bedeutet dann nur die Lieferung von neuen Versionen mit etwas Weiterentwicklung (oft Updates genannt) gegen pauschale Vergütung, nicht aber von Versionen mit viel Weiterentwicklung (hierfür muss der Anwender anders als bei der Vollpflege zahlen). „Update-Service" bedeutet dagegen meist nur die Übernahme der Pflicht zum Verkauf weiterentwickelter Versionen und ggf. Bereitstellung kostenloser Korrekturversionen. Da diese Begriffe in der Praxis nicht so eingeführt sind, dass der jeweilige Umfang der Pflegepflichten für jeden deutlich wird, empfiehlt es sich unbedingt, im Vertrag genau zu definieren, welche Pflichten von der Pflege umfasst sein sollen, sowie insbesondere, welche Pflichten ggf. übernommen werden können, allerdings nur gegen gesonderte Vergütung.

7.3.2   Pflicht zur Pflege?

Normalerweise hat der Anbieter der Software nicht die Pflicht, diese dann auch zu pflegen, d.h. den Abschluss eines Pflegevertrags anzubieten. Schließlich besteht Vertragsfreiheit, und grundsätzlich kann niemand gezwungen werden, seine Leistungen auf dem Markt anzubieten und Verträge abzuschließen. Der Grundsatz der Vertragsfreiheit hat jedoch auch Grenzen (siehe Kapitel 2.2). Hat ein Anbieter z. B. eine Monopolstellung und bietet er Waren an, die für die Daseinsvorsorge unerlässlich sind (z. B. Strom und Wasser), besteht Abschlusszwang, d.h. dieser Unternehmer muss mit jedem Interessierten einen Vertrag schließen.

Ein ähnlicher Zwang zum Abschluss des Pflegevertrags kann sich aus Treu und Glauben dann ergeben, wenn allein der Lieferant aufgrund seines technischen Monopols (Verfügen über das Quellprogramm) die Pflegeleistung überhaupt erbringen kann, insbesondere die Mängelbeseitigung. Das kann auch in den Fällen gelten, in denen der Lieferant zwar den Quellcode übergeben hat, der Kunde diesen aufgrund seiner Geheimhaltungspflicht jedoch keinem Dritten zur Kenntnis geben darf und selbst nicht zur Mängelbeseitigung befähigt ist, weil er z. B. IT-Laie ist.

Ebenso kann der Fall beurteilt werden, wenn der Lieferant der einzige ist, der die Pflege, insbesondere die Weiterentwicklung, wirtschaftlich sinnvoll und sachlich oder zeitlich machbar erbringen kann.

Hat der Lieferant jedoch von vornherein die Mängelbeseitigung ausgeschlossen und das Programm so übergeben, wie es ist („as is"), so trifft ihn auch in den oben genannten Fällen keine Pflegepflicht.

Ob der Hersteller von Individualsoftware gegen seinen Willen zur Pflege verpflichtet werden kann, hängt also insbesondere davon ab, ob er den Quellcode übergeben hat. Bei Individualsoftware ist die Übergabe des Quellcodes üblich. Damit verliert der Hersteller der Software das technische Monopol an der Software, d. h. der Kunde selbst oder ein von ihm beauftragter Dritter kann anhand des Quellcodes die Fehlerbeseitigung vornehmen. Daher kommt nach Übergabe des Quellcodes eine Pflicht zur Pflege wohl nicht in Betracht.

Ist nichts zur Übergabe des Quellcodes vereinbart und hat der Auftragnehmer den Quellcode nicht zur Verfügung gestellt, kann man davon ausgehen, dass er damit erklärt, dass er grundsätzlich dazu bereit ist, die Pflege zu übernehmen. Seine Pflegepflicht dürfte zumindest für die übliche Einsatzdauer einer solchen Software andauern. Bei der Frage, ob und für wie lange er zur Pflege verpflichtet ist, dürfte es auf Faktoren wie den Preis, die Komplexität der Software und die Notwendigkeit der Pflege ankommen, auch auf die Frage, inwieweit ein Dritter zur Pflege der Software befähigt wäre. Im Übrigen dürfte der Anbieter verpflichtet sein, die Einstellung der Pflege frühzeitig anzukündigen, damit der Kunde sich darauf einstellen kann.

Insgesamt handelt es sich bei den Fällen, in denen eine Pflegepflicht angenommen werden kann, eher um Ausnahmen, da der Grundsatz von Treu und Glauben eng ausgelegt wird. Deshalb spricht in Fällen wie den oben erläuterten zwar ein starkes Indiz für das Vorliegen einer Pflegepflicht, es kann jedoch nicht automatisch von einer Pflegepflicht ausgegangen werden.

7.3.3   Fehlerbeseitigung

Verpflichtet sich der Anbieter im Rahmen des Pflegevertrags zur Fehlerbeseitigung, sollte bei der Vertragsgestaltung zumindest auf die in den folgenden Abschnitten näher erläuterten Punkte geachtet werden.

Zum einen sollte deutlich gemacht werden, was die Vertragspartner unter dem Begriff des Fehlers verstehen. Es sollte geregelt werden, dass der Anbieter nicht verpflichtet ist, jahrelang Fehler in älteren, nicht mehr aktuellen Versionen zu beseitigen, denn der Kunde kann ja die neuere Version einsetzen und soll das auch tun. Auch die Verfügbarkeitszeit, d.h. die Zeit, innerhalb derer mit der Fehlerbeseitigung begonnen werden soll, sollte – nach Fehlerklassen abgestuft – explizit im Vertrag geregelt werden, jedenfalls auf Druck des Kunden (bis dahin genügt: „Der Lieferant wird mit der Fehlerbeseitigung unverzüglich beginnen.").

7.3.3.1 Fehlerbegriff

Um spätere Uneinigkeit über die Fehlerbeseitigungspflicht zu vermeiden, empfiehlt es sich für die Vertragspartner, den Begriff des Fehlers im Vertrag zu definieren und festzuschreiben. Dabei kann man sich auch am gesetzlichen Fehlerbegriff orientieren (siehe dazu Kapitel 7.1.1 und 7.2.1) und beispielsweise festlegen, dass jede (nicht nur unerhebliche) Abweichung der Software von den Vorgaben des Überlassungs- oder Erstellungsvertrags ein Fehler ist (Abweichen der Ist- von der Sollbeschaffenheit). Es können auch konkrete Pflichten oder beispielhafte Aufzählungen in den Vertrag aufgenommen werden, an denen sich die Partner orientieren können, wobei hier darauf geachtet werden sollte, dass diese Pflichten nicht ausufern und wirtschaftlich nicht mehr von der Pflegepauschale gedeckten Aufwand bedeuten.

7.3.3.2 Unterschied zur Gewährleistungspflicht

Die Pflicht zur Fehlerbeseitigung aus einem Pflegevertrag ist von der Gewährleistungspflicht zu unterscheiden. Aufgrund der Gewährleistungspflicht muss der Anbieter die Software, die er verkauft oder erstellt hat, frei von Mängeln überlassen. Ist die Software bei Übergabe fehlerhaft, kann der Kunde innerhalb der Gewährleistungsfrist seine Gewährleistungsrechte (u. a. die Beseitigung des Fehlers) geltend machen.

Die innerhalb des Pflegevertrags vertraglich als Hauptleistungspflicht geschuldete Fehlerbeseitigung, um die es hier geht, geht sachlich und zeitlich über die Gewährleistungspflichten hinaus. Sie ist eine vertragliche Verpflichtung, auf die sich das Softwarehaus einlässt, weil die Pflege vergütet wird. Die vertragliche Verpflichtung, Fehler zu beseitigen, die im Rahmen von Pflegeverträgen übernommen wird, bezieht sich im Gegensatz zur Gewährleistung typischerweise nicht nur auf Mängel, die bei Übergang der Software schon vorhanden waren, sondern auch auf solche, die erst später eintreten, und gilt für die gesamte Dauer des Pflegevertrags und nicht nur während der Gewährleistungsfrist.

❯ **Beispiel:**

Der Kunde bestellt eine Buchhaltungssoftware, die die Umsatzsteuer berücksichtigt. Bei Abnahme der Software ist diese ohne Fehler und ohne Probleme einsatzfähig. Nach etwa einem Jahr produktiver Nutzung des Programms wird der Umsatzsteuersatz auf 20 % angehoben, die Software ist also (durch Gesetzesänderung) fehlerhaft geworden. Gewährleistungsrechte greifen nicht. Da sich das Softwarehaus jedoch im Rahmen des Pflegevertrags zur Fehlerbeseitigung und insbesondere zur Anpassung an Gesetzesänderungen verpflichtet hat, muss es die Software nun so umstellen, dass der geänderte Umsatzsteuersatz berücksichtigt wird. Eine andere Frage ist, ob der Lieferant das nur gegen gesonderte Vergütung zu tun braucht (im Beispiel wohl nein, da geringfügige Änderung).

7.3.3.3 Ältere Versionen

Ein wichtiger Aspekt, der unbedingt in der Vertragsgestaltung beachtet werden sollte, ist die „Veraltung" der Versionen. Wird mit einem Kunden ein Pflegevertrag geschlossen und lehnt der Kunde die Lieferung und Installation weiterentwickelter Versionen ab (warum auch immer), kann es sein, dass das Softwarehaus aufgrund der Pflegevereinbarung verpflichtet ist, Fehler in älteren Versionen zu beseitigen. Dies kann, vor allen Dingen wenn diese älteren Versionen stark von der aktuellen Version abweisen, einen erheblichen Aufwand bedeuten, der wirtschaftlich von der Pflegepauschale nicht mehr abgedeckt wird.

❯ **Beispiel:**

> Kunde K lehnt alle Neuerungen und Updates ab, da er sehr gut mit der ursprünglich gelieferten Version 1.0 zurechtkommt. Inzwischen sind auch die Versionen 1.1, 1.2 und 1.3 Vergangenheit, aktuell ist Version 2.0, die sich von Version 1.0 erheblich unterscheidet. Kein Kunde außer K benutzt mehr Version 1.0, da diese drei Jahre alt und sehr fehleranfällig ist. Aufgrund der in der Pflegevereinbarung geregelten Fehlerbeseitigungspflicht muss das Softwarehaus jedoch trotzdem alle Fehler der alten Programmversion beheben, obwohl dies inzwischen einen erheblichen Aufwand bedeutet und diese Fehlerquellen in den neueren Versionen alle ausgeräumt wurden.

Um solche Fälle zu vermeiden, sollte die Fehlerbeseitigungspflicht auf die aktuelle Version bzw. bei älteren Versionen auf einen bestimmten Zeitraum nach Freigabe der neueren Versionen beschränkt werden. Denkbar ist auch die Vereinbarung, dass die Fehlerbeseitigung von älteren Versionen gegen eine entsprechende, zusätzlich zur normalen Pflegepauschale zu leistende Aufwandsvergütung übernommen wird.

7.3.3.4 Verfügbarkeitszeiten und Umgehungslösungen

Ein weiteres Problem können Verfügbarkeitszeiten darstellen und die Frage, inwieweit das Softwarehaus auch zu vorläufigen Umgehungslösungen berechtigt ist.

Der Kunde wird sich wünschen, dass der Fehler sofort nach Meldung behoben wird. Das ist aus seiner Sicht plausibel und verständlich, schließlich kann eine fehlerhafte Software zu großen Problemen führen und der Zeitraum, in dem die Software vielleicht nicht einsetzbar ist, entscheidend sein. Eine entsprechende Vereinbarung („sofortige Fehlerbeseitigung") kann jedoch für das Softwarehaus gravierende Folgen haben. Beginnt das Softwarehaus nämlich nach der Aufforderung, den Fehler zu beseitigen, zwar sofort damit, ist eine sofortige Beseitigung jedoch nicht möglich, weil z. B. sehr aufwendige und zeitintensive Programmierungsleistungen nötig sind, verletzt das Softwarehaus eventuell seine vertragliche Verpflichtung und sähe sich u.a. Schadensersatzansprüchen des Kunden ausgesetzt.

Daher sollte eine entsprechende Vereinbarung über die Verfügbarkeitszeiten so gestaltet werden, dass sie sowohl dem Wunsch des Kunden nach sofortigem Handeln gerecht wird, aber auch der Tatsache, dass das sofortige Handeln nicht zu sofortigem Erfolg führen

muss. Zu empfehlen ist eine Formulierung in dem Sinn, dass das Softwarehaus sich verpflichtet, nach der Fehlermeldung unverzüglich, d.h. ohne schuldhaftes Zögern (zu diesem
Begriff siehe Kapitel 2.1.2), mit der Fehlerbeseitigung zu beginnen. Damit trägt das Softwarehaus nicht das Risiko, für die Komplexität des Fehlers haften zu müssen. In diesem
Zusammenhang ist es ebenfalls ratsam, zu vereinbaren, dass das Softwarehaus eine vor-
läufige Umgehungslösung bereitstellen darf, falls absehbar ist, dass die Fehlerbeseitigung
mehr Zeit in Anspruch nehmen wird. Damit können die Auswirkungen des Fehlers beim
Kunden so gering wie möglich gehalten werden. Ebenfalls sollte geregelt werden, dass der
Kunde das Softwarehaus bei der Fehlerbeseitigung im Rahmen des Zumutbaren z. B.
durch Übersendung des fehlerhaften Programms, zu unterstützen hat. Weiter kann, um
dem Kunden entgegenzukommen, geregelt werden, dass mit der Fehlerbeseitigung – abgestuft nach Mängelklassen – innerhalb bestimmter Zeiträume zu beginnen ist.

7.3.4   Lieferung weiterentwickelter Versionen

Eine weitere Verpflichtung, die in Pflegevereinbarungen üblicherweise geregelt wird, ist
die Lieferung von weiterentwickelten Versionen. Der Anbieter verpflichtet sich dann, an
den Kunden weiterentwickelte Versionen der Software zu liefern. Oft wird im Rahmen der
Weiterentwicklungen vertraglich vereinbart, dass der Anbieter sich verpflichtet, die jeweils
aktuelle Version weiterzuentwickeln, wenn Änderungen gesetzlicher Vorschriften oder
anderer für die Programme maßgeblicher Regelungen dies erfordern. Hier sollte wie bei
der Fehlerbeseitigung darauf geachtet werden, dass diese Verpflichtungen nicht ausufern
und einen wirtschaftlich von der Pflegepauschale nicht mehr gedeckten Aufwand bedeuten.

❯ Beispiel:

Das Softwarehaus hat sich gegenüber seinem Kunden verpflichtet, im Rahmen der
Pflegevereinbarung auf Gesetzesänderungen mit entsprechender Anpassung der Software zu reagieren. Gleichzeitig wurde vereinbart, dass der Kunde die Software auch
in sämtlichen Niederlassungen weltweit einsetzen darf. Der Kunde expandiert und
gründet Niederlassungen in allen Ländern der EU, in den USA, in Japan, China und Ko-
rea und setzt die Software dort ebenfalls ein. Der Kunde verlangt nun vom Softwarehaus, die Software an die jeweiligen nationalen Gesetzesänderungen dieser Länder
anzupassen.

7.3.4.1   Anpassung an geänderte Fremdsoftware, auf der die zu
                pflegende Software basiert

Ausgangspunkt ist, dass die Software, die der Anbieter vertreibt und dann pflegt, oft auf
Fremdprodukten **basiert**. Das Problem dabei ist, dass die Anbieter der Fremdsoftware (im
Folgenden der Klarheit halber als „Fremdanbieter" bezeichnet) diese oft inkompatibel
weiterentwickeln und die Software des Anbieters, wird im Pflegevertrag nichts anderes
vereinbart, (oft sehr aufwendig) an die neue Fremdsoftware angepasst werden müsste.
Auf diese Situation sollte auf jeden Fall vertraglich entsprechend reagiert werden, damit

der Anbieter am Ende nicht im Rahmen des Pflegevertrags (und der pauschalen Pflege-vergütung) seine gesamte Software so umfassend umprogrammieren muss, dass man von einer Neuprogrammierung sprechen kann.

Unabhängig davon, ob der Anbieter selbst auch einen Pflegevertrag mit dem Fremdanbie-ter geschlossen hat oder nicht, sollte im Vertrag ein Kündigungsrecht für den Anbieter aufgenommen werden für den Fall, dass der Fremdanbieter die Lieferung und/oder Pflege der Fremdsoftware einstellt. Schließlich kann der Anbieter nicht dafür einstehen, dass der Fremdanbieter für immer und ewig Pflegeleistungen erbringt und die Software auf dem Markt anbietet.

Hat der Anbieter seinerseits einen Pflegevertrag mit dem Fremdanbieter geschlossen, sollte im Vertrag mit dem Kunden geregelt werden, dass der Anbieter die vom Fremdan-bieter gelieferten neuen Versionen prüft und gegenüber dem Kunden freigibt oder die eigene Software entsprechend an die neue Version anpasst. Hier sollte jedoch darauf ge-achtet werden, dass eine Freigabe oder Anpassung erst dann erfolgen kann, wenn dem Anbieter die neue Version des Fremdanbieters vorliegt.

Hat der Anbieter mit dem Fremdanbieter keinen Pflegevertrag geschlossen, kommt es darauf an, ob die Verbesserungen und neuen Versionen des Fremdanbieters käuflich er-worben werden können. Bei kleineren Änderungen könnte sich der Anbieter verpflichten, diese wie oben beschrieben freizugeben oder die Software anzupassen. Werden vom Fremdanbieter ganz neue Versionen angeboten, sollte der Anbieter die Möglichkeit erhal-ten, zu prüfen, ob die Software entsprechend angepasst wird oder ob auf eine Anpassung verzichtet wird (mit der Folge, dass eine Kündigung des Vertrags möglich ist). Solche Regelungen sollte man auch für Fremdsoftware vereinbaren, die nicht von einem bestimm-ten Hersteller stammt, sondern Freeware, Public-Domain- oder Open-Source-Software ist (z. B. Linux).

7.3.4.2   Anpassung an geänderte Fremdsoftware, die mit der zu pflegenden Software zusammenwirkt

Ähnlich ist der Fall, wenn der Kunde im eigenen Betrieb Fremdsoftware einsetzt, die mit der Software des Anbieters **zusammenwirken** soll (z. B. Systemsoftware). Hier sollte der Kunde im Pflegevertrag verpflichtet werden, die Fremdsoftware auf dem neusten Stand zu halten. Wird diese Verpflichtung im Vertrag nicht fixiert, kann der Fall eintreten, dass die Kunden 1–10 zwar alle das gleiche Betriebssystem verwenden, im Rahmen des Pflegever-trags jedoch jeweils andere Maßnahmen und Anpassungen zu ergreifen sind, da jeder Kunde eine andere Version des Betriebssystems einsetzt (z. B. von Version 1.0 bis Version 3.4). Dem Anbieter würde aufgrund der notwendigen „Einzelbehandlung" ein enormer Aufwand entstehen, der von einer pauschalen Pflegevergütung nicht gedeckt wäre. Wich-tig ist in diesem Zusammenhang auch, zu vereinbaren, dass der Kunde den Anbieter dar-über informieren muss, wenn eine neue Version oder Änderungen der Fremdsoftware vorliegen, und dass er vor Installation die Freigabe durch den Anbieter abwarten muss.

7.3.5   Telefonische Unterstützung (Hotline)

Auch beim „Telefonsupport" können Missverständnisse zwischen den Vertragspartnern entstehen, wird die Leistung nicht genau beschrieben. So wird sich der Kunde wünschen, zu jeder Zeit seinen Ansprechpartner beim Anbieter telefonisch erreichen zu können, während der Anbieter den Aufwand tendenziell eher gering halten möchte, weil Anwender häufig die Hotline in Anspruch nehmen möchten (solange das „kostenlos" ist), statt die erforderliche Schulung zu beauftragen und/oder in der Benutzerdokumentation nachzulesen. Auch stellt sich die Frage, mit welchen Problemen sich der Kunde an den Telefonsupport wenden kann. Oft liegen nämlich die Probleme des Kunden nicht in der Mangelhaftigkeit der zu pflegenden Software, sondern entpuppen sich als Bedienungsfehler. Oder eine Frage wäre nach einer Schulung oder durch einen Blick in die Dokumentation leicht zu beantworten.

Aus den genannten Gründen sollten die Eckpunkte der telefonischen Beratung klar festgelegt werden. Die Zeit, innerhalb derer der Telefonsupport erbracht werden soll, kann von „24 Stunden pro Tag" über die „gewöhnlichen Geschäftszeiten" bis hin zu einem festgelegten Kontingent an Stunden reichen.

Welche Art von Beratung am Telefon erfolgen soll, kann dadurch gesteuert werden, dass vertraglich festgehalten wird, wen der Anbieter als Ansprechpartner bestimmt: einen Programmierer oder einen Berater, der selbst nicht programmieren kann, sondern nur die Funktionsweise der Software kennt. Ist bestimmt, dass ein Programmierer zur Verfügung steht, können auch kompliziertere Fragen per Telefon besprochen und gelöst werden, während ein (einfacher) Berater eher auf die Funktionsweise der Software abstellen wird und eine entsprechende Weiterleitung an den zuständigen Fachmann veranlassen kann. Selbstverständlich ist die Auswahl der Mitarbeiter, die für die telefonische Beratung abgestellt werden, auch eine Frage des Preises. Steht 24 Stunden am Tag ein Programmierer zur Verfügung, wird sich dies preislich anders niederschlagen, als wenn in den üblichen Geschäftszeiten ein Kundenbetreuer oder Vertriebsmitarbeiter zur Beratung abgestellt wird. Denkbar ist auch die Regelung, dass die Erstberatung durch den Vertriebsmitarbeiter von der Pflegepauschale gedeckt ist, und im Fall, dass ein Fachmann hinzugezogen werden muss, dessen Aufwand (zusätzlich zur Pflegepauschale) abgerechnet wird.

7.3.6   Mangelhafte Pflege

Die Rechtsfolge einer mangelhaften Pflegeleistung hängt davon ab, um welche Vertragsart es sich beim Pflegevertrag handelt (siehe dazu Kapitel 6). Da im Pflegevertrag sehr verschiedenartige Leistungen angeboten werden, wird allgemein davon ausgegangen, dass es sich um einen gemischten Vertrag handelt, der jedenfalls bzgl. der Pflicht zur Fehlerbeseitigung von werkvertraglichen Leistungen geprägt ist, da er auf die Erreichung eines Erfolges abzielt. Damit wäre hierauf Werkvertragsrecht mit den werkvertragsrechtlichen Rechtsfolgen anwendbar.

Allerdings muss für jeden Pflegevertrag gesondert überprüft werden, ob tatsächlich auch Fehler*beseitigung* geschuldet ist. SAP und andere Unternehmen versuchen z. B., in ihren diesbezüglichen AGB nur eine Pflicht zum Tätigwerden festzuschreiben im Sinne von Unterstützung bei der Fehlerbeseitigung. Dann ist nämlich durchaus denkbar, dass es sich um einen Dienstvertrag handelt, wenn die Beratung des Kunden im Vordergrund steht oder der Anbieter nur Unterstützung bei der Fehlerbeseitigung anbieten möchte, die Beseitigung selbst aber nicht zur Vertragspflicht zählt. Zur Abgrenzung zwischen dem Werk- und dem Dienstvertrag kommt es also darauf an, ob eine Dienstleitung als solche oder ein Arbeitsergebnis mit einem bestimmten Erfolg geschuldet ist (zur Abgrenzung zwischen diesen beiden Vertragsarten siehe auch Kapitel 6.2).

Ist Fehlerbeseitigung geschuldet, und genau dafür schließt der Anwender ja den Pflegevertrag, gelten bei Schlechterfüllung der Pflicht zur Fehlerbeseitigung die Rechtsfolgen des Werkvertragsrechts (siehe dazu Kapitel 6.1.5).

Bzgl. der übernommenen Pflicht zur telefonischen Unterstützung gelten die Rechtsfolgen des Dienstvertragsrechts (Kapitel 6.2.3).

Die Lieferung weiterentwickelter Versionen ist dagegen wohl nach Kaufvertragsrecht zu beurteilen, denn nichts anderes galt ja auch bzgl. der Überlassung der Ursprungssoftware.

7.3.7   Typische Vergütungsmodelle

Üblicherweise wird für die Pflege eine pauschale Vergütung vereinbart, die monatlich, kalendderviertel- oder -halbjährlich oder auch oder jährlich im Voraus fällig wird. Denkbar sind jedoch auch andere Vergütungsregelungen, z. B. die Vergütung entsprechend des Aufwands. Meist wird sich ein Kunde auf eine solche Regelung nicht einlassen, da sie für ihn unkalkulierbare Kosten bedeutet. Allerdings kann es im Einzelfall durchaus sachgerechter sein, eine aufwandsabhängige Vergütung zu vereinbaren, insbesondere bei der Pflege von Individualprogrammierung. Möglich ist es auch, bestimmte Aufgaben als von der Pflegepauschale gedeckt anzusehen und für darüber hinausgehende Leistungen eine Aufwandsvergütung vorzusehen, wie es oben im Fall des Telefonsupports bereits beschrieben wurde (siehe Kapitel 7.3.5).

Wichtig für den Anbieter ist, eine Preissteigerungsklausel in den Vertrag aufzunehmen. So kann zwischen den Partnern z. B. vereinbart werden, dass vor Ende eines jeden Pflegejahres jeweils neu über die Pflegepauschale verhandelt werden soll (Problem: Was soll gelten, wenn die Vertragspartner sich nicht einigen können?). Denkbar ist auch eine automatische Preissteigerung durch Bezug auf eine bestimmte Preisliste (die jährlich geändert wird) oder eine Steigerung um einen bestimmten Prozentsatz oder um die Teuerungsrate. Beachtet werden muss dabei, dass solche Indexklauseln nach dem Preisklauselgesetz nur unter bestimmten Voraussetzungen wirksam sind und dem Kunden für den Fall einer erheblichen Preissteigerung jedenfalls in AGB ein Kündigungsrecht eingeräumt werden muss.

7.3.8 Dauer der Pflegevereinbarung

Der Kunde wird ein Interesse daran haben, dass die Pflege des Programms so lange angeboten wird, wie er das Programm benutzen möchte, d.h. für die gesamte „Lebenszeit" der
Software. Das Softwarehaus dagegen wird ein Interesse daran haben, die Pflege kündigen
zu dürfen, wenn sie sich nicht mehr rechnet. Aufgrund der Interessenlage des Kunden, der
ohne Pflege das Programm nicht weiter betreiben kann, wurde früher angenommen, eine
Kündigung des Pflegevertrags durch das Softwarehaus sei erst nach Ablauf eines bestimmten Mindestpflegezeitraums möglich, zumindest bei Programmen, die für den Kunden eine erhebliche Investition darstellten. Wie lange sich der Kunde dabei auf das Fortbestehen des Pflegeverhältnisses berufen konnte, ist von den Gerichten nicht abschließend
entschieden. Teilweise wird davon ausgegangen, dass die Pflege fünf Jahre ab Markteinführung des Produkts aufrechterhalten werden müsse. Auch die Ansicht, die Mindestpfle-
gedauer orientiere sich an der üblichen Nutzungsdauer der Software, wird vertreten. Dabei orientierte man sich an der „betriebsgewöhnlichen Nutzungsdauer" (§ 7 Abs. 1, S. 2
EStG), innerhalb derer die Software abgeschrieben werden kann. Für Software wurde die
Abschreibungsdauer von den Finanzbehörden noch nicht endgültig festgelegt. Orientieren
kann man sich jedoch an den von den Finanzbehörden für Datenverarbeitungsanlagen
anerkannten Abschreibungsfristen. Diese betragen für „Großrechner" sieben Jahre und für
„Workstations, Personalcomputer, Notebooks und deren Peripheriegeräte" drei Jahre. Zur
Frage der Abgrenzung zwischen den beiden Kategorien schweigt die Finanzverwaltung.
Es wird aber die Tendenz deutlich, dass teurere IT-Wirtschaftsgüter länger abgeschrieben
werden als günstigere.

▶ Beispiel:

Anbieter A führt im Jahr 2000 ein neues und hochpreisiges Softwareprodukt ein, für
das er auch Pflege anbietet. Kunde K kauft das Produkt 2003 und schließt einen Pflegevertrag mit A ab. Als A zu Beginn des Jahres 2005 eine neue Software auf den
Markt bringt, kündigt er den Pflegevertrag mit K zum Ende des Jahres 2005. A ist der
Ansicht, dazu berechtigt zu sein, da seit Markteinführung der älteren Software fünf
Jahre vergangen sind. K lehnt die Kündigung ab und stellt auf den Moment des Kaufs
ab. Er besteht darauf, dass A den Pflegevertrag mindestens bis 2010 erfüllt.

Im Jahr 2005 hat das Oberlandesgericht Koblenz entschieden, dass eine Mindestpflege-
pflicht nicht existiere. Das Gericht ging in diesem Urteil davon aus, dass die Vertragspartner sehr wohl eine gültige Kündigungsregelung in den Vertrag aufnehmen können
und dass der Anbieter ohne individuell getroffene Absprachen über eine langfristige Vertragsdauer grundsätzlich das Recht hat, den Pflegevertrag zu kündigen. Nur in seltenen
Ausnahmefällen verstoße eine solche Kündigung gegen Treu und Glauben und sei unzulässig. Als Beispiel nennt das Gericht den Fall, dass der Anbieter sich bei noch neuer und
aktuell auf dem Markt vertriebener Software bewusst einem bereits bei Vertragsschluss
erkennbaren Anpassungsbedarf entziehen wolle. Als weiteres Beispiel wird der Fall aufgeführt, in dem durch die Kündigung der Kunde zur Zahlung von nicht geschuldeten Leistungen gebracht werden soll, die Kündigung also rechtsmissbräuchliche Zwecke erfüllt.

Das Gericht stützt seine Ansicht vor allem darauf, dass es in der Verantwortung und auch in der Autonomie der Vertragspartner liege, gerade wenn es sich um Unternehmen handelt, einen Mindestpflegezeitraum – sofern gewollt – selbstständig frei auszuhandeln und deshalb kein Bedarf für einen Ausschluss von Kündigungsrechten innerhalb der ersten drei bis sieben Jahre aufgrund von Treu und Glauben bestünde.

Ein weiterer Aspekt, der diese Rechtsprechung stützt, im Urteil jedoch nicht explizit erwähnt wurde, ist die Tatsache, dass derjenige, der Software verkauft, nicht grundsätzlich zur Pflege dieser Software verpflichtet ist (die Ausnahmen zu diesem Grundsatz wurden oben in Kapitel 7.3.2 erläutert). Lehnt der Anbieter einen Pflegevertrag ab, muss der Kunde ein anderes Unternehmen beauftragen oder die Software ohne Pflege betreiben. Wenn nun ein Anbieter gar nicht dazu verpflichtet ist, Pflege anzubieten, spricht nichts wirklich dagegen, wenn er den Zeitraum der Pflege selbst festlegen und der Vertragspartner sich darauf einlassen kann. Das spricht dafür, den Fall, dass die Vertragspartner den Zeitraum der Pflege komplett offen lassen, so zu behandeln, dass der Anbieter dann nach den vertraglich vereinbarten Kündigungsfristen vorgehen darf, hilfsweise den gesetzlichen.

7.4   Nutzungsrechte

Beim Nutzungsrecht handelt es sich um ein Thema, das gerade im IT-Bereich von besonderer Bedeutung ist. Denn wird ein Programm verkauft, wird rechtlich nicht das Programm als solches, also die geistige Leistung des Programmierers, verkauft, sondern (nur) das Recht, dieses Programm zu nutzen. Dies liegt daran, dass die Autorenschaft an Programmen, ebenso wie bei Büchern und anderen Werken, nach dem Urheberrecht beurteilt wird. Programme sind urheberrechtlich geschützte Werke. Das Urheberrechtsgesetz (UrhG) bestimmt zum Urheberrecht von Programmen in § 69a UrhG Folgendes:

§ 69a UrhG: Gegenstand des Schutzes:

(1) Computerprogramme im Sinne dieses Gesetzes sind Programme in jeder Gestalt, einschließlich des Entwurfsmaterials.

(2) Der gewährte Schutz gilt für alle Ausdrucksformen eines Computerprogramms. Ideen und Grundsätze, die einem Element eines Computerprogramms zugrunde liegen, einschließlich der den Schnittstellen zu Grunde liegenden Ideen und Grundsätze, sind nicht geschützt.

(3) Computerprogramme werden geschützt, wenn sie individuelle Werke in dem Sinne darstellen, dass sie das Ergebnis der eigenen geistigen Schöpfung ihres Urhebers sind. Zur Bestimmung ihrer Schutzfähigkeit sind keine anderen Kriterien, insbesondere nicht qualitative oder ästhetische, anzuwenden.

Urheberrechte sind untrennbar mit ihrem Schöpfer, hier dem Programmierer, verbunden. Das Urheberrecht besteht aus dem Urheberpersönlichkeitsrecht und aus dem Recht, das Urheberrecht zu verwerten, d.h. es zu kommerzialisieren. Eine Übertragung des (gesamten) Urheberrechts ist nicht möglich, es bleibt immer beim Urheber. Der Urheber kann jedoch Nutzungsrechte auf andere übertragen. Das Gesetz spricht in diesem Zusammenhang von der „Einräumung von Nutzungsrechten" (§ 31 UrhG). Das heißt, der Urheber kann zwar erlauben, dass ein anderer das Programm verwendet und damit seine urheberrechtlich geschützte Schöpfung nutzt, das Urheberrecht bleibt jedoch immer bei ihm selbst.

Für Software, die von einem Arbeitnehmer geschaffen wird, gilt zwar auch, dass die Programmierer durch die Programmierleistung Urheber werden, ihnen also das Urheberrecht selbst zusteht inklusive aller Nutzungsrechte. Das Gesetz regelt aber in § 69 a UrhG, dass der Arbeitgeber zur Ausübung aller vermögensrechtlichen Befugnisse am Computerprogramm berechtigt ist, die der Arbeitnehmer „in Wahrnehmung seiner Aufgaben oder nach den Anweisungen seines Arbeitgebers" geschaffen hat, sofern nichts anderes vereinbart ist. Hier wird zwar nicht das Stichwort „Nutzungsrechte" benutzt, im Ergebnis bedeutet diese Regelung aber, dass der Arbeitgeber (automatisch) alle Nutzungsrechte am Programm erhält. Der Mitarbeiter hat für die gesetzlich angeordnete und automatische Übertragung der Verwertungsrechte außer in gesetzlich geregelten Ausnahmefällen kein Anrecht auf eine über den Arbeitslohn hinausgehende Vergütung.

Der Begriff der „Lizenz" wird in der Praxis häufig als Synonym für das Nutzungsrecht verwandt. Im strengen juristischen Sinn findet man den Begriff der „Lizenz" jedoch nur im Patent- und Markenrecht. Im Urheberrecht, um das es bei Software geht, gibt es nur die Übertragung und Einräumung von Nutzungsrechten. Daher sollte gerade in Verträgen das Wort „Lizenz" besser vermieden werden, da seine Bedeutung aus rechtlicher Sicht in Bezug auf Software nicht klar ist. Die Verwendung des Begriffs „Lizenz" kann daher zu Missverständnissen bei den Beteiligten und so in der Folge zu rechtlichen Streitigkeiten über die Frage führen, inwieweit der Kunde die Software überhaupt nutzen darf und was von der „Lizenz" umfasst sein sollte. Der Markt verlangt den Begriff allerdings und versteht darunter die Einräumung bestimmter Benutzungsrechte am Programm.

7.4.1 Arten von Nutzungsrechten

Ein Nutzungsrecht kann in vielerlei Hinsicht übertragen bzw. eingeräumt werden. Man kann ein allumfassendes Nutzungsrecht einräumen in der Art, dass das Werk danach nicht einmal mehr vom Urheber selbst genutzt werden darf (eher bei Individualsoftware) = ausschließliches Nutzungsrecht. Der Urheber kann jedoch auch viele Nutzungsrechte verkaufen, so dass am Ende jeder, der die Lizenzgebühr entrichtet hat, das Werk nutzen kann (z. B. Textverarbeitungsstandardsoftware) = nicht-ausschließliches (auch: „einfaches") Nutzungsrecht. Die genaue Formulierung in den Verträgen entscheidet darüber, inwieweit die Nutzung erlaubt ist.

Das Gesetz sieht verschiedene Verwertungsarten für den Urheber vor. An welchem dieser Rechte der Urheber Dritten Nutzungsrechte einräumt, hängt vom Vertrag ab. Das Gesetz gibt in § 15 UrhG einige der Verwertungsarten des Urhebers an. Die Liste ist nicht abschließend, weitere Verwertungsarten sind denkbar.

§ 15 UrhG: Verwertungsrechte:

(1) Der Urheber hat das ausschließliche Recht, sein Werk in körperlicher Form zu verwerten; das Recht umfasst insbesondere

1. das Vervielfältigungsrecht (§ 16),

2. das Verbreitungsrecht (§ 17),

3. das Ausstellungsrecht (§ 18).

(2) Der Urheber hat ferner das ausschließliche Recht, sein Werk in unkörperlicher Form öffentlich wiederzugeben (Recht der öffentlichen Wiedergabe). Das Recht der öffentlichen Wiedergabe umfasst insbesondere

1. das Vortrags-, Aufführungs- und Vorführungsrecht (§ 19),

2. das Recht der öffentlichen Zugänglichmachung (§ 19a),

3. das Senderecht (§ 20),

4. das Recht der Wiedergabe durch Bild- oder Tonträger (§ 21),

5. das Recht der Wiedergabe von Funksendungen und von öffentlicher Zugänglichmachung (§ 22).

Der Urheber hat damit zunächst einmal selbst das ausschließliche Recht, sein Werk zu vervielfältigen, zu verbreiten und auszustellen (auch **Herrschaftsrecht** oder **absolutes Recht** genannt, vergleichbar dem Eigentum).

An all den genannten Verwertungsarten kann der Urheber Dritten Nutzungsrechte einräumen. Nutzungsrechte können als ausschließliche oder als einfache (nicht ausschließliche) Rechte eingeräumt werden (§ 31 Abs. 1, S. 2 UrhG). Ein ausschließliches Nutzungsrecht berechtigt den Inhaber des Nutzungsrechts, also den Kunden, das Werk unter Ausschluss anderer Personen in der vereinbarten Art und Weise zu nutzen. Das bedeutet, dass der Urheber selbst das Werk auch nicht mehr nutzen darf (das kann aber anders geregelt werden) und auch keinem anderen Nutzungsrechte einräumen kann. Der Inhaber eines ausschließlichen Nutzungsrechts darf darüber hinaus seinen eigenen Kunden einfache Nutzungsrechte einräumen. Der Inhaber eines einfachen Nutzungsrechts ist – wenn nichts anderes vereinbart wurde – nur berechtigt, das Werk neben dem Urheber und weiteren Berechtigten in der vereinbarten Art und Weise zu nutzen.

Unabhängig davon, ob ein einfaches oder ein ausschließliches Nutzungsrecht eingeräumt wurde, kann das Nutzungsrecht räumlich (d.h. für ein bestimmtes Gebiet), zeitlich (z.B. für ein Jahr) und/oder inhaltlich (z. B. nur auf freigegebenen IT-Anlagen; nur für den Einsatz in Pkw der Marke X, Modell Y) beschränkt werden.

7.4.2   Zweckübertragungsregel

Im Zusammenhang mit der vertraglichen Ausgestaltung von Nutzungsrechten ist die **Zweckübertragungsregel** sehr wichtig, die in § 31 Abs. 5 UrhG normiert ist. Dort heißt es:

§ 31 Abs. 5 UrhG: „Einräumung von Nutzungsrechten"

(5) Sind bei der Einräumung eines Nutzungsrechts die Nutzungsarten nicht ausdrücklich einzeln bezeichnet, so bestimmt sich nach dem von beiden Partnern zugrunde gelegten Vertragszweck, auf welche Nutzungsarten es sich erstreckt. Entsprechendes gilt für die Frage, ob ein Nutzungsrecht eingeräumt wird, ob es sich um ein einfaches oder ausschließliches Nutzungsrecht handelt, wie weit Nutzungsrecht und Verbotsrecht reichen und welchen Einschränkungen das Nutzungsrecht unterliegt.

Wird also im Vertrag die Art oder der Umfang des Nutzungsrechts, das übertragen werden soll, nicht konkret bezeichnet und bestimmt, bestimmt sich der Umfang nach dem Vertragszweck. Diese Regelung soll den Urheber eines Werkes schützen und dazu führen, dass er sein Werk wirtschaftlich so weit wie möglich verwerten kann.

Das bedeutet: Im Zweifel ist davon auszugehen, dass der Urheber seine Rechte immer nur so weit überträgt, wie es zur Verwirklichung des Vertragszwecks notwendig ist. Für denjenigen, der ein Nutzungsrecht erwerben will, bedeutet das, dass er am Ende eventuell weniger Rechte erwirbt, als er bei Vertragsschluss erwerben wollte, wenn er nicht dafür sorgt, dass die Nutzungsarten „einzeln bezeichnet" werden. Bei zu pauschalen Formulierungen kann das dazu führen, dass diese aufgrund des Vertragszwecks stark reduziert und am Ende evtl. sogar nur auf eine einzelne Nutzungsart zurückgeführt werden.

Der Nachteil für den Kunden tritt jedoch nicht ein, wenn der Vertragszweck dem gewünschten Umfang der Abmachung entspricht. Die Zweckübertragungsregel hat nur dann Bedeutung, wenn der Vertragszweck hinter dem Wortlaut der Vereinbarung über die Übertragung des Nutzungsrechts zurückbleibt.

In der Praxis der Vertragsgestaltung gibt es also zwei Möglichkeiten, den Umfang der Nutzungsrechte festzulegen: Zum einen können diese möglichst detailliert im Vertrag genannt und einzeln ausgeführt werden. Zum anderen können die Vertragspartner den Vertragszweck so genau festlegen, dass er den geregelten Sachverhalt und die Wünsche der beiden Vertragspartner genau wiedergibt. Dann ist es auch unproblematisch, dass sich die Art der Nutzungsrechte am Vertragszweck orientiert. Auch eine Kombination dieser beiden Möglichkeiten ist denkbar.

Die Zweckübertragungsregel hat das Ziel, den Urheber vor einem (zu billigen) Ausverkauf seines Werkes zu schützen und ihm die Verwertung seines Rechts zu erleichtern. Die Zweckübertragungsregel kann jedoch bei unbedachten Formulierungen auch dazu führen, dass der Urheber sein Recht *de facto* verliert.

❯ Beispiel:

Das Softwarehaus vereinbart mit dem Kunden die „exklusive" Erstellung eines Computerprogramms zur Verwaltung von Personaldaten. Über den Umfang der Nutzungsrechte, die dem Kunden eingeräumt werden sollen, wird im Vertrag nichts geregelt. Nachdem das Programm entwickelt und beim Kunden installiert ist und einige Monate erfolgreich produktiv genutzt wurde, möchte das Softwarehaus das Programm weiteren Kunden anbieten. Der Kunde meldet sich und macht geltend, das Programm sei individuell nur für ihn entwickelt worden, er habe daran ein ausschließliches Nutzungsrecht erworben und das Softwarehaus könne das Programm nun nicht anderweitig vertreiben. Die Gerichte geben dem Kunden Recht.

Dieser Fall wurde von der Rechtsprechung genau so entschieden. Im Ergebnis wurde die Sicht des Kunden mit Hinweis auf die Zweckübertragungsregel des § 31 Abs. 5 UrhG bestätigt. Dadurch, dass eine „exklusive" Erstellung des Programms vereinbart wurde (= Vertragszweck), wurde die Übertragung eines ausschließlichen Nutzungsrechts vereinbart. Das Softwarehaus kann daher das Programm nicht in identischer oder wesentlich identischer Form anderweitig verwerten, d.h. weder selbst nutzen noch an andere Interessierte weitergeben.

Das Beispiel zeigt, dass es sich empfiehlt, zu diesem Thema im Zweifel vorher rechtsanwaltlichen Rat einzuholen.

7.5   Know-how-Schutz außerhalb des Urheberrechts

7.5.1   Patentierbarkeit von Software?

Software ist urheberrechtlich geschützt (vgl. Kapitel 7.4). Damit sind die konkrete Ausführung der Software und die inhaltliche Gestaltung als geistige Leistung geschützt. Nicht geschützt ist jedoch die Idee, die hinter dem Programm steht und das Programm und seine Funktionalität ausmacht. Das heißt, das Urheberrecht schützt eine konkrete Implementierung, nicht aber das Verfahren an sich, das einem Programm zugrunde liegt. Es ist daher möglich, die Idee, die dem Programm zugrunde liegt, in einem anderen Programm erneut umzusetzen, ohne gegen das Urheberrecht des anderen zu verstoßen. Daher wird zum Teil sehr kontrovers darüber diskutiert, inwieweit es sinnvoll wäre, eine weitergehende Patentierbarkeit von Computerprogrammen zuzulassen, als diese derzeit möglich ist (Stichwort: Softwarepatent).

Das Softwarepatent wäre ein Patent auf eine spezifische Methode der Programmierung eines digitalen Rechensystems. Derzeit sind Software und Algorithmen in Europa *als solche* nicht patentierbar (Art. 52 Europäische Patentübereinkunft (EPÜ), § 1 PatG „Programme für Datenverarbeitungsanlagen"). Denn patentierbar sind nach EU- sowie nationalem deutschem Recht derzeit nur technische Erfindungen, also Problemlösungen, die auf dem planmäßigen Einsatz von beherrschbaren Naturkräften zur Herbeiführung eines kausal übersehbaren Erfolgs beruhen. Softwarepatente hingegen beziehen sich oft auf Ideen, deren Wirksamkeit allein durch logische Schlussfolgerungen bewiesen werden kann. Als Faustformel gilt, dass nur solche Software überhaupt patentierbar sein kann, die misst, steuert oder regelt (z.B. die Steuerung eines ABS beim Kraftfahrzeug), also besondere, außerhalb der IT-Anlage liegende technische Besonderheiten berücksichtigt oder besondere technische Umstände der Hardware berücksichtigt (also die Hardware mehr berücksichtigt, als das jede Software ohnehin macht, z.B. durch besondere Adressierung von Speichern etc.). Der (technische) Vorgang der elektronischen Datenverarbeitung als solcher bleibt bei der Beurteilung der Patentfähigkeit von Software grundsätzlich außer Betracht. Kaufmännische Anwendungssoftware ist damit grundsätzlich nicht patentierbar. Im Einzelnen ist die Rechtsprechung hier aber sehr im Fluss und ändert sich ständig.

In anderen Staaten, z. B. in den USA, ist es möglich, fast jede Software patentieren zu lassen (wobei die Anforderungen dort in letzter Zeit strenger werden). Von den Befürwortern wird das Softwarepatent für Europa mit Hinweis auf den Wettbewerbsnachteil gegenüber den Staaten gefordert, die Softwarepatente zulassen. Die Kritiker befürchten eine (noch) stärkere Monopolisierung des Softwaremarktes und eine Abschottung. Zudem weisen sie darauf hin, dass sich gerade freiberufliche Programmierer und kleinere Unternehmen keinen Patentschutz leisten könn(t)en.

Trotz dieser Einschränkungen gibt es in Deutschland viele Patente auf Software. Dies liegt daran, dass aufgrund der unsicheren Rechtslage und im Vorgriff auf die erwartete und dann gescheiterte europäische Richtlinie zum Softwarepatent oft Patente erteilt wurden, obwohl diese die Schutzanforderungen nicht (wirklich) erfüllen oder es sich um sog. **Trivialpatente** handelt, d.h. Patente auf Ideen, die mangels erfinderischer Tätigkeit (d.h., die Idee darf für einen Fachmann nicht naheliegend gewesen sein) oder mangels Neuheit nicht schutzfähig sind und daher gar nicht hätten erteilt werden dürfen. Trivialpatente existieren in allen Bereichen des Patentwesens, nicht nur im Bereich des Softwarepatents. Trivialpatente lassen sich zwar bei gerichtlichen Auseinandersetzungen ggf. nicht durchsetzen, weil sie durch ein gerichtliches Verfahren gelöscht werden können, gerade finanzstarken Unternehmen können sie jedoch einen Vorteil im Wettbewerb mit kleinen und mittleren Mitbewerbern verschaffen. Denn trotz der relativ eindeutigen Rechtslage sind die **KMU** (kleine und mittelständische Unternehmen) oft nicht in der Lage, die zur Abwehr der unberechtigten Klage und gleichzeitig notwendigen Löschungsklage gegen das Trivialpatent notwendigen Kosten vorzufinanzieren.

Der Entwurf einer Software-Patentrichtlinie wurde vom Europaparlament (wiederholt) abgelehnt. Damit gilt für Europa, dass Programme nur dann patentiert werden können, wenn sie den dargestellten zusätzlichen „technischen Effekt" aufweisen.

Unabhängig von diesen Erwägungen gilt: Die Softwarehäuser sollten sich fragen, ob ihnen durch die Geheimhaltung des Quellcodes nicht mehr gedient ist als durch ein entsprechendes Patent, das im Internet weltweit abrufbar ist.

7.5.2   Geheimhaltungsvereinbarungen

Eine Möglichkeit, betriebsinternes Wissen, z. B. Betriebs- und Geschäftsgeheimnisse, zu schützen, bieten vertragliche Geheimhaltungsvereinbarungen. Das Bedürfnis nach Geheimhaltungsvereinbarungen besteht insbesondere in den Fällen, in denen die Notwendigkeit vorhanden ist, zur Vorbereitung einer vertraglichen Zusammenarbeit oder im Rahmen von gemeinsamen Projekten das eigene Know-how sowie evtl. auch Unternehmensinterna an den (zukünftigen) Vertragspartner weiterzugeben und zu offenbaren.

Daher sind gerade im IT-Bereich Geheimhaltungsklauseln typisch, in denen sich die Vertragspartner verpflichten, Betriebsgeheimnisse und andere vertrauliche Informationen, insbesondere technischer und betriebswirtschaftlicher Art, vertraulich zu behandeln und nicht an Dritte weiterzugeben. Vor allem in Fällen, in denen der Quellcode weitergegeben wird, sind solche Klauseln *dringendst* zu empfehlen, weil der Quellcode ungeschützt das Know-how des Softwarehauses einschließlich des dafür notwendigen jahrelangen Entwicklungsaufwands enthält und offenbart.

In vertragstechnischer Hinsicht besteht die Möglichkeit, die Geheimhaltungsklausel direkt in den Projektvertrag mit aufzunehmen oder aber eine gesonderte Vereinbarung über die Geheimhaltungspflicht abzuschließen (auch **Non-Disclosure Agreement**, NDA, genannt). Eine vom Vertrag getrennte Vereinbarung hat den Vorteil, dass sie bereits zu Beginn der Vertragsverhandlungen abgeschlossen werden kann und damit auch solche Informationen umfasst, die zur Vorbereitung des Vertrages weitergegeben werden, und dass sie auch dann eingreift, wenn es nicht zu einem endgültigen Vertragsschluss kommt.

Zu beachten ist, dass die Geheimhaltungsklauseln nicht zu unbestimmt sein dürfen, da sonst ihre Unwirksamkeit droht. Dies gilt vor allem auch für vorformulierte Verträge, da diese als AGB eingestuft werden können und den strengen Anforderungen des AGB-Rechts unterliegen (zum AGB-Recht siehe Kapitel 4).

Das heißt, in der Vereinbarung sollte die Information, die geheim gehalten werden soll, konkret bezeichnet und auf das jeweilige Projekt bezogen werden. Dies gilt auch deshalb, damit der Kreis der Verpflichteten einigermaßen überschaubar ist und die Verpflichteten durch Gegenzeichnung des NDA Kenntnis davon haben, dass überhaupt ein NDA mit dem konkreten Auftraggeber besteht und welchen Inhalt es im Einzelnen hat. Es sollte auch nicht vereinbart werden, dass „sämtliche", sondern nur, dass konkret benannte Informationen der Geheimhaltungspflicht unterliegen (z. B. Betriebsgeheimnisse, als vertraulich gekennzeichnete Unterlagen etc.).

Außerdem sollten auch Ausnahmen von der Geheimhaltungspflicht formuliert werden, wie z. B. für Informationen, die aufgrund gesetzlicher Offenbarungspflichten bekannt gegeben werden müssen oder die ohne Vertragsverstoß offenkundig sind. Sehr ratsam ist auch eine klare Festlegung der Geltungsdauer der Geheimhaltungsverpflichtung (z. B. bis zwei Jahre nach Beendigung des Projekts).

Teilweise werden in solchen Non-Disclosure Agreements Vertragsstrafen für den Fall der Zuwiderhandlung vereinbart. Doch auch ohne Vertragsstrafen haftet derjenige, der seine Geheimhaltungspflicht verletzt, seinem Vertragspartner auf Schadensersatz, sollte durch die Offenlegung der vertraulichen Informationen ein Schaden entstehen. Allerdings ist dieser Schaden oft nur schwer bezifferbar.

8 IT-spezifische Fragen des Arbeitsrechts

Neben den arbeitsrechtlichen Anforderungen, auf die jeder Betrieb reagieren muss (z. B. die Erstellung von Arbeitsverträgen, Fragen des Betriebsrats und des Arbeitnehmerschutzes), gibt es im IT-Bereich durch besondere Konstellationen, z. B. der häufigen Zusammenarbeit mit freien Mitarbeitern, arbeitsrechtliche Sonderfragen.

8.1 Arbeitnehmerüberlassung

Von **Arbeitnehmerüberlassung** oder auch Leiharbeit spricht man, wenn sich die Leistung des Auftragnehmers (z. B. einer Unternehmensberatung) darauf beschränkt, dem Auftraggeber Mitarbeiter mit (fast) ihrer gesamten Arbeitszeit zur Verfügung zu stellen, so dass sie wie Mitarbeiter des Auftraggebers bei diesem und für diesen tätig werden. Dann besteht der Arbeitsvertrag zwischen dem entliehenen Mitarbeiter und dem Auftragnehmer, dem Verleiher, fort. Der Auftraggeber, in dessen Betrieb der entliehene Mitarbeiter dann arbeitet, hat ein Direktionsrecht wie ein normaler Arbeitgeber und kann bestimmen, wie er den Mitarbeiter einsetzen möchte. D.h. es bestehen zwei Verträge: ein Vertrag, in dem Auftraggeber und Auftragnehmer (= Verleiher) die Arbeitnehmerüberlassung regeln, und ein Vertrag zwischen dem Mitarbeiter und dem Auftragnehmer, dem Verleiher. Kein Vertrag besteht zwischen dem Auftraggeber und dem Mitarbeiter, obwohl der Mitarbeiter beim Auftraggeber arbeitet und dieser ein Direktionsrecht hat.

Die gewerbsmäßige Überlassung von Mitarbeitern ist im Arbeitnehmerüberlassungsgesetz (AÜG) geregelt. Dieses Gesetz dient dem Schutz der Arbeitnehmer und der Sozialsysteme. „Überlassen" wird ein Arbeitnehmer dem Auftraggeber nicht schon dann, wenn er aufgrund seines Arbeitsvertrags Weisungen vom Kunden, dem Auftraggeber, entgegennehmen muss (z. B. wenn er in den Betrieb des Auftraggebers geschickt wurde, um dort die Installation der Software und einen Testlauf vorzunehmen). Der Mitarbeiter muss vielmehr vollständig in den Betrieb des Auftraggebers eingegliedert worden sein. Dabei ist, wie bei allen Verträgen, unerheblich, wie der Überlassungsvertrag betitelt wird. Liegt nach der praktischen Vertragsdurchführung ein „Überlassen" vor, dann ist ein anders lautender Vertragswortlaut rechtlich unerheblich. Es kommt ebenfalls nicht darauf an, ob der Verleiher normalerweise auf dem Gebiet der Arbeitnehmerüberlassung tätig ist oder nicht.

Insgesamt muss jeder Einzelfall für sich beurteilt werden: Es genügt dabei für die Anwendbarkeit des AÜG, wenn die Arbeitnehmerüberlassung im konkreten Fall der Hauptzweck des Geschäfts/des Vertrags ist und der Verleiher in der Absicht handelt, Gewinn zu erzielen. D.h. auch in Fällen, in denen dem Verleiher gar nicht klar ist, dass der Programmierer, den er über längere Zeit für ein spezielles Projekt zu seinem Kunden schickt, „überlassen" wird, kann das AÜG anwendbar sein mit der Folge, dass eventuell die Erlaubnispflicht verletzt wurde. Denn das Gesetz normiert eine sog. **Vermittlungsvermu-tung** (§ 1 Abs. 2 AÜG). Danach wird vermutet, dass der Verleiher Arbeitsvermittlung betreibt, wenn Arbeitnehmer anderen zur Arbeitsleistung überlassen werden und der Verleiher nicht die üblichen Arbeitgeberpflichten und -risiken trägt.

❯ Beispiel:

Unternehmensberatung U schickt Mitarbeiter M zum Kunden K.

1. Möglichkeit: M macht dem Kunden gegenüber deutlich, dass er für U arbeitet. Er bekommt Weisungen von U und bespricht seine Tätigkeit mit dem Projektleiter des U. Neue Tätigkeiten werden ihm von U zugewiesen. Sein Arbeitsplatz ist zwar im Betrieb des K, er steht dort jedoch nicht in der Telefonliste (höchstens als „Externer Kon-takt") und muss sich auch nicht an die Arbeitszeiten des K halten (höchstens an die des U). Es wird jedem Dritten klar, dass M seine Pflichten gegenüber U erfüllt.

2. Möglichkeit: M gliedert sich nach dem „Übersenden" komplett bei K ein. Er hat keinerlei Kontakt mehr zu U, außer einmal im Monat, wenn er seine Stundenzettel zu U schickt und sein Gehalt von U erhält. Alle drei Monate fragt U bei ihm an, ob alles in Ordnung sei. Welche Tätigkeit M genau ausübt, ist U nicht bekannt. Bei Fragen wendet sich M an den Projektleiter von K, von diesem erhält er auch seine Weisun-gen. Kommt M zu spät, ermahnt ihn der zuständige Abteilungsleiter von K. Für Dritte ist nicht erkennbar, dass U existiert und dass M nicht bei K angestellt ist.

Die Beispielsfälle zeigen die Unterschiede: Während im ersten Fall recht deutlich wird, dass M tatsächlich Mitarbeiter von U ist und das auch sein will, ist dies im zweiten Beispiel nicht der Fall. Wie die Verträge jeweils ausgestaltet sind, ist unerheblich. Entscheidend ist, dass M im zweiten Fall deutlich in das Unternehmen des K eingegliedert ist. In diesem Fall liegt Arbeitnehmerüberlassung vor.

Schließt ein Auftragnehmer gewerbsmäßig Verträge über die **Überlassung von Mitarbei-tern** mit seinen Kunden, so sind diese nach dem AÜG **erlaubnispflichtig.** Zuständig für die Erlaubniserteilung ist die Bundesagentur für Arbeit. Die Erlaubnis ist jeweils auf ein Jahr befristet, kann jedoch auf Antrag verlängert werden (§ 2 Abs. 4 AÜG). War der Ver-leiher drei Jahre erlaubt als Verleiher tätig, d.h. verfügte er in dieser Zeit über eine Erlaub-nis der Bundesagentur für Arbeit, so kann danach die Erlaubnis unbefristet erteilt werden. Zu beachten ist jedoch, dass diese unbefristete Erlaubnis nach drei Jahren erlischt, wenn sie nicht mehr ausgeübt wird. In einem solchen Fall müsste sie dann wieder neu beantragt werden und würde wieder nur für ein Jahr erteilt.

Die Bundesagentur für Arbeit erhebt auch die Gebühren für die Erlaubnis und für deren Verlängerung.

Nicht erlaubnispflichtig ist die Überlassung von Mitarbeitern zur Vermeidung von Kurz-arbeit oder Entlassung für weniger als zwölf Monate, wenn das Unternehmen, das den Arbeitnehmer verleiht, weniger als 50 Mitarbeiter hat und die Arbeitnehmerüberlassung der Bundesagentur für Arbeit angezeigt wurde (§ 1 a AÜG).

Ein Verstoß gegen die im AÜG festgelegte Erlaubnispflicht kann recht gravierende Folgen haben: Werden Arbeitnehmer gewerbsmäßig ohne die erforderliche Erlaubnis an den Auftraggeber überlassen, so sind die Überlassungs- und Leihverträge wegen Verstoßes gegen ein gesetzliches Verbot (AÜG) unwirksam. Das gilt unabhängig davon, ob die Verträge von Anfang an unwirksam waren oder ob sie das erst im Laufe der Zeit wurden (z. B. weil die befristete Erlaubnis ausgelaufen ist und keine neue beantragt wurde). Unwirksam sind diese Verträge auch, wenn gegen den Grundsatz „equal pay and treatment" verstoßen wird. Nach diesem Grundsatz hat der ausgeliehene Arbeitnehmer Anspruch auf eine den anderen Mitarbeitern des Kunden vergleichbare Vergütung und entsprechende Arbeitsbedingungen (§ 9 Nr. 2 AÜG, und sogar einen entsprechenden Auskunftsanspruch gegen den Entleiher/Kunden aus § 13 AÜG).

Sind die Verleiherverträge aus einem dieser Gründe unwirksam, wird ein Arbeitsvertrag zwischen dem Kunden, dem Leiher und dem verliehenen Mitarbeiter fingiert, nach neuerer Rechtsprechung aber nur, wenn der Verleiher keine Erlaubnis nach dem AÜG hat. D.h. der Arbeitnehmer kann sich darauf berufen, Arbeitnehmer des Auftraggebers, also des Kunden, zu sein (obwohl zwischen beiden kein schriftlicher Vertrag existiert), und kann auf Zahlung seines Gehalts und Weiterbeschäftigung und/oder Abschluss eines regulären Arbeitsvertrags klagen.

Dazu kommt, dass die Überlassung ohne Erlaubnis als Ordnungswidrigkeit mit Geldbuße belegt ist. Zahlen müssen diejenigen, die für das Ausleihen bzw. das Entleihen verantwortlich sind.

8.2   Freie Mitarbeiter

Im IT-Bereich wird, insbesondere im Projektgeschäft, häufig mit freien Mitarbeitern zusammengearbeitet, sei es unmittelbar oder als Subunternehmer des Auftragnehmers, insbesondere einer Unternehmensberatung. Dabei ist zu beachten, dass bestimmte sozialversicherungsrechtliche Regelungen eingreifen können, wenn der IT-Freiberufler als sogenannter Scheinselbstständiger eingestuft wird. Der Freiberufler kann auch unter bestimmten Umständen als arbeitnehmerähnlicher Selbstständiger rentenversicherungspflichtig sein.

Eine typische Konstellation ist die folgende:

❯ **Beispiel:**

> Das Softwarehaus arbeitet in Projekten für seine Kunden immer mit dem gleichen freien Mitarbeiter zusammen. Der freie Mitarbeiter wird nach Aufwand vergütet, er arbeitet nur mit diesem einen Softwarehaus zusammen und tritt gegenüber Kunden als Mitarbeiter des Softwarehauses auf.

8.2.1   Gefahr der Scheinselbstständigkeit

Von Scheinselbstständigkeit spricht man, wenn ein Mitarbeiter zwar vertraglich (und damit auch sozialversicherungsrechtlich) von seinem Auftraggeber wie ein freier Mitarbeiter, tatsächlich jedoch wie ein abhängiger Arbeitnehmer behandelt wird.

Ob ein Mitarbeiter als freier Mitarbeiter oder als Arbeitnehmer eingestuft wird, hat vor allem sozialversicherungsrechtliche Folgen: Bei freien Mitarbeitern besteht (bis auf Besonderheiten bei der Rentenversicherungspflicht, siehe Kapitel 8.2.2) keine Sozialversicherungspflicht, bei Arbeitnehmern besteht sie. Die Sozialversicherungspflicht umfasst inhaltlich die Kranken-, Unfall-, Pflege-, Arbeitslosen- und Rentenversicherung.

Der (tatsächlich) freie Mitarbeiter unterscheidet sich vom Arbeitnehmer hauptsächlich dadurch, dass er nicht weisungsgebunden im arbeitsrechtlichen Sinne ist. Während projektbezogene Weisungen in Ordnung sind, gilt das nicht für z. B. die Anordnung von Überstunden, Reihenfolge der Arbeiten, Bestimmung von Urlaub, etc. Der freie Mitarbeiter ist selbstständig unternehmerisch tätig. Er kann seine Tätigkeit im Wesentlichen frei gestalten und seine Arbeitszeit selbst bestimmen. Arbeitnehmer erbringen ihre Arbeitsleistungen im Rahmen einer vom Arbeitgeber vorgegebenen Arbeitsorganisation.

Die Frage, ob freie Mitarbeit oder ein (abhängiges) Arbeitsverhältnis vorliegt, bemisst sich nicht nach dem Wortlaut des Vertrages, sondern (wie immer!) nach der tatsächlichen Durchführung, also nach den jeweiligen Umständen des Einzelfalls. Sind die Umstände so, dass der freie Mitarbeiter wie ein abhängig Beschäftigter tätig wird, besteht auch die Sozialversicherungspflicht. Zur Abgrenzung kommt es darauf an, ob der Mitarbeiter nach Weisungen des Auftraggebers handelt und in dessen Arbeitsorganisation eingegliedert ist. Dann spricht das Gesetz von einer „Beschäftigung", die sozialversicherungspflichtig ist (§ 7 Abs. 1 Sozialgesetzbuch IV (SGB IV)).

§ 7 SGB IV: „Beschäftigung"

> (1) Beschäftigung ist die nichtselbstständige Arbeit, insbesondere in einem Arbeitsverhältnis. Anhaltspunkte für eine Beschäftigung sind eine Tätigkeit nach Weisungen und eine Eingliederung in die Arbeitsorganisation des Weisungsgebers.

Wird ein freier Mitarbeiter in einem fremden Betrieb tätig, kommt es zur Abgrenzung gegenüber dem Arbeitnehmer also darauf an, ob er so in die Arbeitsorganisation des fremden Betriebs eingebunden ist, dass der Betriebsinhaber (oder eine für ihn handelnde Person) Weisungen erteilen, d.h. die für ein Arbeitsverhältnis typischen Entscheidungen über den Einsatz nach Ort und Zeit treffen darf.

Nicht zu verwechseln mit diesen arbeitsrechtlichen „Weisungen" sind die werkvertraglichen Spezifikationen und Anweisungen (siehe dazu Kapitel 7.2.1), in denen der Unternehmer seine Wünsche und Vorgaben in Bezug auf das Werk, z. B. die Individualsoftware, äußert. Bei den werkvertraglichen Spezifikationen und Anweisungen handelt es sich um sachbezogene und ergebnisorientierte Anweisungen. Die arbeitsrechtlichen Weisungen, die für (abhängige) Arbeitsverhältnisse typisch sind, sind dagegen personenbezogen, ablauf- und verfahrensorientiert.

Kritisch wird es also, wenn der IT-Freiberufler nicht selbstständig, sondern nach Weisungen der Unternehmensberatung oder des Kunden arbeitet bzw. in deren Arbeitsorganisation eingegliedert ist. Denn ein Verstoß gegen die Sozialversicherungspflicht kann für den Auftraggeber des Freiberuflers, wenn dessen Tätigkeit als sozialversicherungspflichtige Beschäftigung eingestuft wird, gravierende Folgen haben: Der Auftraggeber haftet gegenüber der Sozialversicherung allein auf den gesamten (und nicht nur den hälftigen!) Beitrag (§ 28 e SBG IV) für den gesamten Tätigkeitszeitraum (also auch rückwirkend bis zum Verjährungszeitpunkt). Stellt sich also nachträglich heraus, dass gar kein Arbeitsverhältnis im Sinne einer freien Mitarbeit vorlag, so muss der (dann tatsächlich als Arbeitgeber erkannte) Auftraggeber des „freien" Mitarbeiters die gesamten noch nicht verjährten Sozialversicherungsbeiträge nachentrichten. Vom „freien" Mitarbeiter kann er den Arbeitnehmeranteil nur für die drei zurückliegenden Abrechnungsmonate verlangen und nur, soweit das Vertragsverhältnis zwischen Auftraggeber und freiem Mitarbeiter noch besteht. Ist es beendet, hat der Auftraggeber keinerlei Ansprüche gegen den freien Mitarbeiter. Der (reine) finanzielle Schaden, um den es hier geht, kann also enorm sein.

Bei Unsicherheit über den Status des Mitarbeiters können sowohl der Freiberufler als auch sein Auftraggeber oder der Kunde des Auftraggebers, bei dem der Freiberufler eingesetzt wird, im Anfrageverfahren bei der Deutschen Rentenversicherung Bund (früher Bundesversicherungsanstalt für Angestellte, BfA) eine Entscheidung darüber beantragen, ob eine sozialversicherungspflichtige Beschäftigung vorliegt oder nicht (§ 7 a SGB IV). Wird der Antrag innerhalb eines Monats nach der Aufnahme der Beschäftigung des Freiberuflers gestellt, so tritt die Sozialversicherungspflicht, hat der Freiberufler selbst eine Absicherung gegen das finanzielle Risiko von Krankheit und zur Altersvorsorge getroffen und stimmt er zu, erst mit Bekanntgabe der Entscheidung (also für die Zukunft) ein. Es lohnt sich also auf jeden Fall, in unsicheren Fällen dieses Verfahren in Anspruch zu nehmen und sich vorab vom Freiberufler bestätigen zu lassen (d.h. sich Unterlagen vorlegen lassen!), dass er sich gegen Krankheit abgesichert hat und eine Altersvorsorge getroffen hat. Hat er dies nämlich nicht, sind auch die Beiträge für die Vergangenheit (für die Zeit vor der Entscheidung) nachzuleisten.

8.2.2   Rentenversicherungspflicht für arbeitnehmerähnliche Selbstständige

Eine Rentenversicherungspflicht hingegen besteht nicht nur für Beschäftigte, also Mitarbeiter, die weisungsgebunden und im Betrieb ihres Auftraggebers eingegliedert sind, sondern unter bestimmten Voraussetzungen auch für tatsächlich selbstständig Tätige. Im Gesetz ist das in § 2 SGB VI folgendermaßen geregelt:

§ 2 SGB VI: „Selbstständig Tätige"

Versicherungspflichtig sind selbstständig tätige [...]

9. Personen, die

a) im Zusammenhang mit ihrer selbstständigen Tätigkeit regelmäßig keinen versicherungspflichtigen Arbeitnehmer beschäftigen und

b) auf Dauer und im Wesentlichen nur für einen Auftraggeber tätig sind; bei Gesellschaftern gelten als Auftraggeber die Auftraggeber der Gesellschaft,

[...]

[...] Als Arbeitnehmer im Sinne des Satzes 1 Nr. [...] 9 gelten [...]

3. für Gesellschafter auch die Arbeitnehmer der Gesellschaft.

Die Unternehmensberatung ist also unabhängig vom Anfrageverfahren nur dann auf der sicheren Seite, wenn der IT-Freiberufler nachweist, dass er selbst einen versicherungspflichtigen Arbeitnehmer beschäftigt.

Ansonsten ist sie darauf angewiesen, sicherzustellen, dass der IT-Freiberufler nicht auf Dauer und im Wesentlichen nur für einen Auftraggeber tätig ist (und daher von diesem wirtschaftlich abhängig ist). Eine solche wirtschaftliche/soziale Abhängigkeit ist bislang angenommen worden, wenn der IT-Freiberufler mehr als 5/6tel seiner Einnahmen von einem einzigen Auftraggeber erhält.

Ein Urteil stellt zwar nicht mehr auf diese Grenze ab, da die Regelung des § 2 Satz 1 Nr. 9 SGB VI „auf den Kopf gestellt würde, wenn gerade dann, wenn der Betroffene einen besonders lukrativen und umfangreichen Auftrag erhält, er der gesetzlichen Rentenversicherung unterliegt, während er in Zeiten, in denen er mehrere kleine Aufträge, die sich nebeneinander erledigen lassen, bearbeitet, er dieser Versicherungspflicht nicht unterliegt". Vielmehr komme es darauf an, dass er nach seinem Unternehmenskonzept die Zusammenarbeit mit mehreren Auftraggebern angestrebt habe und dies in der Vergangenheit auch so praktiziert habe. Außerdem seien auch branchenspezifische Besonderheiten zu berücksichtigen, die eine längere Tätigkeit für nur einen Auftraggeber notwendig machen könnten. In der Praxis stellt die Rentenversicherung weiterhin auf die Grenze von 5/6teln ab, von den Gerichten wird diese Auffassung aber oft nicht geteilt.

Allerdings ist für die Unternehmensberatung die Grenze von 5/6tel schwer verifizierbar, solange die Unternehmensberatung nicht weiß, welche Umsätze der IT-Freiberufler sonst noch hat.

❯ Beispiel:

Die Unternehmensberatung U schließt mit dem IT-Freiberufler einen Vertrag über sechs Monate pro Jahr, um sicherzustellen, dass keine wirtschaftliche Abhängigkeit eintritt. Der IT-Freiberufler findet aber in der übrigen Zeit keine Gelegenheit, nennenswerte Einnahmen zu erzielen, so dass dennoch eine wirtschaftliche Abhängigkeit gegeben sein könnte.

Regelmäßig arbeiten IT-Freiberufler aber tatsächlich nur in einem Projekt im Auftrag einer Unternehmensberatung.

Es genügt übrigens nicht, sich die Umstände, die gegen eine Abhängigkeit (und damit gegen die Sozialversicherungspflicht) sprechen, vom IT-Freiberufler bei Vertragsabschluss nur formularmäßig versichern zu lassen. Denn die Abhängigkeit vom Auftraggeber kann ja wie dargestellt auch gerade erst in der Folgezeit entstehen. Bei einem längere Zeit andauernden Vertrag sollte daher darauf geachtet werden, dass der IT-Freiberufler auch über die gesamte Zeit einen entsprechenden Arbeitnehmer beschäftigt und diesen nicht etwa einen Monat nach Vertragsabschluss entlässt und damit ggf. wieder sozialversicherungspflichtig wird.

8.2.3   Besonderheiten bei Gesellschafter-Geschäftsführern

Nachdem das Bundessozialgericht 2006 entschieden hatte, dass auch Gesellschafter-Geschäftsführer der Rentenversicherungspflicht unterliegen, weil sie nur einen Auftraggeber, nämlich die GmbH, haben, hat der Gesetzgeber in § 2 SGB VI klargestellt, dass für die Beurteilung der Rentenversicherungspflicht nicht die GmbH als Auftraggeber der Gesellschafter-Geschäftsführer gilt, sondern die Kunden der GmbH, und Arbeitnehmer der GmbH als Arbeitnehmer des Gesellschafter-Geschäftsführers gelten. Allein durch die Gründung einer GmbH kann die Rentenversicherungspflicht also nicht vermieden werden, umgekehrt reicht es, wenn die GmbH einen versicherungspflichtigen Arbeitnehmer beschäftigt oder für mehrere Auftraggeber tätig ist. Dagegen ist der Gesellschafter-Geschäftsführer im Übrigen nur dann sozialversicherungspflichtig, wenn er eine abhängige Beschäftigung ausübt (§ 7 SGB IV). Das ist in seinem Verhältnis zu der GmbH dann nicht der Fall, wenn er einen Kapitalanteil besitzt, der so hoch ist, dass er alle Entscheidungen der GmbH blockieren kann.

8.2.4   Wettbewerbsverbot

Auch das Thema „Wettbewerbsverbot" ist gerade bei Verträgen mit freien Mitarbeitern von erheblicher Bedeutung.

Typischerweise wird mit dem freien Mitarbeiter vereinbart, dass er während der Laufzeit des Vertrags und auch einige Zeit nach Vertragsbeendigung, z. B. zwei Jahre lang, nicht direkt für solche Kunden tätig werden darf, die er im Rahmen seiner Tätigkeit für seinen Auftraggeber betreut hat. Kritisch sind solche Verbote hinsichtlich der Regelung für die Zeit nach Vertragsbeendigung. Denn die Gerichte gehen davon aus, dass solche nachvertraglichen Wettbewerbsverbote mit Freiberuflern dann als unwirksam einzustufen sind, wenn diese keine Zusage einer Karenzentschädigung enthalten und der Freiberufler nach den tatsächlichen Gegebenheiten von seinem Auftraggeber wirtschaftlich abhängig ist.

Eine Karenzentschädigung bedeutet, dass für die Dauer des Wettbewerbsverbots eine Entschädigung an den Freiberufler bezahlt wird. Diese Entschädigung muss pro Verbotsjahr mindestens die Hälfte dessen betragen, was der Freiberufler zuletzt vom Auftragnehmer an Leistungen bezogen hat (§ 74 Abs. 2 HGB).

Von einer wirtschaftlichen Abhängigkeit des Freiberuflers wird ausgegangen, wenn er für einen längeren Zeitraum (in der Regel mehr als 12 Monate) nahezu ausschließlich für einen Endkunden tätig war und auch keine wesentliche Zeit hatte, anderweitig tätig zu sein. Die Höhe der Vergütung, die ja gerade bei IT-Freiberuflern überdurchschnittlich hoch sein kann gegenüber derjenigen, die ein fest angestellter Arbeitnehmer bei gleicher Tätigkeit erhält, ist für die Frage der wirtschaftlichen Abhängigkeit nach der Auffassung der meisten Gerichte ohne Bedeutung.

Liegt eine solche wirtschaftliche Abhängigkeit vor, muss die Zahlung einer Karenzentschädigung vereinbart worden sein, da sonst das (nachvertragliche) Wettbewerbsverbot unwirksam ist. Das hat zur Folge, dass der freie Mitarbeiter an das nachvertragliche Wettbewerbsverbot nicht gebunden ist und nach Ende des Vertrags mit seinem Auftraggeber direkt für den Kunden tätig werden kann.

Will man also mit einem freien Mitarbeiter ein (auch für die Zeit nach Vertragsschluss noch gültiges) Wettbewerbsverbot vereinbaren, muss man, liegt eine wirtschaftliche Abhängigkeit vor oder ist die Wahrscheinlichkeit gegeben, dass diese im Laufe der Zeit vorliegen wird, eine Karenzentschädigung vereinbaren oder auf anderem Wege, z.B. über Provisionen, die Vergütung des Akquisitionsaufwands sichern. Anderenfalls besteht die Gefahr, dass der freie Mitarbeiter nach Kündigung des Vertrags direkt für den Kunden tätig wird. Umgekehrt sollte der Freiberufler, wenn er vorhat, direkt beim Kunden tätig zu werden, genau prüfen lassen, ob das Wettbewerbsverbot tatsächlich unwirksam ist. Auch sollte er sich vorab über mögliche Vorgehensweisen der Unternehmensberatung informieren, z.B. die Erwirkung einer einstweiligen Verfügung, in der die Sachlage ohne Anhörung des Freiberuflers vorläufig entschieden wird und die den Freiberufler zunächst an weiterem Tätigwerden für den Kunden und damit am Geldverdienen hindern kann, und sich über entsprechende Abwehrstrategien, insbesondere Hinterlegung von Schutzschriften, beraten lassen.

9 Management von Verträgen: Probleme und Gegenmaßnahmen

9.1 Der abgeschlossene Vertrag birgt Risiken: Was tun?

Wenn Sie im Vertrag ein oder mehrere bestimmte Risiken übernommen haben, insbesondere zu knappe Termine, zu knapp kalkulierte Preise, keine ausreichende Manpower verfügbar, können Sie leider kaum bis gar nicht Abhilfe schaffen.

Hinsichtlich vereinbarter Termine hilft, wenn überhaupt, dann nur, das Projektteam zu vergrößern. Das ist für sich gesehen schon äußerst schwierig. Dazu kommt, dass das nur in einem extrem frühen Projektstadium hilft, also im Prinzip sofort. Denn sonst gilt regelmäßig, dass mehr Manpower das Projekt noch weiter verzögert.

Wenn Sie einen zu niedrigen Festpreis kalkuliert haben, gilt: Es ist leider (gar) nichts zu machen. Am besten nehmen Sie den Verlust hin, setzen ein risikogerechtes Projektteam auf (groß genug!), damit die Situation sich nicht noch verschlimmert, denn hier ist Ärger bereits durch die Vertragsgestaltung vorprogrammiert!

Wir haben immer wieder Fälle in unserer Praxis mit einem Millionen-Euro-Festpreis, einem von Vornherein objektiv nicht einhaltbaren Termin, bei nur grob spezifizierter Aufgabenstellung. Dann ist eigentlich schon klar, wie das Projekt endet.

Ganz generell gilt: Sie sollten für jedes Projekt bereits vor Vertragsabschluss als Minimum angemessene Risikozuschläge in den Preis und in den Termin einkalkulieren, um sich und Ihr Projektteam nicht unnötig unter Druck zu setzen, denn das hilft sonst niemandem etwas.

Anders ausgedrückt: Sie sollen im Vertrag keine Risiken übernehmen!

9.2 Verhaltensmuster als Ursache von Problemen

Es gibt bestimmte Verhaltensmuster von Menschen, die sehr häufig die Ursache für Probleme sind. Das gilt nicht nur vor Vertragsabschluss bei den Vertragsverhandlungen, was sich im Ergebnis in risikobehafteten Verträgen niederschlagen kann, sondern das gilt genauso im Zuge der Vertragsdurchführung.

Ganz generell gibt es einen Grundsatz, dass Menschen dazu neigen, diejenigen Probleme zu lösen, die sie lösen können, nicht aber die, die sie lösen sollen. Das führt überproportional häufig dazu, dass wir von Vornherein in der Sache etwas Falsches tun, ohne es (teil-

weise überhaupt) zu bemerken. Z. B. tun wir häufig zu wenig, um der Realisierung er-
kannter Risiken vorzubeugen bzw. um vor Risiken möglichst geschützt zu sein.

Dazu kommt dann, dass Menschen bei auftretenden Schwierigkeiten häufig falsch reagieren und noch häufiger zu emotional reagieren, was die Problemerkennung und -lösung
von Vornherein stark beeinträchtigt und höchstwahrscheinlich zu Reibungsverlusten sowie regelmäßig zu erheblichen zeitlichen Verzögerungen führt – bevor man sich dann der
eigentlichen Problemlösung überhaupt erst einmal ernsthaft annehmen kann. Das gilt
insbesondere, wenn wir es auf Seiten des Vertragspartners mit jemandem zu tun haben,
der die richtigen Schritte zur Lösung des Problems von Vornherein propagiert (hat). Wir
neigen dann dazu, zu meinen, diese Person möchte uns nur vorführen oder gar bloßstel-
len. Wir blockieren dann unbewusst zumindest eine Zeitlang.

In der Praxis sind es weit überwiegend diese sogenannten „weichen" Faktoren, die die
wesentlichen Ursachen für Schwierigkeiten oder für Projektabbrüche darstellen, und nicht
etwa die objektiven Schwierigkeiten komplexer Projekte oder der IT-Technik.

9.2.1   Verhaltensmuster auf Auftragnehmerseite

Nach unserer Erfahrung gibt es zumindest die folgenden Verhaltensmuster bei Mitarbeitern Ihrer eigenen Seite, die Sie bedenken sollten:

■ Programmierer sind häufig etwas **technologieverliebt** und denken weniger an den
   Vertrag und die Wirtschaftlichkeit ihrer Arbeit, insbesondere bei Individualprogrammierung.

■ Viele Menschen sind **harmoniebedürftig** und gehen Streit bzw. Konflikten eher aus
   dem Weg. Teilweise möchten Mitarbeiter des Auftragnehmers, insbesondere aus dem
   Vertrieb, ein Verhältnis zum Kunden schaffen, das weit über ein normales Vertrauens-
   verhältnis hinausgeht (sogenannte Kundenorientierung).

■ Der Auftragnehmer arbeitet nicht mehr mit 100%-iger Energie an der Durchführung
   des Auftrags, wenn der Kunde schon gezahlt hat.

■ Häufig besteht unbegründeter Optimismus:
   – Vertragliche Regelungen werden als Erfolgsgarantie angesehen, man hat schließlich
      einen „wasserdichten Vertrag" abgeschlossen.
   – Eigene Ressourcen werden (etwas) überschätzt.
   – Es herrscht die Auffassung: Wenn man dem Kunden entgegenkommt, wird dieser
      einem auch entgegenkommen. Häufig gilt in dieser Situation aber eher das Gegen-
      teil: Der Kunde wird dann Ihre Gutmütigkeit ausnutzen.

■ Wenn der Ansatz, Schwierigkeiten zu beseitigen, keinen Erfolg hat, verstärkt man
   häufig die Anstrengungen *in die gleiche Richtung* (weil man seinen Ansatz für richtig
   hält), statt einen anderen Ansatz zu suchen. In dieser Situation hilft es viel eher, die Voraussetzungen bzw. Annahmen zu überprüfen: Denn wenn die Schlussfolgerung bzw.

das Ergebnis falsch erscheint, liegt es fast immer daran, dass eine der Voraussetzungen/Annahmen falsch ist.

- Menschen neigen dazu, in der Krise die Schuld bei anderen zu suchen.

- Wegen mangelnder Konfliktbereitschaft und/oder -fähigkeit werden erkannte Probleme häufig nicht adressiert und Konsequenzen aus Problemen deshalb (schon gar) nicht gezogen. Dabei lassen sich fast alle Probleme viel einfacher lösen, wenn sie frühzeitig angegangen werden.

9.2.2   Verhaltensmuster auf Kundenseite

Ein Teil der Verhaltensmuster ist bereits vorstehend bei der Auftragnehmerseite angesprochen worden. Für Kunden gilt darüber hinaus:

- Die meisten Menschen sind Änderungen gegenüber abgeneigt. Projekte sind mit Änderungen verbunden.

- Projektarbeit bedeutet meist auch Mehrarbeit.

- Menschen haben nichts dagegen, gerne viel für sich zu wollen, insbesondere wenn das nichts extra kostet: Meist bemerkt der Kunde erst im Zuge der Durchführung des Projekts, was noch alles „nice to have" wäre – und bei einem vereinbarten Festpreis ist das natürlich ganz besonders „nice to have"!

9.2.3   Umgang mit den Verhaltensmustern

Es geht vor allem darum, dass Sie Probleme möglichst zeitnah behandeln und versuchen, sie zu beseitigen. Denn Sie müssen die Geschäftsgrundlage mit dem Kunden, das ist das Vertrauen, das er in Sie gesetzt hat, möglichst unangekratzt erhalten und dürfen es auf gar keinen Fall zerstören.

- Wenn Ihr Projektteam Leistungen nicht zeit- und fachgerecht erbringen kann, sollten Sie deshalb möglichst bald darüber mit dem Kunden sprechen.

- Wenn Sie einen Fehler begangen haben, sollten Sie dessen potenzielle Auswirkungen mit dem Kunden klären.

- Wenn Sie die Schwierigkeiten nicht zügig beseitigen können, sollten Sie sich fragen, ob es nicht sinnvoller ist, das Projekt zur Disposition zu stellen. Es gilt dann oft, dass ein Ende mit Schrecken besser ist als ein Schrecken ohne Ende.

Das gilt in ähnlicher Weise ebenso, wenn der Kunde Mitwirkungspflichten verletzt hat: Wenn Sie sofort geltend machen, dass der Kunde eine bestimmte Mitwirkungspflicht verletzt hat, kann der Kunde diese Tatsache nicht wirklich leugnen und auch die terminlichen Auswirkungen nicht wirklich herunterspielen.

Deshalb ist es wesentlich günstiger, Terminverschiebungen gleich geltend zu machen und dem Kunden sofort auch die veränderten Liefertermine zu kommunizieren.

9.3   Basics für das tägliche Vertragsmanagement

9.3.1   Respektieren Sie Ihren Ansprechpartner!

Probleme bei der Vertragsdurchführung ergeben sich insbesondere daraus, dass Ihr Haus den konkreten Ansprechpartner beim Kunden, der zunächst einmal die Schnittstelle zum Kunden bildet, beim täglichen Vertragsmanagement nicht ausreichend beachtet. Denn oft kommt es für den Projekterfolg auch darauf an, wer für das Projekt zuständig ist.

9.3.2   Leben Sie den Vertrag!

Sie sollten die im Vertrag getroffenen Vereinbarungen anwenden. Es nützt überhaupt nichts, ordentliche Regelungen über die Erstellung und Verabschiedung einer Spezifikation als Grundlage für die Programmierung aufzusetzen – wenn Sie diese dann bei der Vertragsdurchführung ignorieren oder übergehen.

Wenn ein Projektvertrag schief läuft, stelle ich meinem Mandanten immer zwei Fragen, deren Antworten ich bereits kenne, weil es immer die gleichen sind:

■ „Wo ist denn die endgültige Spezifikation?"

  – „Gibt es nicht."

■ „Warum denn nicht?"

  – „Dafür hatten wir keine Zeit."

Das Ergebnis (Scheitern des Projekts) ist dann eigentlich schon von Anfang an vorhersehbar.

9.3.3   Die Spezifikation

Bei Individualprogrammierung sollten Sie unbedingt die Aufgabenstellung konkretisieren, eine Spezifikation erstellen und diese vom Kunden genehmigen lassen. Dabei sollten Sie Anforderungen des Kunden, die Sie nicht innerhalb des Festpreises erbringen möchten, von vornherein als zusätzliche Anforderungen kennzeichnen. Sie sollten die Spezifikation im Zuge ihrer Umsetzung schriftlich verfeinern. Sie können auch Anforderungen bzw. Vorgaben des Kunden, die nicht umgesetzt werden sollen, als Anhang in die Spezifikation aufnehmen. Das schafft Klarheit bei späteren Auslegungsschwierigkeiten.

9.3.4   Change Requests

Change Requests sind in Projekten (fast) unvermeidbar. Wichtig für Sie als Auftragnehmer ist, dass Sie dem Kunden möglichst sofort klar machen, dass und welche Auswirkungen ein konkreter Change Request bzgl. der vertraglichen Vereinbarungen hat und wie sich dessen Umsetzung auswirken wird.

Bei Change Requests geht es häufig auch darum, weitere Punkte im Vertrag, die evtl. aufgrund des Change Requests angepasst werden müssen, zu bedenken. Z.B. wird in der Praxis häufig übersehen, dass zusätzliche Anforderungen des Kunden die Speicherkapazität erhöhen können. Das kann dazu führen, dass das ursprünglich vereinbarte Zeitverhalten nicht mehr eingehalten werden kann. Wenn der Vertrag aufgrund des Change Requests nicht in diesem Punkt geändert wird, gilt die ursprüngliche Vereinbarung zum Zeitverhalten fort – und die abgelieferten Programme sind mangelhaft im Rechtssinne.

Außerdem sollten Sie bei Change Requests darauf achten, das Projekt im Griff zu behalten. Wenn das Projekt durch eine Unmenge von Change Requests aus dem Ruder zu laufen droht, sollten Sie alle Anforderungen, die nicht zwingend in der laufenden Phase erledigt werden müssen, auf eine nächste Phase verschieben. Beim Werkvertrag sollten Sie also als Auftragnehmer regeln, dass der Auftragnehmer entscheidet, insbesondere bei Individualprogrammierung zum Festpreis und festem Termin!

9.3.5   Beispiele für richtiges tägliches Vertragsmanagement

❯ Beispiel 1:

Der Kunde, ein Maschinenbauunternehmen, möchte vorab für interne Testzwecke die bei Ihnen bestellte, aber von Ihnen noch nicht abschließend ausgetestete (Individual-) Software erhalten und nutzen. Sie sollten nicht antworten: „Das machen wir nicht, weil es nicht vereinbart ist", denn das wäre zu hart. Sie sollten aber auch nicht antworten: „Das machen wir", denn das wäre zu riskant. Richtig ist: „Gerne können wir Ihnen vorab die nicht abschließend ausgetestete Software für Testzwecke zur Verfügung stellen, Sie dürfen diese aber nicht produktiv nutzen. Weiter können wir hier keinerlei Haftung übernehmen. Sie erhalten von uns hierzu kurzfristig einen entsprechenden Vertragsvorschlag."

❯ Beispiel 2:

Der Kunde verlangt eine Zusatzfunktionalität, deren Erstellung nach Ihrer Auffassung nicht vereinbart ist.

Sie sollten nicht antworten: „Das machen wir nicht, weil es nicht vereinbart ist", denn das wäre zu stark. Sie sollten aber auch nicht antworten: „Das machen wir", das wäre zu schwach. Richtig ist: „Nach unserer Auffassung handelt es sich hier um einen Change Request. Lassen Sie uns die hierfür vorgesehenen Schritte gehen, um Ihren Wunsch in dem Projekt berücksichtigen zu können".

> **Beispiel 3:**

> Der Kunde soll einen Mitarbeiter abstellen, der in Ihrem Haus drei Tage an der Erstellung bestimmter sehr kundenspezifischer Stellen des Feinkonzepts mitwirken soll. Hierfür sollten Sie einen Termin vereinbaren, der Ihnen erlaubt, an anderen Stellen des Projekts weiterzuarbeiten, wenn der Mitarbeiter des Kunden nicht erscheint. Kurz vor dem Termin sollten Sie den Kunden daran erinnern, dass der Mitarbeiter erwartet wird. Wenn der Mitarbeiter des Kunden nicht erscheint, sollten Sie dem Kunden mitteilen: „Wir benötigen die vereinbarte Mitwirkung Ihres Mitarbeiters. Wenn Ihr Mitarbeiter bis zum [z.B. eine Woche nach ursprünglichem Termin] nicht für die vereinbarte Zeitdauer in unserem Hause war, entsteht uns zusätzlicher Aufwand in Höhe von EUR ___. Weiter verschiebt sich dann der Projektterminplan entsprechend."

9.4   Auftreten gegenüber dem Kunden in bestimmten Fällen

9.4.1   Verletzung von Mitwirkungspflichten durch den Kunden

Wenn der Kunde seine Mitwirkungspflichten verletzt, bemühen sich viele Auftragnehmer, das durch verstärkte eigene Anstrengungen auszugleichen. Dieses Bemühen ist meist vollkommen falsch. Denn das führt meist dazu, dass Ihr Haus die vereinbarten Liefertermine nicht einhalten kann. Das wiederum kann dazu führen, dass der Kunde eines Tages Verzug geltend macht – und zwar wahrscheinlich erfolgreich, wenn Sie keine Beweismittel geschaffen haben.

Der Kunde kann dann argumentieren, dass selbstverständlich doch alles, was Sie als Auftragnehmer getan hätten, von Ihnen auch geschuldet gewesen sei, unabhängig von der Nichterfüllung der Mitwirkungspflicht durch den Kunden. Denn sonst hätten Sie das doch ganz bestimmt nicht ohne gesonderte Vergütung getan.

Sie haben sich damit – vollkommen ohne Not – mit Ihrem Bemühen um den Projekterfolg trotz Verletzung von Mitwirkungspflichten durch den Kunden überhaupt keinen Gefallen getan, sondern im Gegenteil dem Kunden einen Rechtsgrund (Verzug) dafür geliefert, sozusagen auf dem Silbertablett, aus dem Projekt ggf. auszusteigen und Schadensersatz von Ihrem Haus zu verlangen. So etwas muss ja nicht sein.

9.4.2   Schriftlich vom Kunden übermittelte Feststellungen/ Erwartungen

Wenn der Kunde Ihnen schriftlich übermittelt: „Wir gehen davon aus, dass [...]",

dann sollten Sie, wenn Sie damit nicht einverstanden sind, möglichst sofort widersprechen. Denn Sie dürfen nicht einen Eindruck zulassen, der es dem Kunden später ermöglicht, zu argumentieren, Sie seien einverstanden gewesen.

9.4.3   Möglicherweise unberechtigte Forderungen des Kunden

Wenn Sie (wiederholt) Problemmeldungen beseitigen, die auf Bedienungsfehler oder andere Ursachen aus der Kundensphäre zurückzuführen sind, sollten Sie das dem Kunden relativ bald – nachweisbar – mitteilen, und zwar auch dann, wenn Sie den für die Beseitigung des Problems entstandenen Aufwand dem Kunden nicht in Rechnung stellen möchten („Kulanz"). Kommt es später zum Streit, besteht sonst die erhebliche Gefahr, dass der Kunde damit argumentiert, dass der Auftragnehmer des Öfteren da war, um etwas in Ordnung zu bringen oder das über Datenfernübertragung erledigt hätte – und dass er das ja niemals berechnet hätte. Also könne es sich doch nur um Programmfehler gehandelt haben!

Deshalb sollten Sie, wenn Sie auf eine Forderung des Kunden eingehen, die Sie für unberechtigt halten, das auch so klarstellen, z. B. einen Fehler nach Ablauf der Gewährleistungsfrist beseitigen oder einen Zusatzwunsch während der Projektdurchführung realisieren:

- ■ „Wir werden das aus Kulanz dieses Mal unentgeltlich tun."
- ■ Ähnlich: „Wir werden wie von Ihnen gewünscht vorgehen, auch wenn wir der Auffassung sind, dass Ihr Verlangen unberechtigt ist."

Sie machen dadurch dem Kunden klar, dass Sie sich nicht auf Dauer über den Tisch ziehen lassen. Außerdem kann der Kunde dann später nicht daraus, dass Sie seinem Verlangen nachgegeben haben, ableiten, dass die Forderung genau deshalb („doch selbstverständlich") berechtigt gewesen sei.

Das gilt entsprechend für die Verletzung von Mitwirkungspflichten durch den Kunden: Sie sollten dem Kunden auf jeden Fall den Sachverhalt schriftlich darstellen, auch wenn Sie daraus keine Konsequenzen ableiten wollen.

9.4.4   Interne Konflikte auf Kundenseite

Wenn Konflikte auf Seiten der beim Kunden Beteiligten erkennbar sind oder werden, z. B. zwischen Organisations- und Fachabteilung, sollte Ihr Projektleiter sich zurückhalten. Es droht sonst, dass die eine der beiden Fraktionen des Kunden das – egal wie sachgerechte Intervenieren – Ihres Projektleiters als überzogene Einmischung in Angelegenheiten, „die diesen nichts angehen", darstellt, und das durchaus zu Recht!

Es ist auch ein völlig verfehlter Ansatz, wenn der Auftragnehmer sich diese oder ähnliche Aufgaben aufladen will, etwa mit der Begründung, „dass das Projekt sonst nie vorankommen würde". Das ist nicht Ihre Aufgabe! – Sie müssen nur darauf hinweisen, bis wann Sie eine Entscheidung *des Kunden* benötigen.

Wenn das Projekt auf Kundenseite verstärkt in Frage gestellt wird, z. B. ob das Projekt überhaupt oder ob es so wie vereinbart durchgeführt werden soll, sollten bei Ihnen die Alarmglocken zu läuten beginnen!

9.4.5   Konflikte bezüglich der Lösung

Ihr Haus schuldet das spezifizierte Werk. Nicht mehr, aber auch nicht weniger: Der Auftragnehmer hat grundsätzlich nicht das vom Kunden erwünschte, sondern das bestellte und – ggf. mittels Änderungsverlangen – über dessen Ansprechpartner letztlich definierte Werk abzuliefern. Nach dem BGH (Bundesgerichtshof) schuldet der Auftragnehmer (nur) eine Lösung „in mittlerem Ausführungsstandard" (= Qualität). Anders ausgedrückt: Der Kunde braucht (nur) zufrieden zu sein, Sie brauchen ihn (rechtlich) nicht glücklich zu machen. Noch anders ausgedrückt: Sie schulden keinen Bentley, sondern nur einen Wagen der Golfklasse.

9.4.6   Geben Sie positive Rückmeldungen!

Sie sollten dem Kunden positive, aber wahrheitsgetreue Rückmeldungen zum (jeweiligen) Stand des Projekts geben.

Damit beim Kunden ein unguter Eindruck überhaupt nicht erst entsteht, sollten Sie möglichst vermeiden, eigene Fehler herunterspielen zu wollen (ein intelligenter Kunde bemerkt Fehler ohnehin).

Auch wenn Sie möglicherweise schon in Verzug sind: Sie sollten immer nur ausreichend getestete Programme an den Kunden übergeben – lieber etwas später, dafür aber stabiler.

Wenn der Kunde Bedenken hinsichtlich Ihrer Leistungsfähigkeit bekommen hat, kann er deren Berechtigung oft nicht beurteilen. Sie sollten dann nicht versuchen, dem Kunden seine Bedenken auszureden, weil es hierbei um die Geschäftsgrundlage geht, nämlich das Vertrauen, das der Kunde in Sie gesetzt hat. Erfolgsversprechender ist es, wenn Sie dem Kunden vorschlagen, einen – neutralen – Dritten zur Beurteilung der Situation heranzuziehen.

9.5   Die Bedeutung von Beweismitteln

Beweismittel sind im Ernstfall – also in der Krise – sehr nützlich, können dann aber kaum bis gar nicht mehr geschaffen werden. Sie müssen also für die potenzielle Krise vorsorgen. Deshalb sollten Sie ein vereinbartes Schriftformerfordernis für Änderungen bzw. Ergänzungen des Vertrags auch einhalten. Ganz generell sollten Sie fachliche oder organisatorische Festlegungen protokollieren und den Kunden warnen, wenn Sie Bedenken bezüglich bestimmter von ihm gewünschter Vorgaben haben. Kritische Warnungen sollten Sie nicht „verpackt", sondern im Gegenteil ganz deutlich mitteilen (Fettdruck o.Ä.).

Und falls Sie doch einmal von der vereinbarten Schriftform für Änderungen bzw. Ergänzungen des Vertrags abgewichen sind, sollten Sie unbedingt zu Beweiszwecken ein kaufmännisches Bestätigungsschreiben (s. dazu S. 67) über die mündliche Vereinbarung versenden!

Das alles führt natürlich zu Aufwand, und man weiß erst einmal nicht, ob man die Beweismittel jemals brauchen wird. Wenn man sie aber im Ernstfall, also in der Krise, braucht – und dann hat! –, sind sie extrem nützlich. Das ist ähnlich wie mit einer Versicherung: Erst einmal sieht man nicht so recht ein, warum man die Versicherungsprämie zahlt, aber im Ernstfall ist man glücklich, dass (= wenn!) man es getan hat.

Ein weiterer Tipp für (mögliche) Beweismittel: Sie sollten die Vertragsentwürfe, die durch weitere Verhandlungen überholt worden sind, nicht wegwerfen (und mit Versionsstand und Datum versehen haben)! Denn wenn es zu einem schwerwiegenden Streit darüber kommt, welche Leistungen geschuldet sind, sind diese Dokumente für den Juristen meist sehr nützlich.

9.6   Anzeichen für Krisen wahrnehmen

Sie sollten zu jedem Zeitpunkt der Projektdurchführung darauf achten, ob sich beim Kunden Anzeichen für Krisen zeigen. Dafür kommt eine ganze Reihe von Vorkommnissen in Betracht.

Ein solches Anzeichen kann z. B. sein, dass der Kunde seine Ziele offenbar ändern möchte. Sie sollten das dann möglichst bald mit ihm klären: Denn häufig ist der Kunde dann (schon) dabei, von der ursprünglichen Zielsetzung, nämlich eine neue, bessere Lösung zu erhalten, abzugehen und eher auf der alten vorhandenen Lösung aufzusetzen, nach dem Motto: Die neue Lösung muss bitteschön im Prinzip wie die alte sein („war doch sowieso klar!"), natürlich aber in allen Belangen besser, schneller und schöner.

Ein weiteres Anzeichen für eine Krise *kann* die Menge an Change Requests sein, die der Kunde wünscht. Die Menge an Change Requests, die sich auf frühere Change Requests beziehen, ist hochwahrscheinlich ein Anzeichen für eine Krise.

Auch die Verletzung von Mitwirkungspflichten durch den Kunden kann Anzeichen für eine Krise sein, insbesondere wenn das wiederholt vorkommt.

Wenn es in Ihrem Projekt einen Lenkungsausschuss gibt, kommen weitere Anzeichen für Krisen in Betracht, insbesondere dass Sitzungstermine verschoben werden oder Mitglieder auf Kundenseite sich vertreten lassen.

Wünscht der Kunde, dass Protokolle geändert werden, ist das ebenfalls ein Anzeichen für eine Krise, und zwar ein solches, das andeutet, dass die Stimmung bereits gereizt ist bzw. dass der Kunde damit beginnt, sich abzusichern.

Wenn Sie wachsende Unzufriedenheit beim Kunden bemerken, sollten Sie als allererstes versuchen, den (wahren) Grund für die wachsende Unzufriedenheit des Kunden herauszufinden und diesen, falls möglich, zu beseitigen.

Wenn gezielt und/oder gehäuft Anzeichen für eine Krise auftreten, sollten Sie sich überlegen, ob Sie nicht einen Juristen einschalten, der in diesem Stadium mit Ihnen jedenfalls zunächst einmal im Hintergrund tätig wird. Das gilt insbesondere, wenn Sie bereits im Vertrag selbst ein (erhöhtes) Risiko übernommen hatten, insbesondere einen zu engen Termin und/oder zu knapp kalkulierten Festpreis vereinbart hatten.

Wie Sie sicher bereits bemerkt haben, raten wir Ihnen in diesem Buch wiederholt dazu, dass Sie möglichst versuchen sollten, klare Worte zu verwenden, Klarheit zu schaffen, Probleme möglichst rasch anzugehen und zu beseitigen, etc. Wenn Sie dem eher abgeneigt gegenüberstehen, sollten Sie sich fragen, wie Sie insbesondere mit Regelverstößen seitens des Kunden umgehen möchten. Solange Störungen durch den Kunden nur selten und eher geringfügig sind, könnten Sie natürlich auch „alle Fünfe gerade sein lassen". Sie sollten sich allerdings fragen, ob diese Störungen nicht doch eher grundsätzlicher Natur sind und ob Sie deshalb nicht befürchten müssen, dass diese an Häufigkeit und Schwere zunehmen (werden).

Je größer Sie dieses Risiko selbst einstufen, desto früher sollten Sie versuchen, die Ursachen hierfür abzustellen. Außerdem sollten Sie dann unbedingt den Vertrag formal ganz korrekt leben, und zwar allein schon deshalb, um die eigene Rechtsposition zu wahren! Dabei kann Ihnen dann der in diesem Stadium (hoffentlich) bereits eingeschaltete Jurist behilflich sein.

Das Problem mit der Einschaltung des Juristen scheint häufig darin zu bestehen, dass genauso wie Verträge angeblich am besten in der Schublade bleiben, Juristen meist erst dann eingeschaltet werden, wenn die Vertragspartner ihre Probleme nicht mehr selbst lösen können. Das liegt meist daran, dass man meint, Juristen seien eher ein Störfaktor, wollten sich immer nur streiten und/oder kreierten mehr Probleme als sie beseitigen. Lassen wir einmal dahinstehen, ob diese Vorstellung so richtig ist. Die meisten erfahrenen Unternehmen arbeiten ständig mit erfahrenen Juristen zusammen, intern wie extern, und sehen die projektbegleitende Beratung durch einen Juristen als völlig normalen Vorgang an. Das dürfte nicht ohne Grund so sein.

9.7   Wenn der Kunde komisch wird

Wenn der Kunde komisch wird, naht die Krise. Meist ist sie dann schon da, man will es aber erst einmal noch nicht wahrhaben.

Krisenmanagement ist Projektmanagement auf höherer Ebene. Wenn der Kunde komisch wird – und Sie werden bemerken, wann das der Fall ist –, ist höchste Alarmstufe angezeigt und Sie sollten dann (auch) offiziell die Krise ausrufen. Vorsichtshalber sollten Sie vermuten, dass der Kunde aus dem Projekt aussteigen will. Das bedeutet, dass er in dieser Situation (bereits) daran arbeitet, eine rechtliche Begründung für den Rauswurf zu schaffen. Also kommt es dann umso mehr darauf an, alles zu tun, um diesem Bemühen entgegenzuwirken. Es ist dann viel wichtiger, die geschuldeten Leistungen zu erfüllen, insbesondere Fehler zu beseitigen, als zu versuchen, das Projekt sinnvoll zu fördern. Denn es gilt dann Folgendes: Geben Sie dem Kunden keinen (Rechts-)Grund, den er berechtigt dazu benutzen kann, den Rausschmiss aus dem Projekt zu erklären. Lassen Sie auch keinerlei solche potenziellen (Rechts-)Gründe offen.

Denn der Kunde, der sich vom Vertrag lösen will, hat einen bestimmten Grund dafür. Er braucht aber auch eine rechtliche Begründung, vergleichbar einem Anlass, auf den er die Lösung vom Vertrag rechtlich begründet stützen kann. Grund und Anlass können sich decken, z. B. wenn der Kunde die Überzeugung gewinnt, dass der Auftragnehmer die vereinbarte Leistung nicht erbringen kann. Häufig fallen Grund und Anlass aber auseinander. So kann der Grund für die Lösung sein, dass der Kunde erkennt, dass er mit der bestellten Leistung die angestrebten Ziele nicht erreichen wird, oder dass plötzlich ein besseres und zugleich billigeres Standardprogramm auf dem Markt angeboten wird. Anlass kann dann sein, dass der Auftragnehmer in Verzug ist.

Allerhöchste Alarmstufe ist angezeigt, wenn der Kunde eine Nachfrist zur Vertragserfüllung mit der Androhung setzt, nach fristlosem Fristablauf das Projekt abzubrechen. Wer nicht einmal dann (sofort) einen Juristen einschaltet, ist selbst schuld.

Besonders schwierig ist in diesem Stadium die Behandlung von Forderungen, die der Kunde als berechtigt ansieht (also insbesondere Mängelrügen), die Sie aber als Änderungswunsch einstufen. Erst einmal gilt (auch in dieser Situation weiterhin) der Grundsatz, keine Leistungen zu verweigern, die möglicherweise berechtigt sind. Sie können den Kunden fragen, ob er auf der Forderung besteht, Sie würden sie dann realisieren, behalten sich aber vor, dafür eine gesonderte Vergütung zu verlangen.

Wenn der Kunde komisch wird, ist entscheidende Voraussetzung für eine Problemlösung, dass Sie die eingetretene Krise erst einmal als solche akzeptieren. Das ist meist der (psychologisch) schwerste Schritt.

Wenn Sie die Krise akzeptiert haben, können Sie die Krise (erfolgreich) managen. Sie sollten dann zunächst einmal versuchen, die Ursachen der Krise zu klären, die relevanten Lösungsmöglichkeiten systematisch bewerten und sodann gemeinsam mit allen an der

Krise Beteiligten eine *systemübergreifende* Lösung suchen, die die wirtschaftlichen Aspekte der Krise berücksichtigt.

Dabei geht es auch darum, zu bewerten, ob Sie (noch) eine Sanierung des Projekts durchführen können oder ob ein Abbruch des Projekts notwendig ist. Ein Projektabbruch kann entweder einvernehmlich oder, wenn das nicht geht, weil der Kunde das nicht will, über Kündigung durch den Auftragnehmer nach (Nach-)Fristsetzung auf der Grundlage, dass der Kunde bestimmte Mitwirkungspflichten verletzt hat, erfolgen. Sie müssen dabei die Verletzung solcher Mitwirkungspflichten anführen, die sehr wichtig für die erfolgreiche Durchführung des Projekts sind bzw. waren (die Verletzung solcher Mitwirkungspflichten durch den Kunden gibt es in nahezu jedem Projekt).

9.8 Zusammenfassende Hinweise für rechtlich formal korrektes Vertragsmanagement

Sie sollten beim Vertragsmanagement als Minimum die folgenden Dinge beachten:

■ Die Regelungen zur Schnittstelle im Projektmanagement beachten.

■ Änderungs-/Zusatzwünsche formal abhandeln, Gegenforderungen unverzüglich (auch schriftlich) anmelden.

■ Die Verletzung von Mitwirkungshandlungen des Kunden formal abhandeln.

■ Eine Übernahmebestätigung durch den Kunden unterschreiben lassen.

■ Die Abnahme durch den Kunden nachweisbar erklären lassen.

■ Den Abschluss von Maßnahmen zur Fehlerbeseitigung mitteilen bzw. die Fehlermeldung als unberechtigt zurückweisen.

■ Nicht von „Fehler/Fehlermeldung", sondern von „Problem/Problemmeldung" (oder Störung) sprechen.

■ Keine berechtigten Forderungen des Vertragspartners zurückweisen und selbst keine unberechtigten Forderungen stellen.

■ Besser nicht Leistungen wegen offener Rechnungen verweigern.

9.9 Verhalten bei Auseinandersetzungen

Wie man sich bei Auseinandersetzungen verhalten soll, dazu können Psychologen besser als Juristen beraten. Hier sind einige Tipps, die wir bei Vertragsverhandlungen und beim Vertragsmanagement als äußerst wichtig empfunden und erfahren haben.

Uralt ist die Erfahrung, dass Sie dem anderen die Möglichkeit lassen müssen, sein Gesicht zu wahren. Es empfiehlt sich häufig, am Anfang von Sitzungen zur Bewältigung einer Krise erst etwas Smalltalk zu machen, aber nicht zu viel. Belehrungen jeder Art sollten Sie möglichst vermeiden, Oberlehrer mag niemand. Probleme werden „at arm's length" gelöst.

Sie sollten nie auch nur ein einziges schlechtes Argument bringen. Eine einzige schlechte Zutat kann das ganze Gericht verderben, das wussten schon die alten Römer: *„Falsum in uno, falsum in omnibus."* Denn Ihr Verhandlungspartner sieht dann nur noch dieses eine schlechte Argument, nicht die ganze Reihe Ihrer anderen, sehr guten Argumente. Er kann sich dann zudem voller Selbstgerechtigkeit in seiner Position bestätigt fühlen („Wie kann man nur solch einen Unsinn erzählen?"). Schließlich verlagert sich die gesamte Diskussion dann erfahrungsgemäß zu diesem einzigen schlechten Argument hin, was für Ihre Seite extrem nachteilig ist.

Ein weiterer Tipp: Wenn der andere Vertragspartner Ihnen – aus Ihrer Sicht – unfair kommt: Auch wenn Sie nach sorgfältiger Prüfung zu dem Ergebnis kommen, dass der andere *nicht* Recht hat, sollten Sie nicht Gleiches mit Gleichem vergelten, und zwar vollkommen unabhängig davon, ob das rechtlich eventuell berechtigt ist. Aus psychologischer Sicht verstehen sich die beiden Vertragspartner dann zwar ganz hervorragend, die Situation erinnert allerdings an ein Sandkastenspiel unter Erwachsenen, bei dem zwar Einigkeit darüber herrscht, dass man „so etwas" eigentlich (und auch uneigentlich) nicht tut, das Argument im Prinzip jedoch lautet: „Der andere hat aber angefangen!" – Ein Statement, das zwar menschlich sein mag, aber auch direkt dem Sandkasten entnommen ist. Versuchen Sie stattdessen, auf der erwachsenen, sachlichen Ebene zu bleiben.

10 Schlusswort

Kommen wir damit zum Abschluss unseres Buches und zu den aus unserer Sicht wichtigsten Ratschlägen für den Praktiker für den Abschluss und die Durchführung von IT-Verträgen:

- Formulieren Sie vorbeugend.

- Vermeiden Sie Risiken und klären Sie Risiken möglichst vor Vertragsabschluss.

- Verinnerlichen Sie die Bedeutung der Schriftform.

Und, vielleicht am wichtigsten:

- Schaffen Sie *rechtzeitig* Beweismittel.

Denn Beweismittel sind, wenn es zur Krise kommt – z. B. Kunde moniert Verzug –, enorm wichtig, können dann aber kaum bis gar nicht mehr geschaffen werden. Außerdem kann der Wert eines auf den ersten Blick unnützen („kostet doch nur Zeit") kleinen kaufmännischen Bestätigungsschreibens, das z. B. den Inhalt eines vom Kunden geäußerten Change Requests einschließlich der Auswirkungen auf den vereinbarten Preis (nämlich Mehrkosten) und den vereinbarten Liefertermin (nämlich Verschiebung) wiedergibt, enorm dazu beitragen, dass es gar nicht erst zur Krise und zu sehr langwierigen und anstrengenden gerichtlichen Streitigkeiten kommt.

Denn dann können Sie dem Kunden glasklar nachweisen, dass der von ihm monierte (angebliche) Verzug wegen der in Ihrem Schreiben bestätigten Verschiebung des Liefertermins gar nicht eingetreten ist – und dass das auch genau dem Willen des Kunden entsprach bzw. der Kunde genau die Beschaffenheit des Werkes, die er jetzt rügt, ursprünglich wollte.

Das Buch hat Ihnen vermutlich auch gezeigt, dass Recht zumindest umfangreich ist und manchmal der „Teufel im Detail steckt". Im Zweifel sollten Sie sich daher lieber einmal mehr als einmal zu wenig – vorbeugend – über mögliche Rechtsfolgen beraten lassen.

Wir wünschen Ihnen viel Erfolg beim Abschluss und der Durchführung Ihrer IT-Verträge!

Meinhard Erben, Wolf Günther

Stichwortverzeichnis

F

Fabrikationsfehler 169
Fachkenntnisse 121
Fachkunde 121
Fachlexikon 25
Fachliteratur 116
Fähigkeiten 121
Fahrlässigkeit 135, 152, 167
 – einfache 121
 – grobe 121
 – und Annahmeverzug 144
Fälligkeit
 – des Anspruchs 143
Fälligkeit der Vergütung 174
Fälligkeitsdatum
 – relative Bestimmung 131
Familienrecht 32
Fax 56, 65, 70
 – Computerfax 65
Fehlannahmen
 – offensichtliche 119
Fehlberatung 148
Fehler
 – und Frist 137
Fehlerbeseitigung 213
Fernabsatzverträge 47
Fernschreiben 65
Festpreis 21, 23
Festschriften 37
Fettnäpfchen 150
Feuer 123
Fiktion des Zugangs 101
Fingierte Erklärungen 101
Fixgeschäft
 – relatives 143
Flugzeugträger 22
Forderungsabtretung 114
Forderungsverzicht 130

Form
 – von Anzeigen und Erklärungen 105
Formbedürftigkeit 148
Formulierungen
 – Investition in 23
 – substantivierte 25
Freibleibendes Angebot 53
Freiklauseln 53
Freundlichkeit 90
Freundschaft und Geschäft 17
Frist 136, 143
 – Angemessenheit 137
 – bei Schadensersatz statt der Leistung 137
 – erfolglos verstrichene 138
 – Verkürzung 71
 – Verlängerung 71
Fristablauf 140
Fristsetzung 102
 – Entbehrlichkeit 138, 143
 – Nichtleistung nach 136
 – wirksame 137
Fristversäumnis
 – und Unsicherheit 139
Fürsorgepflichten 119

G

Garantie 24, 106, 139, 154, 170, 203
Garantiehaftung 188
Gefahr 135
Gefährdungshaftung 167
Gefahren 148
Gefahrübergang 176
Gefälligkeiten 149
Gegenargumente 115
Gegenleistung
 – Zurückfordern 125

Stichwortverzeichnis   263

TOK TOK TOK TOK TOK TOK
TOK TOK TOK TOK TOK

KRRRR
RRR
RRR

BLUBB
BLUBB
BLUBB

Aber trotz
Herzschlag und
Schnarchkonzert hörte sie noch ganz viele
andere Geräusche: ein Knarren irgendwo
über ihr an der Decke, ein seltsames
Blubbern auf der rechten Seite, ein
Schnaufen in der Dunkelheit. Und
waren das da – tiptaptiptaptiptap –
direkt neben ihr etwa Schritte?
„AH!"
Rosalie schrie erschrocken auf, als zwei
grüne Punkte über ihr aufleuchteten. Fast wäre sie auf-
gesprungen und zur Tür gerannt, aber dann erkannte sie zum
Glück, dass es Frau Blums Augen waren, die auf sie herab-
blickten. Die Katzenaugen ihrer Erzieherin glitzerten in der
Dunkelheit. Aber sie sahen überhaupt nicht zum Fürchten aus,
sondern lieb und nett und angenehm hell.
„Kannst du nicht schlafen?", fragte Frau Blum sanft.
Rosalie schüttelte den Kopf und wisperte: „Es ist zu dunkel."
Dass sie sich vor Angst gerade fast ins Fell gemacht hatte, das
sagte sie nicht.
„Deine Augen gewöhnen sich bestimmt gleich an die Dun-
kelheit und dann kannst du ein bisschen mehr erkennen. Aber